王婧◎著

国际文化贸易
（第2版）

普通高等院校文化产业管理系列教材

清华大学出版社
北京

内 容 简 介

《国际文化贸易（第2版）》是一本立足国际视角、以国际文化贸易活动为考察对象、延循"理论—政策—实务"逻辑框架的专业教材。国际文化贸易理论作为本书的核心内容，同时兼容了经济学、管理学和文化研究中的经典理论。鉴于国际文化贸易所具有的战略意义，其相关政策也构成了本书的重点内容。此外，本书的主要内容还包括国际文化贸易平台与中介，跨国文化集团、版权、文化服务和文化商品贸易、数字经济中的文化贸易等。为反映我国当前对外文化贸易的新局面，本书通过典型案例的方式予以补充和说明。

本书可作为普通高等院校文化产业管理专业及相关专业的教材，也可作为政府文化管理部门、文化企事业单位的培训和学习用书。

本书封面贴有清华大学出版社防伪标签，无标签者不得销售。
版权所有，侵权必究。举报：010-62782989，beiqinquan@tup.tsinghua.edu.cn。

图书在版编目（CIP）数据

国际文化贸易 / 王婧著．—2版．—北京：清华大学出版社，2021.6（2024.3重印）
普通高等院校文化产业管理系列教材
ISBN 978-7-302-58441-4

Ⅰ．①国… Ⅱ．①王… Ⅲ．①文化产业—国际贸易—高等学校—教材 Ⅳ．①G114

中国版本图书馆CIP数据核字（2021）第105733号

责任编辑：杜春杰
封面设计：刘　超
版式设计：文森时代
责任校对：马军令
责任印制：丛怀宇

出版发行：清华大学出版社
网　　址：https://www.tup.com.cn，https://www.wqxuetang.com
地　　址：北京清华大学学研大厦A座　　　　　邮　编：100084
社 总 机：010-83470000　　　　　　　　　　　邮　购：010-62786544
投稿与读者服务：010-62776969，c-service@tup.tsinghua.edu.cn
质量反馈：010-62772015，zhiliang@tup.tsinghua.edu.cn
印 装 者：三河市龙大印装有限公司
经　　销：全国新华书店
开　　本：185mm×260mm　　　印　张：15.5　　　字　数：358千字
版　　次：2015年11月第1版　　2021年6月第2版　　印　次：2024年3月第2次印刷
定　　价：49.80元

产品编号：084965-01

前　言

《国际文化贸易》第 1 版由清华大学出版社于 2015 年 11 月出版。相比五年前，国际文化贸易活动出现了新的变化：更加深刻感受到当今是贸易打造的世界，也是文明互鉴、文化多样的世界。在文化内容产品的全球流通中，美国主导服务贸易、版权贸易的局面并未改变。然而，值得关注的是，近年来数字变革正推动中国传统文化借 TikTok 为代表的短视频平台，通过网络文学和游戏产品等数字文化产品向全球展现"中国文化符号"的新形象。伴随"一带一路"倡议，我国各类电视节目和文化节展也成为国际文化贸易的新生力量。为此，本书在第 2 版修订时试图将对上述现象的分析引入其中。

自 2009 年秋季开始，我每年为大四本科生讲解"国际文化贸易"课程，很自然地关注"国际文化贸易"及其相关领域的研究成果，并将其作为研究方向之一。此后的 2014 年春季，开始为研究生讲解"国际文化贸易研究"课程，这促使我不但从更深层次思考国际文化贸易领域的理论问题，而且更坚定了尽快完成教材编写的想法。由于国际文化贸易内容所兼具的文化与经济双重属性，使其对于国家治理、文化多样性维护、文化外交和文化认同方面来说皆具有战略意义。相比一般商品贸易的特殊性，单纯地将国际贸易理论应用在对国际文化商品（服务）贸易现象的分析，并不完全适用。那么，如何建构理论体系才能充分体现它的独立性呢？为此，本书试图从文化多样性和文化例外两个角度来阐述国际文化贸易的价值理论。正因如此，本书特包含了国际文化贸易战略管理和国际文化贸易政策工具两个部分。

在"国际文化贸易"教学中，学生们除了对基础理论和各国相关政策感兴趣外，也期望学到国际文化贸易实务内容，尤其是全球层面的具体特征。他们希望能够从国际文化贸易角度，分析全球文化集团跨国并购热潮、著名演艺团体的跨国表演服务、电视节目版权和游戏版权贸易的不同特征、新的国际区域自由贸易协议对全球文化贸易的影响等。这些内容均在本书的导论、国际文化贸易理论建构、国际文化贸易战略管理、国际文化贸易政策工具、国际文化贸易平台、国际文化贸易中介、国际文化贸易运行主体、国际版权贸易、国际文化服务贸易、国际文化产品贸易和数字经济中的文化贸易这十一章进行讲述。此外，我国对外文化贸易在全球贸易中处于何种水平？具有何种特征？如何扩大我国文化影响力？这些关于我国的文化贸易状况在书中以案例资料形式进行呈现。

本书第 2 版是基于多年对"国际文化贸易"课程的教学与研究积累，既是对相关研究成果的整理，也是对第 1 版的深化和扩展。但完稿之后，面临这个目标仍觉得力不从心，遗憾颇多，诸如：是否可以构建一种国际文化贸易理论？既区别于现有的国际贸易理论，又能被运用于阐释整本书稿中对国际文化贸易现象的分析？我国经济改革的进一步深化，自由贸易区的多处设立，对于我国对外文化贸易又有何推动作用？对这两个问题的解答不仅需要扎实的经济学、文化研究和政策科学的理论基础，还需要持续努力去跟踪观察。因此，本书既是总结前期教学与研究的已有心得，也是面向未来继续实践的新起点。

成书之际，再次感谢我的博士导师上海交通大学安泰经济与管理学院的田澎教授，他引领我真正迈上学术之路，提供给我立志终身从事研究的机会，以及进入文化产业领域研究的机会。也要再次由衷感谢上海交通大学胡惠林教授。胡惠林教授作为我博士后期间的合作导师，在我的博士后研究期间，已指定我接替他为大四本科生讲解"国际文化贸易"课程，正是这样的机会让我进入国际文化贸易的研究领域。同时，也要由衷感谢曾听我讲解"国际文化贸易"（研究生课程"国际文化贸易研究"）的上海交通大学文化产业管理专业的本科生和研究生们，我正是在与他们的教学互长中不断强化对相关问题的进一步思考。

在此，也要诚挚感谢清华大学出版社的工作人员，特别是杜春杰老师一直耐心指导和信任，并多次细致反馈校稿意见。他们的辛勤劳动和付出使此书再次得以出版。

非常感谢我的工作单位——上海交通大学媒体与传播学院，提供了潜心研究学术的优越环境及快速进步的研究平台，感谢所有曾以各种方式帮助过我、鼓励过我的优秀同事和真诚的朋友，是他们的善待与厚爱让我一直心存感恩，期盼明天！

"中国大学 MOOC"和"好大学在线"的在线课程"国际文化贸易：文化贸易的力量"与此书配套，敬请各位同人及学员提出宝贵的批评意见。最后，把深深的感谢留给我挚爱的家人，在他们的相伴和鼓励下，我完成此稿，并立志在此领域继续下去。

王　婧

2020 年 6 月 11 日

目 录

第一章 导论 1
学习目标 1
导言 1
第一节 国际文化贸易的形成与发展 1
 一、文化交流与国际文化贸易 2
 二、工业革命与国际文化贸易 4
 三、全球化与国际文化贸易 5
 四、数字化与国际文化贸易 8
第二节 国际文化贸易当今特征 10
 一、美国在国际文化贸易中优势明显 11
 二、跨国公司是国际文化贸易的重要主体 12
 三、版权贸易是国际文化贸易的主要内容 13
 四、国际文化贸易空间分布不平衡 15
第三节 "国际文化贸易"概念辨析 16
 一、国际贸易中的文化因素 16
 二、国际服务贸易 17
 三、国际知识产权贸易 19
第四节 《国际文化贸易（第2版）》内容安排 20
 一、国际文化贸易的研究特征 20
 二、"国际文化贸易"的课程特征 23
案例/专栏 24
本章小结 30
综合练习 31
推荐阅读资料 31

第二章 国际文化贸易理论建构 32
学习目标 32
导言 32
第一节 国际文化贸易基础理论 33

  一、国际分工理论 33
  二、比较优势理论与要素禀赋理论 35
  三、对国际文化贸易现象的解释 36
 第二节 国际文化贸易核心理论 37
  一、规模经济理论 37
  二、产业内贸易理论 38
  三、偏好相似理论 39
  四、价值链理论 40
  五、竞争优势理论 41
  六、对国际文化贸易现象的解释 42
 第三节 国际文化贸易价值理论 43
  一、文化例外论 44
  二、文化多样性 45
  三、文化折扣 46
 案例/专栏 48
 本章小结 51
 综合练习 52
 推荐阅读资料 52

第三章 国际文化贸易战略管理 53
 学习目标 53
 导言 53
 第一节 国际文化贸易法律文本 53
  一、WTO 的三大政策文本 54
  二、UNESCO 的《文化多样性公约》 56
  三、WTO 与 UNESCO 对文化贸易政策冲突的协调 57
 第二节 国际文化贸易的战略意义 58
  一、国际文化贸易促进经济发展 58
  二、国际文化贸易改善国家形象 59
  三、国际文化贸易有助文化外交 60
 第三节 国际文化贸易战略举措 62
  一、战略高度 62
  二、法律支持 64
 案例/专栏 65
 本章小结 72

综合练习 72
推荐阅读资料 73

第四章　国际文化贸易政策工具 74
学习目标 74
导言 74
第一节　内部型的政策工具 74
一、各类资助 74
二、财政补贴 76
三、税收优惠 77
第二节　外部型的政策工具 78
一、进口配额 79
二、出口管制 80
三、经济特区 80
第三节　社会辅助政策工具 81
一、行业组织 82
二、人才培养 83
三、海外营销 84
案例/专栏 85
本章小结 90
综合练习 90
推荐阅读资料 91

第五章　国际文化贸易平台 92
学习目标 92
导言 92
第一节　国际图书交易平台 92
一、德国法兰克福国际书展 93
二、意大利博洛尼亚儿童国际书展 93
三、美国BEA书展 94
四、英国伦敦书展 95
第二节　国际电影交易平台 96
一、美国电影市场 96
二、戛纳国际电影节 97
三、柏林国际电影节 98

  第三节 国际电视节目交易平台 98
    一、MIP-TV 99
    二、NATPE 99
    三、MIPCOM 99
  第四节 国际艺术交易平台 100
    一、德国科隆国际艺术博览会 100
    二、瑞士巴塞尔国际艺术博览会 100
    三、法国巴黎国际当代艺术博览会 101
    四、美国芝加哥国际艺术博览会 101
  案例/专栏 102
  本章小结 111
  综合练习 111
  推荐阅读资料 112

第六章 国际文化贸易中介 113
  学习目标 113
  导言 113
  第一节 文化经纪人及其经纪活动 113
    一、文化经纪人的概念及形式 113
    二、文化经纪人及其活动作用 115
    三、国外文化经纪行业协会与功能 115
  第二节 国际文化经纪实务 117
    一、国外演出经纪活动的运作程序 117
    二、国际艺术经纪活动的运作程序 119
  第三节 国际主要文化经纪公司 124
    一、国际演出经纪跨国公司的经营管理 124
    二、艺术品经纪跨国公司的经营管理 129
  案例/专栏 131
  本章小结 137
  综合练习 138
  推荐阅读资料 138

第七章 国际文化贸易运行主体 139
  学习目标 139
  导言 139

第一节　跨国文化资本运营 ... 140
　　　　一、文化资本概念及特征 ... 140
　　　　二、文化资本交易模式 ... 141
　　　　三、跨国文化资本经营模式 ... 142
　　第二节　文化资本的跨国并购 ... 142
　　　　一、并购定义概述 ... 144
　　　　二、并购的主要方式 ... 145
　　　　三、跨国文化并购的文化考量 ... 145
　　第三节　主要跨国文化集团的并购 ... 147
　　　　一、时代华纳（现为华纳媒体集团） ... 147
　　　　二、贝塔斯曼集团 ... 149
　　　　三、迪士尼 ... 151
　　案例/专栏 ... 152
　　本章小结 ... 160
　　综合练习 ... 160
　　推荐阅读资料 ... 161

第八章　国际版权贸易 ... 162
　　学习目标 ... 162
　　导言 ... 162
　　第一节　国际版权贸易相关概念 ... 163
　　　　一、国际版权贸易特征 ... 163
　　　　二、美国版权结算中心 ... 165
　　　　三、英国"版权集成中心" ... 167
　　第二节　国际版权贸易形式 ... 168
　　　　一、版权许可与转让 ... 168
　　　　二、版权转口贸易 ... 170
　　　　三、版权平行进口 ... 170
　　第三节　主要版权贸易内容 ... 171
　　　　一、图书版权贸易 ... 171
　　　　二、影视版权贸易 ... 174
　　　　三、游戏版权贸易 ... 176
　　案例/专栏 ... 179
　　本章小结 ... 183
　　综合练习 ... 184

推荐阅读资料 ... 184

第九章　国际文化服务贸易 ... 185
学习目标 ... 185
导言 ... 185
第一节　国际文化服务贸易特征 ... 185
　　一、文化服务贸易总体特征 ... 186
　　二、文化服务贸易分项特征 ... 188
第二节　全球艺术表演市场 ... 190
　　一、百老汇 ... 190
　　二、伦敦西区 ... 192
　　三、太阳马戏团 ... 193
案例/专栏 ... 195
本章小结 ... 200
综合练习 ... 201
推荐阅读资料 ... 201

第十章　国际文化产品贸易 ... 202
学习目标 ... 202
导言 ... 202
第一节　国际文化产品贸易特征 ... 202
　　一、文化产品贸易总体特征 ... 203
　　二、文化产品贸易空间特征 ... 205
第二节　中国文化产品出口特征 ... 206
　　一、中国文化产品出口总体特征 ... 206
　　二、中国文化产品出口结构特征 ... 207
　　三、中国与"一带一路"国家文化产品出口特征 ... 209
　　四、中国文化产品出口特征的理论解释 ... 210
案例/专栏 ... 211
本章小结 ... 212
综合练习 ... 213
推荐阅读资料 ... 213

第十一章　数字经济中的文化贸易 ... 214
学习目标 ... 214
导言 ... 214

第一节　数字经济对文化贸易的技术影响 214
　　一、数字技术对国际文化商品贸易的影响 215
　　二、数字技术对国际文化服务贸易的影响 216
第二节　数字经济对文化贸易的制度影响 218
　　一、跨境数据流动及限制 218
　　二、审查措施 219
　　三、数据保护和隐私保护问题 220
　　四、知识产权保护 221
案例/专栏 221
本章小结 225
综合练习 225
推荐阅读资料 226

参考文献 **227**

第一章

导论

通过对本章的学习,学生应掌握如下内容:
1. 国际文化贸易的形成与发展;
2. 国际文化贸易的发展特征;
3. 国际文化贸易的研究内容。

随着全球化和信息化的加速推进,国际文化贸易成为全球服务贸易和世界贸易的重要组成部分。国际文化贸易不仅是一个经济活动过程,还蕴含着丰富的文化内涵,是经济与文化互动的过程。世界主要发达国家在面对经济不振、城市衰退和外交受阻等困境时,无一不通过制定文化战略寻求实现经济复苏、促进出口和改变国家形象等途径。英国的"创意经济"战略,美国的文化全球战略,日本、韩国的"文化立国"战略,它们的实施与成功均离不开通向世界的对外文化贸易。文化贸易在国际经济中地位的不断上升和对文化影响力的不断渗透,正逐渐成为国际竞争的战略重点。

国际文化贸易是随着社会文明进步和文化发展而不断演进的,从最初的有形文化产品贸易到当今无形的版权贸易,每一种文化贸易方式的变迁,每一种新的文化贸易内容的产生,都是人类文明的一次演进,无不依赖于人类技术进步、观念革新和文化交流与合作,是文明和文化进步的产物和表现。国际文化贸易的形成发展与国际文化贸易的当前特征,决定了"国际文化贸易"课程的内容安排。

第一节 国际文化贸易的形成与发展

随着人类文明的进步,国内贸易发展和国际贸易的经济活动是与不同文明、文化的相互交流和相互融合的过程。国际贸易是国与国之间文明交流的最早方式之一,是国际文明交流的先驱形式,与各地的民族文化、宗教文化、政治文化、科技文化、文学艺术,乃至风俗习惯都紧密联系在一起。就国际贸易而言,其文化特质更为凸显,文化作用更为重要。国际文化贸易作为国际贸易的重要组成部分,它的起源同样始于国际文化交流、工业革命、全球化和数字化。

一、文化交流与国际文化贸易

贸易互动与多元文化交流相伴而生,跨文化贸易是人类历史上的重要经济与文化内容。文化交流一方面促进了艺术、科学以及技术领域的变化发展,另一方面也促进了不同文化背景贸易双方的安全保障。贸易双方不仅是社会的经济主体,也是社会的文化主体。追溯国际文化贸易与文化交流的源头,首先想到的就是闻名于世、誉满古今的丝绸之路。

15 世纪以前的东西方文化交流,从交流的规模、物质技术水平及其影响看,大致分为三个阶段。第一阶段:公元前 2 世纪至公元 7 世纪。丝绸之路是这个时期的和平贸易文化交流之路。第二阶段:11 世纪至 14 世纪。此阶段是东西方主要国家封建社会繁荣时期,东西方各国或者由于使节与商旅往来彼此联系密切,或者相互征服与掠夺,促进了文化交流。例如唐与南亚及东南亚、十字军东征(1096—1270 年)、蒙古西征(13 世纪)和马可·波罗东游(13 世纪)等。第三阶段:15 世纪。此阶段是世界进入大航海的时代,又是世界文化交流发生巨变的时代,也是世界市场和世界历史形成的时代,如地理大发现、郑和下西洋等。

丝绸之路,即东自我国西汉的长安(今西安),横贯亚欧大陆,西达地中海东岸的君士坦丁堡和意大利的一条商路。它的直线距离约为 9000 千米,实际长度超过 1.2 万千米。这是一条沟通当时世界上两个最大的国家——东方汉朝和西方古罗马,联结欧、亚、非三个大陆,推动东西方文明融汇交流的通道。丝路贸易是古代欧亚大陆广阔地域内各个国家、地区、民族经济交往的一种主要方式。总体上看,丝路贸易大致包含古代东西方之间(居间转手贸易,属于国际商品交换,贸易对象主要为丝绸、珠宝、香料等奢侈品和土特产品)、中国与中亚、南亚诸国之间(国际商品交换和民族贸易),以及中国西北地区各民族之间(西北民族贸易)这样三个相互联系、相互交叉渗透的不同内容和层次的商品贸易。从丝路贸易本身来看,丝路贸易的过程同时是文化交流的过程。欧亚碰撞所产生的文化交流胜景令人惊叹。[①] 丝路国际贸易所贩运的商品凝聚了各个民族、各个国家的文化成分,商品的流通和使用过程就是文化传播和扩展的过程,如从中国输出的丝绸、陶瓷、纸张、漆器、铁器、各类手工艺品、钱币、药材等物品,本身就是中国人所创造的物质文化。此外,在丝路贸易的过程中,商人在传播文化方面也发挥了突出的作用。从丝路贸易与文化的相互影响看,丝路贸易促成古代东西方文化汇流,文化汇流也对丝路贸易的发展产生了影响。另外,从社会分工角度看,这一时期的社会完成了手工业和农业的分离、商业的独立两次大的社会分工,由此促进了地区分工。城市的兴起和地区性贸易中心的出现成为这一时期

---

① 彼得·弗兰科潘. 丝绸之路:一部全新的世界史[M]. 杭州:浙江大学出版社,2016:6.

典型的现象①。城市形成了区别于农村的、以手工业文化和商业文化为代表的城市文化。

如果说丝绸之路是古代东西方经济与文化交流的主要通道,那么"地理大发现"则是开启了近代西方与东方,乃至世界文明交往的新纪元。"地理大发现"是生产力发展的产物,是商品经济发展的客观需要,也是在西方文化深刻影响下促成的。"地理大发现"导致了国际贸易革命性的变化,也使欧洲的商业文化在整个世界大放异彩,而且国际贸易与文化的共融不再局限于局部地域,而是呈全球发展趋势。"地理大发现"是指15世纪末和16世纪初西欧各国航海家和冒险家在地理方面的重大发现,主要包括新航路的发现、新大陆的发现和环绕地球航行三个重大历史事件。"地理大发现"使西半球和东半球、新大陆和旧大陆联系起来,扩大了世界各地区和各民族之间的经济文化交流,使世界成为不可分割的整体。"地理大发现"最直接的结果之一,就是开启了国际贸易与文化共融的全球化趋势。随着新航路的开辟,欧洲成为世界贸易活动中心,大大促进了商品文化的渗透性和外来优秀文化的普及与传播,有力地促进了东方农耕文化与欧洲商业文化的交融,提升了欧洲文化水平。此外,"地理大发现"导致了贸易领域的"商业革命",最明显的标志首先是贸易额大幅度增长,其次是国际流通中商品种类的激增。丝织业、钟表业、印刷业等新工业开始在欧洲兴盛,并出现了最早的世界市场。17世纪末,造纸业、印刷业有了快速发展,但直到19世纪前,这一时期的文化主要还是精英文化和城市文化。

跨国文化交流的历史源远流长,但从二战后运用文化交流到外交领域还是新鲜的想法。从文化政治角度看文化交流,纯粹意义上的文化活动与宣传活动之间的区别非常细微,严格将其区分极其困难,目前也无国际通行的区分标准。但鉴于美国在二战前后与冷战中,成功运用多种类文化交流项目增强软实力的做法,吸引学者对其成功经验进行分析②。据美国国务院称,美国政府的文化交流项目包括三种类型:第一种类型的重点是增进美国国民与他国国民的相互理解,为此强调加深外国对美国理解的重要性。以这种类型为中心的事业,重点在于将美国文化尽可能表述得浅显易懂,让外国人觉得美国很亲切。第二种类型的前提是,如果外国人能够理解美国人和美国文化以及美国人的生活方式的话,那么他对美国的敌意就会消失,对美国的行动所抱有的不信任感也会消失。文化交流项目的第二种类型包含带有教育性质的项目,属于纯粹的学术性活动。"教育性"的项目如果没有同时包含私人对美国文化产生共鸣的项目就不能算完整的。因此,第一种类型和第二种类型在实施时必须相互联系。文化交流项目的第三种类型是,为了达成裁军和原子能的和平利

---

① 冯子标,焦斌龙. 分工、比较优势与文化产业发展[M]. 北京:商务印书馆,2005:125.

② 参见文献:Van Riper, P.P.(1950) The Cultural Exchange Program[J]. The Annals of the American Academy of Political and Social Science 267(1): 98-105; Frederick C. Barghoorn(1967)Cultural Exchanges between Communist Countries and the United States[J]. The Annals of the American Academy of Political and Social Science 372(1): 113-123; Jacob Canter(1969) Our Cultural "Exports": A View of the United States Exchange Program[J]. The Annals of the American Academy of Political and Social Science 384(1): 85-95; Kevin V. Mulcahy (1999) Cultural Diplomacy and the Exchange Programs: 1938-1978[J]. The Journal of Arts Management, Law, and Society, 29:1, 7-28; Yale Richmond (2005) Cultural Exchange and the Cold War: How the Arts Influenced Policy[J]. The Journal of Arts Management, Law, and Society, 35: 3, 239-245; Maialen Goirizelaia (2020) Public Diplomacy by Educational and Cultural Exchange Programs[J]. Place Branding and Public Diplomacy (2020) 16: 279-287.

用等美国外交政策的特定目的而开展的文化宣传活动,又称"情报媒体服务"。1953年以后,第三种类型项目主要由美国新闻署(United States Information Agency,USIA)掌管。美国新闻署在海外播放广播节目,在国外维持、运营信息中心,向国外听众提供电影、电视节目、新闻报道方面的资料、宣传单和杂志等,其目的是最大限度地利用大众媒体,用浅显易懂的方式向海外传达美国的政治目的。美国政府在运用这三种类型的文化交流项目、努力传播美国良好形象的同时,通过"真理运动"更正海外民众对美国的"错误"印象。政府特别将重点放到软实力方面,将美国国民在艺术、文学、音乐、社会科学等领域取得的创造性成果广泛地介绍到海外[①]。

此外,联合国教科文组织总干事费德里科·马约尔认为:在冷战结束后,文化交流变得特别重要:新的因素正在使不同的文化更加密切地接触。全球动荡打破了阻碍运动的旧政治障碍。人们可以自由旅行,信息可以在需要的地方流动。与此同时,通信技术的巨大进步创造了一个能够将信息、声音和图像从地球上任何一点传送到其他任何一点的全球网络[②]。

二、工业革命与国际文化贸易

肇始于1800年的科技革命以及机器工厂的发展形成了机器大工业分工、国际分工与精神需求增长的时期。这一时期的国际贸易,从交易范围来说,囊括了世界大部分地区的贸易;从交易时间来看,是经常的、频繁的往来贸易;从交易的商品种类来说,是供人民生活用的大宗消费品和供短暂生产用的原材料、工具、设备等;从交易规模来看,远远大于以前的少数国家之间的贸易量。1820—1870年,世界人均GDP增长率达到了0.53%,比前一阶段增加了约10倍[③],人类的物质需求得到了极大满足,精神需求开始兴起,尤其是处于社会顶层的贵族的精神需求开始大大释放。同时,机器化革命使人们的闲暇时间由手工时期的15%增至23%以上,从而为精神需求的产生提供了时间保障[④]。此外,机能分工在机器大工业分工基础上获得了进一步发展,生产过程的智力同体力劳动相分离,智力变成资本支配劳动,智力劳动成为处于支配性地位的劳动形式。在其吸引下,从事精神文化产品生产和服务的人逐渐增多,精神文化产业的生产开始具备了产业基础。由此,第一次科技革命引领了国际文化贸易由产生到现代国际文化贸易形成的过渡阶段。

第二次科技革命引领了现代国际文化贸易的形成。世界发生了以电的发明和应用为主要标志、以重化工业发展为中心的第二次科技革命,大大推动了分工的发展,带来了生产组织和社会经济结构的变化,并对外扩展推动了国际分工格局的变化。在此过程中,精神文化发展也借助科技革命取得了突飞猛进的发展。首先,复制技术的产生,为商业文化的发展提供技术支持。印刷技术在这一时期借助新的工业动力获得了大力发展,同时,第二

---

① 松田武. 战后美国在日本的软实力:半永久性依存的起源[M]. 金琮轩,译. 北京:商务印书馆,2014:119-121.
② Mona Khademi (1999). The Importance of International Cultural Exchanges: Some Normative Considerations[J]. The Journal of Arts Management, Law, and Society, 29: 1, 47-52.
③ 郎永清. 产业结构调整中的经济增长[D]. 西安:西北大学,2005:11.
④ 孟晓驷. 文化产业发展机理解析[N]. 光明日报,2004-06-02(B2).

代复制技术，即以广播、电视、录音、录像为代表的复制技术获得了发展。1876年，亚历山大·贝尔通过发明电报并取得专利而开始垄断性服务，标志着第二代媒介的产生。20世纪20年代，贝尔电话公司开始了无线电广播事业。录音带、录像带等文化产品开始出现。这些复制技术的发展逐步使文化的大范围传播成为可能，使文化发展获得了直接的技术支持。其次，电的发明和采用延长了人们的休闲时间，为文化发展提供了时间基础。据统计，电力机械使闲暇时间由机器大工业时期的23%增至41%[1]。最后，电力技术推动下的工业化进程带来了城市化的快速发展，城市规模和功能得到逐步扩张和完善，与闲暇时间的增加结合起来，越来越多的人产生了享受文化的要求，要求文化走出精英面向大众。

当代国际文化贸易的发展是由第三次科技革命引领的。第三次科技革命使人类彻底摆脱体力等自然条件的束缚，开始真正进入智力和知识阶段，知识逐步成为社会的主宰。分工的演化直接带动商业文化向文化产业转变。传媒技术的发展为商业文化向文化产业的转变提供了技术支持。这一时期，计算机技术的发展使传媒技术获得了大力发展，以广播、电视为代表的第三代媒介出现，并开始为社会提供服务，从而大大拓展了各类文化产品创作和保存的可能性与空间，使商业文化拓展为文化产业具备了技术上的可能。20世纪70年代以来社会产业结构的最大特点是第三产业的发展。

21世纪以来，以互联网、大数据、云计算、物联网等新一代信息技术广泛应用为特征的第四次工业革命推动了传统文化生产模式和文化组织模式变革，促使全球文化价值链分解、融合和创新，使国际产业文化分工的"微笑曲线"发生变形，各环节附加值也相应发生变化。强大的人工智能算法和机器学习技术令一切变得更快、更高效。如果说人工智能是新型"电力"，那么5G就是确保这些技术发挥最佳性能所需的输配基础设施。一方面，新技术将从消费向生产渗透，带来全要素效率升级，提升消费体验和资源利用效率；另一方面，新一代信息技术与文化创意领域的结合，催生了O2O、分享经济等新模式，新业态持续涌现[2]。第四次工业革命带来的技术优势有助于文化产品生产和消费更便捷和从更深层次走向国际市场。由此，伴随着全球贸易中心的重新布局，全球文化贸易竞争格局也将发生变化。

三、全球化与国际文化贸易

全球化以不可抗拒的力量席卷着这个世界上的一切领域和地域，它通过生产全球化、市场全球化、资本全球化和传播全球化加快并深化了国际文化贸易进程，为更大规模的文化产品与服务贸易提供现实可能。全球文化贸易的市场规模扩大了，技术进步也在不断创造新的文化产品，进而丰富全球文化贸易的内容与形式。自20世纪80年代以来，文化商品的国际贸易成倍增长。1980—2014年，印刷品、文献、音乐、视觉艺术、电影、摄影、广播、电视、游戏和体育用品的年度出口额从475.01亿美元增长到2532亿美元[3]。

---

[1] 李涛. 文化产业背景下的文化艺术生产问题研究[D]. 济南：山东师范大学，2009：18.
[2] 孙佳山. 5G时代到来，数字文化产业加速转型升级[N]. 中国文化报，2019-11-30（3）.
[3] 数据由 *International flows of selected cultural goods 1980—1998* 和 *Reshaping Cultural Polices: Advancing Creativity for Development* 整理而成.

全球化进程的深化也加剧了国际文化贸易中的两种现象：一是跨国文化集团已超越国家，成为文化资本纽带联结的多国市场活动主体。全球化带动跨国文化集团迅速发展，全球文化市场成为它们的共同目标。无论是在财富500强还是福布斯500强的排名中，均有跨国文化集团进入，且跨区域、跨行业的并购也是跨国集团实现全球化的主要途径。全球化为跨国公司与地方性媒介之间越来越紧密的联系提供了宏观语境。二是文化传播的"马太效应"使得全球化下的国际文化贸易与文化多样化之间的融合面临前所未有的挑战。全球化与文化传播向度的单维化相伴而行。2000年，联合国开发计划署发表的《人文发展报告》称："当今的文化传播失去平衡，呈现出从富国向穷国传播一边倒的趋势。"教科文组织总干事松浦晃一郎也指出："全球化为各国分享文化及创造才能提供了巨大的空间，但显然并不是所有的国家都能抓住这个机会。如果不向这些国家提供支持，帮助它们参与文化贸易，它们的文化声音将继续受到排挤和并被孤立。"①文化传播往往是与经济实力联系在一起的，发达国家和发达地区一直处于文化传播的中心地位。全球化加剧了文化传播由发达经济体向落后经济体传递思想和价值观念的现象。在传播信息流量上，发达国家、发达地区也占据绝对优势。据统计，发达国家、发达地区传播的信息占据了世界信息总流量的80%以上，其中世界上最发达的国家——美国则占据了60%以上。②然而，需要指出的是，文化传播强者恒强、弱者恒弱的马太效应是需要改变的。因为文化多样性和文化包容性才是实现世界和平与文明共存的主要因素，世界文化离不开各民族文化的融入支持。正如制定保持生物多样性的政策对于保护自然界生态系统和物种多样性十分必要一样，只有相应的文化政策才能保护文化多样性，防止出现单一的同质的文化。由塞缪尔·亨廷顿在1993年提出的"文明的冲突"伴随着全球化的步伐愈演愈烈，已反映在政治、经济和日常生活等各领域。其中，国际文化贸易往往成为冲突最集中体现的经济领域。

学者们普遍认为，由于技术和当代传播的进步，各国人民、各种社会活动、各跨国公司和各国政府之间出现了无限的接触机会和互动关系，并因此极大地影响了世界各个国家的国内和国际政策。所谓全球化的趋势，起初便是打破传统壁垒森严的国界，将世界各国的资源、资本、劳动力和产品汇合在一起，形成国际大市场和全球性流通现象的一种趋势。这个趋势包含了多领域的脚步，如市场的全球化（例如可口可乐、麦当劳的行销世界）、生产的全球化（例如跨国公司在全球设立）、财政的全球化（例如国际货币基金组织在协调世界货币体系中的作用）和传播的全球化（例如美国有线电视新闻网——CNN的全球传播）。全球化创造了无限的机会，诱人的庞大市场的丰厚利润催促着跨国集团的不断涌现，如可口可乐、麦当劳、耐克、索尼等。同时，这些跨国公司也在促进全球化进程的深入发展。全球化正以不可抗拒的力量席卷着这个世界上的一切领域和地域，包括媒介。而且，在全球化的趋势中，媒介起着不可代替的中心作用。著名传播学者麦克卢汉早就有了传播将造就"全球村"的预言。法国学者沙奈（Chesnai）指出，"在全球化（Globalization）、技术革命（Technological Revolution）和民主化（Democratization）这三个方面，媒介和传

---

① 李怀亮. 国际文化贸易概论[M]. 北京：高等教育出版社，2006：29.
② 戴元光，邱宝林. 全球化语境下中国电影文化传播策略检讨[J]. 现代传播，2004（2）：49-53.

播都扮演着核心的甚至是限定性的角色。如果没有一个全球性的商业传媒系统（Global Commercial Media System）来推进全球市场并鼓励消费，经济和文化全球化大概就不可能发生。"自20世纪80年代初期开始，随着真正的全球商业媒介市场的出现，媒体业发生了戏剧性的重新组合。一个全球公司在超出一个国家的市场经营时，在其成本和声誉上，比纯粹立足国内的公司拥有人力和文化资源、生产成本、后勤、营销和财务上的更多优势。由于信息技术的发展，世界联系日益密切，跨国界的融合和渗透、扩张和并购趋势日渐频繁。而卫星技术的兴起，更是为广播电视的全球性扩张提供了便利条件。在美国等发达国家，本国的媒介市场或是已经达到饱和，或是业内竞争环境恶劣，对外扩张成为必然的趋势。毫无疑问，一个媒体全球化的时代已经到来。

所谓媒体全球化，有三层基本含义。首先，具有全球营运的媒体公司。美国国会在1996年通过的《电信法》引起了媒体政策的具体变化，许多媒体公司开始兼并与收购。迪士尼、时代华纳和维亚康姆都开始实行多元化，购买电视网络、电影制片机构、有线电视和其他媒体企业。由此，这些公司拥有了从媒体产品的生产、配送到展出的一条龙服务的设施和能力。这些媒介集团具有了在全球各个角落营运的能力。其次，媒体全球化意味着世界各地都能够收看不同的媒体节目。科学技术在通信领域产生了巨大进步，尤其是卫星电视的兴起与成熟，媒体产品的流通迅速超越了国界，几乎可以同步流向世界各个角落。尽管某些国家出于种种安全因素的考虑还限制着国外媒体节目在本国的传播，但全球大趋势是媒体市场正在以一定的速度趋于融为一体。例如，关于美国"9·11"事件的报道可以在短短几分钟就通过卫星讯号传输到世界的每一个角落。再次，全球节目正在兴起。科学技术的进步促使信息流通超越了地理界线的阻碍，全球性媒体在各个国家都分外活跃起来。例如，全球音乐电视台（也称音乐电视网，Music Television，MTV）制作的一些音乐节目就时常提供给旗下的各电视台，让全世界不同国家的观众看到同样的节目。在这三层基本含义中，通常认为全球范围运营的媒体公司的出现是媒体全球化的核心内容，也是全球化电视节目生存的平台。全球范围运行的媒体公司需要全球资本的支持，这也表征了跨国文化资本带动的全球化跨国文化集团迅速发展现象。2018年的美国反垄断法院裁决无条件批准AT&T以850亿美元收购时代华纳，与2019年的迪士尼宣布对21世纪福克斯710亿美元收购正式生效，既是延续全球化宏观环境下跨国文化集团之间的频繁并购现象，也体现出跨国文化资本的更趋高度垄断化与向数字领域聚合化的新特征。

此外，全球化也带来了世界上多数国家均必须遵守的贸易规则，世界贸易组织（World Trade Organization，WTO）即最佳例证。其中，WTO谈判中所倡导的"自由贸易"与"文化例外"的争论，表明了处于全球化环境中的国际文化贸易并非单纯的经济活动，它更具有对国家认同和文化认同的政治意义。塞缪尔·亨廷顿提出的"文明的冲突"强调文化在塑造全球政治中的主要作用，它唤起了人们对文化因素的注意。同时在全世界，人们正在根据文化来重新界定自己的认同[①]。然而，伴随着全球复杂经济形势的不断变幻，世界范围的自由贸易市场范围和不同区域的多边贸易组织形式得到不断更新和创建，2018年11月，美

---

① HUNTINGTON S P. 文明的冲突[M]. 北京：新华出版社，2013：1.

国、墨西哥与加拿大签署的《美墨加贸易协定》(The United States-Mexico-Canada Agreement，USMCA)①替代此前的《北美自由贸易协议》(North American Free Trade Agreement，NAFTA)。其中，第 15 章"跨国服务贸易"的附录中明确"墨西哥享有'文化例外'"。第 18 章"电信业"中明确"保留《加拿大投资法》中规定的加拿大对直接收购加拿大所有企业（包括电信运营商）控制权的审查门槛和审查标准"。在新的国际经济制度构建中，文化商品和服务条款是重要和特别的谈判内容。一方面，从宏观层次上，通过不断改进和完善既有的国际组织框架寻求国际政治架构的改进，促使文化贸易在全球治理中发挥作用；另一方面，从微观层次上，通过取消关税和配额等具体促进自由贸易的条款来影响全球文化市场的价格机制，促进文化资源、文化商品和服务的全球自由流动。

四、数字化与国际文化贸易

不同时期的国际文化贸易具有不同的主导因素。例如，源于文化交流的国际文化贸易由异质文化资源所主导，工业革命时期的国际文化贸易由于社会分工而产生比较优势，全球化时代的国际文化贸易由主要跨国公司控制的全球价值链所主导。进入 21 世纪的国际文化贸易，则由数字化方式所主导。

数字技术起源于 20 世纪 40 年代后期，经过六十多年的发展，计算机、通信和信息处理技术结合起来推动着数字技术的迅速发展。进入 21 世纪，云计算、大数据、人工智能等互联网技术日新月异，开辟了崭新的数字化时代，引领全球经济加速转型和变革。数字经济已爆炸性地渗透到人类生产生活的各个领域，作为经济全球化和数字经济的必然产物，数字贸易这一新型贸易模式诞生了。2013 年，美国国际贸易委员会（USITC）在《美国和全球经济中的数字贸易》报告中首次把数字贸易定义为通过互联网传输而实现的产品和服务的商业活动，既包括以互联网为媒介传输产品和服务的国内商业活动，也包括以互联网为媒介传输产品和服务的国际贸易。2017 年，USITC 在《全球数字贸易：市场机遇与主要贸易限制》报告中进一步完善了数字贸易在 2013 年的定义，指出其是任何行业的公司通过互联网进行产品和服务的交付，以及如智能手机和互联网传感器等相关产品的交付，它虽然包括电子商务平台提供的相关产品和服务，但排除了网络订购的实体产品和其数字附属品②。

一方面，数字技术改变了货物贸易的方式。虽然数字贸易仍然要受到比较优势、信息不对称和贸易壁垒的限制，然而，数字技术降低了信息的共享成本。将价值链上的不同参与者相互连接起来，有助于减少参与国际市场的障碍，转变比较资源优势，引领新的商业模式。数字平台正在迅速替代传统的中间商，将供应和消费连接起来，例如亚马逊、eBay 和阿里巴巴，帮助中小企业和消费者更直接地参与国际贸易。这些平台有助于减少搜寻成本和信息不对称，解决市场的很多限制性问题，帮助企业尤其是中小企业承担与出口相关

---

① 国际贸易投资新规则与自贸试验区建设团队. 全球数字贸易促进指数报告[M]. 上海：立信会计出版社，2019：4.
② 陈超凡，刘浩. 全球数字贸易发展态势、限制因素及中国对策[J]. 理论学刊，2018（5）：48-55.

的成本，这对发展中国家的企业来说是一个重要因素。另一方面，数字技术改变了服务的生产和交付方式。数字化革新了生产服务的跨境合作过程，并通过数字平台和实体设备提供了一种新的交付方式①。因此，服务贸易种类增加，包括音乐、电子书和网络游戏等流量服务。同时，如区块链等新兴技术也有可能进一步改变国际贸易的内容。

美国数字经济在全球雄踞榜首②，这主要源于它完整的产业链和处于垄断的芯片与操作系统技术。数字经济和数字贸易在推动美国经济复苏、增加就业以及提升社会福利方面起着重要的作用。USITC 测算显示，数字贸易对美国实际 GDP 的贡献率达到 3.4%~4.8%，并增加了 240 万个就业岗位。美国数字贸易也展现出巨大的发展潜力，2007—2017 年美国数字贸易出口年均增长率在 26%左右，其增长速度超过了传统的商品和服务贸易；2017 年美国数字贸易（不包括数字商品）出口达到 4390 亿美元，占美国服务贸易出口的比重达到 57.63%；2017 年美国数字贸易（不包括数字商品）进口达到 2600 亿美元，占美国服务贸易进口总额的 50.39%；2017 年美国数字服务贸易的顺差达到 1790 亿美元，占美国服务贸易顺差总额的 72.85%。同时，美国拥有全球最大的云计算服务市场规模，占据全球云计算行业规模的 60%左右，主导着全球云计算服务行业。

数字化方式下的国际文化贸易体现出三个方面的特征：一是文化贸易主体从原来实体企业对企业之间网络的跨境交付转向各种类型的电子商务，其中 B2C 已经成为国际贸易的主要组成部分，甚至出现 C2C 这样的国际贸易类型；二是数字的跨境流动成为国际贸易的影响因素，无论是文化商品贸易，还是文化服务贸易，都依赖于网络订阅或者购物以及网络链接所需要的跨境数据传输；三是服务贸易和国内商业服务之间的边界越来越模糊，并且服务提供商提供服务的方式日趋多样化和个性化。

数字化成为文化产品全球流通和全球传播的技术工具，但其实它还可能是一个创造新型文化的场景工具。数字时代关于文化的几项关键要素：订阅、推荐、算法、交流、新型版权以及内容的质量，均更加明确地揭示出，曾经作为一种"文化产品"的文化现在正逐渐变为一种"服务"③。以国际市场的音乐产业为例，从今往后的音乐产业发展已离不开数字技术。目前，音乐产业主要存在三种商业模式：第一类模式是免费的数字化的"智能电台"（Smart Radio），该服务支持在线收听，但无法提供下载，主要收入来自广告与版权；第二类模式可支持付费下载单曲或转机；第三类模式则只需订阅流媒体、包月下载或通过程序应用，即可享受无限服务。智能电台模式为消费者带来了众多便利，尤其是它的服务是免费的，这种模式仍然存在不足之处，大多数音乐的报酬比较低。在免费收听的模式下，艺术家们获得的版税远低于付费服务模式下的版税。如此，网络电台正遍地开花，专业性也在不断加强。由苹果公司推广开来的付费下载模式遭遇了瓶颈。诚然，这是一项决定性的发明，集四项革新于一体：一种全新的音乐文件播放器；一项提供更完美因子的新型编码模式；一个简历免费个人数据库以及音乐购买空间的平台；最后是最大的创新之

---

① 李俊. 全球服务贸易发展指数报告 (2018). 北京：社会科学文献出版社, 2018: 191-192.
② 王振, 惠志斌. 全球数字经济竞争力发展报告[M]. 北京：社会科学文献出版社, 2019: 103.
③ 弗雷德里克·马特尔. 智能：互联网时代的文化疆域[M]. 左玉冰, 译. 北京：商务印书馆, 2015: 194.

处——音乐销售的自选性——可以按单曲销售而不是一次销售一张专辑。然而，苹果品牌的这项伟大创新如今也面临发展瓶颈。尽管苹果音乐频道在在线音乐购买领域仍占主导地位（占付费下载市场的三分之二），但它似乎已经不再符合消费者的实际需求。最后还剩下订阅模式。尽管这一模式目前还无法弥补音乐产业的损失，无法挽救唱片公司的颓势（英国的HMV音像制品公司、美国的博德斯集团以及法国的Virgin都相继破产），但它可能是这个行业持续发展的一种解决方案。如今，许多网络平台已占据订阅市场，谷歌推出了谷歌音乐商店，微软开发了跨平台数字音乐流式服务，索尼拥有索尼音乐无限网站，苹果公司的苹果音乐广播也正朝订阅模式转变，如同亚马逊的亚马逊会员服务（Amazon Prime）的免邮费服务以及云服务那样①。

虽然数字化下的互联网全球化与疆域化并行，但在大众娱乐产业，数字世界比模拟世界更加有助驱动流行，成功巩固了娱乐产业已取得的"成功"。尤其是在电影产业，数字化和主流文化相互补充：通过抹去国界并将内容全球化，使其面向全球受众。这种现象再次确立了美国的主导地位——美国仅在加利福尼亚州就拥有好莱坞和硅谷这两个生产主流娱乐和全球化新兴互联网企业的机器。美国化趋势不仅存在于电影和电子游戏领域，还存在于电视、媒体、音乐和出版行业。

第二节　国际文化贸易当今特征

世界文化竞争逐渐激烈，最终这将是一场通过互联网而展开的全球内容贸易战争。这场为软实力而发动的战争却表现出力量的极度不平衡。这场战争主要是占据主导地位的国家之间为确保各自的地位而开启的战争，这些国家虽然为数不多，但却占有全球绝大部分的贸易份额；再者，这场战争还是占据主导地位的国家与新兴国家之间的政府之战，旨在确保对那些文化产品与文化服务产量极低甚至没有的国家民众实施影响与梦想的控制；同时，这场战争也是通过文化与信息的传播来赢取新的地区影响力而展开的战争。

关于内容产品的国际贸易数量，迄今为止尚无完整的统计。国际货币基金组织（International Monetary Fund，IMF）、世界贸易组织（WTO）、联合国教科文组织（UNESCO）以及世界银行（World Bank Group，WBG）的数据显示，美国向各地出口的内容产品约占世界出口总额的50%。如果将加拿大和墨西哥统计在内，那么北美在整个贸易中占据了统治地位（约占世界出口贸易总额的60%），因此没有任何对手可以与之抗衡。北美之后的潜在竞争对手欧盟27国的实力似乎正日趋衰微，仅占出口的三分之一。另外十几个国家位居其后，仍然存在很大差距，它们在世界内容贸易中还没有占据重要地位，这些国家分别是日本、中国、韩国、俄罗斯和澳大利亚。②尽管巴西、印度、埃及、南非和海湾国家现已大大提高了进口的数量，并且在国内也大力发展创意产业，但这些国家还不能被视为

---

① 弗雷德里克·马特尔. 智能：互联网时代的文化疆域[M]. 左玉冰，译. 北京：商务印书馆，2015：206.
② 弗雷德里克·马特尔. 主流：谁将打赢全球文化战争[M]. 刘成富，等译. 北京：商务印书馆，2012：366-367.

重要的内容出口国。通常，出口文化产品、服务以及信息的国家一般也是这些文化内容的进口国。然而各国国情却不尽相同：美国保持着巨大的贸易顺差（第一大出口国，第五大进口国）。相反，作为第一大进口团体的欧盟出口却位居第二。例如，在欧盟，其内部的进出口总额要高于与欧盟之外国家的进出口总额。全球化不仅加速文化的美国化以及新型国家的涌现，还刺激了信息与地区文化的交流。这种交流不仅是全球性的，而且也在国与国之间展开。国际文化贸易的统计数据低估了目前的发展状况。这些数据非常不完整。收集数据与比较数据的方法存在诸多问题，显然这些统计数据常以美元计价。如果仅仅根据外汇金额而不是依据已经销售的图书或者电影票的数量来衡量文化贸易额，自然会使所有新兴的经济相形之下都会显得微不足道。例如，每年全世界销售 36 亿张宝莱坞电影票，而售出的好莱坞电影票仅有 26 亿张；但是若要比较票房收入，印度 2016 年票房仅为 100 亿卢比（约 10 亿元人民币），而好莱坞则高达 286 亿美元。最后一点，如果说涉及物质化的商品贸易的国际统计难以令人信服，那么关于信息、服务、电视以及互联网的统计方面的效率就更为低下，对盗版的相关统计更低了。内容的全球化是一个缺乏足够分析研究的现象，因此必须考虑纳入其他更多的衡量因素来评估其影响，如引用量、传播形式和叙述代码、价值观以及代表性思想①。

全球化和信息化加速了国际文化贸易发展进程，也推进并形成了现有国际文化贸易的格局和特征。

一、美国在国际文化贸易中优势明显

美国在国际文化贸易中的优势地位主要集中在版权产业，尤其是核心版权产业②。根据《美国经济中的版权产业报告 2018》，2014—2017 年的核心版权产值年均增长率为 5.23%，高于全部版权产业增长率（4.26%）和当年的 GDP 增长率（2.3%）。同时，美国核心版权产业的出口创汇能力也超过其他主要产业部门（见图 1-1）。此外，美国核心版权产业在国际文化贸易中的优势也体现在对全球文化市场的主导③。根据 WTO 的统计，2012 年美国音乐产品出口占全球的 14%，而我国同期音乐产品出口仅占全球音乐产品出口的 4%，同时我国电影音像服务出口不足美国电影音像服务出口额的 1%。④

美国文化内容产品的强劲国际竞争优势，一是源于美国自身规模巨大的文化市场，其使文化产品制造可以在境内达到规模经济，这也是美国电影优势于欧洲各国、韩国和日本等的主要原因。二是美国的良好创新氛围与创新能力。美国不仅将文化产业发展看作增长经济的力量，也是推动国家创新的力量。无论是软件版权出口、席卷全球市场、取材世界文化资源的好莱坞大片，还是引领世界信息革命的互联网、引领世界娱乐业的迪士尼乐园、引领一种新生活消费模式的苹果手机，这些事物均源于传统文化资源匮乏的美国，这足以

---

① 弗雷德里克·马特尔．主流：谁将打赢全球文化战争[M]．刘成富，等译．北京：商务印书馆，2012：366-367．
② 核心版权产业主要包括音乐唱片、电影、电视和音像，软件出版及非软件出版（报纸、图书和期刊）。
③ SIWEK S E. Copyright Industries in the U.S. Economy: the 2018 Report[R]. International Intellectual Property Alliance: 15.
④ 崔艳新．推动我国文化出口"量质"齐升[N]．国际商报，2014-04-25（A2）．

表明美国整体的创新能力之强。三是美国具有掌控世界资本、营销网络以及优秀人才的跨国文化公司。在 2019 年美国企业 500 强中，华特迪士尼（Walt Disney）、21 世纪福克斯（Twenty-First Century Fox）、网飞（Netflix）、哥伦比亚广播集团（CBS Corporation）、维亚康姆（Viacom）、莱恩娱乐（Live Nation Entertainment）、探索传播公司（Discovery Communications, Inc.）、自由传媒（Liberty Media）、动视暴雪（Activision Blizzard）、iHertMedia、米高梅集团（MGM Resorts International）、新闻集团（News Corportation）和凯撒娱乐（Caesars Entertainment）这几家公司入围。这几家跨国文化企业的营业收入达到 2054.7 亿美元，利润为 240.04 亿美元①，接近 2019 年全球票房收入的 5 倍②、2019 年全球音乐产业收入的 10 倍③。同时，美国政府将文化贸易视作国家战略一部分来重视，例如国家艺术基金（NEA）的设立、对国外文化交流项目的支持、将文化贸易谈判与自由贸易谈判结合等战略举措，均促使美国的文化贸易领先其他各国。

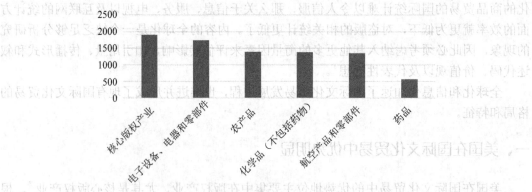

图 1-1　2017 年美国部分产业出口收入（单位：亿美元）

二、跨国公司是国际文化贸易的重要主体

当前全球文化战争已不是国与国的竞争，而是分布全球的产业集聚和引导全球价值链的跨国文化集团之间的竞争。在实现国际文化贸易活动的众多主体中，跨国公司是具有垄断地位的重要主体。目前，美国、日本以及西欧国家的跨国公司囊括了全球文化贸易的三分之二以上，全球 50 家媒体娱乐公司就占据了 95%以上的国际文化市场④。

自 20 世纪 90 年代后期，跨国公司发展迅速。根据《财富》杂志评选的全球 500 强来看，1995 年没有一家文化企业入围，而 1996 年，已有华特迪士尼、维亚康姆和哈瓦斯三家跨国企业入围，到 1997 年，更是增加时代华纳和新闻集团两家跨国企业。此后至今的二十多年时间，入围全球 500 强的跨国文化公司目录虽时有波动，但总体数量上保持在 5~8 家。不过从 2016 年开始，入围跨国文化集团的数目分别为 3（2016 年）、4（2017 年）、

---

① 由《财富》杂志官方网站（http://fortune.com/fortune500/）整理所得。
② 2019 年全球票房 425 亿美元。
③ https://www.ifpi.org/ifpi-issues-annual-global-music-report/.
④ 雷兴长，曹文环. 当今文化贸易国际格局特征分析[J]. 社科纵横，2008，23（10）：29-31.

3（2018 年）和 2（2019 年）。其中，除了 2017 年腾讯和 2019 年的 Financière de l'Odet 公司入围外，其余均为美国公司。

跨国公司能够主导国际文化贸易，主要源于通过主导全球价值链和国际分工，掌控全球文化资本和营销网络，从而形成面向全球市场的规模经济。例如，时代华纳可以对 15 个国家用多种语言提供电视服务，并拥有唱片业务居世界首位的华纳音乐公司。此外，它拥有丰富的服务对象资源，包括 12 000 万杂志读者、32 万互联网用户、10 亿多 CNN 观众、3500 万 HBO（付费电视网）订户、1300 万有线电视用户以及 32 万多"公路信使"用户。时代华纳公司下属的美国在线作为世界最大的互联网服务提供商，用 7 种语言向全球 15 个国家提供服务，交互技术开发居世界领先地位，拥有世界最大的拨号窄带网络与全球下载数量最大的音乐播放器。美国在线拥有 2000 万注册用户，在欧洲的用户达到 600 万。美国在线在德国的 DSL（宽带）用户就超过了 100 万。时代华纳公司下属的有线电视 CNN 的覆盖面涉及全球 15 亿人口、212 个国家和地区[①]。2016 年 10 月，AT&T 宣布以每股 107.50 美元、总权益达 854 亿美元的价格收购传媒巨头时代华纳。本次收购将采用一半现金一半股权的方式，如果再加上时代华纳 220 亿美元的债务，AT&T 将为加速转型成为一家媒体巨头付出 1087 亿美元的代价。[②] AT&T 是美国最大的本地和长途电话公司。在 2016 年的第三季度财务报表中，AT&T 创下 408.9 亿美元的营收奇迹，同比增幅达 4.6%，AT&T 将业绩归功于 2015 年对卫星电视提供商 DirectTV 的收购。[③] 时代华纳目前向全美 1280 万名用户提供有线电视业务，在杂志发行方面也有很大的影响力。目前发行的杂志超过 64 种，并且在全美最畅销的 5 本杂志中，时代华纳公司就占据了 4 本。时代华纳在影视娱乐业务上同样有很高的建树，其旗下的音乐集团十分有名，并且在故事片、电视、家庭录像、动画以及生产、商标许可方面一直居于全球领先地位，被 AT&T 收购的时代华纳已被改名为华纳集团（Warner Media）。

此外，跨国公司多通过多次的拆分重组聚合而成。多样化经营和价值链延长往往是其赢得和保持利润的有效方式。从国际文化贸易现状看，发达国家主导了文化经济的消费和流通环节，成为国际文化贸易的主体。其通过注重培育文化贸易中介，搭建促进文化商品流通的文化贸易平台，培养有丰富运营能力的文化经纪人，使自身处于文化价值链的高端环节，从而使得国际文化贸易空间形成了发达国家强、非发达国家弱的空间格局。而往往由于人们对文化多样性的保护、对民族文化的崇尚和对流行文化的追逐，使得不同空间的消费者消费不同特色但相同功用的文化产品。

三、版权贸易是国际文化贸易的主要内容

虽然核心版权产业与文化产业二者之间的统计范畴并不一致，但随着知识经济的到来，版权贸易仍然构成了国际文化贸易的主要内容。版权贸易成为国际文化贸易的重要内

[①] 雷兴长，曹文环. 当今文化贸易国际格局特征分析[J]. 社科纵横，2008，23（10）：29-31.
[②] 黄瑞珑，南金伟. 从 AT&T 并购时代华纳看国内电信运营商转型之路[J]. 经贸实践，2017（15）：177.
[③] 南金伟，黄瑞珑. 从文化融合角度看 AT&T 并购时代华纳[J]. 财政与金融，2017（8）：57.

容,一方面是由于其对当地经济的重要影响力。从产值来讲,一个国家的版权产业增加值往往大于该国的文化产业增加值。以美国为例,2012年,美国核心版权产业增加值贡献美国GDP首次超过1万亿美元(10 156亿美元),占美国当年经济总量的6.48%。版权产业整体贡献美国GDP达到17 650亿美元,占贡献美国经济的11.25%[①]。到2017年,美国核心版权产业增加值贡献美国GDP已经达到13 283亿美元,占美国GDP的6.85%。美国整体版权产业增加值达到22 474亿美元,占贡献美国经济的11.59%[②]。与之相似,2018年中国版权行业增加值达6.63万亿元,占当年GDP比重为7.37%。其中,核心版权产业的行业增加值已突破4万亿元(4.17万亿元),占全国GDP的4.63%[③],超过当年中国文化产业增加值及其占GDP比重(2018年,文化产业增加值38 737亿元,占GDP比重为4.48%)。

另一方面是由于它的多种贸易形式,主要包含影视版权、游戏版权、图书版权和音乐唱片版权等,而各类文化节庆会展则成为达成版权贸易的主要平台,如法兰克福书展、戛纳电影节和诺维奇游戏节等。以德国法兰克福书展为例,该书展吸引来自百余个国家近万名参展商和数以十万计的观众,达成的版权交易占世界全年版权交易总量的75%以上[④]。1961年戛纳电影节开辟了"国际电影市场",成为世界各国的电影商洽谈业务、出售和获得电影版权的场所[⑤],但2008年以来的经济危机及新生代的观影模式变化也波及到电影市场的繁荣。

同时,版权可延长价值链的功能及全球知识产权保护力度的增大也是促进版权贸易的动因。2019年北美地区票房大盘落在了113.6亿美元,但在2016年,授权开发商品的产值就近2629亿美元[⑥],其中很大一部分是电影衍生品贡献的。在美国,衍生品的收入高达电影总收入的70%,远超电影票房两倍多[⑦]。美国迪士尼公司是版权创造财富的典范,自1930年以300美元售出第一份米奇和米妮形象在玩具、书籍和服装商的使用权后,如今的迪士尼全球拥有3000多家授权商,销售超过10万种与迪士尼卡通形象有关的产品,品牌授权已成为迪士尼利润的重要来源[⑧]。迪士尼实现"一家独大",旗下6部电影票房超10亿美元,迪士尼2019年全球票房收入已突破100亿美元,接近美国2018年票房总额(118亿美元)。这一成绩把华纳等老牌好莱坞片商远远甩在身后。此外,迪士尼还进军流媒体市场,从网飞等平台手中收回《复仇者联盟》等影片版权,然后使其成为旗下流媒体平台"迪士尼+"的独家内容。另外同步制作《猎鹰与冬兵》《曼达洛人》等IP衍生剧,再加上在华特·迪士尼时代积攒下的白雪公主和米奇俱乐部等影视资源,迪士尼的成功模式让华纳等传统片商纷纷开始效仿。

[①] SIWEK S E. Copyright Industries in the U.S. Economy: the 2013 Report[R]. International Intellectual Property Alliance: 2.
[②] SIWEK S E. Copyright Industries in the U.S. Economy: the 2018 Report[R]. International Intellectual Property Alliance: 3.
[③] 石璐言. 2018年中国版权产业增加值占GDP比重为7.37%[EB/OL]. (2019-12-30). http://www.gov.cn/xinwen/2019-12/30/content_5465147.htm.
[④] 景晓萌. 法兰克福书展:"故事"驱动中国[N]. 中国文化报, 2012-08-11 (4).
[⑤] 庆贺. 流动人口子女教育问题研究:以兰州市东部市场地区为例[J]. 社科纵横, 2008 (10): 25-28, 31.
[⑥] https://www.sohu.com/a/144416809_679559.
[⑦] 陈爽. 国内电影衍生品市场,谁来承包? [N]. 信息时报, 2014-07-13 (A11).
[⑧] 袁学伦. 迪士尼财富生产链:循环的轮次收入模式[J]. 经济导刊, 2012 (Z2): 58-59.

四、国际文化贸易空间分布不平衡

国际文化贸易是文化产品与服务的空间流动，空间维度是形成国际文化贸易理论必要的考量要素。当前国际文化贸易空间不平衡可从以下两个维度来分析。

（1）发达国家与发展中国家之间的文化贸易不平衡。当前国际文化贸易的空间不平衡主要表现为发达国家居于文化贸易市场的活跃地位，这使其文化产品与服务内涵中价值体系和价值观念居于世界的核心地位。从原因来讲，首先，文化贸易的空间不平衡与南北经济发展不平衡有关。文化消费需求的旺盛是国民生活水平提高的相应结果，根据国际经验，当人均GDP在1000美元以下时，居民消费主要以物质消费为主；当人均GDP在3000美元左右时，进入物质消费和精神文化消费并重时期；当人均GDP超过5000美元时，居民的消费转向精神文化消费为主的时期。发达国家是已经完成或基本完成工业化阶段的国家，它们拥有较高经济、社会福利和生活水平，该类国家的经济主要由服务业构成。因此，这种现象是社会和经济发展水平相差悬殊的必然结果。其次，文化贸易的空间不平衡也与教育和知识水平发展失衡有关。在国际文化产品贸易中，发达国家具有绝对优势的产品多数以艺术品和知识密集的文化产品为主，如图1-2所示。以联合国贸易和发展会议（United Nations Conference on Trade and Development，UNCTAD）发布的2015年创意产品出口数据为例，发达国家在视听产品、表演艺术、出版和视觉艺术产品四种创意产品的出口比例（依次分别为0.6803、0.5833、0.7620和0.7910）高于所有创意产品的出口比例（0.4740）。但另一方面也要看到发达国家在上述产品类别出口上的领先优势，相比2002年有所缩小。

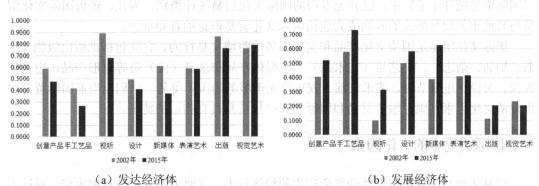

图 1-2　发达经济体与发展经济体在创意产品出口中所占的比例[①]

（2）文化贸易集中国际化大城市的空间不平衡，这主要源于文化产业的繁荣在城市。城市的文化产业机构往往以空间集聚的形态存在，它通过提升城市文化资本而吸引众多游客，从而成为实现文化旅游服务贸易顺差的主要方式。2015年，纽约市常住人口约为850万人，游客却连续6年创新高，2015年增至约6000万人。促使2015年百老汇为纽约经济贡献的125.7亿美元中，逾98亿美元是由将百老汇作为到纽约旅游理由的游客所消费支出

---

① 根据联合国贸发组织创意经济全球数据库发布2015年数据整理所得。

的[1]。与之相似，博物馆/美术馆是吸引海外游客到伦敦的第二个因素（第一个因素是更广泛的历史/遗产），37%的游客认为博物馆/美术馆是他们决定访问伦敦的一个重要因素[2]。此外，阿姆斯特丹、柏林和维也纳的博物馆群、洛杉矶的好莱坞影城均是吸引增加旅游服务贸易的集群形态。

如果将欧洲各国孤立来看的话，尽管有英国、德国和法国的存在，欧洲的每一个国家在国际文化贸易中所占的份额很少，但一个由 27 国组成的统一的欧洲却影响力巨大：在文化产品出口方面，欧洲位居世界第二，仅次于美国，特别是欧洲人在欧洲各国之间大规模的文化贸易，为欧洲娱乐的内部市场的发展奠定了坚实的基础。然而，成功也仅止于此。欧洲文化产品的进口，尤其是从美国的进口，超出了欧洲文化产品的出口量，使其在文化贸易方面出现逆差（美国人从中大获收益）。数据表明，欧洲在音乐、电视和电影的出口方面，十多年来以每年 8%的速度在下降，呈现持续衰退的趋势（图书出版情况稍好）。面对欧洲 27 国的竞争，美国的 50 个州在相同领域却以每年 10%左右的速度在增长。于是贸易量节节下降的欧洲成为世界文化产品第一进口地区，而贸易量激增的美国却成为文化产品第一大出口国，遥遥领先，而且这些出口的产品都是首先在欧洲登陆[3]。

第三节　"国际文化贸易"概念辨析

当前并无关于国际文化贸易的权威定义和标准的统计分类。在现有 WTO 组织发布的《国际贸易统计年鉴》中，也并无专门的国际文化贸易统计类别。为此，辨析国际文化贸易与其他相关贸易形式的异同成为建构国际文化贸易理论的首要部分。

国际文化贸易是围绕文化产品和文化服务的跨境交易行为。它既包括纸质出版物（图书、期刊、杂志）、工艺品（艺术品）、多媒体产品和录音（像）带等有形产品，也包括版权、关税、电视节目、艺术表演、娱乐等无形服务的国际贸易。它们与当前国际贸易中出现的文化因素、国际服务贸易和国际知识产权贸易具有相似的特征。

一、国际贸易中的文化因素

贸易活动是一种依据理性动机所产生的经济行为，其要求贸易主体克服本能，通过不断学习而优化所进行的贸易活动。人类在创造贸易的同时，创造了与之相适应的文化。贸易方应该思考需求者的精神要求。对于贸易双方来说，任何一方都需要在对方专门制造物品时，尽可能周到地考虑因各自的文化差异而造成的消费心理差异和审美心理差异[4]。本

---

[1] 李怀亮，葛欣航. 美国文化全球扩张和渗透背景下的百老汇[J]. 红旗文稿，2016（13）：34-37.
[2] ZHANG H M, XU F F, LU L, et al. The spatial agglomeration of museums, a case study in London[J]. Journal of Heritage Tourism, 2017, 12(2): 172-190.
[3] 弗雷德里克·马特尔. 主流：谁将打赢全球文化战争[M]. 刘成富，等译. 北京：商务印书馆，2012：339-340.
[4] 张述传. 贸易文化论[M]. 武汉：武汉出版社，2009：2.

书中所辨析的并不是这种宽泛意义上的国际贸易中的文化因素,而是国际贸易客体及其所产生贸易行为的文化因素。

国际贸易是在跨文化环境中进行的经济交换活动,各种商品和服务构成了国际贸易的载体,而文化是凝结于商品或服务深层处的核心东西,因此,国际贸易不仅是商品和服务的交换过程,实质上也是商品文化价值的交换过程[①]。商品文化价值不仅取决于商品中所拥有的文化内涵、文化个性与文化特色,还取决于商品贸易的方式、效率和行为。

如果说国际文化贸易体现文化的经济化,那么国际贸易中的文化因素则呈现出经济的文化化。本书的国际贸易文化因素主要指两种形式:一种形式是国际贸易中的商品与服务自身彰显的文化符号,或者承载经过文化授权所获得的文化意义,它们在提供实用功能的同时也传递文化价值,例如饮食文化、服饰文化和迪士尼品牌的系列玩具。另一种形式是国际贸易中的商品,在它的构思设计、工艺技术和造型包装等诸多方面均体现出具有差异性和文化标识的价值观念、行为规范和思维方式,或者在国际交易过程中采用传递文化价值的贸易模式、贸易习俗和消费偏好,例如各地不同消费文化及不同市场营销中所需规避的市场禁忌。

没有单一的特征可以将与文化有关的产品和其他产品区分开来。实际上,具有文化层面的产品"序列",包括从电影到汽车、鞋、水泥和石油产品等。在类别纷繁复杂的产品贸易中,一方面,产品中包含文化因素,成为打开国际市场的手段;另一方面,国际贸易原则也包括向社会、法律或政治传统的传导,可能与文化准则挂钩。诸多世界知名品牌产品的良好销售业绩,往往得益于所属国通过影视、文学等大众文化传播与流行,进而在目标市场和消费者中形成的文化吸引力和文化认同感。由于一些交易中的货物和服务兼有经济和文化的价值(如审美、精神、历史、象征意义和本原性等形式的),某一种产品的文化价值,不仅可以体现在产品的性质上,或者由谁生产的,还可以体现在它是如何生产或消费的,或体现在它对本地特征发生影响的方式。这样的意义也使得规范贸易行为的各国和国际贸易政策呈现一定的文化理念。

二、国际服务贸易

由于服务本身及其国际交易的复杂性,不同学者及经济组织对服务贸易概念的界定存在不同观点。如陈宪认为"服务贸易是国与国之间服务业的贸易往来","在无形贸易中扣除要素服务贸易即为通常意义的服务贸易"[②],薛荣久指出"国际服务贸易是指国家之间相互提供的作为劳动活动的特殊使用价值"[③]。与之相比,一些重要的世界性经济组织对于"服务贸易"的解释更易成为"服务贸易"的概念,如联合国贸易与发展会议(UNCTAD)将国际服务贸易定义为:"货物的加工、装配、维修以及货币、人员、信息等生产要素为非本国居民提供服务并取得收入的活动,是一国与他国服务交换的行为。"北美自由贸易

[①] 罗能生. 全球化、国际贸易与文化互动[M]. 北京:中国经济出版社,2006:45.
[②] 刘庆林. 国际服务贸易[M]. 北京:人民邮电出版社,2004:3-6.
[③] 薛荣久. 国际贸易[M]. 成都:四川人民出版社,1993.

协定（NAFTA）则认为："服务贸易是指由国家或代表其他缔约方的一个人，在其境内或进入一缔约方所指定的一项服务。"而在国际货币基金组织（IMF）的国际收支手册中，对国际文化贸易有这样的描述——居民与非居民之间，有关个人、文化和娱乐服务交易细分为两类：一是声像和有关服务；二是其他文化和娱乐服务。第一类包括与（影片或录像带形式的）电影、收音机、（实况或提前录制的）电视节目和音乐录制品有关的活动。这里还包括租用费用的支出和收入，演员、导演、制片人等（或编表经济体中非居民）从作品在国外播放而得到的报酬，以及卖给传播媒介，在指定地点上映次数有限的播映权费用。有关戏剧、音乐作品、体育活动、马戏等活动的演员、制片人收到的费用，以及这些活动（电视、收音机节目等）的放映权费用也包括在内。第二类包括其他个人、文化和娱乐活动，如与博物馆、图书馆、档案馆以及其他文化、体育和娱乐有关的活动。这里还包括国外教师或医生提供的函授课程的费用。

虽然上述的国际服务贸易定义各不相同，但能较好地反映国际经济实践，有利于较完整的贸易统计。当前为各方普遍接受的一种定义是乌拉圭回合谈判重要成果之一——《服务贸易总协定》（GATS）中有关服务贸易的分类式表述。在1947年《关税及贸易总协定》（GATT）成立以后相当长的时间里，服务贸易都并未作为一个单独的领域列入其管辖范围，这段时期服务贸易的存在方式多被包含在其他贸易项下。虽然之前有关服务贸易是否可以作为单独的贸易领域进行考察的问题已经在以发达国家为主的特定范围的国家之间展开讨论，但直到乌拉圭回合谈判结束，这种情况才得到了根本的改观。从1995年起，服务贸易作为一个独立于货物贸易的单独领域，成为世界贸易组织多边谈判的重要组成部分。1994年4月15日达成的《服务贸易总协定》（General Agreement on Trade in Services，GATS）将服务贸易定义为（四种模式）：① 跨境交付（Cross Border Supply），即自一成员领土向任何其他成员领土提供服务；② 境外消费（Consumption Aboard），即在一个成员方领土内向任何其他成员方的服务消费者提供服务；③ 商业存在（Commercial Presence），即一成员的服务提供者通过在任何其他成员方领土内的商业存在提供当地化的服务；④ 自然人流动（Presence of Natural Persons），即一成员的服务提供者通过在任何其他成员领土内的自然人存在提供服务。GATS同时在《国际服务贸易分类表》中对文化服务做了如下划分：在商业服务中，有法律服务、软件服务、数据处理和数据库服务、广告服务、摄影服务、包装服务、印刷和出版服务；在视听服务中，有电影和录像的制作和分销服务、电影放映服务、广播和电视服务、广播和电视传输服务、录音服务；在娱乐、文化和体育服务（除视听服务外）中，有文娱服务、新闻社服务、图书馆服务、档案馆服务和其他文化服务、体育和娱乐服务。此外，近几年涌现出的文化会展服务、文化中介服务、文化咨询服务等新型服务以及相关的文化产品也属于文化服务的范围。因此，文化贸易是在服务贸易中涉及面广泛且新形态不断涌现的一个特殊部门。①

据统计，全球服务贸易出口在2009—2016年的平均增长率为4.55%，而同时期全球货物贸易出口的增长率为3.48%，低于服务贸易1.07个百分点。来自世界贸易组织的数据显

---

① 罗能生. 全球化、国际贸易与文化互动[M]. 北京：中国经济出版社，2006：210.

示，全球服务贸易出口规模在 2016 年高达 4.8 万亿美元，较 2015 年增长 0.38%，而 2016 年的全球货物出口规模和全球贸易出口规模分别较 2015 年降低 3.24% 和 2.42%，可见全球服务贸易出口已经成为世界贸易组织的主要推动力。2014—2016 年全球服务贸易出口分类统计显示，2014—2016 年全球与建筑、保险、养老、金融以及知识产权等相关的商业服务贸易份额逐渐扩大，并且已经占据了全球服务贸易的主导地位，2014 年其在全球服务贸易中所占份额为 52.75%，2015 年增长至 53.30%，2016 年增长至 53.74%。其中，其他商务服务出口规模占总量的 22.74%，电信出口额占总量的 10.25%，计算机与信息服务出口额占总量的 8.74%，金融服务和知识产权使用费出口额占总量的 6.53%。2016 年建筑服务出口额为 877.3 亿美元，虽然比 2015 年下降 8.71%，但是比 2015 年降幅收窄；2016 年文化娱乐出口总额为 453.4 亿美元，相比 2015 年增长 2.77%；保险和养老服务出口总额为 1215.9 亿美元，相比 2015 年增长 2.09%[①]。

三、国际知识产权贸易

随着科学技术的发展，人们逐渐认识到智力劳动成果和无形知识产权的重要性。一个国家的经济振兴，不仅取决于该国所拥有的自然资源和金融资本的多少，更取决于该国对知识劳动成果的保护程度。目前，知识产权已成为国际贸易的重要组成部分。

知识产权是对人类知识劳动成果的法律保护，"知识产权"（Intellectual Property）最早于 17 世纪由法国人卡普佐夫使用。知识产权是指公民或法人对其在科学、技术、文化、艺术等领域的发明、研究成果和作品依法享有的专有权，也就是人们对自己通过脑力劳动创造出来的智力成果所依法享有的权利。通常分为"工业产权"和"版权"两部分。1967 年 7 月 14 日在斯德哥尔摩签订的《建立世界知识产权组织公约》中规定，"知识产权"包括下列各项权利：① 文学、艺术和科学作品；② 表演艺术家的演出、录音和广播；③ 人类一切活动领域的发明；④ 科学发现；⑤ 工业品外观设计；⑥ 商标、服务商标以及厂商名称和标记；⑦ 制止不正当竞争。另外，还包括在工业、科学、文学或艺术领域内其他一切因知识活动而产生的权利[②]。世界贸易组织将知识产权贸易视为其三大支柱之一，作为世界贸易组织三大法律文本之一的《与贸易有关的知识产权协议》（Agreement on Trade-Related Aspects of Intellectual Property Rights，TRIPs）规定知识产权包括如下内容：版权、商标、地理标识、工业品外观设计、专利、集成电路布图设计、未披露的信息等。

知识产权贸易（Trade of Intellectual Property Rights）有广义与狭义之分。狭义的知识产权贸易是指以知识产权为标的（或者交易对象）的贸易，由于狭义的知识产权包括版权、专利和商标，因此狭义的知识产权贸易包括版权贸易、专利贸易和商标贸易。广义的知识产权贸易与货物贸易交叉，指知识产权产品贸易，也就是那些知识产权的价值占产品价值相当比例的产品的贸易，如附有高新技术的高附加值产品。许多高新技术产品则不仅涉及

---

① 陈璐. 全球服务贸易形势分析及展望[J]. 科学与财富，2018（21）.
② 陈昌柏. 国际知识产权贸易[M]. 南京：东南大学出版社，1994：1-6.

商标、版权，还涉及商业秘密和专利，如航天设备、半导体、芯片等。

国际知识产权贸易是指世界各国（地区）之间知识产权交换的活动。从一国（地区）的角度来看，它与世界其他国家（地区）之间的知识产权交换活动，称为知识产权对外贸易。知识产权贸易规模日益扩大，在国际贸易中的增长已经大于世界贸易总额的增长。WIPO（世界知识产权组织）的统计显示，世界各国之间所进行的主要以专利技术为主的许可证贸易方式的国际贸易额，1965 年为 20 亿美元，1975 年为 110 亿美元，1985 年为 500 亿美元，而到 1995 年就增长到 2500 亿美元，2000 年突破 6500 亿美元，平均不到 5 年就翻一番。新兴的最具代表性的高新技术和信息技术产业在全美经济产值中所占比例不到 10%，但它对经济增长实际所做的贡献却高达全美经济的 1/3[①]，知识产权在国际贸易中的地位变得越来越重要，它已成为世界主要国家参与经济竞争的重要手段。

第四节　《国际文化贸易（第 2 版）》内容安排

一、国际文化贸易的研究特征

自 20 世纪后半叶以来，全球文化战略作为国家竞争的重要力量已得到发达国家和发展中国家的普遍重视。"文化贸易"（Cultural Trade）作为实现全球文化战略的核心部分，也作为全球贸易规则中不可缺失的重要内容而获得了世界范围的认可（Dennis Browne，1999），如 2019 年第 5 期 International Journal of Cultural Policy 出版 "文化与贸易" 特刊，呈现这一持久论战主题下的美国、加拿大、欧盟、南非、拉美和中国六个案例的全球文化贸易战略。这一领域的丰富研究主要集中于以下五个层面：

第一，文化贸易对于人类进步、世界秩序等宏观格局的战略作用。在经济全球化时代，大量文化信息的跨国传递和社会影响是通过国际文化贸易来实现的。无论是塞缪尔·亨廷顿（2010，2016）论证文化在全球地缘政治格局中发挥的重要作用，还是弗雷德里克·马特尔（2012）深刻地阐述影响未来的全球文化竞争，都蕴含着从古至今多种文明冲突与融合中，文化贸易对于人类进步、世界秩序重建和各国文化交流所发挥的战略作用。

第二，国际文化贸易理念和文化贸易规则的演变。1988 年，美国、加拿大签订自由贸易协议时发生 "自由贸易" 与 "文化例外" 的理念冲突（Dennis Browne，1999；Franco Papandrea，1998；Andreu Mas-Colell，1999；J.P.Singh，2008），WTO 形成前的乌拉圭回合谈判最为激烈。以 2005 年 UNESCO 颁发的《文化多样性公约》为标志，"文化例外" 演变为 "文化多样性" 的主张（Peter，2011；Maria Trinidad, GarcíaLeiva，2017；P. Zapatero Miguel & M. Petz，2018）。伴随着数字化的浪潮，数字文化贸易成为理论研究和市场开发的前沿领域（Tania Voon，2006；Fiona Macmillan，2014；Kimberlee Weatherall，2015）。

[①] 叶留娟，赵有广. 国际知识产权贸易在世界经济发展中的作用[J]. 黑龙江对外经贸，2008（4）：53-55.

美国在文化产业、全球文化贸易和数字产业的绝对优势，促使美国在数字贸易上坚持与文化贸易中相似的"自由贸易"立场。数字贸易是数字经济发展到一定阶段的产物和结果。2013年7月和2014年8月，美国国际贸易委员会先后在两份《美国与全球数字贸易》中，定义并修正了国际贸易概念。数字贸易依托互联网所体现的自由化和开放性特征与传统制度产生一定的不适应。美国曾经坚持不限制数字网络，通过数字网络，文化内容将越来越多地传播和获取。并且，在"负面清单"谈判方式下，美国贸易协定的缔约国获得了一系列不同的措施。然而，只有少数几个国家（主要是工业国家）获得了数字例外，而这种情况又使得人们对美国数字贸易政策对于发展中国家的适用性产生了疑问（Gilbert Gagné，2019）。需要指出的是，近年来的"国家安全"概念泛化极大损害了数字贸易利益。特朗普政府以维护国家安全为由，对中国媒体平台在美国的活动施加限制[①]，这也表明了美国"数字贸易自由化"准则的双重标准。

第三，主要国家的对外文化贸易政策及其效果。颜子悦主编的"国际文化版图研究文库"丛书展现了丰富的相关内容，其中，以美国全球文化战略为核心，多本著作分析美国在电影、图书、艺术品等领域的对外输出等，以及面对英国、法国、苏联、日本等国所采取的对外文化贸易战略。另外，多国自身的文化贸易战略也成为研究主题，如法国的"文化多样性"及非洲文化贸易。从制度层面看，如电影配额等具体文化政策的国际比较也成为一种研究类别（Chung Insun，2018）。它们展现了美日欧等主要发达国家结合全球战略高度制定对外文化贸易政策，也阐明了中国等新兴大国在全球文化贸易格局中占有了越来越重要的份额。

第四，国际文化贸易内容、结构和主要影响因素的相关研究。就国际文化贸易内容而言，版权贸易是其主要内容，也是国际文化贸易研究的主要方面。版权贸易是20世纪90年代以来的主要贸易内容，这种现实特征在学术研究上也得到体现，关于版权贸易的文献不但数量逐年递增，而且研究主题从最初的艺术贸易、图书贸易和电视节目贸易拓展到电视节目模板贸易（Jean K.Chalaby，2011）、电影贸易（Jae Eun Chung，2011）和在线游戏贸易（Holin Lin & Chuen-Tsai Sun，2011），版权贸易正成为学者们关注的重点，这与现实中版权贸易是国际文化贸易的主要内容相一致。就国际文化贸易结构而言，一种是替代以往的双边关系研究，更加关注国际文化贸易中的多边关系，如以1996—2004年的国际电影贸易为例，用网络分析法分析贸易结构的多边关系（Jae Eun Chung，2011）。另一种是以32个OECD（经济合作与发展组织）国家，以及中国的内地和香港之间所形成的电影贸易地区结构分析（Junho H. Choi，Sang-Woo Lee & Bum-SOO Chon，2012）。此外，针对国际文化贸易的主要影响因素分析，可以分为两个层次：一是分析一国文化贸易的强势原因，如Colin Hoskins & Rolf Mirus（1988）剖析了美国在国际电视节目贸易中占主导地位的原因。二是将文化折扣与文化距离作为影响国际文化贸易的主要因素进行深入探讨和考证，如Francies L.F. Lee（2008）探讨了好莱坞电影在东亚地区的文化折扣问题，Roger White & Dedassa Tadessa

---

① 卢树群. 美国国家安全顾问声称 美对中国APP禁令预计"终将执行"[N]. 2020-11-24（15）.

(2008)基于引力修正模型分析了双边文化贸易中的文化距离要素的影响。

上述研究内容主要基于国际贸易理论、文化历史学、政策科学、文化理论等学科，采用案例分析、国际贸易理论模型、计量经济分析技术和网络分析方法得以实现。此外，新兴文化出口国或者某一国家的强势文化出口类别也得到关注。如韩国文化产品出口（Shi Young Lee，Eun-mee Kim & Sung Hee Jun，2009）、英国流行艺术贸易（Lisa Tickner，2012）、德国的图书贸易（Veronika Licher，2012）和美国的电影出口（Krishna P. Jayakar & David Waterman，2012）等。我国文化贸易虽已得到国外学者的关注（Michael Keane，2005），但是专注于中国文化贸易的文献还相对少见，Jingxia Shi & Weidong Chen（2011）以中国出版和声像产品为例，分析了文化产品独特性与贸易义务普遍性的矛盾。

第五，中国对外文化贸易战略相关研究。它缘起于改革开放后开展以图书、期刊为主要类型的国际文化商品贸易，展开了提升对外文化开放水平的讨论。直到21世纪，在世纪之交，文化"走出去"战略作为面对WTO的中国文化管理政策选择而被提出，并且首次提出了"制定国家长远的实施对外文化贸易战略"（胡惠林，2010）。进入21世纪，我国有越来越多的学者关注对外文化贸易战略研究（李怀亮，2002）；高等教育出版社、清华大学出版社、中国传媒大学出版社等出版了多视角的系列国际文化贸易教材。伴随近十年国内外环境变化，思考对外文化贸易战略渐成学者关注的研究动态。如"一带一路"倡议下的对外文化贸易战略已成为近年主要研究热点（花建，2015）。

不过近十多年来，更多的国内学者相继展开对我国文化贸易的研究。除了已有学者发表《国际文化贸易理论教程》《国际文化贸易研究》《国际电视节目贸易》等系列专著外，也有学术论文分析我国文化逆差原因、文化贸易竞争力评价、文化"走出去"战略、文化贸易创新模式、文化贸易影响因素和文化贸易结构、核心文化贸易与经济增长关系、特定地区和特定行业的文化贸易等内容。从研究方法上，也逐渐从规范性分析、对策性分析和案例分析等定性方法，深化到运用包括引力修正模型、林德模型对我国文化贸易进行实证分析，用计量经济学模型对国际贸易理论适用于解决文化贸易问题进行论证。灰色关联分析的系统科学方法和重叠需求因子也被应用到我国文化贸易的影响因素分析。

综上所述的研究成果，对于我们认识国际文化贸易有了很多借鉴作用。近年来在世界经济复杂形势下，邻国韩国凭借国际文化贸易提升文化软实力，通过文化内容输出增强其他商品的整体国际竞争力，从而带动国家经济发展。对比韩国所取得的成绩，我国文化对外贸易存在如下问题：以文化制造产品和加工贸易方式出口为主，承载文化内容的版权输出则难以短期内扭转文化逆差，且尚未完全走进西方主流文化市场。图书版权的引进国和数量与输出国和数量存在着非常明显的失衡现象。我们不得不深入思考：如何促进中华文化走出去？什么样的国际贸易理论适用于解决中国文化贸易问题？由此，对比国内同类教材，原理构建与政策解读是本教材的突破，与时俱进与案例剖析是本教材的特色。教材中构建了原理体系，并基于该体系形成章节结构和课程方案。原理体系中的重要组成部分有：从国家文化战略和国家文化安全高度，解读世界主要发达国家的文化贸易政策、世界贸易组织（WTO）和联合国文教组织的相关文化政策文本，并剖析产生的背景、实施现状和后续影响。

二、"国际文化贸易"的课程特征

"国际文化贸易"是集理论性、政策性和实务性为一体的专业核心课程。20 世纪 90 年代以来，国际文化贸易在国际竞争中的重要地位逐渐显现。然而，与国际贸易理论的不断丰富和完善、国际服务贸易理论的已有构建相比，该课程的理论体系尚未统一、原理性相对缺乏，如何体现课程的系统性和理论性是讲解中的主要难点。同时，我国改革不断深入、文化出口相对弱势明显，学生进行文化贸易实践的机会日益增多，但对文化贸易从理论到政策还知之较少，如何从战略高度理解讲解内容成为本课程建设的重点。为此，本书的原理构建和政策解读缓解了本课程的难点和重点。此外，新的国际贸易组织不断形成、我国的文化贸易政策不断出台，面对不断变化的新环境和复杂形势，通过典型案例、数字地图和数据表格等多种方式尽可能呈现与时俱进和生动的课程内容，从而使学生更易理解本课程的意义及运用课程知识解决实际问题。国际文化贸易是一个跨学科领域，它不仅涉及文学、艺术，而且涉及经济学、国际法学等诸多学科。

国际文化贸易理论是本书的基础核心内容，它一方面吸收经济学和管理学中的经典理论来解释国际文化贸易的经济现象，而且也吸收文化理论来体现国际文化贸易的价值意义。正是国际文化贸易区别于一般国际贸易的经济与文化双重属性，在各国的国家治理中发挥战略作用，各国政府都采取多种促进和保护文化贸易的政策工具。国际文化贸易的发生需借助文化贸易平台与中介两个载体，跨国文化集团是主要的国际文化贸易活动主体，版权贸易是国际文化贸易的主要内容。同时，文化服务贸易和文化商品贸易也是国际文化贸易的主要客体。随着数字经济的到来，文化贸易的具体表现也被予以关注。图 1-3 所示的内容架构勾画了本课程的具体教学安排，理论、政策与实务的三位一体结合正是本书的内容特色。此外，鉴于中国文化产品出口居于全球文化商品贸易的核心地位，除了第十章内容以中国为例外，其余中国对外贸易内容均在每章末的案例/专栏中予以呈现，立足国际视角也是本书的特色之一。

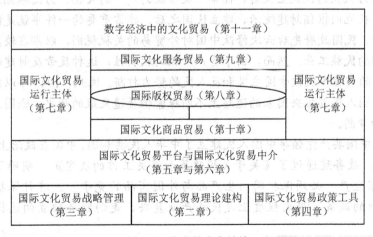

图 1-3　本书的内容结构

中国的对外贸易与对外文化贸易

【核心提示】2001年,经过长达十五年的艰苦谈判,中国加入了世界贸易组织。这标志着中国坚定地选择了一条发展社会主义市场经济、融入世界的道路。经过十余年的发展,中国对外贸易助力实现国富民强的"中国梦",但面临中国新常态的宏观环境格局,需要升级当前中国贸易模式和结构。同时由于服务贸易和文化贸易在国际竞争中愈加凸显的重要地位,中国对外文化贸易担负促进中国经济可持续发展及担当塑造国家形象的使命。

对外贸易助力实现国富民强的"中国梦"[①]

从汉朝开始,中国就有了与周边邻国的贸易往来,13—14世纪,中国的宁波港已经成为对外贸易的主要口岸。14—15世纪,中国的对外贸易开始远至重洋。那时的中国是经济强大、政治相对稳定、贸易顺差的世界强国,那时,强国不是梦想,而是写在中国和世界历史上的现实。

然而,从宋朝晚期开始,中国逐步推行了闭关锁国的政策。中国的衰落首先是从经济开始的,而经济的衰落又直接与开放和贸易有着密切关系。

1840年以后的两次"鸦片战争",使中国逐步走向一个半殖民地半封建的社会,而这两个"半"的显著标志是,中国海关的管辖权落到了帝国主义手里。19世纪中后期,当西方的美国、德国极力宣扬贸易保护主义,在加速走向工业化时,中国却在帝国主义的炮舰下,实行五口通商和"值百抽五"的低关税政策,帝国主义列强的商品长驱直入,打击了我国民族工业的萌芽和成长。那时,中国人民切身的感受就是,"落后就要挨打",没有政治独立,就不会有经济的发展,做一个强国,首先要从政治独立开始!

以孙中山为代表的民族主义者,高举"反帝反封建"的大旗,力图推翻封建统治,赶走帝国主义。在他们推翻封建统治、建立民国之后,非常重要的一件事就是修改海关关税税则。据统计,民国政府先后六次修改中国对外贸易的关税税则,以期在较高关税的保护下,发展我们的民族工业。然而,由于资产阶级的软弱性,这种反帝反封建的斗争并不彻底。走向富强的过程多次被帝国主义和反人民的势力打断。因此,1949年以前旧中国的历史,是广大中国人民在振兴国家的道路上不断探索但屡遭失败的历史,强国只是中华民族的一种追求和梦想。

1949年,中国共产党领导中国人民建立了中华人民共和国。中国在政治上取得独立后,1950年1月,政务院通过了《关于关税政策和海关工作的决定》,明确了"海关税则必须保护国家生产,必须保护国内生产品与外国商品的竞争"。这种保护中华人民共和国幼稚工业的政策,很大程度上是民族产业复兴、走向经济独立的选择。一句话,

---

[①] 佟家栋. 对外贸易助力实现国富民强的"中国梦"[N]. 中国社会科学报,2013-07-01(A06). 引用时有所删改。

是走向强国之梦的大胆探索。

尽管实现了政治独立,但是要取得经济上的真正独立,取得与其他国家的同等地位,对于一个新生的社会主义国家来说,是非常具有挑战性的。为求得生存和发展,中国共产党采取了一系列政策,包括:对外贸易的制度,将所有的对外贸易经营权归于国家垄断,实行有管理的、旨在实施"拾遗补缺"的进出口贸易;与社会主义"阵营"开展对外贸易,并尽可能地与西方国家开展民间贸易的政策。这一切都基于始终植根于中国共产党人心目中的振兴中华的强烈使命感。因此,在改革开放前29年的时间里,中国共产党人领导全国各族人民展开的建国、强国的奋斗历程,为后来的改革开放、工业化过程的巨大进步奠定了一定的基础,其中所经历的曲折,不仅使人们对寻找到的改革之路倍加珍惜,也为人们此后的继续探索提供了经验和教训。在此期间,中国的对外贸易有了较大发展,中国的进出口总额从1950年的11.35亿美元增长到200.32亿美元。

改革开放是中国共产党人在建设社会主义过程中理论探索、道路探索和制度调整的重大抉择。从1978年开始,中国共产党提出,要利用自身优势,参与国际分工,充分利用外部资源和对外经济贸易合作,谋求开放经济的发展之路;要逐步减少对外贸易的障碍,以开放的姿态,创造与世界各国开展经济合作的环境,制定引进外资和加工贸易的政策,使中国经济走向国际化,融入全球经济之中。

2001年,经过长达15年的艰苦谈判,中国加入了世界贸易组织。这标志着中国坚定地选择了一条发展社会主义市场经济、融入世界的道路。应该说,这一道路选择在实践上取得了巨大成功,使中国在对外贸易上取得了奇迹般的发展。统计表明,中国对外贸易总额已经从2001年的4742.9亿美元增长到2010年的21 737亿美元,乃至2012年的29 723亿美元,居世界第二位。其中,出口居世界第一位,进口居世界第二位。特别应指出的是,即使在全球金融危机的情况下,中国在全球对外贸易中的份额也呈增长状态(尽管对外贸易的增长速度有所减缓)。

以习近平同志为核心的党中央,将广大人民群众的中国富强之梦、人民富足之梦加以概括,形成了全国人民的共同目标,实在地反映了中国各族人民的心声。中国人民百年追寻,振兴中华,就是要以一种开放的姿态,坚定地走改革开放的道路。"中国梦"只有在融入世界历史的进程中才能实现,"中国梦"也只有在改革开放、对外贸易的发展中才能实现!

世界第一贸易大国需要"升级版"[①]

2013年,我国货物贸易进出口总值达到4.16万亿美元。这是自2004年我国进出口总值突破1万亿美元,2007年和2011年分别突破2万亿美元和3万亿美元之后,再次突破整数万亿美元的关口,是我国外贸发展一个标志性的里程碑。

从全球来看,服务贸易占国际贸易的比例大概为20%,发达国家基本上还高于这个比重,我国只占到9%~10%。我国服务贸易统计始于1982年,最初的进出口总额仅为44

---

① 张翼. 世界第一贸易大国需要"升级版"[N]. 光明日报,2014-01-11(2).

亿美元。2003年进出口总额首次突破1000亿美元，2007年突破2000亿美元，2008年突破3000亿美元，2013年超过5200亿美元。1982年，我国服务贸易的全球占比仅为0.6%，2012年该比例已达到5.6%，居全球第三位。

我国服务贸易的短板不仅表现在规模上，还体现在具体内容上。来自商务部的数据显示，我国的服务贸易中比重比较大的还是传统服务业，如旅游、运输，这两项占到了56%；在货物贸易方面，我国有较大规模的顺差，而在服务贸易方面逆差规模不小，2013年逆差是1100亿元左右。商务部服务贸易和商贸服务业司司长周柳军指出，中国外贸过去是做一般来料加工、生产制造品，也就是"蓝领加产品"的模式。服务贸易的发展将会进一步提升我国服务业的发展水平，提高服务业在整个产业中的比重，有利于将过去拼资源、拼环境、消耗大量能源的粗放型的发展方式，转为通过提高人的素质、技术竞争力、综合竞争力来增强经济发展的能力和水平。这是一条绿色发展的转型之路。

在对2014年我国对外贸易形势进行展望时，我国对外文化贸易也存在制约因素。

一是国内企业的外贸成本不断增加。周边国家的竞争力在快速提升，外贸增长空间受到挤压。受劳动力价格上涨、人民币升值以及融资成本、环保成本增加因素的影响，我国劳动密集型产品的出口竞争力有所减弱，而周边国家国际竞争力在明显提升，这将会丧失我国一部分产品在国际市场上的份额，抑制我国外贸出口增长的空间。

二是我国制造业实际使用外资的下降，以及2014年加工贸易进口的低迷，将制约外贸出口的增长。2013年的前11个月，我国制造业实际使用外资金额为414.6亿美元，同比下降5.7%，制约我国出口的发展后劲儿。

对外文化贸易弱势与担当塑造国家形象的使命的矛盾

一般来说，文化强国都在文化贸易领域占有较大市场份额。例如，目前美国电影生产总量只占到世界的6%~7%，但在放映时间上已经占到50%以上。电影产品的广泛输出不仅为美国带来巨额经济利益，同时也将美国式的文化观念向外成功传输。"文化贸易有助于增加进口国对输出国文化的亲近感和认同感。发展国际文化贸易可以让世界更加全面地了解中国。"中国的对外文化贸易仍处于初级发展阶段，据悉，中国对外文化交流和传播目前处于严重"入超"状态，中国文化产品输出仅占引进比的30%，其中电影、电视剧、图书、文艺演出等文化产品，表现出高达1∶3的明显"文化逆差"。以演艺产品为例，中国引进和派出的文艺演出每场收入比约为10∶1。① 与货物出口是全球出口第一大国，并长期保持顺差相比，文化贸易却存在严重的贸易逆差。而且，中国出口的文化产品中，有50%以上是游戏设备、文教娱乐和体育器材，而非版权出口。此外，受宏观经济因素影响日趋明显，中国艺术品市场在2012年拍卖成交额缩水44%，电影产业与动漫产业在和国外影片竞争方面也显示出弱势②。此外，据统计，我国核心文化产品出口额由2003年的56亿美元，增至2012年的259亿美元，图书版权进出口比例则由9∶1降至1.9∶1。同时也要看到，

---

① 温源. 文化"出海"：如何顺应国际消费潮流[N]. 光明日报，2013-06-20（16）.
② 马学东，汪木乔. 文化"走出去"要一步一个脚印[N]. 中国文化报，2013-06-22（1）.

对外文化贸易在我国对外贸易中的比重仍然偏低，目前我国文化产品出口额仅占货物贸易出口额的1.26%，文化服务出口额仅占服务贸易出口额的2.55%。[①]

总体来说，对外文化贸易仍是我国文化建设的一个薄弱环节，是整个对外贸易的一块短板。在建设社会主义文化强国的总体目标下，在全国各族人民自觉地把握并坚持千年文化传承与当代价值追求的时代背景中，立足本国，面向世界，让中国的特色文化传播到世界，以不断增强的影响力展开交流，从而对世界的和平、发展尽到一份民族的责任。对外文化贸易已成为中国国际贸易中的重要组成部分，发展对外文化贸易是中国转变经济发展方式、促进产业结构优化升级的重要举措，也是推动中华文化"走出去"的方式。

中国对外文化贸易发展新变化、新特征

中国对外文化贸易是持续进步的过程，尤其是2014年《国务院关于加快发展对外文化贸易的意见》的对外发布。当下的中国对外文化贸易发展出现了如下新变化。

（一）电竞产业发展反映出文化转型[②]

《英雄联盟》2019年全球总决赛（S9）11月10日晚在巴黎结束最后一战，来自中国大陆赛区的FPX战队3∶0战胜来自欧洲赛区的G2战队获得冠军，这条消息也瞬间登上热搜榜。以《英雄联盟》为代表的电子竞技作为新一代青年文化的一大表征，其背后则是一场全球文化转型。

为什么说电竞产业的蓬勃发展背后是一场全球文化转型？因为在移动互联网媒介杠杆的撬动下，当代文化发展正呈现新形态，游戏行业已成为全球文化产业支柱。我国8亿多网民中有6.26亿人是游戏玩家，2018年游戏的产业份额达2144亿元，已占文化产业整体的5%。我国在电竞产业快速发展的过程中，也积累了大量经验，这是北美和西欧没能做到的，但我们却依然没有意识到这背后深刻的全球文化转型。

在2018年雅加达亚运会上，中国战队获得电竞项目冠军；电竞还有可能成为2022年杭州亚运会正式比赛项目，电竞产业规模也将在2020年追上传统体育产业。在此之前，网游、电竞在一些人眼中，似乎难登大雅之堂，而当它们获得全球众多年轻人青睐后，有望成为奥运比赛项目，这更是超出我们既往文化经验的理解和阐释能力。电竞作为移动互联网时代新生文化现象，正昭示当下正在发生的文化转型。此前"游戏就是电子海洛因""电竞就是网瘾"等言论，折射出我国社会对于这场全球文化转型的认知欠缺——仍试图使用已被淘汰的理论框架和知识系统进行阐释。如今游戏在通俗文艺的发展过程中占据关键位置。因为游戏领域的核心技术具有全行业引领和示范作用，直接拉动电影电视行业发展。过去，中国国产游戏和电影通常需要购买核心软件技术来满足自身发展需求，所以未来我们要在移动互联网的硬件技术上实现独立自主，在游戏引擎视觉特效等软件技术上同样不能掉以轻心。

[①] 王晓晖. 提高文化开放水平[N]. 光明日报，2013-11-20（2）.
[②] 孙佳山. 从电竞产业发展看文化转型[N]. 环球时报，2019-11-12（12）.

游戏产业在2010年后迎来跨越式发展，如今游戏及电竞产业已占据整个文化产品和文化服务进出口总额的8%。这一切的发生并不是偶然，"十三五"规划确立了"到2020年，文化产业成为国民经济支柱性产业"的发展目标。目前我国的游戏市场依然有较大增长幅度和上升空间，因此与其继续用"精神鸦片"等污名化词语来全面否定电竞行业，倒不如去面对当下的全球文化转型周期，从技术上摆脱对美欧的技术依赖，深入反思我们在文化治理能力、体系现代化方面的结构性缺失。

（二）中国本土电影正稳健前行，票房表现正优于好莱坞电影

2019年是中国电影的又一个丰收年——电影市场保持不断增长的势头，全国票房642.66亿元，较2018年同期增长5.4%，其中，国产片份额达64.07%。迄今，2019年在中国票房最高的10大影片中，有8部是国产。票房过10亿元的15部影片中有10部为国产影片。中国影史票房前10名中，国产影片已占9席，其中有4部是2019年跻身的。票房过1亿元的88部影片中有47部为国产影片，这说明中等规模的影片在市场上也获得了较好的发挥空间①。

国产电影2019年在中国市场占据优势地位，也是对一种已持续多年的趋势的延续。越来越多的好莱坞大片正屈居中国国产电影之后。在质量方面，中国国产影片正迅速追上美国影片。"中国的电影公司正学习制作'爆米花电影'（指'好看'但通常并非高质量或是缺乏深度的商业片——编者注），并在吸引本国观众方面表现出色"，美国加州某研究机构的高管迈克尔·蔡表示，"（如今）他们比好莱坞还好莱坞。"

2019年，观众口碑对电影票房的影响较以往更加明显，一批优秀的影片在良好口碑的推动下，票房不断走高，如《我和我的祖国》《中国机长》等。此外，一批影片在上映初期并未进行大规模宣传，成绩并不理想，但在上映后受到观众口碑的助推，票房实现逆袭。这反映出中国电影观众的审美标准日渐提高，而观众对优秀国产影片的由衷喜爱，为电影创作和产业发展提供了强大支持，电影市场的整体表现日益成熟。2019年电影行业另一个值得关注的现象是：市场泡沫逐渐消退，行业发展趋于冷静。2019年，《关于深化影视业综合改革促进我国影视业健康发展的意见》正式出台，为电影行业的规范发展指明了方向。天价片酬、"阴阳合同"、偷逃税等问题得到进一步有效治理；票房统计体系更加完善，对偷漏瞒报行为的遏制力度持续加大；电影、版权、公安等部门密切合作，对电影盗录盗播违规行为保持高压态势……这些措施的有效执行，提振了行业信心，维护了市场秩序，为中国电影高质量发展提供了强有力的保障。

此外，国产影视出口也从单纯出口版权发展到合拍作品、建立渠道，翻译和剪辑要考虑当地观众的口味，并从历史文化和现实生活中找灵感、挖题材②。

（三）游戏产业，出口新锐③

第三方平台伽马数据发布的《2019中国游戏产业年度报告》显示，2019年我国游戏

---

① 刘阳. 中国电影稳健前行[N]. 人民日报，2020-01-02（12）.
② 刘静文. 国产影视，出海"升级"[N]. 人民日报，2019-02-28（12）.
③ 管璇悦，曹雪萌. 游戏产业，创意发展[N]. 人民日报，2020-01-02（12）.

市场实际销售收入 2330.2 亿元，同比增长 8.7%，用户规模、自主研发、海外市场等主要指标均明显好于 2018 年同期。专家认为，游戏产业在随着科技发展的脚步不断"进化"，5G 赋能、云游戏成为游戏发展的新趋势，有望推动新一轮增长。随着 5G 商用正式启动、基站不断完善扩展，高速便捷的网络基础推动游戏产业诸多创新。其中，云游戏将游戏在服务器端运行，通过网络传送给用户，破解游戏对高端计算机配置等的依赖，成为当前创新的主要方向之一。此外，很多游戏产品正突破技术壁垒提高体验，VR、AR 游戏逐渐普及。以游戏厂商完美世界为例，其研发的《诛仙手游》通过 AR 等技术实景植入夫子庙场景，优化游戏画面，带来逼真的体验感。技术突破将有助于产品长线经营，游戏企业要更加专注研发创新，提前布局，不断打磨产品，持续推进自主创新。

用户愿意为创新性的产品付费，他们的需求不断提升，并且呈现分众化的趋势。调查显示，超九成用户看中产品创新，大部分用户的付费意愿会受到产品创新程度的影响。国内游戏市场上，一些年轻产品异军突起，游戏企业鹰角网络开发的《明日方舟》就是其中之一。这款非传统塔防手游一经上线便迅速成为爆款。"能'首战告捷'，关键词还是靠新：深耕新类型、研发新题材。"鹰角网络 CEO 黄一峰希望能与同行一道打磨更多承载中国文化和中国声音的产品，实现优质高效的文化交流。

（四）"数字丝路"将提升中国对外影响力[①]

自从中国开创性地提出"一带一路"倡议以来，关注焦点从地理分界线转向了数字分界线。"一带一路"倡议是中国在 2013 年提出的新丝绸之路式的全球贸易和基础设施计划。中国还推动数字发展，希望在丝绸之路沿线建设数字基础设施以及发展互联网通信。中国现代"数字丝绸之路"试图振兴并延长丝绸之路，不仅包括硬件设施方面，还包括软件设施方面。

两年前，在首届"一带一路"国际合作高峰论坛上，中方宣布将把技术融入"一带一路"计划中，建设"21 世纪的数字丝绸之路"。总部设在中国的互联网公司将"数字丝绸之路"视为机会，开始扮演起至关重要的角色。

中国数字巨头阿里巴巴集团旗下的阿里云创立于 2009 年。它在国际上迅速扩张，在迪拜、悉尼和法兰克福建立了数据中心，"一带一路"倡议为阿里云的业务发展提供了主要的推动力。

中国移动通信集团有限公司一直在积极推动 TD-LTE 的全球化，尤其在"一带一路"沿线国家。该公司 2017 年报告说，全球有 53 个国家和地区部署了 99 张商用 TD-LTE 网络，其中"一带一路"沿线已经有 21 个国家和地区部署了 39 张 TD-LTE 商用网络。从规模经济的角度看，互联网专有网络标准的庞大规模不仅会产生相当大的忠诚度，还会提供巨大的海外市场份额。

中国将人民币国际化列为"一带一路"倡议的主要内容之一。人们希望"一带一路"倡议将刺激全世界在国际交易和基础设施投资中使用中国货币。中国创建了人民币跨境支付系统（CIPS）。作为以中国为中心的国际金融清算系统，预计 CIPS 将推动以人民币计

[①] 周亦奇. "一带一路"合作可更接地气[N]. 环球时报，2019-03-21（14）.

价的跨境交易。这将增加对人民币的需求。

中国将自己定位于 5G 的前沿阵地,意识到对于能提升中国全球竞争力的"信息高速公路"而言,5G 技术至关重要。中国作为全球参与者,"数字丝绸之路"将让其拥有前所未有的影响力。

【思考与讨论】
1. 我国对外文化贸易具备什么特征?与我国对外贸易特征是否有内在联系?
2. 我国对外文化贸易与国际文化贸易之间有何种关系?

本章小结

> 贸易互动与多元文化交流相伴而生,跨文化贸易是人类历史上的重要经济与文化内容。文化交流一方面促进了艺术、科学以及技术领域的变化发展,另一方面也使不同文化背景贸易双方的安全获得保障。15 世纪以前的东西方文化交流,从交流的规模、物质技术水平及其影响看,大致分为三个阶段。第一阶段:公元前 2 世纪至公元 7 世纪。丝绸之路是这个时期的和平贸易文化交流之路。第二阶段:11 世纪至 14 世纪。此阶段是东西方主要国家封建社会繁荣时期,东西方各国或者由于使节与商旅往来彼此联系密切,或者因相互征服与掠夺,促进了文化交流。例如,唐与南亚及东南亚、十字军东征(1096—1270 年)、蒙古西征(13 世纪)、马可·波罗东游等。第三阶段:15 世纪。此阶段是世界进入大航海时代,又是世界文化交流发生巨变的时代,也是世界市场和世界历史形成的时代。

> 第一次科技革命引领了国际文化贸易由产生到现代国际文化贸易形成的过渡,第二次科技革命引领了现代国际文化贸易的形成,当代国际文化贸易的发展是由第三次科技革命引领的。第三次科技革命使人类彻底摆脱体力等自然条件的束缚,开始真正进入智力和知识阶段,知识逐步成为社会的主宰。

> 全球化进程的深化也加剧了国际文化贸易中的两种现象:一是跨国文化集团已超越国家,成为文化资本纽带链接的多国市场活动主体;二是文化传播的"马太效应",使得全球化下的国际文化贸易与文化多样化之间的融合面临前所未有的挑战。

> 进入 21 世纪,云计算、大数据、人工智能等互联网技术日新月异,开辟了崭新的数字化时代,引领全球经济加速转型和变革。数字经济已爆炸性地渗透于人类生产生活的各个领域,数字贸易这一新型贸易模式诞生了。数字技术改变商品贸易和服务贸易的方式,数字化方式下的国际文化贸易体现出三个方面的特征:一是文化贸易主体从原来实体企业对企业之间网络的跨境交付转向各种类型的电子商务,其中 B2C 已经成为国际贸易的主要组成部分,甚至出现 C2C 这样的国际贸易类型;二是数字的跨境流动成为国际贸易的影响因素,无论是文化商品贸

易,还是文化服务贸易,都依赖于网络订阅或者购物以及链接所需要的跨境数据传输;三是服务贸易和国内商业服务之间的边界越来越模糊,并且服务提供商提供服务的方式日趋多样化和个性化。

➤ 美国在国际文化贸易中优势明显、跨国公司是国际文化贸易的重要主体、版权贸易是国际文化贸易的主要内容和国际文化贸易空间分布不平衡,这些构成了国际文化贸易当前特征。相应地,国际文化贸易研究出现五个特征:文化贸易对于人类进步、世界秩序等宏观格局的战略作用被公认;国际文化贸易理念和文化贸易规则演变被重视;主要国家的对外文化贸易政策及其效果被关注;国际文化贸易内容、结构和主要影响因素的相关研究仍在持续;中国对外文化贸易战略相关研究兴起与发展。

综合练习

一、本章基本概念

全球化;工业革命;文化交流;数字化;版权贸易

二、本章基本思考题

1. 全球化、工业革命与文化交流对国际文化贸易发展的影响是什么?
2. 简述国际文化贸易的主要特征。
3. 简述国际文化贸易的研究特征。

推荐阅读资料

1. 韩骏伟,胡晓明. 国际文化贸易[M]. 广州:中山大学出版社,2009.
2. 李怀亮,阎玉刚,罗兵,等. 国际文化贸易教程[M]. 北京:中国人民大学出版社,2007.
3. 李怀亮. 国际文化贸易导论[M]. 北京:中国传媒大学出版社,2008.
4. 李嘉珊. 国际文化贸易研究[M]. 北京:中国金融出版社,2008.
5. 赵有广. 文化产品生产方式创新研究:基于中国文化产品对外贸易[M]. 北京:经济科学出版社,2013.
6. 李小牧. 国际文化贸易[M]. 北京:高等教育出版社,2014.
7. 罗能生. 全球化、国际贸易与文化互动[M]. 北京:中国经济出版社,2006.
8. 佟东. 国际文化贸易[M]. 北京:经济管理出版社,2016.

第二章 国际文化贸易理论建构

学习目标

通过对本章的学习,学生应掌握如下内容:
1. 国际文化贸易的相关概念;
2. 国际文化贸易的基础理论;
3. 国际文化贸易的核心理论;
4. 国际文化贸易的价值理论。

导言

随着全球经济结构的调整和各国政府对文化产业的重视,国际文化版图呈现出前所未有的世纪变迁,文化贸易成为国际贸易竞争的战略重点。然而,当前并无关于国际文化贸易的权威定义和标准的统计分类。在现有世界贸易组织发布的《国际贸易统计年鉴》中,也并无专门的国际文化贸易统计类别。为此,辨析国际文化贸易与其他相关贸易形式的异同成为构建国际文化贸易理论的首要部分。

如图 2-1 所示,本书构建的国际文化贸易理论同时关注国际文化贸易活动的经济功能和文化功能,由基础理论、核心理论和价值理论三个体系组成。基础理论与核心理论共同吸收经济学与管理学中的经典理论,以阐释国际文化贸易中的经济现象,而它们二者的区别就在于基础理论是借鉴针对传统国际贸易活动的经典理论,而核心理论是借鉴针对战后新贸易格局的新经典理论。同时,国际文化贸易和国际文化竞争也伴随着全球化和社会变革正变得越来越活跃,因此,价值理论成为解释国际文化贸易活动文化功能的必备理论。其中,比较优势理论是国际贸易理论研究的起点,而基于比较优势理论的国际分工理论,依据分工与专业化的演进分别成为后来国际贸易理论的又一视角,其理论之间的相互关系将在此后的第二节和第三节中逐一阐述。

第二章 国际文化贸易理论建构

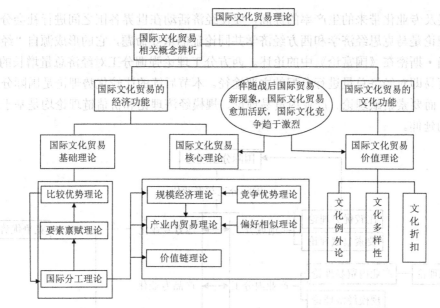

图 2-1　本书的国际文化贸易理论架构

第一节　国际文化贸易基础理论

国际文化贸易基础理论与下一节的国际文化贸易核心理论均侧重考查国际文化贸易活动的经济功能。国际文化贸易基础理论的划分依据是将经济学史上的经典理论作为分析国际文化贸易现象的基础，它包括国际分工理论、比较优势理论和要素禀赋理论。这里主要指出的是，国际分工理论依据分工与专业化的演进，贯穿本节和第二节内容，鉴于它与比较优势理论联系紧密，故在本节首先呈现。

一、国际分工理论

国际分工和专业化是经济学中最古老的概念，专业化是针对个人而言的，而分工是指多个劳动者之间的专业化协作关系。伴随着社会进步和经济发展，分工和专业化从低阶向高阶不断演进。从个人或者企业层面到产业层面，再到国家层面，相应的就有劳动分工、产业分工和国际分工，对应的专业化也由技术专业化、产品专业化到国别专业化。当考虑空间因素时，分工与专业化就有了地缘广度，也就有了地域分工和地方专业化之说。本节的国际文化贸易一般理论由古典经济学的分工理论向前拓展到比较优势理论（作为分工理论的起点），向后延伸到要素禀赋理论、产业内贸易理论和价值链理论，以及从需求角度提出的偏好相似理论和从管理学角度提出的竞争优势理论共同构成，如图 2-2 所示。

国际分工是由一国之内迈向国际范围的劳动分工，也是世界经济增长的源泉。随着生产力发展及专业化带来的生产率的提高，促使经济活动在世界各国之间进行社会分工。国际分工理论是马克思经济学和西方经济学共同论证的重要命题，它的形成源自"经济学之父"亚当·斯密在《国富论》中的论述。西方分工理论强调分工对经济总量增长的影响，而国际贸易即对经济总量进行分配的主要途径。本节后续的比较优势理论是国际分工理论的起点，而要素禀赋理论、产业内贸易理论、规模经济理论和价值链理论均是基于国际分工理论的延伸。

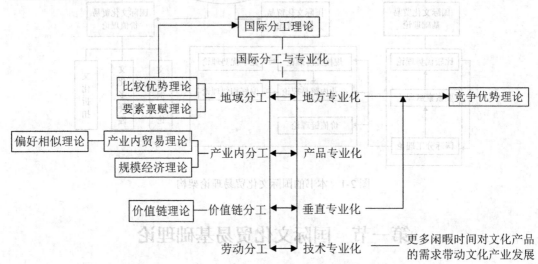

图 2-2　国际贸易分工理论与其他国际贸易理论的关系

马克思经济学的分工理论则是批判地继承了古典经济学家关于国际分工的理论，从社会生产力发展与生产关系的角度阐明了关于国际分工的基本原理。马克思国际分工学说认为，生产力的发展水平决定国际分工的规模、形式、内容以及各国在国际分工中的地位。马克思曾指出："由于机器与蒸汽机的应用，分工的规模使大工业脱离了本国基地，完全依赖于世界市场、国际交换和国际分工。"结果，一方面机器的规模化生产直接引起生产要素需求的增加；另一方面，机器产出商品的成本降低和交通运输的变革成了夺取国际市场的力量，"一种与机器生产中心相适应的新的国际分工产生了"。通过国际分工和国际交换，发生贸易的国家都得到了好处。"也就是说，这种国家所付出的实物形式的劳动多于它所得到的，但是它由此得到的商品比它自己所能生产的更便宜。"从国际贸易发展的历史看，马克思所揭示的有关生产力是国际分工形成和发展的决定因素的原理，可以从以下几个方面体现出来。

第一，国际分工是生产力发展的必然结果。随着生产力水平的不断发展，人类社会出现了三次大分工，而每次分工的产生以及分工的广度和深度都是与当时人类生产力发展的水平相适应的。真正使人类的社会分工超出国界，产生国际分工，则是从 18 世纪 60 年代到 19 世纪中期，大机器工业的建立，交通工具，尤其是海洋运输能力的改善，使得国际贸易在全球范围内大规模地展开，从而形成了以欧洲工业国家为工业品生产与输出国，全世界落后国家生产和提供农产品和原料的国际分工格局。

第二，各国生产力水平决定其在国际分工中的地位。在经济发展的各个历史阶段中，世界基本分成两大部分：一部分由生产力水平高的国家组成，在国际分工中占主导地位；另一部分由生产力水平低的国家组成，在国际分工中居于从属地位。

第三，世界生产力的发展决定了国际分工的形式与内容。在国际分工产生和发展的初期，由于生产力水平不高，分工的形式主要表现为工业国家与农业国家的分工，所涉及的商品交换也限于工业品与农产品及原料的交换，是一种由工业国家进口原料又向落后国家输出制成品的"垂直型"分工。随着生产力水平的提高，社会分工与国际分工变得更加深入和广泛，参与交换的商品也越来越多，出现了生产力水平相近的国家之间进行的"水平型"分工，以及"垂直型"与"水平型"同时存在的"混合型"分工。国际分工也由产业分工发展到产业内的部门分工，甚至同一产品不同零部件的生产，乃至同一零部件不同工序的生产，也都成为了国际分工的重要内容[①]。

二、比较优势理论与要素禀赋理论

在所有西方经济学国际贸易分工理论中，大卫·李嘉图的比较优势理论被认为是经济学理论研究中最有价值的发现之一，不仅被视为所有国际分工与贸易理论研究的起点，还对国家经济政策研究提供依据。大卫·李嘉图与亚当·斯密一样，首先论述个人分工的必要性，然后再将它拓展到国际分工中，不过大卫·李嘉图的比较优势理论是在亚当·斯密的绝对优势理论基础上的再升华。

亚当·斯密研究的国际分工以劳动价值论为基础，他认为每一个国家由于自然禀赋或者人为因素都会在一些产品的生产上处于绝对优势地位，而在另一些产品的生产上处于绝对劣势地位，每个国家都应当把自己的资源集中到自己具有绝对优势的产品生产上，放弃处于绝对不利条件的产品，然后实行国际分工，并在专业化生产的基础上进行国际贸易，这样对每个国家都是有利的，这是绝对优势理论的主要思想。那么，根据绝对优势理论的两个国家生产两种产品的前提假设，如果一个国家在两种产品的生产上都处于劣势地位，而另一个国家在两种产品的生产上都居于优势地位，那么两国还能够彼此进行贸易吗？在现实的经济社会中，许多发展中国家很可能在所有产品的生产上都比发达国家落后，为什么还能与先进的发达国家进行贸易呢？对于这种问题的解答涉及比较优势理论。

大卫·李嘉图也是从其劳动价值论和分配理论出发来研究，与亚当·斯密的绝对优势理论不同的是，他认为国际贸易发生的本质在于"两利相权取其重，两弊相权取其轻"的道理。大卫·李嘉图的比较优势理论则是国家进行自身内部的对比，对国家自己生产不同产品之间进行优势程度的对比，这样就绝不会出现一国全部产品都不具有比较利益，而另一国所有产品全都具有比较利益的情况，任何一国都可以找到自己具有比较利益的产品，

[①] 杨全发. 新编国际贸易[M]. 广州：中山大学出版社，1995：13.

并专业化地生产这种产品以参与国际贸易。所以绝对优势只是比较优势的一种特殊情况，比较优势更具普遍性，因此比较优势也被称为国际贸易的一般理论。

比较优势理论认为比较成本差异是两国之间发生分工与贸易的基础，但大卫·李嘉图没有进一步研究是什么原因造成两国之间比较成本的差异从而发生分工与贸易的。在现实世界中，各国之间劳动生产率的不同只能部分解释贸易产生的原因。而用各国之间的资源差异来解释国际贸易原因的学说，是国际学中最具影响力的理论之一。即国内各种资源（生产要素的相对充裕程度）和生产技术（影响产品生产中不同要素的相对密集使用程度）之间的相互作用会对一国的比较优势产生影响。它是在大卫·李嘉图的理论创立100年以后，由瑞典经济学家伊莱·赫克歇尔（Eli Heckscher）和伯尔蒂尔·俄林（Bertil Ohlin，1977年诺贝尔经济学奖获得者）提出的①。这一理论强调了不同生产要素在不同国家的资源中所占的比例和它们在不同产品的生产投入中所占的比例二者之间的相互作用，它又被称为赫克歇尔—俄林的要素禀赋理论。所谓生产要素禀赋，指的是生产要素在一个地区中的天然供给状况。俄林把生产要素归结为劳动、资本、土地（耕地与自然资源）三大类。由于各国资源禀赋的不同，导致了比较优势成本的差异，从而形成国际贸易。大卫·李嘉图的比较优势理论建立在"自然禀赋"学说上，他认为各国在哪些商品上具有比较优势是由该国的"自然禀赋"决定的。马克思对此曾在1848年的《关于自由贸易的演说》中评论道：我们绝不能相信西印度的自然禀赋是生产咖啡和蔗糖，因为在200年前西印度连一颗咖啡或甘蔗都没有，这种"自然禀赋"只不过是资产阶级为了发财致富而强加于西印度头上的。这种片面的生产模式对西印度来讲是没有丝毫好处的，一旦外国资本家发现世界上有另一个地方能够更廉价地生产咖啡和蔗糖时，就会毫不犹豫地放弃西印度的这种"自然禀赋"，而把它转移到其他地方。②由此，根据比较优势和要素禀赋理论可知，专业化与贸易是地域分工的结果。当地域分工越过国界，便成为国际分工。比较优势理论说明了国家之间的差异是国际分工的根本原因之一。国家之间在资源、技术甚至消费偏好方面的差异，使各国生产专业化并进行贸易，并能从分工中得到好处。按照比较优势的分工必使得参与分工的每个国家的自身利益最大化③。

三、对国际文化贸易现象的解释

劳动分工与专业化相伴而生，每个人为自我利益均专注于自己擅长的经济活动，这种熟能生巧所带来劳动效率的提高，无形中为其他人节约了时间成本或经济成本。劳动分工与技术专业化也具有放大功能，当生产力发展到要求对劳动进行分门别类时，多种细化劳动门类从劳动过程中分化出来。社会分工的历史演进，一方面使个人拥有相比过去更多的闲暇时间，另一方面也在基本满足物质生活需要后产生了更多的文化娱乐需求。与之相应，

---

① 保罗·R. 克鲁格曼. 国际经济学：理论与政策（上册：国际贸易部分）[M]. 北京：中国人民大学出版社，2006：60.
② 国彦兵. 西方国际贸易理论：历史与发展[M]. 杭州：浙江大学出版社，2004：43.
③ 梁琦. 分工、集聚与增长[M]. 北京：商务印书馆，2009：8.

专业技能的熟练和职业门类的细化也为满足审美情趣和文化娱乐需求提供了基础条件。在生活器具上，从史前人类制造的石质工具，到后来青铜器和种类繁多的陶瓷器具，完成从单纯的实用功用到礼制功用和审美功用。在艺术乐器上，也由生产、生活器具演变为打击乐器、弦乐器和管乐器的多种类别。从全球时代进步来看，伴随着农耕文明、工业文明和信息文明的进步，国际文化贸易的内容也由珠宝、乐器、工艺品、录音（像）设备、纸质印刷出版物等有形商品发展到文艺表演、文化娱乐、电视节目和游戏、设计等无形服务。由此可见，国际分工理论是国际文化贸易发展的根源。

在当今的全球化和信息化社会，富含民族文化特色和历史文化内容的文化商品和服务均成为主要的国际文化贸易客体。流行文化、通俗文化和大众文化常常被作为大规模生产的文化工业而被批判，但民族文化和历史文化往往被作为文化资源给予保护和传承，以其为主要载体的文化内容也常常被适用于"文化例外"和"文化多样性"而不受倡导自由贸易法律文本的限制，成为众多国家文化贸易的主要类别，甚至信息化技术也成为推动这类文化产品和服务的国际流动的工具。例如，尽管中国总体文化贸易处于劣势，但代表中国优秀传统文化的工艺品一直居于全球文化商品出口的首位，代表美国符号的好莱坞大片也是通过吸收世界优秀文化资源来支撑它席卷世界的高票房。

第二节 国际文化贸易核心理论

国际文化贸易的核心理论主要由规模经济理论、产业内贸易理论、偏好相似理论、价值链理论和竞争优势理论组成。这些理论均针对第二次世界大战后出现的国际贸易格局不能用已有理论来解释的现象，经过逐步发展而提出。而国际文化贸易也正是随着全球经济的发展而在近三十年有了大幅增长，愈来愈成为战后国际贸易活动的主要部分，因此这些理论成为解释国际文化贸易当前格局的核心基础。

一、规模经济理论

国际贸易能扩大市场规模，这是因为国家之间进行贸易，从而将各国的个别的市场结合成为统一的世界市场。这种统一的世界市场远远大于任何一个国家的国内市场。在进行贸易的条件下，每一个国家可以进行专业化生产，生产较少的品种，这样每一种产品都能扩大生产规模，为世界市场生产，发挥规模经济的效益。第二次世界大战后大量的贸易发生在具有相同生产要素的发达国家之间，用要素禀赋理论难以说明其原因。这些国家之间的贸易之所以能够获利，其重要原因在于规模经济。他们认为，要素禀赋与当代国际贸易的格局没有必然的联系，一些国家的要素禀赋极其贫乏，如第二次世界大战后的日本，然而它们在国际贸易中十分活跃。它们依赖于规模经济获得竞争优势，在国际市场上占有相当大的比重。

比较优势理论的一个假设是规模收益不变。然而，现实经济世界却是收益会随着规模的扩大而扩大。许多产业随着规模的扩大，会带来规模经济的效益。所谓规模经济，是指随着规模的扩大，产出的增加超过投入的增加，从而单位产品成本下降、收益递增。

规模经济可以划分为内部规模经济和外部规模经济。内部规模经济分为工厂规模经济和企业规模经济（此处的企业包括多个工厂）两种形式，它们随着工厂或企业规模扩大而产生规模收益递增的现象。这一方面是收益的直接递增，如劳动分工更细化、设备与人员的专业化程度更高、技术更新更快、内部资源共享等；另一方面是成本降低而带来的收益的相对递增，如规模扩大所带来的单位能耗和库存更少，人均管理费用降低等，均发挥了内部规模经济的优势。与之相比，外部规模经济是指产业规模经济，即某一产业内的相关企业往往以集群形式集聚在某一区域，通过产生较大的产业规模，促使效率提高、成本减少和收益增加。产业规模经济效益的提高与企业自身规模的大小无关。然而需要说明的是，无论是工厂、企业，还是产业的规模经济，并非规模愈大效益愈好。规模经济至少要受到以下四个方面的限制：市场规模、生产要素供给、交通便利条件和企业管理水平。不顾市场的需求，一味追求规模经济，会导致抗风险性小、产能过剩、资源浪费和设备闲置等问题，同时规模过大也会带来企业管理内耗和生产原料不足等难题。

规模经济的产生往往会将完全竞争市场演变为不完全竞争的垄断竞争和寡头垄断竞争，往往可解释大规模跨国集团或产业集群现象。许多国家之所以进行贸易并从事专业化生产是出于两个理由[①]：① 国与国之间在资源上或技术上存在差别，因此，各国生产自己擅长的产品；② 规模经济（或边际收益递增）使得每个国家只能在一些有限的产品和服务上具有专业化生产的优势。这也自然而然形成国际分工的两个渠道：一是针对资源或技术上的差别，即要素禀赋的差异展开国际分工；二是利用规模经济引起的比较优势差异而实现国际分工。这样两种国际分工渠道在很大程度上促成了当今的国际分工格局。要素禀赋不同的国家之间进行的是赫克歇尔—俄林提出的产业间贸易，而要素禀赋相似的国家之间进行的是下一部分介绍的产业内贸易。

二、产业内贸易理论

20世纪60年代以来，国际贸易出现许多新倾向。一方面，贸易双方主体由发达国家与发展中国家之间逐渐转变为发达国家与发达国家之间进行；另一方面，同类产品之间的贸易量大为增加，这类贸易占全球贸易比重超过60%[②]。人们开始发现比较优势理论只能解释产业间贸易，但很难解释产业内贸易，产业内贸易是与产业间贸易相对而言的。产业间贸易通常指传统上以各国家部门之间的生产专业化为基础进行的商品交换，如加工品与初级品，或者劳动力密集型、资本密集型、技术密集型产品之间的相互交换。与之相比，产业内贸易是指各国部门内产品内部以生产专业化为基础的交换，这种交换是产业结构相

[①] 保罗·R. 克鲁格曼. 国际经济学：理论与政策（上册：国际贸易部分）[M]. 北京：中国人民大学出版社，2006.
[②] 苟小菊. 国际贸易概论[M]. 北京：中国商业出版社，2001：67.

同、消费结构相似的工业国家之间进行的交易。对于产业内贸易产生的原因主要有以下观点。

（1）产品的异质性是产业内贸易的重要基础。西方经济学家普遍认为，传统理论模式中同一产业部门是用相同生产条件生产同一产品的假定不符合实际情况。事实上，即使同一产业部门都只生产同一类产品，同一类产品之间也必定存在各种差异。从实物形态上来看，同一类产品可以由于商标、牌号、款式、包装、规格等方面的差异而被视为异质产品。即使是实物形态相同的同一类产品，也可以由于信贷条件、交货状况、销售服务、广告宣传等方面的差异同样被视为异质产品。同一类产品的异质性意味着不同生产者的产品可以满足各自不同的消费心理、消费欲望和消费层次的消费需求，从而形成各不同生产者在消费市场上的垄断地位，由此发生产业内贸易活动。

（2）规模经济收益递增是产业内贸易的重要成因。按照新贸易理论学说，产业内贸易现象在很大程度上是由规模经济驱动的。根据产品专业化进行国际分工，每个国家可以集中生产某些产品，或者某些零部件，不需要生产所需要的全部产品，或一种产品的全部零部件。从一个国家内部来看，虽然自产商品种类减少，但该国能在更大规模上从事生产，从而提高生产效率和降低成本。从国际市场来看，只专业化生产同一组产品内的不同种类产品的各个国家可以通过产业内贸易在减少自产商品种类的同时增加国内消费者所需要的商品品种。因此，在同一产业内必然出现双向国际贸易的根本原因在于商品生产中存在的规模经济。

（3）较高的经济发展水平是发生产业内贸易的重要因素。西方经济学家认为，一方面，经济发展水平越高，技术和工艺水平也相对越高，产业内分工越细化，异质产品的生产规模就越大，从而形成充分的异质产品供给市场；另一方面，经济发展水平越高，人均国民收入就越大，人们生活水平也越好，国民购买能力就越强。而且，国民消费需求随着生活水平和购买能力的提升而激发更为强烈的需求，从而形成充足的异质产品消费市场。当两国之间经济发展水平趋于相近时，则两个国家之间的产业结构和需求结构也趋于相似，最终促使产业内贸易的实现。哈韦里逊（O. Havrylyshyn）和赛文（E. Civan）也认为，经济发展水平和产品差异化是影响产业内贸易的两个最重要的因素。

除了上述几种观点外，部分经济学家还论及了贸易限制同样会制约产业内贸易，在某些情况下，产业内贸易所遇到的贸易限制阻力要高于产业间贸易。发达国家之间发达的产业内贸易和这些国家之间较少的贸易壁垒有密切关系。而发展中国家之间产业内贸易比重较低和这些国家之间存在着严重的贸易壁垒也有一定的联系。

三、偏好相似理论

产业内贸易是近些年来在西方国际贸易理论界颇受重视的理论，除了规模经济被大部分经济学家认为可以解释产业内贸易外，偏好相似理论也被用来解释产业内贸易现象。

偏好相似理论由瑞典国际经济学家林德（S. B. Linder）提出，是第二次世界大战后解释发达国家之间贸易的著名理论。它同以往的理论不同，从需求角度解释贸易的产生原因是该理论的独到之处。该理论认为,一国的新产品首先是为满足本国的需求而生产的。厂商总是出于利润动机为本国市场从事生产,当发展到一定程度,国内市场有限时才出口到国外。厂商不可能一开始就生产出本国市场没有需求而针对它所不熟悉的外国市场需求的产品。因此,两国需求偏好越相似,两国的贸易可能性就越大。人均收入水平决定一个国家的需求结构,也是决定产业内贸易发生的因素。低收入国家、中等收入国家和高收入国家的需求结构是不同的。不同收入水平的国家需要不同档次的商品。高收入的国家需要技术水平高、加工程度深、价值量大的高档消费品,低收入的国家主要需要一般档次的商品,因此人均收入越相近,需求结构越相似,相互需求就越大。如果两国收入水平相同,需求结构就会相似,那么两国之间进出口商品的结构也更可能趋于相似。因此,两国之间贸易的可能性决定于两国的重合需求,即两国需求偏好的重叠程度。两国需求偏好重叠程度越大,偏好相似度越高,则产业内贸易的机会也越多。这表明,偏好相似理论是对规模经济解释产业内贸易成因的又一补充。

四、价值链理论

在国际贸易中,产业内贸易发挥着越来越重要的角色。这种贸易方式伴随着科学技术的突飞猛进,产品分工越来越细化,技能越来越专业化,使得一个最终产品的加工过程形成链状的价值增值过程。价值链是指企业加工产品的过程,也就是创造价值的过程,它由一系列互不相同又相互联系的增值活动组成,包括研究开发、设计试验、原材料与设备采购、半成品与成品生产、运输、仓储、营销、服务等诸多环节,形成一个完整的链状网络结构。

价值链理论认为,在经济全球化的今天,最终的产品形成从研发、设计、原材料提供到加工制造和销售已不再局限于某一国家或区域,社会分工也不再受地域限制。它的最终形成很可能由处于价值链不同环节的企业组合而成,而这种价值链的分解与整合已超越国界,出现了全球范围的劳动分工和生产协作。此外,专业化分工与细化生产工序导致中间品贸易大量增加,跨越多个国家的垂直价值链不断拉长。这种国际加工的新方式,实际上带动生产环节的纵向分布,企业上下游的垂直关联即"垂直专业化"(Vertical Specialization)。与之相应的国际分工与贸易者成为"产品内分工"与"产品内贸易"。

以价值链为基础的产业分工促使处于此价值链中的企业均在某一个或几个增值环节上进行专业化生产,以形成自己的核心竞争力。价值链的分解与整合成为企业的一大经营战略,这是由于科技不断进步,新行业、新领域不断产生,技术环境动荡多变,产品生命周期越来越短,投入成本相对增大,产品技术结构复杂化,价值链分工越来越细,价值链逐渐不断分解,使市场上出现了许多专业化、具有竞争优势的增值环节。这些原本属于某个价值链的环节一旦独立出来,就未必服务于某个特定价值链,完全可以凭借其竞争能力加入到其他相关的价值链中,于是出现新的市场机会——价值链的整合。即原本不同的价值链上专业化的具有核心竞争力的环节,通过市场联结起来形成新的价值链,创造新的价值。当前在全球化背景下主导产品价值链分解与整合的多为跨国公司。作为全球化运作的一种重要形式，跨国公司垂直专业化的生产链条向全球延伸，把一般制造业和硬件产品加工向发展中国家和地区转移，将劳动密集型的零部件生产或组装装配工序交给其他国家生产，自己则保留技术含量高、附加值大的关键环节。这种垂直专业化既可以包括普通的商品外购，也可以包括外协、合约制造（Contract Manufacturing）、贴牌生产（Original Equipment Manufacturer，OEM）、跨境外包等形式。垂直一体化使国际分工深入产品的价值链，一个国家的垂直专业化程度高，表明它在国际分工中参与程度高[①]。一般而言，在全球价值链分工中，发展中国家往往处于价值链的低端，而发达国家处于价值链的高端，国际文化贸易中亦如此。

五、竞争优势理论

上述四个理论从不同角度解释了第二次世界大战以后国际贸易活动的新现象，比第一节的国际贸易理论更具现实性。但是，它们之间还缺乏有机联系，并不能像比较优势理论和国际分工理论那样成为解释国际贸易现象的基础。20 世纪 80—90 年代，美国哈佛大学商学院教授迈克尔·波特在其相继出版的系列著作中提出了国家竞争优势理论。该理论试图归纳国际贸易新理论中各派提出的观点，被认为是对贸易理论的一个重要发展，其较为全面和综合地阐述了国际竞争力的主要来源，从而对国际贸易的解释更具统一性和说服力，并形成了一个新的理论框架雏形。

迈克尔·波特教授是国际上研究竞争力问题的著名专家，从 20 世纪 80 年代起连续出版了《竞争战略》《竞争优势》《国家竞争优势》三部著作，创立了竞争优势理论。《竞争战略》一书主要论述产业结构，以及产业之间如何选择最有力的竞争地位。《竞争优势》提出了一个可以了解企业竞争优势来源的架构，并讨论如何提升企业的竞争优势，现多被用来指导企业竞争力及价值链分析。1990 年的《国家竞争优势》被奉为当今竞争力研究领域的经典之作，它从企业或产业角度力图解释在现代全球经济下，一国经济持续繁荣的源泉。在该理论中，迈克尔·波特改变传统产业的定义，认为产业是为生产直接相互竞争的产品或服务的企业集合，产业竞争力是指一个国家创造良好的商业环境使该国企业获得竞争优势的能力。迈克尔·波特认为国家的财富主要取决于本国的生产率（即单位工作日所创造的新价值，或者是单位投入资本所得到的报酬）和一国所能利用的单位物质资源。它主要受生产要素、本国需求、相关产业、企业战略结构与竞争程度四个因素的影响。这四个因素相互加强，共同构成一个动态的激励创新的竞争环境。此外，政府的作用以及机遇因素也具有相当大的影响力。这六大要素构成了著名的"钻石模型"。迈克尔·波特认为国家竞争优势的发展可分为四个阶段，即要素驱动（Factor-driven）阶段、投资驱动（Investment-driven）阶段、创新驱动（Innovation-driven）阶段和财富驱动（Wealth-driven）阶段。

---

① 梁琦. 分工、集聚与增长[M]. 北京：商务印书馆，2009：17-18.

国家竞争优势理论超越了传统理论对国家优势地位形成的片面认识，首次从多角度、多层次阐明了国家竞争优势的确切内涵，指出国家优势形成的根本点就在于竞争，在于优势产业的确定，而这些是由四个基本因素和两个辅助因素协同作用的结果。另外，迈克尔·波特的四个阶段的划分，从新的角度阐明了各国的比较优势是一个动态变化的过程。因此，国家竞争优势理论摆脱了传统理论的孤立性、片面性，建立了国家竞争优势的概念体系和理论框架。

六、对国际文化贸易现象的解释

20 世纪 80 年代以后，国际文化贸易迅速成为国际贸易的主要方式。伴随着第二次世界大战后发展起来的国际文化贸易核心理论，可以从多个角度解释国际文化贸易中的多种现象，此处以美国的好莱坞现象为例。

好莱坞电影自 20 世纪 30 年代起风靡世界，2012 年美国电影版权出口达到 240.78 亿美元，占全球电影市场的近 80%。好莱坞电影的优势不仅因其将电影的商业元素与艺术元素有机结合、雄厚金融资本的配置能力、高端的电影制作技术和世界顶级的跨国文化集团，也因其蕴蓄的电影消费环境，美国国内拥有大规模的观影人群，在其国家境内即可达到规模经济，分担昂贵的制作成本。而这种优势正是欧盟国家、日本和韩国所缺少的。对于美国文化商品和服务达到的规模经济，同时体现于内在规模经济和外在规模经济。

好莱坞大片往往是几亿美元的高昂成本，而美国国内的庞大电影消费市场平摊了电影制作的昂贵成本，借助这种产业规模经济所形成的比较优势使其不必局限于成本以制作更加技术精良和画面唯美的电影，并利用全球营销网络促使其走向全球消费市场。而且，美国的语言——英语作为世界商业语言也带动美国电影更易向全球市场推广。在全球有近五亿人使用英语，十多亿人在学习英语，有七十多个国家把英语定为官方语言。这种情况为美国文化产品的扩张提供了非常有利的条件，因为语言是文化产品的媒介，其使美国文化产品和服务出口在全球形成一个天然的庞大市场。

美国与欧洲的语言相通，经济发展水平接近，需求结构相似，也有助于好莱坞电影席卷北美市场和进入欧洲市场。欧盟的文化贸易保护政策（在第四章具体讲解）制约了好莱坞电影在欧洲市场的份额，但占有加拿大逾 90% 的电影份额。虽然在电影贸易上呈现好莱坞的压倒性优势，不能获得具体数据测算出美国与加拿大、墨西哥和欧洲国家的电影产业内贸易系数，但进入美国市场的外国影片中，来自欧洲国家的影片数量高于亚洲是毋庸置疑的事实。而且，偏好的影片类型也颇为相似。

迈克尔·波特的竞争优势理论也可解释好莱坞的电影集群现象。竞争优势理论提供了六个因素：生产因素、需求条件、相关产业、企业战略、政府和机会。美国著名的电影制作集聚地——洛杉矶好莱坞电影城集聚派拉蒙、米高梅、福克斯、环球、华纳等全球知名制片公司，为电影业的发展提供了充分的竞争氛围与共享信息。众多一流的导演、作家、演员与电影配套的各种商业都聚集在这里，也为电影制作提供生产要素和相关支撑产业。同时，第二次世界大战期间的文化战争为政府决定将好莱坞电影作为美国文化符号，支持其对外输出，促使好莱坞电影走向世界，提供了绝佳机遇。当前的全球化更为好莱坞电影提供了世界市场，信息化技术也为电影的影院和网络视频扩大了传播平台。另外，美国电影协会总部位于美国白宫附近，这也在一定程度上表明美国政府与好莱坞电影发展的紧密关系。这六个要素保证了在好莱坞从事电影业可以得到各种专业的服务，这大大降低了电影制作的交易成本，不仅获得了所谓的外部规模经济，更获得了系统的竞争优势。

电影是提供文化内容服务的主要形式，它的生产制作已形成全球价值链，在"剧本策划—电影制作—发行—放映—授权产品销售"的全球价值链中聚集着好莱坞的跨国电影集团，它们控制着价值链高端的剧本策划、全球发行和放映网络，同时利用掌握的核心版权资源，再次分享授权产品获得的后续收益。电影价值链通过国际分工已整合与分解到十分成熟的程度。就剧本策划一个环节而言，它可进一步分解成"剧本构思—大纲—剧本初稿—剧本修正"，分别由庞大的编剧队伍来完成，其中"剧本医生"负责对剧本的漏洞进行修补和完善，增加对话或细节。这基本构成了好莱坞的专业剧本流水线生产程序，而且包括情节模板数据库。对于电影制作环节的生产要素供给，其可从全球获得廉价资源，如到嵌入全球价值链的成本较低的影视基地取景及雇用群众演员、完成后期配音等工作。而好莱坞也通过与各国当地的主要电影公司合作，规避电影配额限制及进入当地的电影放映网络。又鉴于美国电影公司拥有版权核心价值，促使电影放映后的后续消费品开发可通过授权产业延长价值链，从而获得多次的延长收益。例如，1955 年的洛杉矶迪士尼乐园开幕，标志着迪士尼形成了"电影—电视的二次版权—授权衍生品—迪士尼乐园"的后续产业链。上海迪士尼及即将落成的北京环球主题公园均是跨国文化集团推动国际文化贸易本地化的具体举措。

第三节　国际文化贸易价值理论

全球化社会中，贸易本身已不是单纯的经济问题，它也是政治问题、社会问题和文化问题。在全球化语境下，一个国家的影响力已不单纯依靠军事、经济的硬实力，也需要信息和文化的软实力。国际文化贸易对于一个国家的战略意义不仅在于它的经济价值，更在于它所提供内容或承担符号的文化价值。正是区别于其他一般国际贸易的文化功能，促使文化商品与服务的贸易能在各方推动自由贸易一体化趋势下，作为特殊商品与服务可不适用自由贸易原则。文化商品与服务的特殊性决定了对国际文化贸易活动的阐释不单单需要吸收经典的贸易理论，更需要吸收相关的文化理论观点，以其作为指导国家文化贸易的价值理论。本书则主要介绍国际文化贸易研究中常被述及的三个概念：文化例外论、文化多样性和文化折扣，它们均在一定程度上说明国际文化贸易的价值影响。

一、文化例外论

"文化例外"是1993年在由世界贸易组织（WTO）发起的一次关于贸易自由化的谈判上首次由法国提出来的。但最先认识到"文化例外"重要性的国家是美国——这个看似反对"文化例外"的国家。在美国积极促成的1947年《关税及贸易总协定》第二十条的"一般例外"中有"维护公共道德"以及"为保护本国具有艺术、历史和考古价值的国宝所必须采取的措施"的规定。在1950年的《佛罗伦萨协议》中，美国坚持协议应有"保留条款"，允许各国不进口那些"可能对本国文化产业发展构成损害的文化商品"。虽然没有明确定义"文化例外"，但"文化例外"的精神却有所体现。乌拉圭回合谈判，使"文化例外"问题开始得到国际社会重视。"文化例外论"自问世以来引发了集中于两大阵营针锋相对的论战，一方是以美国为首的自由贸易论观点，认为凡是采取措施保护该国电影和音像产业的国家必须立即终止这些措施；另一方是以法国、加拿大为首的部分国家，坚持为支持国产电影音像产业应长期奉行保护政策。"文化例外论"这一观点一经提出，很快被媒体拿去使用。"乌拉圭会议最后，美国不再坚持把关贸总协定的所有规定适用于电影及视听产品和服务，类似这种需要对文化产品特殊对待的默认承认就可称为文化例外。"[1]"文化例外论"是指对于以下两种产品的进出口应该采取一些规定：第一个是电影（尤其是长故事片）；第二个是音像制品，如好莱坞在全球发售的诸如《达拉斯》（*Dallas*）之类的电视连续剧[2]。

"文化例外"的表现形式有显性与隐性之分。"文化例外"的显性表现形式是大多数国家采取的通过签订贸易协定以及制定法规给予文化产品特殊待遇，包括进口限额、播放限额、播放百分比、内容要求、税收优惠、补贴等，规模庞大同时复杂而不透明的财政支持发挥了作用。20世纪90年代，法国利用这种例外保护了视听产业，限制了美国的电视节目，并且帮助了电影。视听产业的业绩主要来自受"文化例外"庇护的配额和补贴政策（事实上，是资金转移，因为资金来源并不是预算）。同时，要求私有电视台对电影业进行资助很可能是使整个行业脱离险境的原因。法国的电影产业每年仍然生产约140部电影，并且相对于好莱坞作品占据一半票房，保持了国内电影票房1/3或者以上的份额，并作为高质量电影的生产商而继续享有一定的国际地位。相对于其他欧洲国家，法国的电影业在维护国内市场方面取得了更大成功。1999年，法国电影占据国内电影票房的比例是38%，相比之下，意大利电影只占其国内票房的24%，而英国、德国和西班牙甚至更少。一直享有声望的意大利电影产业在很大程度上成为好莱坞制作的海外机构。法国政策尽管偏重本国电影，但同时也为跨国电影、欧洲电影以及世界各地电影的放映提供了大力支持。此外，在维持电视观众的比例方面，法国比其他西欧国家做得更好。1995年，美国电影只占据法国电视台等主要电视节目的35%～39%，这比德国、西班牙、英国或者意大利少得多。同

---

[1] 李嘉珊. 文化贸易在自由竞争与多样性保护下的发展博弈[J]. 国际贸易，2008（12）：40-44.
[2] 贝尔纳·古奈. 反思文化例外论[M]. 李颖，译. 北京：社会科学文献出版社，2010：3.

样，1996年，法国广播电台的配额限制将英美流行音乐减少一半，相对于其他欧洲国家，法国人能够更多地听到自己的音乐。①而隐性的表现形式是政府以隐蔽方式对文化产品贸易实行特殊对待，如美国政府里大约50个"行动计划"都是关于艺术与文化的，地方政府和各个大学都在不同程度地支持文化产业发展。此外，私人资助文化产业的资金是可以免税的，在美国，文化不是纯私人的事情，背后仍有政府在支持。只不过由于"多中心主义"，美国的"文化例外"措施比较分散，不易察觉。"文化例外"在WTO和多个双边或区域贸易协定中都有规定，但在不同的贸易协定中表现形式是不一样的。如在WTO中，"文化例外"表现为专门的条款和一般例外规定，而《北美自由贸易协定》等区域或双边贸易协定则通过规定与"文化例外"相类似的条款，像"文化产业豁免""文化豁免"赋予成员对文化产品贸易进行特殊对待的权利。另外，不是所有的文化产品都能够适用"文化例外"的相关规定的。国际贸易协定的"文化例外"条款主要规制视听产品以及图书杂志等文化产品。不同的贸易协定对"文化例外"的适用范围也是不同的，相比来说，WTO的适用范围较窄，而欧洲内部一些区域贸易协定规定的适用范围较广②。

二、文化多样性

文化是不同国家民族之间增进理解、促进交流的重要基础，尊重文化多样性和在不同文化之间开展对话是世界和平与发展的重要保证之一。文化多样性是人类社会的基本特征，也是人类文明发展进步的动力，保护文化多样性与保护生态多样性一样重要。美国虽然历史短暂，但深知文化多样性的价值和意义，同时也认识到文化单一化必然限制其自身文化在全球的传播与推广。法国历来致力于捍卫自己的民族文化并勉力维护世界文化多样性，最引人注目的是其在乌拉圭回合中与美国就"文化例外"而展开的艰难谈判。法国认为，好莱坞坚持从它所有产品中产生国际收入的一些做法，必将使得全球市场储量大量依靠特效和极少对话的程式化电影，从而造成"一种全球标准化的影响的泛滥"，其后果是像法国这样的国家将失去"叙述自己故事"的能力。"在全球化的交易时代，影像……出口了一种生活方式，一种社会'模式'。在想象的范畴里，谁能俘获思想谁就能取得商业上的胜利：'标准的'影响，'标准的'期待。"③

相比"文化例外"，"文化多样性"在国际法领域被普遍接受，但"文化多样性"在本质上与"文化例外"一样，都提倡对文化产品予以特殊对待。联合国教科文组织（Union Nations Educational, Scientific and Cultural Organization, UNESCO）是联合国系统内负责管理文化事务的专业组织。多年来，联合国教科文组织在推动全球文化发展和全球文化政

---

① 理查德·F. 库索尔. 法兰西道路：法国如何拥抱和拒绝美国的价值观与实力[M]. 言予馨，付春光，译. 北京：商务印书馆，2013：258.
② 王芳芳. 国际贸易协定中的"文化例外"问题研究[D]. 北京：北京交通大学，2014：7.
③ 理查德·F. 库索尔. 法兰西道路：法国如何拥抱和拒绝美国的价值观与实力[M]. 言予馨，付春光，译. 北京：商务印书馆，2013：6.

策的兴起中发挥了举足轻重的作用。在联合国教科文组织的章程文件中,"文化多样性"曾被表述为"多元文化"。1995年,联合国教科文组织把"多元文化"总结为"各种文化应一律平等,不应因国家大小而有区别,各民族应平等享有文化认同权、社会公平权以及对经济受益的需求"。"文化多样性"由联合国教科文组织在国际性法律文件《世界文化多样性宣言》(Universal Declaration on Cultural Diversity)中得以合法化,2001年联合国教科文组织在《世界文化多样性宣言》中认为文化多样性能够大力促进世界各国的沟通和改革,并最终纳入2005年10月第33届联合国教科文组织大会上通过的《保护和促进文化表现形式多样性公约》(简称《文化多样性公约》)(Convention on the Protection and Promotion of the Diversity of Cultural Expressions,CCD)。其中,"文化多样性"被定义为各群体和社会借以表现其文化的多种不同形式。这些表现形式在它们内部及其之间传承,通过形式各异的表现形式来宣扬、传播、继承文化遗产,从而实现文化多样性。《文化多样性公约》的通过是联合国教科文组织历史上的标志性事件,它代表了在经济全球化和文化多样性的对抗中,文化第一次得到了人类的重视。《文化多样性公约》的生效,标志着文化多样性真正做到了在国际法层面上的"有法可依",使"文化例外"终于有了在世界贸易组织之外的国际法依据。漫长的人类文化发展史强有力地证明了这样一个颠扑不破的道理:只有尊重文化的多样性,人类才会有更好的明天①。在信息技术日新月异、文化消费日趋普遍的今天,面对全球流通和同质化的大众文化商品,如何保持与维护民族文化根基?如何保护文化特性?可以说,保持文化多样性,就是保障人类文化生生不息、繁荣昌盛的重要方式,更是我们人类精神家园社会属性的根本体现,只有文化多样性得到有效保护,人类文明才能不断进步。

三、文化折扣

如果说"文化例外"与"文化多样性"是出于民族文化或地域文化保护与传承的目的,而在国际贸易中或国际文化教育中秉持的原则,那么"文化折扣"就是在国际贸易中现实存在且需要面临、解决的问题。

1988年,加拿大学者霍斯金斯(Colin Hoskins)和米卢斯(Rolf Mirus)用"文化折扣"(Cultural Discounts)进行影视节目国际贸易的研究,他们认为"文化折扣"是解释美国主导全球电视节目贸易的核心概念②。特定电视节目根植于一种文化之中,因此在那个特定环境下具有吸引力,如果换到其他环境,有可能节目的吸引力下降甚或消失,使得找到能够符合节目的形式、价值、信仰、制度和行为模式的受众是很困难的。在他们的论述中,文化折扣也包括配音或字幕所产生的吸引力下降。同时,讲述多国的现实事例:法国进口加拿大魁北克省的节目、美国进口英国电影、荷兰进口英国木偶剧、日本电影和动画销往西方

---

① 蔡梦波. 国际文化贸易的法律冲突与协调[D]. 大连:大连海事大学,2013:12-15.
② HOSKINS C, MIRUS R. Reasons for the US dominance of the international trade in television programmes[J]. Media, Culture and Society, 1988(10): 499-515.

国家，表明文化产品若使用另外的语言来制作，那么观众必须求助于配音、字幕来消费，即使是同种语言，其具有地域特色的口音也会影响观众的理解和欣赏，这时配音和字幕也就成为必要。另外，节目的节奏、音乐等也会不同程度地引发文化折扣问题。因此，文化结构的差异是导致文化折扣的深层次原因。由于文化折扣使文化产品的吸引力降低，观众大多会抛弃外国的节目、电影而喜爱类型相似、质量相近的本国产品。这样外国播映商或发行人既得（或潜在）价值就会被打上折扣。霍斯金斯和米卢斯还为外国电视节目和电影的价值损失百分比提出了一个计量公式：(国内相应产品的价值−进口价值)/国内相应产品的价值[1]。但在实际的国际文化贸易中，由于贸易国双方的硬实力和软实力的不同，文化折扣程度对于两个国家而言是不对称的。

此后，霍斯金斯与其他两位学者（Stuart McFadyen & Adam Finn）在《全球性电视和电影：产业经济学导论》（*Global Television and Film: An Introduction to be the Economics of the Business*）一书中，再次强调受众都会对外国产品产生文化折扣[2]。目前国内外研究中使用的"文化折扣"概念普遍来自以霍斯金斯为首的对文化折扣的界定。

"文化折扣"是指在跨文化交流中，面向国内市场的文化商品或服务出口到不同文化市场时所面临价值减损的现象。"文化折扣"常常与"文化差距"（Cultural Distance）和"文化相似"（Cultural Proximity）联系在一起，"文化差距"与"文化相似"往往用于"文化折扣"的形成。文化差距用以区分不同群体或类别之间成员们的集体思维差异，是由吉尔特·霍夫斯塔德（Geert Hofstede）在文化维度理论中提出的哲学和心理学概念，当今应用于国际商业管理，尤其是全球市场营销领域。文化维度理论中提出度量国家文化的六个方面：权力距离、不确定性规避、个人主义/集体主义、男性度/女性度，长期导向/短期导向及放纵/克制[3]。文化差距影响到国际贸易中的合作选择，也影响到国际或一国内的跨文化管理。文化相似由J.斯特劳哈尔（Joseph D. Straubhaar）于1991提出[4]，其被定义为"国家或地方基于区域、民族、方言/语言、宗教和其他元素所生产的物资更接近或者更强化传统认同"[5]。两个文化相似的国家可以发生许多贸易，因为它们对彼此产品有相似的喜好或者由此引发的贸易成本更低[6]。文化折扣假设大多数传媒产品是面向国家市场生产的，出口这些商品需要克服这种折扣问题。国际上的联合制作往往作为一种关于文化折扣缠绕一起的新兴文化商品（服务）的制作方式。通过来自多个不同市场的合作方共同生产同一件文化商品（服务），来决定该种商品的文化标志和文化属性。而且，文化产品的

---

[1] 闫沐. "文化折扣"成因的经济模型分析：以中国电影贸易为例[D]. 长沙：中南大学，2010：16.
[2] Book Reviews[J]. Journal of cultural economics, 2000(24): 337-343.
[3] HOFSTEDE G. Dimensionalizing Cultures: The Hofstede Model in Context[J]. Online Readings in Psychology and Culture, 2011, 2(1).
[4] STRAUBHAAR J D. Beyond Media Imperialism: Assymetrical Interdependence and Cultural Proximity[J]. Critical Studies in Mass Communication, 1991(8): 39-59.
[5] YAMATO E. Cultural Proximity and Reflexivity in Interpreting Transnational Media Texts: the Case of Malaysians Consuming Japanese Popular Culture[J]. The Qualitative Report, 2014, 19(94): 1-20.
[6] FELBERMAYR G J, TOUBAIL F. Cultural Proximity and Trade[J]. European Economic Review, 2010, 54(2): 279-293.

内容并不是协商的唯一主题,商业伙伴、工作团队和融资方式、文化多元化宣传途径也是合作协商的主题。这些过程也会很大程度地影响文化商品市场效果发挥的重要过程。当前的好莱坞跨国文化集团与我国电影企业的联合电影制作是最为典型的实例。

 案例/专栏

我国如何减少对外文化贸易的"文化折扣"[①]

【核心提示】把握文化产业全球化发展趋势,充分发挥中华文化资源比较优势,积极创新文化"走出去"的方式方法,加快发展对外文化贸易,是贯彻党的十八大和十七届六中全会精神的具体实践,是提升文化软实力和扩大国际影响力的重要途径,也是转变经济发展方式、提升国际化水平的内在要求。

对外文化贸易是文化产品和服务的国际交换活动,通过资本操作实现文化传播,服从价值规律。它不但使文化资源通过参与国际分工得到充分利用,也有助于异文化之间的相互理解与共荣。文化产品和服务蕴含着强大的精神层面的附加价值,"反经济周期"效应明显,其消费具有"逆市上扬"特点,不会像货物贸易那样易受宏观经济形势的影响。文化产品边际成本近乎为零的特性决定了各国将国际市场拓展作为提升文化产品利润率的重要途径,国际文化消费市场规模不断扩大,竞争空前激烈。据麦肯锡咨询公司分析报告,文化贸易发展的主要推动力和国家经济发展水平的相关度超过90%。

与政府主导、民间自发形式的对外文化宣传和交流相对照,对外文化贸易强调市场经济条件下企业主导的文化产业的国际推广,是文化"走出去"的主体形式。由于文化产品有其特殊的文化属性,所以在研究促进对外文化贸易策略的过程中,不能只看出口环节,还应将其从文化资源开发到产品生产,再到最终推向市场的全过程联系起来分析。其中,文化资源开发对于文化产品的生产起着至关重要的作用,专业人才则是将文化资源转化为文化产品的生产者。有内容的文化产品才具有高附加值,才能具有持久的市场竞争力。唯有通过多样化的人文内涵和创意表达,提供丰富的文化创意产品和服务,才能成为全球文化产业链、价值链和消费链的主要供应商和服务商。没有充足的文化资源开发,就只能在产业链的中低端从事加工制造等劳动力密集型生产,也就产生不了具有国际竞争力的高质量文化产品品牌。一个国家或地区的文化号召力必须通过文化贸易来体现,其文化内涵及价值观也须通过对外文化贸易才能获得广泛传播,进而在全球具有相应的文化影响的话语权、定价权和控制权。在当前全球文化贸易版图中,主流文化语境掌握在发达国家手中,西方文化则是国际文化市场的通行语言。全球70%以上的文化贸易额集中在发达国家之间,西方大型国际传媒集团控制着国际文化市场的话语权。目前,以美国、欧洲、日本为

[①] 本文由以下两篇文章合成:查志强. 以融合创新降低对外贸易的"文化折扣"[N]. 中国社会科学报,2013-07-01(B06);张颐武. 文化走出去如何少"折扣"[N]. 人民日报,2013-10-08(05).

代表已分别形成相应的对外文化贸易模式:"强势辐射"模式、"柔性连接"模式、"时尚引导"模式。西方国家大多将提升文化贸易额作为优先发展目标,文化软实力的本质和全球化竞争的潮流,决定了新时期中国文化强国建设必然包含对外文化贸易大国的指向。

2013年3月,习近平主席在坦桑尼亚演讲时,曾提起中国电视剧《媳妇的美好时代》在坦桑尼亚的热播;2013年10月,习近平主席在马来西亚访问时,曾谈起歌手梁静茹在中国广为人知。这些都是文化在国家交往中起积极作用的具体例证,生动解答了跨国文化传播如何更具灵活性和更加贴近受众需求的问题,对国家软实力建设很有启发。梁静茹是流行歌手,《媳妇的美好时代》是流行电视剧,两个例子都属于大众文化范畴。在文化传播和建设中,大众文化和高雅文化都起着重要的、不可替代的作用。而对于跨国传播来说,大众文化的传播方式较为生动活泼,文化障碍较少,易于为有相当文化差异的社会所接受,为普通的民众所理解。

在文化研究中有一个"文化折扣"的概念,是指在跨文化传播过程中,由于文化差异造成的理解困难,传播会打折扣。有些历史文化积淀较深的作品,固然有其永恒的价值,但在跨文化传播中会受"文化折扣"的影响。相反,大众文化在传播过程中的"文化折扣"较少,甚至起到事半功倍的效果。大众文化的传播有利于异国公众了解自己的国家,认识其社会生活和风土人情,产生文化上的亲近感,是文化"软实力"建设和文化"走出去"主题的应有之意。

在文化出口过程中,作为贸易主体的企业和产品推介的平台都起着不可或缺的作用。与传统的货物贸易不同,文化出口的最大障碍是文化背景和市场运作方式差异。由于文化结构的异质性,文化产品和服务进入国际市场后往往难以被海外受众认同或理解,极易导致价值降低而产生所谓"文化折扣",而西方文化产品进入中国时的"文化折扣"较小。西方对中国的了解有极大的想象成分,因此,将民族性和目的国本土化有机结合,生产海外消费者容易理解、接纳和欣赏的文化产品,是发展对外文化贸易的重中之重。对外文化贸易作为国际贸易的组成部分,既要考虑贸易的基本要求,包括WTO规则、出口价格与国际结算、贸易成本与各种风险、国际运输和保险、关税和减税等条件,还要考虑文化产品和文化服务贸易的特殊规律,即文化的相融性,高度重视文化贸易目标市场的细致分析和长期追踪,以多元包容和自主创新相结合,率先进入市场潜力较大或者文化背景相通、贸易成本较低的重点国家和地区。过硬的文化内容质量是提升文化贸易发展实力的关键环节。创意是文化产品和服务的核心竞争力。

美国文化中最强大和最具全球影响力的是其大众文化。它一方面在努力表述美国的价值观和思想观念,传播美国生活方式的吸引力;另一方面却很注意形式、技巧甚至内容,努力适应和把握不同文化背景的受众和市场需求,体现出高度的灵活性和开放性。同样,韩国文化"走出去"依靠的也是韩剧和"鸟叔"这样的载体。因此,大众文化的传播应放到和高雅文化同样重要的地位。一些人常常以为只有传播高雅文化和经典文化才是文化传播,这其实是一种较为狭隘的看法。大众文化的作品可能不是经典,但其作用不可替代。没有大众文化的传播,国家当下发展的状况和世态人情就难以为世界所了解,也难以让自己的社会获得鲜活生动的形象。了解海外受众的消费习惯和审美情趣，通过现代化的诠释方式实现文化多样性和民族性的融合，并导入高科技元素加以演绎，才能使文化产品和服务在国际市场释放异彩。还应注意到，《媳妇的美好时代》在非洲热播，是在发展中国家的传播；而梁静茹的歌在中国流行，则是亚洲文化亲近性在起作用。这些年来，我们在跨文化传播中往往只重视欧美发达国家，认为只有得到他们的欢迎和承认才是"走出去"，这种观点也需要调整。欧美发达国家与中国的生活和文化距离较大，其文化市场对中国文化产品兼容度较差。而新兴市场国家和发展中国家，其生活方式，包括在传统和现代之间产生的矛盾和问题，与当下的中国步伐相近；有些国家发展相对滞后，更希望从中国的发展进程中得到启发。同时，亚洲国家和我们的文化更为接近……这些都说明，高度重视在新兴市场国家和发展中国家的文化传播，重视在和我们地域、文化相似的亚洲国家的传播，对于提升中国的国际形象，让更多的人理解、认同中国有着极为重要的作用。

畅通的国际营销渠道是实现文化贸易竞争优势的重要手段。商业化运作对文化贸易至关重要，其内涵包括掌握成熟完善的产业链、目标市场运营规则和模式、跨文化沟通和交流能力、享有国际声誉的品牌和商业化分销渠道等。例如，日本在全球文化贸易中坚持扬长避短，有效把握了最具有竞争优势和市场潜力的文化贸易输出对象，将美国、中国、西欧、韩国、俄罗斯等九个市场锁定为对外文化贸易的最重要目标。

文化传播是一种关乎精神的工作，需要潜移默化的影响力。"骤雨打荷叶"不如"随风潜入夜"，一切急功近利和过度策划都是文化跨国传播的大敌。提升"软实力"和文化"走出去"是个长期而艰难的过程。在这个过程中，保持更为灵活的姿态和坚持贴近受众需求至关重要。对外文化贸易的竞争优势也在于创意、经济与技术的融合创新，"创新制胜，王者归来"是国际文化市场竞争的核心规律。据联合国贸易和发展会议报告，发达国家文化创意产品出口集中在高科技含量的领域，占全球视听产品和音乐出口额的89.2%，占出版和印刷出口额的82.6%，占视觉艺术出口额的70.7%，占新媒体出口额的53.8%。这就要求我们敏锐地把握国际文化贸易领域的新潮流，努力使科技研发成为内容创意的有力载体，而融合创新又成为对外贸易的竞争优势。通过深化文化体制改革，推进政产学研合作，加强创意、科研、工程、管理、外贸等跨界合作，大力开发科技含量和创意含量高的新产品。与此同时，发展对外文化贸易也需顺应数字化的时代特性。数字化浪潮已影响到对外文化贸易的方式和内容，并部分打破了传统文化贸易中的壁垒。以数字化、网络化、智能化技术为支撑的新媒体、新业态和新产品成为对外文化贸易增长最快的领域。积极研判数字化带来的融合与跨界的趋势，以及由此而产生的众多文化新业态，使数字化成为推动中国对外文化贸易快速发展的助力，已成为我们必须正视的现实问题。

全面的政策法规扶持是彰显文化贸易国际影响的有力保障。发展对外文化贸易必须立足自身资源禀赋，通过体制机制和公共政策创新，使政府作用与市场机制紧密结合，其内涵包括强有力的知识产权和其他法规保护、针对性的政府扶持政策、有效的行业协会和非官方机构、强劲的本土市场等。例如，美国在拓展文化贸易方面的资本、技术信息、人力投入在全球独居榜首；欧盟成立"文化产业科技创新风险基金"和"发展引导资金"；日本成立具有政府背景的"内容产品海外流通促进机构";韩国设立"文化产业振兴院",以《文化产业振兴基本法》为核心的一系列立法,为产业发展制定了较为完善的"游戏规则";等等。

作为文化大国,中国丰富的文化资源为文化产品及可负载文化符号的设计、生产和创新提供了不竭的灵感源泉。中国的对外文化贸易完全可以从小到大,逐渐探索出一条具有中国特色、时代特点的发展道路。在国际化视角下推进文化资源整合,同步提升文化内容与渠道建设,大力促进文化资源与市场的结合,以最大的原创精神将其转变为可增值的文化资本,从而寻求中国文化资源最有效的现代化诠释方法,并在掌握目标市场、开发适销对路产品方面有所建树。(查志强)

【思考与讨论】

1. 文化折扣是什么?文化折扣在发达国家与发展中国家之间是相同的吗?举例说说你知道的文化折扣实例。

2. 如何用国际贸易理论化解文化折扣?采取何种措施化解中国对外文化贸易中所面临的文化折扣?

本章小结

- 国际文化贸易是围绕文化产品和文化服务的跨境交易行为。它既包括纸质出版物(图书、期刊)、工艺品(艺术品)、多媒体产品和录音(像)带等有形产品,也包括版权、关税、电视节目、艺术表演、娱乐等无形服务的国际贸易。它们与当前国际贸易中出现的文化因素、国际服务贸易和国际知识产权贸易具有相似特征。

- 国际文化贸易基础理论的划分依据是将经济学史上的经典理论作为分析国际文化贸易现象的基础,它包括国际分工理论、比较优势理论和要素禀赋理论。这里主要指出的是,国际分工理论是依据分工与专业化的演进,以比较优势理论为起点,向后延伸到要素禀赋理论、产业内贸易理论和价值链理论。要素禀赋理论解释比较优势理论的成因,表明比较优势理论建立在"自然禀赋"之上。

- 国际文化贸易的核心理论主要由规模经济理论、产业内贸易理论、价值链理论、竞争优势理论和偏好相似理论组成。相比比较优势理论较好地解释了产业间贸易,偏好相似理论和规模经济理论解释了产业内贸易产生的主要原因。价值链理论是在产品价值链分工不断细化的前提下,用来解释产品内贸易与产品内分工现象,以提升企业的核心竞争力。竞争优势理论则以生产要素、本国需求、相关产业、企业战略结构与竞争程度、政府的作用和机遇作为国家(产业)获取竞争优势的六要素。

- "文化多样性"是保护民族文化及地域特色文化的核心概念,保护"文化多样性"是世界可持续发展的关键。"文化例外"是维护"文化多样性"的具体实践,它的提出是为了保障"文化多样性"及维护国家文化利益。"文化折扣"则是面对文化多样化的前提，在跨文化交流中为推动文化的贸易所必须克服的现象，是指针对国内市场的文化产品在进入异域文化市场后文化吸引力下降的程度。

综合练习

一、本章基本概念

产业内贸易；偏好相似理论；比较优势；文化折扣；要素禀赋

二、本章基本思考题

1. 试用国际分工理论阐释国际文化贸易现象。
2. 试用竞争优势理论解释国际文化贸易现象。
3. 思考中国对外文化贸易中，减少文化折扣与发扬传统文化和保护民族文化多样性如何可同时兼顾。

推荐阅读资料

1. 韩骏伟，胡晓明. 国际文化贸易[M]. 广州：中山大学出版社，2009.
2. 李怀亮，阎玉刚，罗兵，等. 国际文化贸易教程[M]. 北京：中国人民大学出版社，2007.
3. 贝尔纳·古奈. 反思文化例外论[M]. 李颖，译. 北京：社会科学文献出版社，2010.
4. 保罗·R. 克鲁格曼. 国际经济学：理论与政策（上册：国际贸易部分）[M]. 北京：中国人民大学出版社，2006.
5. 国彦兵. 西方国际贸易理论：历史与发展[M]. 杭州：浙江大学出版社，2004.
6. 陈宪，程大中. 国际服务贸易[M]. 2版. 上海：立信会计出版社，2008.

第三章

国际文化贸易战略管理

通过对本章的学习,学生应掌握如下内容:
1. 国际法律文件的文化贸易条款;
2. 国际文化贸易的战略意义;
3. 主要国家的文化贸易战略举措。

国际文化贸易的战略意义不只停留在国家层面,同样在国际层面也得到国际性组织的关注。一方面,承认国际文化商品与服务贸易的特殊性,这在世界贸易组织(WTO)的三大法律文本中有具体表述;另一方面,认识到维护文化多样性的重要性,联合国教科文组织(UNESCO)也有多份法律文件予以陈述。虽然二者在具体条文中存在冲突,但二者所体现的精神存在可协调之处,即保护文化多样性是世界可持续发展的关键,文化例外是维护文化多样性的具体实践。相比国际层面从20世纪90年代对国际文化贸易的认可,世界上主要发达国家早在20世纪初期就已意识到文化战略对国家治理的重要作用,并随着国际文化竞争的加剧,也从20世纪60年代开始先后制定国家战略和法律文本以支持各国文化走出去。

第一节 国际文化贸易法律文本

对国际文化贸易活动具有最高约束力的法律文件是国际性组织颁布的法律文本,它们依据效力范围有多边的、区域的和双边的三种类型;依据存在形式有议定书、公约、条约等多种形式。其中,世界贸易组织的三大法律文本及联合国教科文组织的《文化多样性公约》对国际文化贸易有重要影响。

一、WTO 的三大政策文件

世界贸易组织（WTO）是通过多边协议来处理国与国之间贸易规则的永久性政府间组织，它与国际货币基金组织（IMF）、世界银行（WBG）共同构成世界经济三大支柱，规范着世界 90%以上的贸易活动。

WTO 协定是一个规模宏大的法律体系，它包括总共 550 页的 60 个协议和决议。其中有四个附件：附件一内包含三大"协定"，即《关税及贸易总协定 1994》（General Agreement on Tariffs and Trade 1994，GATT 1994）、《服务贸易总协定》（General Agreement on Trade in Services，GATS）和《与贸易有关的知识产权协定》（Trade-Related Aspects of Intellectual Property Rights，TRIPs）；附件二为一部"基本法"，即《建立世界贸易组织的马拉喀什协议》（Dispute Settlement Understanding）；附件三和附件四为两项"程序法"，即《争端解决规则与程序的谅解》（Trade Policy Review Mechanism）和《贸易政策审议机制》（Plurilateral Trade Agreements）[①]。附件一中的《关税及贸易总协定 1994》（GATT 1994）、《服务贸易总协定》（GATS）和《与贸易有关的知识产权协定》（TRIPs）包含了关于文化产品和服务的特殊条款。总体而言，WTO 关于文化贸易的法律规则仅仅关注文化产品和文化服务的商业价值，对其文化属性并不重视。

根据 GATT 1994，文化产品可能采取有形的样式，如电影胶片、CD、DVD、录像、录音磁带以及纸质图书等。这些东西似乎就像普通货品，无论是网络上订购然后以有形物送货的，还是在商店里买的。同时，在 GATS 之下，所定义的文化产品包括印刷和出版服务以及音像服务，一般都划在下列诸项服务内：电影和录像带制作以及销售服务、电影放映服务、广播和电视服务、广播和电视传送服务、录音和其他服务。TRIPs 协定第二部分限定七种知识产权，即版权与邻接权、商标权、地理标志权、工业品外观设计权、专利权、集成电路布图设计权和未披露过的信息专有权（即商业秘密）。

WTO 的基本精神是自由贸易，即消除关税壁垒。然而，加入世界贸易组织的一百多个国家并非都是平等的，所有的产品和服务也具有各不相同的特性。在乌拉圭回合的最后一轮谈判中，一些国家表示，如果仅侧重于商业方面的考虑，便会破坏一些国家的文化独特性及其独特地位。这些国家认为，需要有一种机制使各国能够维护及发展一定水平的当地文化生产，以反映文化多元化，避免标准化和同质化的文化现象。正如前文所述，"文化例外"的主张虽然没有任何法律效力，但它反映了一种文化商品和服务不同于其他商品和服务的价值、应予以特殊对待的诉求，并在 GATT 1994 和 GATS 中均明确是例外条款。

GATT 1994 第四条有关电影限额的规定，反映了 WTO 成员在文化产品待遇方面达成的妥协。根据该条规定，允许在不少于一年的特许期限内，国产电影的放映时间在一国电

[①] https://www.wto.org/english/docs_e/legal_e/legal_e.htm.

影院总放映时间中占有一个最低比例。电影限额的计算应以每年每家影剧院的总放映时间为基础。也就是说，如果一家影剧院一年放映电影的总时长为 1000 个小时，那么总时长的 50%（即 500 个小时）的电影限额必须用来放映国产影片。与此同时，该条禁止对外国电影实施优惠待遇，即电影限额仅可以在外国电影与国产电影之间实施。一方面，此条款包含对于一般国民待遇义务的例外，即允许各成员为放映本国电影规定最低放映限额；另一方面，本条也为保护本国电影订立了一些规则，如数额管制必须以放映配额的形式出现。值得注意的是，GATT 1994 第四条只是国产电影银幕限额规定，并不是对电影产品实施豁免，因此不会对电影贸易产生影响。银幕配额只是电影产品经过贸易环节在国内放映时实施的一种限制措施，不同于直接的进口数量限制。银幕配额减少了国外电影的放映时间占总放映时间的比例，因此是对 WTO 国民待遇原则的暂时违背。值得强调的是，银幕配额制度仍受制于最惠国待遇原则，这种优惠待遇只能给予国产电影，对国外电影没有影响。GATT 1994 第二十条将"（a）为维护公共道德所必需的措施""（f）为保护具有艺术、历史或考古价值的国家珍宝"而采取的措施作为例外保留下来，排除自由贸易原则的适用。"保护具有艺术、历史或考古价值的国家珍宝"为文化贸易提供了必要的灵活性，但却有一定的限度。GATT 1994 并没有给"国家珍宝"这一概念明确定义。

GATS 第十四条也规定了与 GATT 1994 第二十条相类似的"一般例外"条款，虽然这一条并没有直接规定与文化贸易相关的内容。GATS 之下的 MFN（最惠国待遇）义务给成员以相当的灵活性。一个常见的 MFN 豁免，经常是以文化的原因而被列入并适用的，通常针对电影或电视的合作制片项目。[1]

TRIPs 协定的目标是促进对知识产权的保护，保证实施知识产权的措施和程序本身不成为合法贸易的障碍。它通过对知识产权私权性质的认定和保护，进一步加强了对自由贸易的保护。文化产品和服务与知识产权中的版权、邻接权、外观设计等规定息息相关，但 TRIPs 主要保护文化表现形式中的独创性、新颖性，而非文化表现形式中的多样性。同时，TRIPs 只是为知识产权的国际保护设立了最低标准，对传统文化表现形式和传统知识未明确加以保护，存在不足。WTO 部长会议（WTO 最高决策机构，由 WTO 所有成员的代表组成）指示 TRIPs 委员会（负责 TRIPs 协定的运作）审查"传统知识和民间文学的保护"，这些概念没有权威性的 WTO 定义，但是明显与文化问题有关。约翰娜·吉布森（Johanna Gibson）就将传统知识定义为"本土和传统文化产品的总和"[2]。另一方面，由于各成员对知识产权所做出的具体承诺适用于与文化相关的知识产权产品和服务，因而 TRIPs 不能对文化多样性进行全面保护，这也使得欧美主导下的知识产权保护体系得以发展，实际助长了欧美现代文化对世界上其他国家和地区的文化同化，故而以知识产权为利器的西方文化得以不断发展，而其他国家的文化权利和世界文化多样性面临着枯竭的威胁[3]。

---

[1] 塔尼亚·芙恩. 文化产品与世界贸易组织[M]. 裘安曼, 译. 北京: 商务印书馆, 2010: 177.
[2] 塔尼亚·芙恩. 文化产品与世界贸易组织[M]. 裘安曼, 译. 北京: 商务印书馆, 2010: 51.
[3] 蔡梦波. 国际文化贸易的法律冲突与协调[D]. 大连: 大连海事大学, 2013: 16-20.

二、UNESCO 的《文化多样性公约》

本章前述内容表明 WTO 争端解决机制可以澄清 GATT 1944 和 GATS 之下适用于文化产品的例外的部分情况，但是无法对文化产品贸易给出长期解决方案。同时，从倾向于文化的角度，改进当前 WTO 有关文化产品的规则，最好的可能性或许是在 WTO 之外达成一项关于贸易和文化的协议。在此背景下，在"在加拿大、法国、德国、希腊、墨西哥、摩纳哥、摩洛哥和塞内加尔的提议下，在 UNESCO 法语国家组的支持下"，2003 年 3 月，由 UNESCO 起草的"与确立标准的文化多样性文件的可取性有关的技术和法律问题的初步研究"，被列入执行委员会的议程。到 2005 年 3 月，UNESCO 有 191 个成员和 6 个非正式成员，里面包括 150 个 WTO 成员中大多数国家。UNESCO 的《关于保护和保存活动影像的建议》，承认活动影像（定义为包括电影和电视）的文化重要性。前言承认"各国有权根据国际法规定所承担的义务，采取适当措施保护和保存活动影像"，要求各国为培育或掌握包括文学和音乐在内的民间文化项目的个人或机构，提供道义和经济的支持。第 10（a）段要求成员"创造社会、经济和资金方面的条件，这些条件应当能为艺术家、作家和音乐作曲者自由地、创造性地工作提供必要的基础"。这些简要的例子表明非贸易范围内对文化价值的多边承认，以及支持文化，包括文化产品的政府措施的合理性。公约已于 2007 年 3 月 18 日生效，对公约进行投票的 156 个国家中，148 个投了赞成票，以色列和美国投了反对票，澳大利亚、洪都拉斯、利比里亚和尼日利亚弃权。

《文化多样性公约》的明确目标之一，特别突出了其与 WTO 的关联。这个目标反映在前言里。前言表达了缔约方的信念，即"文化活动、货物和服务兼有经济和文化的性质……因此不应以仅有商业价值对待"。就寻求这一目标而言，《文化多样性公约》有相当广泛的适用范围，涵盖那些"缔约方制定的、与保护和促进文化表现形式多样性有关的政策和措施"，这些表现形式产生于"个人、团体和社会的独创性，并具有文化内容"。而"文化内容"则指"起源于或表现文化特征的象征性含义、艺术特点和文化价值"[①]。

《文化多样性公约》从结构上看，包括序言、正文和附件三部分。它的序言明确表明与 WTO 的区别，即"承认文化活动、货物和服务作为特征、价值和意义的传导的独特性质"。序言指出文化多样性对于人类可持续发展的意义，文化流动对于文化多样性的意义，以及文化活动、文化产品和文化服务的文化属性具有重要价值。《文化多样性公约》的正文包括公约的九个重要目标、"指导性原则"、缔约方的权利和义务、文化保障措施条款、争端解决机制等内容。《文化多样性公约》目标可以归纳为以下三个方面：① 承认文化活动、文化产品和文化服务的特殊意义，努力保护和促进文化表现形式的多样性；② 在互相尊重的前提下，鼓励不同文化之间的交流对话，促进国际文化贸易的发展；③ 重申各国拥有制定文化政策和采取文化措施的文化主权，鼓励和支持发展中国家积极维护本国的文化安全。

[①] 塔尼亚·芙恩. 文化产品与世界贸易组织[M]. 裘安曼，译. 北京：商务印书馆，2010：266-267.

《文化多样性公约》阐述了其指导原则，它们分别是自由与人权原则、文化主权原则、文化同等尊严原则、国际合作原则、文化与经济互补原则、可持续发展原则、平等享有原则和开放与平衡原则。公约的适用范围是缔约国为了保护和促进文化多样性而采取的政策措施。公约不仅赋予了一个主权国家采取文化政策和措施的权利，也赋予了区域间和国际间采取文化政策和措施的权利。由此看来，《文化多样性公约》将会对世界贸易组织有关贸易规则产生影响[1]。

三、WTO 与 UNESCO 对文化贸易政策冲突的协调

国际文化贸易冲突的根源在于文化产品和服务的双重属性。文化贸易之所以会引起贸易领域和文化领域的分歧，根本原因在于文化产品本身所具有的双重属性。文化产品和服务既可以和一般商品一样具有经济属性，也可以和文化一样传递价值观和生活方式，具有文化属性。

通过文化产品促进或保存文化是 WTO 成员的一个合法管制目标。更困难的问题在于，WTO 的规则是否应当允许成员以歧视性或贸易限制的方式推行这一目标。UNESCO 缔结《文化多样性公约》，意在解决贸易和文化的问题，它同 WTO 一样关切贸易和文化之间的尴尬关系。UNESCO 在国际层次上对文化起主要作用，它的成立是"为了通过世界各民族的文化关系促进国际和平的目标以及人类的共同福祉"。UNESCO 一贯不遗余力地倡导世界文化的多样性，主张不能把文化降低到只作为经济发展的促进者这样一个次要地位，而应当为保卫各民族独特的文化身份而努力。与联合国教科文组织不同，世界贸易组织的最终目的是促进产品和服务跨国界自由流动。同时它要求各个国家根据它所制定的多边贸易协定来调整各自国内的文化政策，为文化产品和文化服务的跨国流动扫除障碍。由于 WTO 已经成为规范国际文化贸易的主导性文件，因而许多国家都主动接受或被迫适应 WTO 的要求，在 WTO 的框架内来调整本国的文化政策。世界贸易组织的仲裁机构首先考虑的是经济利益的动因，而不是文化的动因，而且它的裁决是强制性的，任何成员如不认真履行就会受到制裁。例如，美国曾在世界贸易组织的框架内对土耳其和加拿大提出过诉讼，强制这两个国家修改了不利于外国资本进入其文化市场的条款。自 20 世纪中期以来，还没有任何一个国际性机构像其对文化多样性问题予以如此程度的关注，以至于当国际贸易协定中有关文化问题的谈判发生尖锐冲突时，各国寄希望于联合国教科文组织来调停框架内的纠纷。加拿大学者伊万·伯尼尔曾提出，应当在框架之外通过一个保护文化多样性的特殊条例，对文化产品的特殊地位做出界定，并使文化产品的特殊地位具有公认的合理性。

关于 WTO 内文化政策措施的合法性，WTO 协定中可能含有一些证明（即 GATT 第四条）。通过文化产品促进或保存文化是 WTO 成员的一个合法管制目标。更困难的问题在于，WTO 的规则是否应当允许成员以歧视性或贸易限制的方式推行这一目标[2]。

---

[1] 蔡梦波. 国际文化贸易的法律冲突与协调[D]. 大连：大连海事大学，2013：16-20.
[2] 塔尼亚·芙恩. 文化产品与世界贸易组织[M]. 裘安曼，译. 北京：商务印书馆，2010：85.

第二节　国际文化贸易的战略意义

正如市场不能反映文化产品（服务）之于社会的全部需求，经济也不能反映文化贸易对于社会的全部功效。文化产品和服务不仅仅是向"消费"它们的人群提供娱乐或帮助消磨时间，否则就难以理解为什么世界上多数国家在国际性组织签订的相关法律文件中会有难以调和的分歧。但文化产品和服务不应该被当作一般的商品和消费品对待，这一点已经达成基本共识，即使美国也承认"音像部门可能有不同的文化特点"[①]，而巴西、澳大利亚、加拿大等国家表明文化产品与服务在传播社会多元文化和价值观方面的重要性。因此，国际文化贸易不仅促进经济发展，也有助于改善国家形象和推动公共外交。

一、国际文化贸易促进经济发展

国际文化贸易促进经济发展是以一国文化产业的相对强大为基础的。当我们从经济角度讨论文化产品（贸易）之于其他商品贸易的文化功效时，也不能否认，从文化角度看它们相对于其他文化的无形方面，文化产品（服务）已是彻底的实用商品，因为它们是促进经济发展的手段。美国、日本和韩国等国家的发展中，均有发展文化产业战略，以其推动文化出口、提振经济的实践经历。

20世纪30年代的金融危机给美国经济带来重创，但为美国日后的进一步雄踞世界创造了机遇。当时的美国已意识到文化对于国家发展的战略意义，为树立"文化大国"形象，美国政府启动了一系列以文化产业拉动经济克服危机的措施：在教育方面，美联邦紧急救济署和全国青年事务局扶植了44所州立大学扩招8.3%；在文学方面，美国公共事业振兴署启动"联邦作家计划"，在危机高峰期养活了6000多名新闻记者、自由作家、小说家、诗人等；在戏剧方面，联邦紧急救济署启动"联邦戏剧计划"，养活全国大约1.25万名演员，该计划促进了戏剧的创新；在绘画雕塑业方面，美国财政部启动"公共艺术品计划"，雇用了4000名贫困艺术家，共制作700幅壁画和1.5万件其他艺术品，美化联邦政府建筑，此举促进了美国艺术的发展；在音乐方面，公共事业振兴署启动"联邦音乐计划"，养活了1.5万人，创作了大约15万个节目，听众超过1亿人，强化了美国音乐产业。这一系列举措不仅以文化产业拉动了内需，使美国缩短了经济危机的时间，而且促进了美国的软实力建设，使美国的文化产业得以崛起，为美国确立文化大国地位奠定了基础，并进而使美国成为文化出口大国。在美国本土400家大型公司中，72家是文化公司。美国文化、价值观是靠大型文化公司传播到世界各地的，跨国公司本身就是一个国家实力延伸的触角；美国影视产品占全球产量不到5%，市场份额却占到93%，美国影视音乐版权出口收益超过

---

① 塔尼亚·芙恩. 文化产品与世界贸易组织[M]. 裘安曼，译. 北京：商务印书馆，2010：80-81.

军火出口。更重要的是，从此之后，美国的文化和价值观通行世界，拥有主体话语权，跨国企业和产品遍布世界，并吸引全世界精英为其服务。

1997年亚洲金融危机爆发后，日本提出"文化立国"的战略方针，通过发展文化产业，推广日本文化，解决国内经济问题，谋求国际地位的上升。在政府民间双重推力的作用下，日本动漫和电子游戏产业发展迅速，在世界动画片的版权交易中，日本动画片占65%，欧洲市场份额更高达85%，销往美国的动画片总收入是出口到美国的钢铁总收入的4倍。动漫产业形成完整成熟的产业链，并成长为全球性产业，带动了电影、电视、音乐、出版、主题公园等相关产业的发展。日本成为文化产业规模仅次于美国的第二大国，在文化产品走向国际市场的过程中，提升了自身的国际形象。

韩国1998年正式提出"文化立国"方针，将文化产业作为21世纪国家经济的战略型支柱产业。先后成立了"文化产业振兴院""文化产业局""影视振兴委员会"等机构，有力地推动了其文化产业的发展。同时韩国也大力发展网络游戏产业，并直接促进了电子商务在公共领域的发展，韩国网络游戏产业占全球网络游戏市场的一半，相关产业链的价值超过了汽车产业；注重创新、注重设计，把"韩国制造"推向"韩国创造"；影视产业发展强劲，在亚太地区增长率居于首位。韩国文化产品占据世界市场3.5%的份额，成为世界第五大文化产业强国，提升了韩国的国家竞争力。

二、国际文化贸易改善国家形象

国际文化贸易是关于文化产品和服务在国际上流动转换为货币收益的行为，各国努力支持文化出口，不仅因为可换取外汇，更是因为文化出口输出产品的同时也输出了原产国的文化价值。在文化产品和服务的国际流动中，促进文化交流和激发原产国的形象输出。由于文化产品与服务相比一般产品与服务的特殊性，一国若具有文化出口优势，不仅可以提高国家的国际声誉、吸引他国民众对原产国的文化向往，还可以增强原产国自身的国家凝聚力和国家认同感。

日本和法国均在通过推动特色文化出口以提升国家形象的方面做了典型示范。日本曾以"文化产品"作为经济支柱产业，并逐渐转化为"软实力"立国（即媒体经常提及的"Cool Japan"，或者叫作"Japan Cool"）。日本政府想通过"Cool Japan"营造日本"酷"的国家形象，扩大日本流行文化所产生的GNC（Gross National Cool），践行使日本成为"文化大国"的行动路线。"酷日本"（Cool Japan）通常指以流行文化为主体的软实力，包括动漫、音乐、时装等"内容产业"。该战略与英国布莱尔首相上台执政提出的"Cool Britannia"颇为相似。英国提出的"Cool Britannia"作为国家品牌战略，强调在文化领域所具有的较高的独立性。而"Cool Japan"则是以迎合媒体多元化、形成相互依存的产业链为主导思想，实现日本本国"内容产业"发展为主要目标。"Cool Japan"于2003年提出并实行至今，2003年1月在第156次国会的施政方针演说中，日本首相对动漫作品《千与千寻》在国际上获得荣誉大加赞赏，并在演说过程中第一次提到了日本流行文化。2004

年，日本首相在考量日本文化产业振兴的演说中也提到了流行文化元素。2009年，"Cool Japan"已列入《日本品牌战略》。该战略的预期目标是将与日本的"Cool Japan"相关产业的市场规模从2009年的4.5兆日元提升到17兆日元（2020年）。2010年10月，日本政府成立了为推进"Cool Japan"计划的各政府部门联络会议，部门之间相互协调共同筹划，并积极组织实施。如今"Cool Japan"不仅包括游戏、动漫、时装、日本饮食、传统文化等，还包括机器人、环境技术等高尖端产品，涵盖内容十分广泛[①]。

法国人的文化自醒与自信集中体现在对法语纯粹性的坚守与维护。法国在普法战争之后，成立了法语联盟，旨在以法语为载体来强化民族的凝聚力，同时又在本土以外传播法国文化，从而建立自己的国家形象。这种文化历程导致了诸多法国文化精英对美式英语大行其道乃至泛滥的警觉。美式英语作为美国文化帝国主义的重要媒介之一，在客观上构成了对这种单一语言为载体的单一思想入侵。为此，法国政府制定了一系列旨在保护法语的政策和法规，而且每年大力投资以在世界各地推广法语，力图保持法语的"大语种"地位。这种语言的保护措施同样体现在国际文化贸易中，语言的丰富性通常维护了人类文化的多样性。

三、国际文化贸易有助文化外交

虽然参与贸易的文化产品和服务具有很强的经济属性，但是它们与公共产品也是非对立的（一个人消费它们不会缩小其他人消费它们的能力）和非排除的（它们不可能被限于某些消费者）。公共产品的益处，可以代际和人际传递，就像生物多样性、文化或文化多样性可以被看作公共益处一样。文化产品（服务）有某种程度的排他性（例如通过版权）和对立性（例如文化娱乐设施只能很有限的少数人同时共享），但是它们的文化特性存在维护了世界的文化多样性。文化产品的公益性解释了促进文化多样性需要国际合作的原因，更解释了很多国家将文化贸易与文化交流合并运用以达到有助公共外交的重要原因。

文化与外交是辩证关系，文化既是外交的手段和目标，又是外交的本质；文化作为外交的手段和目标即表现为文化外交。从文化的视角解读外交则更具透视力。文化外交的核心层面是价值观的文化传播，以输出思想、传播信仰、交流文化价值观为目的，所以美国学者佛兰克·宁柯维奇把文化外交称为"思想外交"或"观念外交"。文化外交已经成为一个复杂性、争议性日益增加的称谓，通常被认为可以与"公共外交"（Public Diplomacy）、"文化交流"（Cultural Exchange）以及"舆论宣传"（Propaganda）等说法交互使用。根据1959年美国国务院给出的定义，文化外交是"不同国家的民众之间直接的、长久的联系"，这种联系"有助于创建国际信任和理解的良好氛围，促进官方往来的开展"[②]。不同学者对文化外交也有不同的理解，丰富了文化外交的内涵。例如，申险峰、渠培娥和李成浩（2013）认为，文化外交（Cultural Diplomacy）是与政治外交、经济外交、军事外交

[①] 申险峰，渠培娥，李成浩. 世界大国（地区）文化外交（日本卷）[M]. 北京：世界知识出版社，2013：134-135.
[②] 申险峰，渠培娥，李成浩. 世界大国（地区）文化外交（日本卷）[M]. 北京：世界知识出版社，2013：51-54.

等相互平行和交叉的一种国际关系形式，主要表现为一国政府主导的、为了实现某种战略意图而实施的对外文化活动。李谧、方友忠和陈会颖（2013）认为，文化外交是一个国家在国际社会谋求发展，并捍卫和扩展国家文化利益的战略的重要手段，主要通过宣传本国文化与政治理念、推广价值观、维护和发展国家文化以最终实现以国家利益为中心的整体外交战略。

法国时任文化部部长弗雷德里克·密特朗指出[①]，文化与外交从来就不可分离。他们认为文化既具有象征意义，是形而上学的概念，也是各领域互相交流的大熔炉，与外交有着一致的精神与本质。密特朗把文化提到了一个十分高的层面，那就是输出文化价值观。法国文化外交战略基于其历史传承下来的外交价值理念和文化传统，其传统上主要有三个目标：一是保持法兰西帝国文化的延续；二是维持它在欧洲的地位；三是与美国抗衡。第二次世界大战以后，"和平与发展"成为世界的主题。在此形势下，国际竞争转向了以"文化"为主要内容的国家软实力竞争上来。尤其是世纪之交以来，各国均以"文化强国"战略作为其外交的重要手段。法国于20世纪中叶便开始制定其文化外交战略。从1945年起，法国建立了遍布全球的文化网络，其目的在于推广法国文化，普及法语在全球的使用。自1959年起，法国开始制订"关于在国外扩张和恢复法国文化活动的第一个五年计划"。法国2018年度文化整体预算达100亿欧元，同比增长0.4%，创历史新高。要说明的是，这是在法国面临比预期更加严峻的财政困难、政府不得不在各项公共事业预算中选出优先领域的背景下，而政府选择了文化领域。并且，"从欧洲开始逐步扩大法国文化在国际上的影响力"是2018年法国文化政策主要围绕的六项原则之一[②]。在这项预算中，2018年法国将投入900万欧元，用于国际文化行动，同比增长17%；300万欧元用于接待外国艺术家，同比增长12%；220万欧元用于法国音乐出口，同比增长57%。法国希望能够通过文化重振欧盟，并进一步扩大国际影响力。近年来，难民不断涌入、国民意识形态逐渐涣散、欧盟国家之间在重大国际问题上难以形成统一意见，这些都让法国面临新时期内忧外患的严峻挑战，法国需要新的前进推动力，凝聚民心，提升国力。在整体财政捉襟见肘的情形下，政府对文化事业的投入不降反增，新一年的文化预算体现出政府把希望寄托于文化上，这与法国文化立国的古老传统一脉相承，而同时又不乏创新之处，如加强国内文化教育建设、加大对地方政府的支持力度、扩大法国在欧盟及国际的影响力等，不难看出其解决内忧、处理外患的长期战略规划[③]。

[①] 参见中华人民共和国驻法兰西共和国大使馆网页新闻：法国文化部长谈文化外交[EB/OL]，2010-5-10，http://www.amb-chine.fr/chn/zfgx/whjw/t693529.htm。
[②] 2018年法国文化政策主要围绕的六项原则是：① 让所有人都能接触到文化；② 加强中央政府在地方的作为；③ 从欧洲开始逐步扩大法国文化在国际上的影响力；④ 加强政策的灵活性和可操作性；⑤ 加强数字化建设，支持多媒体和公共视听领域发展；⑥ 改变文化部自身的组织结构以及行动方式。在文化政策六项原则的指引下，100亿欧元预算大体分配如下：文化部的项目及运转预算为36亿欧元，比2017年增长了2400万欧元；公共视听领域的预算为39亿欧元，同比减少了0.9%；用于支持电影和视听创作的免税支出为16亿欧元；划拨给国家电影中心的预算为7.24亿欧元；此外，国家图书中心、国家文化艺术中心以及私人剧院协会共获得9300万欧元预算。
[③] 教莹. 法国2018年度文化预算创新高[N]. 中国文化报，2018-03-06。

对于美国而言，文化外交同战争联系，主要代表时期有两个：一是第二次世界大战前后；二是冷战前后。冷战时期的相关政策紧密相连。1938年，作为保护西半球不受法西斯侵扰政策的一部分，美国国务院成立文化关系司（Division of Cultural Relations）来主导对外文化关系，作为建立同外国关系的新渠道[①]；与此同时，开始了旨在促进美国同若干拉美国家之间文化及教育交流的项目计划。1950年之后，美国成立一些专门开展文化外交活动的机构，其中最著名的就是美国新闻署（the United States Information Agency，USIA）。这些机构开展的信息和文化交流活动，如富布莱特项目，都是为了将文学、音乐、艺术和科技等美国文化的组成部分向国外传播，与此同时，促进学术科研的交流[②]。1960年，弗雷德里克·巴格胡恩（Frederick Barghoorn）将文化关系司界定为"为舆论造势而对文化资料和相关人员的使用"，是一种"政府之间的舆论宣讲"。美国前文化大使阿尔迪特（Richard Arndt）对文化关系和文化外交进行了明确的区分。前者是"在没有政府干预的情况下自然、有机地形成的，如贸易和旅游的开展，学生流、交流沟通、书籍发行传播、移民、媒介、通婚等形式多样的跨文化交流"。后者则牵涉来自政府的正式外交人员，他们开展交流活动的目的是各自国家利益的实现[③]。自2001年以来，美国国务院开始增加对文化项目的投入，从2001年的140万美元增加到2015年仅拨给美国博物馆和图书馆服务协会的预算约为2.374亿美元，国家艺术基金会、国家人文基金会等联邦资助文化机构预算也实现小幅上涨[④]。

当今世界有两种观点：文化决定论和利益决定论。文化决定论认为，当今世界的冲突和矛盾因文化冲突而生，其根源均是对其他国家与民族的文化不理解、误会甚至无知。利益决定论者认为，当今世界的冲突皆因利益而生，都是为自己国家争夺利益，因而世界不太平。未来征服世界的并非军事武器和物资力量，而是文化。未来的国际关系中，谁拥有了强势的文化实力，谁就将成为世界强国。

第三节　国际文化贸易战略举措

国际文化贸易的战略意义，已不只是被国家识别，更是被国际的区域性组织所重视。在世界区域性的贸易协定或者条约中，难以避免地要包含文化贸易的内容。同时，协议或条约内的国家或者其他国家也对文化贸易发展辅以法律的支持。

一、战略高度

《欧洲共同体条约》、《北美自由贸易协定》（North American Free Trade Agreement，

[①] 芈岚，张峰，董秀丽. 世界大国（地区）文化外交（美国卷）[M]. 北京：世界知识出版社，2013：88.
[②] 芈岚，张峰，董秀丽. 世界大国（地区）文化外交（美国卷）[M]. 北京：世界知识出版社，2013：56.
[③] 申险峰，渠培娥，李成浩. 世界大国（地区）文化外交（日本卷）[M]. 北京：世界知识出版社，2013：54.
[④] 陈璐. 美国公共文化机构迎来预算普涨[N]. 中国文化报，2015-02-09.

NAFTA）和《多边投资协定》（Multilateral Agreement on Investment，MAI）是来自欧盟、北美自由贸易区和经济合作与发展组织的有影响力文本。关于文化贸易的内容，在以其为代表的一些国际（贸易）合作文本中均有包括。

欧盟职能的一部分是促进"成员的文化繁荣"，欧盟在其前身欧共体时期，已着力支持其成员在如艺术和文学创作等领域，包括在音像领域中开展活动和鼓励他们在这些领域中尽心于该项合作。根据《欧洲共同体条约》第87（1）条，成员通过优惠某些企业或某些货物的生产（如提供补贴），以扭曲竞争的方式提供支持，被认为与共同市场不符。但是，对这条一般性的禁令有一些例外，包括（根据《欧洲共同体条约》第87（3）（d）条）"为促进文化和遗产保护提供的支持，只要此种支持不影响共同体内的贸易环境和竞争以致违背了共同利益"。欧共体成员已经引用这个条款以文化为由资助期刊之类的文化产品。《欧盟宪法条约》包含一个类似的条款。例如，欧洲联盟委员会制订了"媒体加"（Media Plus）计划，"以鼓励在共同体内外制作、发行和推广欧洲的音像作品"，目标（之一）是促进"欧洲的语言和文化多样性"。《北美自由贸易协定》也为"文化产业"（基本上定义为从事音像、出版或印刷行业）规定了一条有限度的例外。根据NAFTA附件2016，在加拿大和美国之间，联系文化产业制订或沿用的措施，以及作为回应采取的具有同等商业效果的措施，大部分受早先的《加拿大—美国自由贸易协定》（CUSFTA）管辖，CUSFTA将文化产业豁免于协定之外[①]。

关于文化产品的争议性，见于经济合作与发展组织（OECD）的《无形物条例》（Invisibles Code），它"承认音像行业的文化特点并允许放映配额和补贴，只要后者不严重扭曲出口市场的国际竞争"。在《多边投资协定》（MAI）的谈判期间，某些代表团建议给文化以例外，而OECD成员从1995年起试图谈判达成该协定一直未果，直到1998年才达成一致。在2005年1月1日生效的澳大利亚和美国自由贸易协定中，澳大利亚保留了在电视上规定一定水平的本地内容最低配额的权利，配额水平与该协定签订时的水平相当。类似地，在2004年1月1日生效的智利和美国自由贸易协定中，智利"国家电视委员会可以规定，作为一般性的要求，通过公共的（开放的）电视频道广播的节目，包含多至40%的智利制作的节目"。有意思的是，双方在一个附加协议中说明，"国家电视委员会监控本国内容的比例，是通过对内容水平进行的年底统计，基础是该年度一次两个月的抽样。由于本国内容的水平从未低于法律的要求，电视委员会也从未做出该项规定"[②]。

此外，1988年4月，欧洲委员会颁布了颇具争议的"电视无国界"指示，要求在"指示适用的"范围内大部分电视节目应该播放欧洲的电视。该指示的目的是确保欧洲各国之间的电视节目应该播放欧洲的电视内容，也是为了促进欧洲各国之间电视广播的交流，同时保护欧共体免受美国进口节目的威胁。此外，个别国家之间的贸易协定中也有保护本国文化的内容。如在2003年2月，澳大利亚政府与新加坡政府签署的《新加坡—澳大利亚自由贸易协议》，该协议规定：澳方有权保护本国的原创艺术、文化遗产和文化产业。进

[①] 塔尼亚·芙恩. 文化产品与世界贸易组织[M]. 裘安曼，译. 北京：商务印书馆，2010：68-70.
[②] 塔尼亚·芙恩. 文化产品与世界贸易组织[M]. 裘安曼，译. 北京：商务印书馆，2010：72-73.

入 20 世纪 50 年代，日本外务省于 1953 年与法国签订了第一个文化协定，打开了与欧洲国家加强文化关系的大门，文化外交的主要体现是以欧美为中心开展的美术展、戏剧节等艺术交流项目开始增加[①]。

二、法律支持

在上述国际区域性贸易合作文本中，对文化产品和文化产业的规定是相关主要国家对文化产品（服务）认知重视的体现。法国、日本和美国等主要国家分别出台法律以保护本国文化及制定文化发展战略，包括繁荣文化产业（创意产业）和推动对外文化贸易。

法国既是世界上少有的几个图书生产、销售和出口大国之一，也是高度保持文化自信和文化自觉的国家之一。一方面，立法维护法语，便于其对外传播。1945 年，法国外交部设立"对外文化关系和法语事务总司"，"文化"一词开始被用于法国官方文件。1990 年"对外法语教育部"正式设立，这个机构的主要职责是全面负责和协调境外的法语教学工作，掌管境外所有的法语教学任务。法国议会于 1994 年 8 月通过了文化部长杜邦提出的"关于法语使用的法案"，简称《杜邦法》。这部法案规定，禁止在公告、广告文本中以及电台、电视台播放节目（外语节目除外）中使用外语，并同时要求，在法国境内出版的出版社必须使用法语而不能用他国语言写概述。法案规定在法国境内举行的各种研讨会上，法国人必须使用法语发言，等等。违反《杜邦法》的人将被罚款。该立法一旦生效，就要求严格执行。在这项法案中还要求国内的门牌号一律用法语，而不得使用其他语言。当迪士尼乐园在法国建成时，法国政府便要求把景点名称译成法语[②]。另一方面，立法保护文化资源。法兰西第五共和国成立以来，先后出台了《保护及修复历史遗迹法》（1962 年和 1967 年）、《古迹保护法》（1967 年）、《建筑法》（1977 年）、《图书单一价格法》（1981 年）、《著作法》（1986 年）等。另外，法国也注重联合其他国家共同立法以促进法国及欧洲文化的保护。

日本是亚洲长期重视文化保护、推广和对外文化贸易的国家之一。1979 年 1 月，日本提出"文化立国"的口号。1996 年 7 月公布实施《21 世纪文化立国方案》，表示要继续扩大国际文化交往，在文化上做出国际贡献并传播文化。20 世纪 90 年代，日本文化部门举办了多种形式的国际文化节。2001 年 12 月日本政府设立《文化艺术振兴基本法》，该法共 3 章 35 条，它确立了振兴文化艺术的基本理念，明确了国家和地方政府的权、责、利，具体规定了与振兴文化艺术有关的基本政策。2002 年 7 月，日本首相主持的"知识财产战略会议"发表了与有关民间机构共同制定的《知识产权战略大纲》，将"知识财产战略"列为首要位置，正式确立"知识产权立国"为日本基本国策。日本国会 2004 年 6 月通过了《内容促进法》（全称是《关于促进创造、保护和活用内容的法律》）作为振兴内

[①] 申险峰，渠培娥，李成浩. 世界大国（地区）文化外交（日本卷）[M]. 北京：世界知识出版社，2013：106.
[②] 李谧，方友忠，陈会颖. 世界大国（地区）文化外交（法国卷）[M]. 北京：世界知识出版社，2013：121.

容产业的根本政策依据。2007年5月，日本政府组织下的"亚洲前景战略会议"委员会通过《日本文化产业战略》，从国家战略的高度看待文化产业的发展，将文化产业的重要性放在前所未有的高度上，成为日本文化产业的纲领性文件[①]。

毋庸置疑，美国是世界上对外文化贸易最为强势的国家。尽管美国是一个文化资源稀缺的国家，却在世界上率先将文化纳入产业化轨道。1997年《北美行业分类系统》（North American Industry Classification System，NAICS）的颁布，相当于提出一个"全球开放式"的文化资源战略。按照《北美行业分类系统》的定义，大家公认的信息产业的重要组成部分的计算机和通信设备制造，被划入装备制造业分类的一个分支，而新的信息产业被定义为"将信息转变为商品"的行业，其中不仅包括软件、数据库、无限通信服务、在线信息服务等现代IT业务，还包括了传统的文化领域，如报纸、书刊、影视和音像产品出版等。这反映出，克林顿时期的美国通过设立和更新行业标准，利用它的市场心理和国际经济组织中的主导地位，向世界推销"文化产业"的产业标准[②]。克林顿执政时期通过积极推动建立WTO所确立的不仅仅是一般的国际经贸原则，也是当今国际社会中心的国际文化关系准则，它成为处理国与国文化贸易关系和文化产业发展关系的准则。WTO同文化产品有关的政策和法律规制几乎涉及了当下所有的文化产业形态，而恰恰也是这些领域构成了当今国际文化交往的最一般的秩序和最一般的关系。美国克林顿政府时期，美国文化外交的一个重要内容就是在世界上扩张美国的文化产业。随着国际环境和国内政治生态的变化，以及新媒体的兴起，近年来美国的对外文化扩张战略也出现了新的特征：一方面，文化交流由单向推销转向双向互动[③]；另一方面，借助互联网手段，鼓励美国公民通过网络平台与其他国家的公民进行交流，还加强美国文化的对外影响，从而进一步带动美国对外文化贸易的持续增长。

案例/专栏

进一步认识"文化例外"政策

（一）欧洲抗衡美国文化的一盘棋——解读"文化例外"政策[④]

前不久，于布鲁塞尔举行的第二轮《跨大西洋贸易与投资伙伴关系协定》的谈判桌上，欧美双方在文化贸易方面的摩擦少了许多。这一状况被诸多媒体描述为"美国人的让步"和"文化例外的胜利"。

所谓"文化例外"，是指由法国提出的一种文化贸易原则，强调文化产品和服务与一

[①] 申险峰，渠培娥，李成浩. 世界大国（地区）文化外交（日本卷）[M]. 北京：世界知识出版社，2013：118-121.
[②] 毕岚，张峰，董秀丽. 世界大国（地区）文化外交（美国卷）[M]. 北京：世界知识出版社，2013：150.
[③] 毕岚，张峰，董秀丽. 世界大国（地区）文化外交（美国卷）[M]. 北京：世界知识出版社，2013：158-159.
[④] 叶飞，樊炜. 欧洲抗衡美国文化的一盘棋：解读"文化例外"政策[N]. 中国文化报，2014-01-30（11）.

一般商品不同，因而不适用自由贸易原则。

在许多国人看来，这一概念还比较陌生。其实，它早已成为欧美之间文化贸易绕不开的"火药议题"，在1993—2013年，曾引发数不清的评论和论战。

1. 关键词之一：文化例外

"文化例外"中的"文化"，主要指向文化产品及服务，强调其不仅具有商品属性，还有精神层面和价值观层面的内涵。所谓"例外"，则是指文化不能屈从于商业，不适用贸易自由化原则。

"文化例外"最早由法国于20世纪80年代提出。当时，欧洲大陆开始明显感受到来自大西洋彼岸的美国文化的冲击。敏锐的法国人很快发现，法国影视作品正在被好莱坞商业大片挤向边缘。法国知识界提出，应加强对本土视听产业的保护。

以"文化例外"为理论基础，当时的密特朗政府制定了图书统一定价、电影资助账户、影音节目配额制等一系列文化发展政策。

在国际贸易的语境中，"文化例外"往往被视为保护本国文化不被其他文化侵袭而制定的一种贸易壁垒政策。

专家观点："例外"在法国有深厚土壤

法国的"文化例外"政策有着深厚的文化、政策土壤，其有关本土文化产业的支撑体系复杂而庞大。

北京大学文化产业研究院副院长向勇在接受本报记者采访时说，法国政府通过一系列政策、举措来实现文化贸易保护战略。其不仅出台了系统的文化政策和规划，每年还有庞大的政府支出用于电影、音乐等文化产业领域的发展，并会永远将"文化遗产"的保护放在法国文化政策的首位。

法国还通过一些行业规定，对本土文化产业进行扶持。例如，规定每张电影票中要征税11%用于资助本国电影制作。电影广告及电视台的税收也有一部分用于资助本国的电影产业。

2. 关键词之二：乌拉圭回合谈判

"文化例外"首次在国际场合亮相，是在1993年世界关贸总协定的乌拉圭回合谈判中。

乌拉圭回合谈判几乎涉及所有门类的贸易，从牙刷到游艇，从银行到电信。然而，给世界留下最深刻印象的却是法国的决然态度：宁愿将整个谈判置于险境，也要坚持"文化例外"。

谈判中，美国要求欧洲开放文化产品市场，尤其是电影及电视市场。法国则高举"文化例外"旗帜，坚决反对美国把文化列入一般贸易范畴，要求单谈单议。

分歧惹怒了巴黎和华盛顿双方。在当时，但凡提及"文化例外"，无论是在会议室还是在媒体上，都存在两个针锋相对的阵营。

"文化例外"未获通过。不过，当时的欧共体最终以整体名义拒绝美国文化产品自由进入，法国算是"取得了一半的胜利"。争议并不妨碍"文化例外"很快成为法国与美国在文化贸易领域展开较量的主要抓手。

专家观点：法美认识走向反方向

江苏省社会科学院哲学与文化研究所副研究员李宁指出，美国曾是类似"文化例外"条款的倡导者。在 1950 年的《佛罗伦萨协议》中，美国坚持应有"保留条款"，允许各国不进口那些"可能对本国文化产业发展构成损害的文化商品"。然而，随着国际文化市场重要性的日益增强，美国转而强调文化市场的自由开放，坚决反对任何形式的文化贸易壁垒。

法国与美国的两种文化产业政策显示，它们对文化产品及市场的理解走向了两个相反的方向。

在美国看来，自由开放的市场能使各种文化、各种声音在同一个平台同等展示、公平竞争，从而充分地展示多样性；在法国看来，以强大金钱力量为支持的美国文化产业，将挤垮资金薄弱或受众相对较少的地方文化、个性文化，使其无法发出自己的声音。

3. 关键词之三：欧洲议题

为了在与美国的对抗中占据优势，法国逐渐倾向从多边关系谋求出路，特别是争取欧盟层面和联合国教科文组织的支持。法国自 2001 年起，在许多场合以"文化多样性"取代了"文化例外"的口号。

如今的法国愈加致力于将"文化例外"从一国的战略变成欧洲的共识。

法国时任文化部部长菲莉佩蒂的话颇有代表性："'文化例外'不是法国一国关注的事情，不是国家主义和行业保护主义……这是一个欧洲议题，是事关全球发展的问题，是一个不应被列入谈判的信念。"

前不久召开的欧盟贸易部长会议上，在法国的推动下，欧盟同意继续将视听产品排除在外。

专家观点：欧盟内部存分歧

有关专家刘望春指出，欧盟层面就"文化例外"达成了一定程度的共识。但以法国前总统奥朗德和欧盟委员会前主席巴罗佐为代表的两方阵营的不同态度，显示出欧盟内部文化立场仍存分歧。

法国对于"文化例外"的态度是坚持到底。而巴罗佐于 2013 年 6 月《跨大西洋贸易与投资伙伴关系协定》谈判前夕的表态称，自己"赞成保护文化多样性，但并不能因此在欧洲四周设一条防疫线"。

分歧凸显了欧盟内部在文化立场上的矛盾。根本而言，一方面是为保护本国文化产业和经济利益，另一方面是对文化价值、文化特性和其在当今世界发展中的地位、作用所持不同认识而产生的纷争。

4. 关键词之四：《文化例外 2 号法》

对于"文化例外"，法国政府仍在深化、拓展。法国希望排除在自由贸易谈判之外的，已不再局限于视听领域，而是从传统文化领域扩展到了数字领域、新媒体等。

来自法国文化部官方网站的资料显示,《文化例外2号法》是奥朗德政府执政以来着力推动数字时代文化发展政策的重要内容。为制定该法,法国政府于2012年9月任命资深文化人士皮埃尔·莱斯居尔为负责人,针对所有涉及数字化革命的文化艺术领域,在全国范围内面向广大专业人士开展为期半年的征询、会商和研讨行动。

经过半年调研,皮埃尔·莱斯居尔向法国总统和文化部长递交了《数字时代文化政策调研报告》,提出了涵盖电影、音乐、电视、图书、电子游戏、互联网领域的75项建议。

尤其值得关注的是,该报告提出,将对一切可联网媒介(包括手机、平板电脑、电子书阅读器、游戏机等)征税。

专家观点:"文化例外"是把双刃剑

向勇告诉本报记者,基于"文化例外"而实行的文化贸易保护战略,为法国等国的文化产业发展赢得了时间,较好地保证了传统文化的传承,扶持了高雅艺术。但总体上看,该战略是一把双刃剑。一旦过度使用,也可能对本国文化企业参与国际竞争产生不利影响。

向勇认为,过度"例外"可能导致以下四个方面的问题。

(1)盗版问题。对电影和电视节目贸易的限制会使消费者的需求不能从正常渠道得到满足,从而造成盗版横行。

(2)"补贴快餐"问题。一些本土企业为了得到政府补贴,仅仅迎合政府的意志而进行产品制作,生产出很多实际上没有市场竞争力的"补贴快餐"。

(3)加剧产业不公。拿到政府补贴的企业往往不是最需要补贴的,却为决定发放补贴的部门或者个人创造了寻租的机会。

(4)过度保护问题。产业由于长期处于关税壁垒和配额的保护下,企业依赖政府补贴,反而造成惰性,丧失竞争力。

5. 最新案例

(1)禁止亚马逊在法"免运费"。菲莉佩蒂曾在多个场合对总部位于美国的亚马逊集团的"倾销战略"展开批驳。2013年10月,法国国民议会通过了一项旨在规范图书网购条件的修正法案。根据该修正案,任何书商将不得在统一书价基础上减价5%后,再免除邮寄费用。2014年1月8日,该法案获得参议院全体一致采纳。菲莉佩蒂对此表示庆贺:"这项法律的通过将为法国的图书产业和数字时代图书领域的市场规范做出贡献。"

(2)"冷落"谷歌。2012年,法国政府计划征收"谷歌税",即向谷歌显示在搜索结果旁的在线广告的收入征税。据估算,若新增该税,法国每年可获得8600万欧元的收入。法国政府表示,将把这笔钱用于补贴和扶持"法国制造"的电影、音乐、艺术等文化产业。

2013年12月10日,位于巴黎的谷歌文化中心落成,菲莉佩蒂未按计划出席该活动。对此,菲莉佩蒂回应称:"不论谷歌文化中心项目本身品质如何,法国与谷歌公司仍有尚未解决的问题,我不能对其行动予以支持。"

6. 文化多样性和自由贸易原则的主张对比

文化多样性和自由贸易原则的主张对比如表3-1所示。

表3-1 文化多样性和自由贸易原则的主张对比

主张内容	文化多样性	自由贸易原则
代表组织	联合国教科文组织	世界贸易组织
代表国家	法国、加拿大	美国
主要目的	保护文化多样性	推进自由贸易
所有策略	文化交流、人文对话	占领国际文化产品市场
文化产品定性	具有思想、价值观和生活方式等内涵,不同于一般商品	与一般商品具有同等属性

7. 联合国教科文组织关于文化贸易的协定

联合国教科文组织关于文化贸易的协定如图3-1所示。

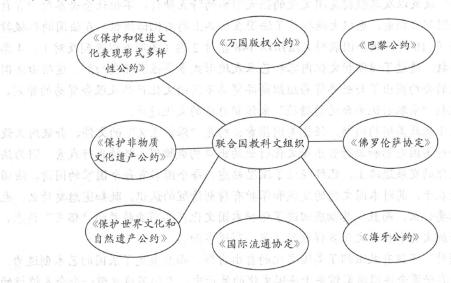

图3-1 联合国教科文组织关于文化贸易的协定

(二)法国对美国文化说"不"之思鉴①

自20世纪八九十年代以来,以法国时任文化部部长雅克·朗为主要代表人物的法国社会党人试图组织一场全球"抵抗运动",向美国如火如荼的进口文化"宣战"以来,法国在发展个性鲜明的法兰西文化的进程中,越来越体现出一种对本国文化的自觉与自信。"文化例外"政策的提出以及随之演化而来的"文化多样性"原则,表明了法国反对把文化列入一般性服务贸易和鄙视美国式娱乐化文化的坚决态度。与此同时,法国将对文化遗产的保护放在了国家文化政策的首位,每年安排高额的政府支出,想方设法对内扶持高雅艺术和民族艺术,对外展示法兰西文化的辉煌和成就。

---

① 汪融. 法国对美国文化说"不"之思鉴[N]. 中国文化报, 2014-01-30(11). 引用时有所删改。

雅克·朗那震撼世界的"经济与文化：同样的战斗"的口号，以及其捍卫法国"生活的艺术，不允许一种贫乏的标准化的外来模式强加于我们"的呐喊，至今依然是世界许多国家积极保护本国文化、警惕美国流行文化主导本国文化形态的远方号角。

尽管法国的主张遭到了美国激烈的反对，但是却得到了世界很多国家的精神认同。更为重要的是，法国的"文化例外"政策切实发挥了作用，帮助法国取得了文化保护的成功，如成功保护了法国的音像产业，限制了美国的电视节目，为法国电影赢得了 1/3 的国内市场份额。甚至，吕克·贝松等法国著名导演所导演的法国娱乐电影，还势不可挡地大步迈向了国际，出乎意料地赢得了海外票房的巨大成功，其《第五元素》甚至超越了迪士尼的《钟楼怪人》，深深打动了以美国观众为主的电影观众，取得 6500 万美元的海外票房。

与中国早年在国际社会提出和平共处五项基本原则有异曲同工之妙的是，法国所选择的"文化例外"政策以及其傲视美国文化的强大影响的特立独行，不但让全世界对"有自己态度"的法国刮目相看，也极大地提升了法国在世界上的文化话语权。在法国的积极斡旋之下，2005 年 10 月，联合国教科文组织以 148 票对 2 票（美国和以色列反对）、4 票弃权的压倒多数，通过了《保护文化内容和艺术表现形式多样性国际公约》。这项由法国和加拿大倡议的公约提出了与世界贸易组织商品贸易不同的文化产品及服务贸易的原则，强调各国有权利"采取它认为合适的措施"来保护自己的文化遗产。

法国人敢于挑战美国的愤怒，任凭美国指责公约是"保护主义"的文件、会被用来设置贸易壁垒并对美国电影和流行音乐等文化行业的出口构成障碍，坚持我行我素，因为法国在法兰西文化的发展道路上，已经经过了深思熟虑。每个国家有每个国家的国情，法国人的聪明之处在于，其对本国文化的发展和保护有特别清醒的认识，既知道想要什么，也知道自己不想要什么。而且，其彻底回避了保护本国文化产品商业收益的"俗气"诉求，以保护民族传统文化和世界文化多样性的主张，得道多助。

"文化例外"不仅有效阻挡了美国文化的自由占领，而且激发了法国的艺术创造力。从 2010 年上海世博会法国国家馆关于法国文化的展示中，人们不难发现一个令人惊讶的事实：法国的传统与现代文化都弥漫着扑面而来的时代新意，租金丰厚的蓬皮杜中心权威藏品世界短期巡展，享誉国际舞台的法国摇滚"凤凰"和"空气"组合，技术与感觉俱佳的法国电子音乐，人才济济的法国流行音乐，不断涌出的令人赞叹的法国歌坛新秀……正是因为这一切，才有了法国的文化贸易收益全球第四的骄人成绩，才有了"文化例外"的十足底气。

如果说，提出"文化例外"的原因是对"美式文化"垄断地位的一种抗衡反击，是担心像法国这样文化传统成果丰厚的国家"失去叙述自己故事"的能力，成为美国文化的陪衬，那么，政策措施调控得当、推行"文化例外"却使得法国有选择地更加积极地借鉴外国模式，自觉革新自己的文化，在国际化的道路上步伐更大，致使美国人竟开始感到美国文化成为法国文化高调发展的陪衬。

由此，法国人也用行动给出了"是什么造就了法国文化的实力"和"法国文化如何影响世界文化"的参考答案。

（三）外媒说"例外"①

英国《金融时报》：法国欢迎外国文化产品，其对于"文化例外"的坚持是温和而有理的。

我们应该更积极地理解法国"文化例外"：为某些法国文化产品提供一个受保护的市场。法国承认，世界上大多数电影、电视节目都用英语制作，"文化例外"的根本目的不是拒绝英美文化，而在于确保法国的文化产品也能获得资助。市场的无形之手不会这么做，只能依靠政府介入文化管理事务，以保障广大民众持续拥有和分享丰富多样的文化生活的权利。

法国《费加罗报》：该报全文刊登了法国时任外交部部长法比尤斯与法国时任文化部部长菲莉佩蒂的联合署名文章。文章称：

"唯有文化才能成就法国的伟大。"

"法国之所以强大、受到尊重，是因为法国拥有自己的价值观，拥有文化遗产和创造力。文化是法国的一张王牌，是我们的财富，是我们未来的一部分。"

"我们因此而需要捍卫文化例外，特别是在与美国的贸易谈判中。这涉及保护文化多样性，保障弘扬法国文化的能力。"

美国《华盛顿邮报》：自20世纪90年代以来，随着世界贸易自由化趋势的加强，一些国家对于"文化例外"的兴趣也随之增加，殊不知，只有受到保护才能发展的文化是谈不上自信的。"文化例外"干扰了文化产品和服务的自由流通。把文化产品和服务定义为与"纯粹"经济不同的商品和服务的做法，暗示了文化保护主义不受自由贸易协定限制。更糟糕的是，它给其他国家申请酒、咖啡、纺织品等一些商品为文化表现形式，进而获得贸易保护提供了政策支持。

美国《华尔街日报》：《跨大西洋贸易与投资伙伴关系协定》是目前摆在欧洲面前最好的经济刺激计划。可以理解，大西洋两岸都将面临游说，希望保护各自的某些产业，但是把整个文化视听行业完全排除在谈判之外并不是个好兆头。如果法国一定要坚持"文化例外"，那么最好的解决办法也许是将法国完全排除在谈判桌之外。

（四）联合国教科文组织再次举行②

联合国教科文组织总干事阿祖莱在2019年11月19日开幕式上致辞，联合国教科文组织文化助理总干事奥托内在闭幕式上致辞，来自140多个国家的文化部部长出席论坛。这是联合国教科文组织继1998年在瑞典斯德哥尔摩举办文化政策促进发展政府间会议之后，再次举办文化领域部长级会议。本次论坛旨在讨论文化在全球公共政策的中心地位及其对可持续发展的影响。论坛围绕"文化与遗产：促进对话与和平的不竭动力""文化是教育的核心：人类发展与创新的根本要素""投资文化和创意产业，促进可持续发展和就

---

① 郑苒，樊炜. 外媒说"例外"[N]. 中国文化报，2014-01-30（11）. 引用时有所删改。
② 文旅. 联合国教科文组织文化部长论坛在法国巴黎举行[N]. 中国文化报，2019-11-22（1）. 引用时有所删改。

业""公共空间文化：城市和社会转型的驱动力"四个主题展开，与会各国文化部部长通过互动交流分享观点。

【思考与讨论】

1. "文化例外"在国际文化贸易中的现实意义及价值是什么？
2. 在你看来，对于国际文化贸易而言，"文化例外"有必要吗？

本章小结

> 国际文化贸易的战略意义在于它不仅促进经济发展，也有助于改善国家形象和推动公共外交。国际文化贸易是关于文化产品和服务在国际上流动转换为货币收益的行为，各国努力支持文化出口。文化出口输出商品的同时输出了原产国的文化价值，促进社会联系和激发原产国国家的形象输出，可以提高国家的国际声誉和其他国家人们对输出国的文化向往，较之其他产品，通过文化产品输出能够更大程度上提升原产国自身的国家凝聚力和国家认同。

> 《关税及贸易总协定 1994》《服务贸易总协定》《与贸易有关的知识产权协定》是 WTO 的三大法律文本，它们是世界贸易组织内仲裁文化贸易纠纷的依据；UNESCO 的《文化多样性公约》中维护世界文化多样性的法律文本，会对世界贸易组织有关贸易规则产生影响。

> 国际文化贸易的战略意义被国际的区域性组织所重视。《欧洲共同体条约》《北美自由贸易协定》（North American Free Trade Agreement，NAFTA）和《多边投资协定》（Multilateral Agreement on Investment，MAI）是来自欧盟、北美自由贸易区和经济合作与发展组织的有影响力文本。在世界区域性的贸易协定或者条约中，难以避免地要包含文化贸易的内容。同时，协议或条约内的国家或者其他国家也对文化贸易发展辅以法律的支持。

> 法国、日本和美国等主要国家分别出台法律以保护本国文化及制定文化发展战略，包括繁荣文化产业（创意产业）和推动对外文化贸易。

综合练习

一、本章基本概念

文化外交；公共外交；文化多样性条约；GATT；GATS；TRIPs

二、本章基本思考题

1. 总结文化强国所采取的法律政策。

2. 列举区域性国际组织及国际性组织的相关贸易文本中，对文化贸易的例外条款。
3. 简述国际文化贸易的战略意义。

推荐阅读资料

1. 申险峰，渠培娥，李成浩．世界大国（地区）文化外交（日本卷）[M]．北京：世界知识出版社，2013．

2. 芈岚，张峰，董秀丽．世界大国（地区）文化外交（美国卷）[M]．北京：世界知识出版社，2013．

3. 塔尼亚·芙恩．文化产品与世界贸易组织[M]．裘安曼，译．北京：商务印书馆，2010．

4. 理查德·F. 库索尔．法兰西道路：法国如何拥抱和拒绝美国的价值观与实力[M]．言予馨，付春光，译．北京：商务印书馆，2013．

5. 李谧，方友忠，陈会颖．世界大国（地区）文化外交（法国卷）[M]．北京：世界知识出版社，2013．

6. 张骞．国际文化产品贸易法律规制研究[M]．北京：中国人民大学出版社，2013．

7. 汲立立．战后英国文化外交研究[M]．北京：中国文联出版社，2020．

第四章

国际文化贸易政策工具

 学习目标

通过对本章的学习，学生应掌握如下内容：
1. 国际文化贸易的内部型政策工具；
2. 国际文化贸易的外部型政策工具；
3. 国际文化贸易的社会辅助政策工具。

 导言

国际文化贸易政策是文化政策的一部分，国际文化贸易无论从各国的经济政策还是从外交政策上，均为关注的重点。从国际社会看，无论美国、加拿大、法国、日本、韩国，还是欧盟等世界主要国家，均采取多元化的文化贸易政策。一方面，是面向国内的政策工具，包括财政补贴、政府资助、税收减免等旨在促进出口的多种方式；另一方面，是面向国外的政策工具，包括关税壁垒、配额和许可证等旨在抑制进口的多种方式。同时，这两种类型的政策也需要社会团体、人才培养和海外营销等其他相关政策手段的支撑。

第一节　内部型的政策工具

内部型的政策工具主要是指在一国内部对于文化产品和服务及其创作者（生产者）的各种扶助政策，如财税资助、补贴和税收优惠等政策手段，目的在于提升文化产品（服务）竞争力、激励创作者（生产者），从而推动本国对外文化贸易。

一、各类资助

为艺术提供资助是保障艺术发展的传统方式，但是资助人逐渐由个人转向政府。19世

纪以前，对文学和艺术作品的作者资助一般由传统资助者完成：首先是宗教当局和教会机构；其次是宫廷和王族；最后是特权阶级，如贵族和富裕的资产阶级[①]。然而经过整个19世纪，这些艺术资助形式逐渐衰退，于是就产生了由国家和地方来代替和至少部分代替传统资助人的想法。目前，在任何一个国家，没有哪家大剧院、乐队或者公共图书馆仅靠经常光顾者支付的费用就能实现收支平衡。当市场不能代替或者仅在很小范围内代替传统资助人时，求助于国家这个大资助者就更为必要。

通过资金资助某类文化产品或文化产业也是当前各国政府及社会力量采取的主要政策，主要有以下两种方式。

（1）利用国家、社区和私人的基金会。每年美国联邦政府都通过国家艺术基金会、国家人文基金会和博物馆学会对文化艺术业给予资助，而州和市镇政府以及联邦政府某些部门在文化方面也提供必要的资助，数目可观。1965年，美国政府成立国家艺术与人文基金会，该机构主要负责利用联邦政府的资源，对文化艺术进行直接的资助。美国也拥有强大的社会力量支持文化事业的发展，非文化部门的外来投资也是其发展来源的一大部分，超过九十个社区成立了联合艺术基金会，用于资助艺术人文机构。20世纪初，私人基金会开始积极参与对公共文化艺术的资助。1950年后，福特基金会投入大量基金，资助不同类型的文化艺术活动和公共设施建设，仅20年间，福特基金会一共投资近4亿美元。韩国政府也设立文艺振兴基金、文化产业振兴基金、信息化促进基金、广播发展基金、电影振兴基金、出版基金等多种文化基金，促进文化产业发展，从而为推动文化出口发挥了积极作用。

（2）来自政府财政预算的资助。法国政府对文化发展和文化管理的重视在欧洲国家中应该说是最为突出的。自17世纪末以来，波旁王朝对文化艺术的管理和资助模式就成为了它的传统，直至今日，法国依旧基本采用皇家赞助的模式。第二次世界大战以后，法国在欧洲国家中最早设立国家文化部，负责协助文化的发展，并积极与美国文化抗衡。据法国文化部官员说，法国政府对文化事业一向非常重视，每年文化部的财政预算均占国家财政总预算的1%。此外，法国地方各级政府还要投入两倍于国家预算的资金，用于发展本国文化。国家每年拿出大约50亿法郎扶持新闻、文学、艺术、音乐、电视、电影等行业[②]。法国从1948年颁布了政府令，规定国家对电影业的生产、发行和放映等各个环节给予扶持性资助，即在财政法中有一项特别支出款项：电影产业资助账户。但这项支出的资金并不直接从国家预算中出，而主要以税收的方式从一些行业的收入中提取。法国电影总局CNC产业资助体系被法国影人视为"王牌政策"，该体系通过体制和政策，使电影和其他新兴媒体实现了互惠互利。从1948年开始，法国财政法就明文规定：对法国电影工业设立扶持资金，其来源不是国家财政预算，而是从影院、电视和录像等相关行业的税收中提取。比例大致为：电影院票价税收的11%，电视台营业额税收的5.5%，录像带

[①] 贝尔纳·古奈. 反思文化例外论[M]. 李颖, 译. 北京：社会科学文献出版社, 2009: 3-4.
[②] 刘轶. 他山之石：美、英、法、韩等国的文化政策[J]. 社会观察, 2004（4）: 10-11.

出版税收的2%（现在加入DVD一项），总预算高达4.4亿欧元。票价税收不限于法国本土影片，还包括其他各国在法国上映的影片。2018年，法国给予用于支持电影和视听创作的免税支出为16亿欧元[①]；韩国文化产业的快速发展，也离不开财政和税收政策支持。过去二十多年来，韩国政府对于文化相关产业的财政预算呈几何级增长，根据韩国文化体育观光部公布的数据：从1994年的54亿韩元到2007年的1977亿韩元再到2014年的4338.4亿韩元；为支持本国音像产业打入国际市场，韩国政府对于其翻译和制作费用提供全额补助；文化体育观光部和未来创造科学部成立了多项种子基金。韩国对文化产业进军海外市场的推进导向，不但体现在财政拨款、政府奖励和专项基金，还综合运用不动产税、公司所得税、个人所得税和综合土地税等多种税收优惠政策[②]。

二、财政补贴

许多WTO成员对本地音像业提供"相当多的补贴"。补贴是欧盟及其成员政府在视听领域采取的最重要措施。欧共体通过媒体计划（Media Programs）来支持欧洲视听产业发展。该计划以三项支持活动为中心：视听计划发展、视听计划促进与专业人员培训[③]，欧共体在2001年对音像部门的资助估计为11.2亿欧元。

就欧盟内部而言，法国为本国电影工业的发展提供了最大数量的补贴：每年的法国视听工业都得到艺术文化部预算给予的直接补贴3350万欧元。除此之外，还有电影管理部门划拨及电视节目制作公司、视频产品制作销售者营业额共2亿欧元。仅次于法国水平的是德国，2018年政府分配给联邦政府文化与媒体委员会（Die Beauftragte der Bundesregierung für Kultur und Medien，BKM）的年度预算增加了7500万欧元，达到1.5亿欧元。此外，鉴于2001—2018年德国电影票房总收入涨跌起伏明显，且受到Netflix等流媒体的冲击，2017年《德国电影促进法》被重新修订。根据新修订的《德国电影促进法》，电影专项基金的资助导向发生变化：资助电影数量减少，但集中用于支持高质量电影[④]。电影促进署从1968年起不仅资助电影制作，还支持影院运营。为此所需的资金由所有的影剧院、公共和私人电视台与录像业共同负担的一项税收进行筹措。1985年，英国的《电影法案》取消了电影许可税，该项税收曾是1951年以来支持英国电影发展的主要财源，取而代之的是用国家彩券基金收益进行贷款和降低税收的一套办法。电影委员会运用国家彩券基金向那些没有该项基金投资就无法实现的电影计划进行贷款。政府扶助措施的重点在支持国产电影的生产制作。如果说传统的电影促进计划是在有选择性的基础上进行资助，那么自动支持方案在最近几年中就显得越来越重要了。该方案旨在对在票房上取得成功的电影进行

[①] 教莹. 法国2018年度文化预算创新高[N]. 中国文化报，2018-03-06.
[②] 宋文婷，任锋. 人类命运共同体视角下韩国文化产业国际化发展政策对中国的启示[J]. 中国海洋大学学报（社会科学版），2019（2）：106-111.
[③] 马冉. 文化贸易领域欧洲政策法规研究[J]. 广西政法管理干部学院学报，2009，24（3）：84-88.
[④] 穆童. 政府扶持下德国电影产业发展路径与趋势[J]. 电影艺术，2019（5）：139-146.

自动奖励,以一种迎合市场运行情况的措施作为现存的选择性电影促进计划的补充(现今的法国,自动电影支持占据60%的份额)。而且,大多数欧洲国家都有自己的公共电视服务体系,以提供补贴或实施某项有价值的文化服务政策所产生的许可费收益等方式奖励特定的广播节目制作者[①]。

20世纪70年代,北美的加拿大政府制订了一些直接补助计划,如加拿大国务院的"分类财政补贴计划"和加拿大遗产部的"图书出版业发展计划"。为了帮助出版社筹集资金,防止其资产被金融机构低估,加拿大遗产部联合皇家银行制订了"图书出版机构贷款计划",旨在为出版社提供更大的贷款额度。加拿大的"图书出版业发展计划",给加拿大占至少75%所有权和由加拿大控制的出版商提供资助,以销售加拿大人写的书。该计划的主要目标是"保证能够在加拿大和国外选择和获得加拿大人撰写的反映加拿大文化多样性和语言二元性的书"[②]。加拿大图书出版业得到了各种直接补助项目和管理措施的支持。其他旨在支持图书出版业的联邦措施还有文化产业发展基金,由加拿大商业发展银行负责管理,以定期贷款的形式向文化企业提供资金。《投资加拿大法案》(*Investment Canada Act*)要求图书出版和发行部门的外国投资必须与国家文化政策相一致,必须对加拿大控制的部门有益而无害。该法案还要求电影与录像产业的生产、发行和放映领域中的外国投资必须与国家文化政策相符合。这些条款与1987年2月13日宣布的政策目的相一致,与《加拿大—美国自由贸易协议》规定的文化例外相符合。加拿大制订的《出版物财政补贴计划》为符合一定标准的付费订阅杂志的出版者提供补贴,帮助支付出版物订户付费杂志的发行费用。加拿大政府通过加拿大艺术委员会对文学艺术杂志提供资助。加拿大杂志基金由加拿大遗产部管理,按比例或项目发放,资助杂志出版者或杂志行业[③]。

三、税收优惠

税收在对文化艺术的鼓励中往往有两个方向的作用:一是对文化产品征税,并将这种税收作为补贴的一种方式,用来资助该国的文化产品发展;二是对于文化产品消费或文化产品生产企业给予税收减免,以鼓励该类文化产品出口。

对电影院经营收益征税是资助国产电影制作的一种有效方法,在欧洲许多国家都有实践。欧洲各国存在很多不同的视听方面的税收措施,差别很大。例如,瑞典就用票房毛收入的10%维持瑞典电影研究所的正常运营。法国除了对出售电影票的收益征税外,还对广播公司的收入以及出售录像带的收益征税[④],同样用于CNC(法国国家电影中心)组织实施促进法国电影发展的活动。法国政府对电影票征收11%的税,并且从电视网络的利润以

[①] 马冉. 文化贸易领域欧洲政策法规研究[J]. 广西政法管理干部学院学报, 2009, 24(3): 84-88.
[②] 塔尼亚·芙恩. 文化产品与世界贸易组织[M]. 裘安曼, 译. 北京: 商务印书馆, 2010: 59-60.
[③] 李怀亮, 阎玉刚, 罗兵, 等. 国际文化贸易教程[M]. 北京: 中国人民大学出版社, 2007: 118-126.
[④] GRABER C B, GIRSBERGER M, NENOVA M. Free Trade versus Cultural Diversity: WTO Negotiations in the Field of Audiovisual Services[M]. Schulthess, 2004: 35.

及空白录影带和录音带的销售额中收取部分费用,由此得到的数亿美元的财政收入用以资助法国电影的制作、发行和放映[①]。德国 FFA(德国电影协会)是专门负责联邦电影发展的机构,其资金来源也与法国类似。与好莱坞在电影市场占据很大份额相对应的是,上述国家用来促进其国产电影制作的收益绝大部分来自于美国电影。因此就产生一个问题:源于一国产品的税收收益是否符合国民待遇。WTO 法对于接受和花费公共资金有不同的规定。GATT 1994 第三条第 8 段 b 项规定的国民待遇例外条款排除了直接提供给生产制作者的补贴费用。因此,在加拿大期刊案中,上诉机构就认为歧视性税收存在的情况下不能主张国民待遇例外。GATT 1994 第三条第 8 段 b 项规定:"本条之规定不妨碍只给予国内生产者的补贴,包括从按本条规定征收国内税费所得的收入中以及通过政府购买国内产品的办法,向国内生产者给予补贴。"相反,对于歧视性税收措施不适用上述条款。这可能就是在土耳其对外国电影征税案中,美国认为土耳其违反了国民待遇,而土耳其不能同意的原因。

与土耳其电影税相对应的是,瑞典、法国和德国征收的类似的税目从一开始就是符合第三条规定的,因为这些税收措施对于国产电影和外国电影进行无差别对待。从 GATS 的角度看,一国尚未在具体承诺表中做出任何具体承诺时,可以实施歧视性关税(土耳其、瑞典、德国或法国都没有在视听领域接受任何义务)。歧视性税收规定境外的影视制品必须承担较高的税费,或规定不同国家或地区的影视产品承担不同税费[②]。但为了使贸易谈判继续,上述税收措施有必要进一步自由化。1950 年 8 月开始,英国政府开始在所售电影票中加征"伊迪税",部分"伊迪税"所得划入新建立的英国电影制作基金,用于资助想拍摄英国电影的制片人[③]。资助对象包括艺术作品的制作者(作家、画家、建筑师等)、演绎者(演员)及推广者(出版商、书商等)。这种资助不涉及评价作品的质量。例如,给予作家和造型艺术家以及书籍和音像制品出版公司的财税优惠。法国政府通过制定减税等规章鼓励企业为文化发展提供各类帮助。有关企业可享受 3%左右的税收优惠。统计表明,法国企业为文化发展提供的赞助,多年来一直高于对其他行业(如环保行业)提供的赞助。

第二节 外部型的政策工具

外部型的政策工具主要包括两类:一类是一国旨在为本国文化产品(服务)提供生存空间,限制进口国外文化产品(服务),以保护本国同类文化产品发展及避免本国文化市场完全被外国文化产品所占有而采用的一些政策工具;另一类政策工具对本国文化产品进

[①] 理查德·F. 库索尔. 法兰西道路:法国如何拥抱和拒绝美国的价值观与实力[M]. 言予馨,付春光,译. 北京:商务印书馆,2013:260.
[②] 余雄飞. 影视服务贸易及文化贸易壁垒[J]. 法制与社会,2009(3):126.
[③] 李怀亮,闫玉刚,罗兵,等. 国际文化贸易教程[M]. 北京:中国人民大学出版社,2007:127.

行出口管制，以利于本国文化保护与传承。这两种工具分别以进口配额和出口管制为代表，其中出口配额往往与许可证制度相结合。

一、进口配额

WTO成员常常规定电影、电视和广播业中本国内容的最低配额。在这些配额措施中，主要对电影、电视和广播有明确限制。

在法国，电影配额从1928年起就一直存在。欧共体在法国的要求下通过一项遏制进口外国（也就是美国）电视产品的指令。这个取名不当的"电视无国界"法规要求欧洲国家的电视节目中为欧洲的产品保留最少50%的份额，包括电视上播放的电影。法国在电视上给欧洲和法国节目的配额超出欧共体的无疆界电视制导文件的规定，为欧洲的影视作品保留了60%的播放时间，其中包括黄金时段，而法国的节目占据了40%[①]。

加拿大的广播政策明确提出，"每一个广播企业，在节目的制作和播放中，应当最大限度地，并在任何情况下不低于优势性地使用加拿大的创作和其他资源。"贸易政策审查机构（TRPB，WTO负责监督成员贸易法规和WTO义务履行情况的部门）注意到加拿大广播—电视及远程通信委员会（Canadian Radio-television and Telecommunications Commission，CRTC）对广播和电视节目规定的限制。CRTC要求"对于加拿大普通的无线广播者，加拿大的节目占电视广播时间的60%，傍晚钟点的50%……"广播电台播放的"通俗"音乐曲目，其中的35%应当根据政府规定的计点制度够得上是"加拿大的"。"公共广播者必须维持同等总水平的加拿大内容和最佳时段的60%"，但是"对于加拿大电影院放映什么没有类似的国家管制"[②]。

1984年，澳大利亚出台了《儿童电视节目标准》，规定电视台每年必须播出8小时以上的本土原创儿童节目。这一标准很快就被提高到了每年每家电视网32小时以上。支持外国电影人来澳大利亚发展和签署《美澳自由贸易协议》，并没有给澳大利亚的文化保护政策带来负面影响。在文化民族主义理念的影响下，澳大利亚从两方面着手对影视政策做出了重大调整：其一，电视台必须播放与澳大利亚文化有关的节目。1960年的影视政策规定，电视台不能播放外国广告，播放本土节目的时间必须占总播出时间的40%。这一政策是在澳大利亚电影制片人协会（澳大利亚制片人协会）和澳大利亚演员与播音员协会的共同努力下出台的。其二，政府投资发展本土电影工业[③]。

芬兰的广播由两家公司负责，一家国有的，一家私有的（这两家公司同时经营电视台）。公共频道的绝大部分时段都用来播出芬兰的作品。私人频道必须执行政府于1993年制定的方针，即提供足够多的时间来播放国产作品，并且是黄金时段[④]。

[①] 理查德·F.库索尔. 法兰西道路：法国如何拥抱和拒绝美国的价值观与实力[M]. 言予馨，付春光，译. 北京：商务印书馆，2013：252.
[②] 塔尼亚·芙恩. 文化产品与世界贸易组织[M]. 裘安曼，译. 北京：商务印书馆，2010：57.
[③] 吴晓镭. 澳大利亚影视文化政策解析：新理念和政策的分层衍变[J]. 文化艺术研究，2008，1（2）：246-252.
[④] 贝尔纳·古奈. 反思文化例外论[M]. 李颖，译. 北京：社会科学文献出版社，2010：24-26.

韩国政府于 2006 年 1 月底宣布，将于当年 7 月起实行新的电影配额制度：将原韩国本土每年必须放映 146 天国产电影的"银幕配额制"减半，改为每年只放映 73 天国产电影。

进口配额制度不仅为法国、加拿大、澳大利亚、芬兰和韩国等世界各地的发达国家所采用，也为发展中国家应用。在埃及，一个埃及电影的制片人可以发行的外国电影的最大数量要与埃及电影的出产数量成比例。目前最大限量是，每出产一部埃及电影，发行五部外国电影。发行外国电影所得的利润用于资助生产埃及电影[①]。

二、出口管制

出口管制或出口控制（Export Control）是指出口国政府通过各种经济和行政的措施，对本国出口贸易进行管制的行为。出口管制包括单边出口管制和多边出口管制两种形式。在经济全球化的背景下，世界各国对外贸易政策的基本点为：一是贸易自由化；二是促进出口，限制进口。但是，在国家存在的情况下，由于政治和经济发展的不平衡，社会制度、意识形态和价值观念的差异，可持续发展的需要，国家之间仍存在很多戒备和担忧。许多国家为了维持本国的经贸权益，增强可持续发展的能力和确立本国的政治经济地位，在鼓励和促进出口的同时，也对某些产品的出口，尤其是对战略物资和高科技产品的出口实行管制，限制和禁止这些产品对某些国家的出口。这些出口管制有的由国家单独采取，有的由一些国家联合进行。出口管制的对象主要有几大类：① 战略物资及与其有关的尖端技术和先进技术资料；② 国内的紧缺物资；③ 历史文物和艺术珍品；④ 需要"自动"限制出口的商品；⑤ 本国在国际市场上占主导地位的重要商品和出口额大的商品。其中，历史文物和艺术珍品包括某些古玩、珍贵文物、名画等文化遗产。各国出于保护本国文化艺术遗产和弘扬民族精神的需要，一般都要禁止该类商品输出，即使允许输出的，也实施了严格的管理[②]。

虽然进口配额与出口管制分别适用于不同领域，也是规范国际文化贸易的不同方向，但二者均是为了维护和保护本国文化利益。其中，进口配额也往往与许可证制度相结合使用。例如，我国台湾对外国影片实行配额和进口许可证相结合的制度。按照奥地利 1997 年 6 月通过的《电缆与卫星广播法案》第 5 条第 1 款的规定，通过电缆或卫星传送节目的广播运营商必须是奥地利公民，即自然人及法人。瑞士联邦委员会 1998 年 2 月改变了许可（licensing）办法，使得本国与外国申请人在申请广播传输许可时享受同等待遇，但前提是该外国相关法案也对瑞士的申请者给予同等待遇[③]。

三、经济特区

经济特区是一国为了促进对外经贸发展，加快经济建设而在国内设立的特殊区域。在

---

① 塔尼亚·芙恩. 文化产品与世界贸易组织[M]. 裘安曼, 译. 北京：商务印书馆, 2010：58.
② 杜杨. 国际贸易理论与实务[M]. 北京：机械工业出版社, 2008：123-124.
③ 马冉. 文化贸易领域欧洲政策法规研究[J]. 广西政法管理干部学院学报, 2009, 24（3）：84-88.

这个区域内，采取比其他地区更开放、更灵活、更优惠的政策和管理体制，引进外资和外国先进技术设备。经济特区基本上有三种类型：贸易型的经济特区、工贸型的经济特区和科技型的经济特区。① 贸易型的经济特区是以发展转口贸易为主要目的的经济特区，包括自由港、自由贸易区、对外贸易区、保税区等。自由港或自由贸易区都划在关境以外，对进出口商品免征关税，并且允许在港内或区内自由从事商品存储、展览、拆散、改装、重新包装、整理、加工和制造等业务活动，已达到保证本地区的经济和对外贸易的发展，增加财政收入和外汇收入的目的。② 工贸型的经济特区是指以优惠条件吸引外国直接投资、生产以出口为主的制成品的区域，主要有出口加工区、自由边境区等。③ 科技型的经济特区是指以科技为主导，以生产技术密集型和知识密集型的出口产品为主的自由经济区。很多文化企业在这些经济特区获得成长和发展。例如，被称为美国硅谷"好莱坞"的网飞公司（Netflix）设在硅谷（世界典型科技经济特区的代表）。我国第一个国家对外文化贸易基地也坐落在中国（上海）自由贸易试验区内，充分利用自贸区的开放政策和功能优势，为我国文化企业提供国际展示、设备租赁、商贸咨询、版权贸易、人才培训等服务和支持。

保税区是境内关外，享有"免证、免税、保税"的政策，实际上是海关特殊监管区，这已经是国内对外开放程度最高的经济区域，比特区、开发区的开放程度都要高。我国的保税区历史较短，仅 20 年左右，而文化保税区更是自 2011 年以来逐渐建立。最早的文化保税区先行实践以建立在上海外高桥保税区的我国首个国家级对外文化贸易基地为代表。该基地的业务围绕文化产品进出口贸易、文化品牌企业集聚、文化贸易金融政策实验、文化产品展览展示推介、文化贸易经营人才培训等展开，提供保税仓储、进出口代理、保税展示以及拍卖等服务。2011 年 11 月下旬，北京国际文化贸易服务中心正式在位于顺义区的北京天竺综合保税区内开建，该文化保税区由北京歌华文化发展集团投资建设并负责运营，投资总额为 27 亿元，占地为 20.53 万平方米[①]。北京国际文化贸易服务中心打造的是一个艺术品保税仓储中心的概念，仓储中心是与瑞士自由港的艺术品仓储运营商合资完成的。该文化保税区的优势除了关税问题外，还包括三个功能：保税仓储物流服务、文化艺术品中转物流基地和保税文化艺术品的加工。它主要面向出口加工型的企业，对艺术品市场来讲，主要在于艺术品鉴定、修复、复制等。通常艺术品鉴定最权威的是出产国，中国文物流传很多，但一直没有权威的鉴定评估机构，这也导致国内外拍卖公司对中国艺术品都采取了不保真的做法[②]。文化保税区想把艺术品的鉴定、修复和复制等内容完善起来，从而促进提升中国艺术品参与国际贸易的价值链高度。

第三节　社会辅助政策工具

世界各国对本国文化贸易的支持，除了前述的内部型和外部型政策工具外，还配合以

[①] 李小牧, 王海文. 文化保税区：新形势下的实践与理论探索[J]. 国际贸易, 2012（4）：4-7.
[②] 徐磊, 王昱东. 文化保税区, 岂只有苏富比[J]. 收藏, 2012（22）：36-39.

社会力量作为推动对外文化贸易的辅助政策工具。一方面，是来自一国政府的国家战略和国家立法；另一方面来自社会力量、企业自身和其他相关政策。前者在本书的第三章第三节已经论述，本节侧重从行业组织、人才培养和海外营销三个方面分析社会层面的辅助政策工具。

一、行业组织

行业组织往往是带动行业强大的主要社会力量，也是规范行业发展的重要力量。这里以日本行业协会和美国电影协会为例，讲解行业组织在国际贸易中的重要作用。

日本的行业协会很多，几乎每个文化行业都有自律性的组织或机构，这些行业协会都是社团法人，他们在制定行业规则、审查文化产品、维护成员利益方面起到了政府难以替代的重要作用，被看作政府职能的延伸。日本文化产品的审查通常由行业协会替代政府来负责。日本经产省与文部省联手促成建立了民间的"内容产品海外流通促进机构"，拨专款支持该机构在海外市场开展文化贸易与维权活动[①]。如成立于1939年的日本音乐著作权协会，主要职能是根据《著作权中介义务法》负责征收音乐著作权的使用费。该协会拥有作曲家和作词家会员1.2万余人，管理着160多万首曲目。2000年征收的音乐著作权的费用为1063亿日元。成立于1994年的日本计算机娱乐提供者协会，现有会员2000多家。该协会除了负责对行业的发展进行调查研究、行业统计外，还于2002年制定了游戏软件分级制度，并对游戏内容进行严格审查。电影的审查则主要由日本影协属下的电影伦理管理委员会负责。另外，日本的演员、歌手、画家等文化工作者都有自己的经纪人，签约和相关法律问题都委托经纪人和律师负责。日本的文化经纪人对于发掘培养新人、规范市场起到了非常重要的作用[②]。

美国电影协会（Motion Picture Association of America，MPAA，有时也被缩写为MPA，美国电影协会在国外去掉了"美国"二字，使得美国色彩没那么浓重），这个极其重要的资深电影院外活动集团诞生于1922年的无声电影时期，由路易·梅耶（米高梅影业公司的总裁）发起。如今，六大主要电影制作公司（迪士尼、索尼-哥伦比亚、环球、华纳兄弟、派拉蒙以及20世纪福克斯）各自派出三名代表组成董事会，执掌美国电影协会。美国电影协会首先代表电影制片公司，也与一些独立机构、工会、作家协会共同合作。以个人或好莱坞老总的名义组织了无数次筹款活动，资助他们去竞选，这正是美国电影协会院外活动集团在美国本土实力的秘密所在[③]。国内方面，美国电影协会建立了分级制度，对世界产生重要影响。在国际方面，电影制片公司的政治力量依靠美国国会来促进好莱坞电影的出口，同时在对外贸易部、国务院及美国大使馆持续不断的帮助下，向各国政府尽心游说，

[①] 刘莹. 国外的文化产业及文化政策[J]. 前线，2006（06）：34-35.
[②] 姜自茹. 中日文化产业政策比较研究[J]. 安徽文学，2007（11）：199-200.
[③] 弗雷德里克·马特尔. 主流：谁将打赢全球文化战争[M]. 刘成富，房美，胡园园，等译. 北京：商务印书馆，2012：6-7.

要求开放市场、取消限额和关税、减轻审查的力度。在首尔、里约热内卢、孟买、东京、开罗和北京，电影协会时时刻刻维护好莱坞的利益。

根据好莱坞的总体需求，美国电影协会在不同国家的战略也是各不相同。例如，在意大利，电影协会鼓励电影制作公司投资地方多厅影院，在当地创建发行分支机构，加强与意大利人的合作，并联合制作影片。在墨西哥的美国电影协会主要打击盗版。据美国电影协会估计，如今好莱坞因盗版每年损失61亿美元。盗版录像带，尤其是数码影碟（盗版率达62%）依然为大多数人所接受。美国电影协会动用全球优势来抵制盗版，德国、法国与美国结盟。在此之前，德国和法国为了捍卫本国的电影业，拒绝与美国电影协会合作。另一方面，鉴于各种经济、政治方面的因素，新兴发展中国家和第三世界国家拒绝制裁盗版，与美国电影协会之间的分歧越来越大①。这也反映出美国电影正在采用一种新的"多国战略伙伴"，行业协会是配合贯彻这种战略的有效社会组织。例如，面对拉美市场，电影制片公司并肩作战，而非相互对立。迪士尼和20世纪福克斯公司、华纳兄弟和哥伦比亚影业公司、维亚康姆和环球电影公司之间根据分配协议，在巴西共同经营电影院。

二、人才培养

第二次世界大战后，特别是从20世纪六七十年代开始，许多国家都宣布将继续大力支持美术、艺术教学和公众阅读，而且政府还声明将调整工作方向。其目标之一就是要大大提高从事艺术创作的人才和表演人才的劳动条件，尤其对于创意、创作和智力因素主导的文化贸易，培养人才是提升文化竞争优势的主要手段。

日本把挖掘和表彰人才作为振兴文化产业十项改革方案之一，非常重视内容产业人才的培养。尤其是近年来，许多大学和职业学校都开始开设有关内容产业的专门学科，如形象造型学科、尖端艺术表现、数码艺术、动画学科、媒体、艺术学科和情报学研究室科等。近几年来新兴起来的文化学科，为文化商品（服务）创新提供有力的人才支撑②。《知识产权推进计划2019》内容包括完善平台以培养能创造出拥有知识产权的艺术作品和新技术的人才。

韩国政府于2000—2005年共投入2000多亿韩元用于人才培养，抓紧培养复合型人才，完善人才管理系统；产、学、研联手，成立"CT产业人才培养委员会"，负责文化产业人才培养计划的制订、协调等；设立"教育机构认证委员会"，对文化产业教育机构实行认证制，对优秀者给予奖励和提供资金支持。文化产业振兴院建立文化产业专门人才数据库，2002年9—12月，已有学界、机关、企业的1000多名专家申请登录入库。韩国文化人才的培养方式是多元的。不仅有传统的院校培养模式，还重视利用网络及其他教育机构进行培养，委托院校和企业开展文化从业人员资格培训，还重视加强与外国的人才交流与合作，与美国、中国、日本等国家加强人才交流与合作，选派人员出国研修，培养具有世

---

① 弗雷德里克·马特尔. 主流：谁将打赢全球文化战争[M]. 刘成富，房美，胡园园，等译. 北京：商务印书馆，2012：16-18.
② 姜自茹. 中日文化产业政策比较研究[J]. 安徽文学，2007（11）：199-200.

界水准的专业人才。据韩国文化产业振兴院统计，目前已有包括韩国外国语大学、汉阳大学、庆熙大学、仁荷大学等重点大学在内的 111 所院校开设文化产业学本科专业，81 所研究生院校开设文化产业相关硕士、博士课程[①]。

三、海外营销

海外营销是推动国际文化贸易的关键步骤，跨国集团是积极开拓海外市场的主体。

美国的娱乐业之所以成为该国的第二大出口行业，遥遥领先于世界其他国家，打造全球营销网络的美国大型跨国文化企业贡献了直接作用，好莱坞电影在大约 105 个国家上映。为积极开拓海外市场，日本经产省与文部省联手促成建立了民间的"内容产品海外流通促进机构"，拨专款支持该机构在海外市场开展文化贸易与维权活动[②]。

韩流的核心是电影和电视剧。真正成为一股热潮始于 2003 年《冬季恋歌》在日本、中国及东南亚国家的热播，但现在播放韩剧的外国电视台正在逐渐减少。自 20 世纪 90 年代末以来，韩国文化产业崛起，随着韩国大众文化在全球市场的平行增长，韩流（K-pop）已成为当地跨国文化产业和大众文化的象征。韩国开发的文化产品，如电视节目、音乐和电影，大幅度扩大了这些产品对亚洲的出口。尤其随着 YouTube 和 Facebook 等社交媒体以及智能手机的快速发展，韩流后来又扩展到西方市场。由于西方粉丝和亚洲观众都在欣赏韩国文化产品，这些本土文化产品在全球引起轰动。同时韩国游戏产业作为该国最大的文化出口产业，继续在全球贸易中处于领先地位。随着动画、人物、手机游戏以及电视剧、电影、音乐等新的文化形式迅速渗透到全球文化市场，当代韩流的影响也大大增强。韩国的文化产品出口迅速增长，从 1998 年的 1.889 亿美元增长到 2015 年的 467.93 亿美元[③]。韩国于 2001 年设立文化产业振兴院，以此促进文化商品的制作与流通。瞄准国际市场，以中国、日本为重点，针对区域特点，开发不同产品，集中力量发挥品牌作用。自 2001 年就已在北京、东京设办事处举办各种国际性展览，宣传活动，构筑文化商品的海外营销网络，努力打造韩国文化品牌形象，把培育代表韩国的品牌作为增强本国主体性和对外形象的重要手段。2007 年 2 月文化观光部发表了"韩国式发展综合计划"（2007—2011 年），旨在把代表韩国，有象征意义的六大部分（韩语，韩食，韩服，韩屋，韩纸，韩国音乐）名牌化、国际化。由于过于强调经济效益，韩国与其他国家的文化贸易双向交流不足，过分强调单向输出引起了亚洲以及其他文化圈国家的反感，即嫌韩，从而阻碍了文化产业的进一步发展。韩国想要突破产值仅占世界文化市场不足 2%的份额，开拓国外市场，扩大出口是必需的。从地域上看，儒家文化扎根的东亚地区，中日韩三国有着相近的文化背景，这也成为东亚地区韩流形成的基础。因此，实现韩国文化产业的可持续性发展应以"相互交流""构筑共同的文化时代"为基调。仅仅单方地注重"推出我们的文化"或把对方作

---

① 王维利. 韩国文化产业政策分析及当前主要问题[J]. 中国商界，2008（11）：129.
② 李普京. 日本的文化产业政策及运作[J]. 青年记者，2006（5）：39.
③ RYOO W, JIN D Y. Cultural politics in the South Korean cultural industries: confrontations between state-developmentalism and neoliberalism[J]. International Journal of Cultural Policy, 2020, 26(1): 31-45.

为攻击的对象到头来只会起到反作用，不利于海外市场的扩展①。于是，20 余年来的韩流输出被认为可分为三个阶段：第一阶段是韩国组合进军国外，第二阶段是跨国组合进军国外，而第三阶段则是在国外打造本土化韩流组合②。2016 年韩国国际交流财团发表的《2016 地球村韩流现况》显示，全球共有近 5939 万韩流粉丝，多于韩国 5169 万的总人口数量③，这与韩国自 20 世纪 90 年代以来的一系列海外营销举措密不可分。

随着互联网和全球化的发展，世界各国支持文化对外贸易的政策工具也在不断变化。如在互联网使用程度高的国家，消费者有机会在网上购买或观看电影，这样就会降低在电影院里和电视上放映配额的有效性。在这种情形下，补贴可能比配额更为可取④。

 案例/专栏

文化强国推动文化贸易政策举措实例

（一）法国影视基金运作制度⑤

日前，法国电影制片人梵尚·马哈瓦勒在《世界报》撰文揭批法国电影资助制度，引发各界人士激烈争论。

法国是电影艺术的发源地，一度引领世界电影的发展潮流。但在第二次世界大战以后，由于美国电影对法国乃至欧洲的大举入侵，该国电影的发展受到巨大冲击。为此，法国采取了"对美国电影实行配额限制、对本国电影制作进行补贴"等抵制措施。1948 年，法国成立特别基金，用以扶持电影产业的发展。这一措施后来演变成电影资助法案，其特点就是政府规定从每张电影票中征收一定比例的附加税，将所得税款全部纳入电影资助基金，直接用于电影制作。1986 年，该基金更名为影视资助基金，沿用至今。多年来，法国电影产业之所以能够持续稳步发展，并在全球化浪潮中成为与好莱坞抗衡的主要力量，日臻完善的影视资助机制功不可没。

法国电影资助政策的执行部门是隶属于文化部的国家电影中心（CNC），它通过所掌管的影视基金对电影产业的各个环节给予资助和扶持。法国约有 70%的影片受益于 CNC 的资助，这种独特的资助体系为电影打上了"法国制造"的标签。影视基金不是来自政府拨款，而是来源于影视产业自身，通过国家电影中心的重新调配依旧回流到市场。该基金设立之初，基金来源主要依赖于从每张电影门票中提取约 11%的特别附加税，而随着电视业和新媒体的不断发展和繁荣，原本单一的税源扩展至录像带和 DVD 销售税、网络视频

---

① 王维利. 韩国文化产业政策分析及当前主要问题[J]. 中国商界，2008（11）：129.
② 张静. 韩流"本土化"，看准中国市场[N]. 环球时报，2021-01-19.
③ 宋文婷，任锋. 人类命运共同体视角下韩国文化产业国际化发展政策对中国的启示[J]. 中国海洋大学学报（社会科学版），2019（2）：106-111.
④ 塔尼亚·芙恩. 文化产品与世界贸易组织[M]. 裘安曼，译. 北京：商务印书馆，2010：111-112.
⑤ 梁建生. 法国影视基金如何"滚雪球"[N]. 中国文化报，2013-01-31（10）. 引用时重新编排.

点播营业税和电视营业税等多种税源。近年来，由于电视台和电视频道的增多，电视营业税在基金总额中所占比例越来越大，目前已达到77%，成为基金的主要来源。随着法国影视传媒业自身的壮大，2012年，CNC掌管的影视资助基金总额由2005年的4.9096亿欧元增加到7亿欧元。

国家电影中心主要通过两种方式将资金返回给影视产业，即自动性资助和选择性资助。自动性资助是将某位制片人在电影放映时所得的门票附加税和卖出的电视播映权、录像带以及DVD版权的税款，按照一定的比例自动划入由CNC为其设立的个人资金账户，当电影制片人在拍摄下一部电影或偿还债务时就可以申请直接使用该账户里的资金。按照有关规定，这些资助金必须在5年内使用，不用则视为自动放弃。CNC不仅通过自动性资助支持有商业价值的影片，更重要的是通过选择性资助支持具有艺术价值的作品。选择性资助大多针对导演的处女作和艺术电影，目的是鼓励新人新作和推动电影艺术的多样性，特别是通过扶持有潜质的艺术创作来培育电影市场。这种资助类似于银行贷款机制。按照贷款原则，对一部作品的资助不得超过总成本的50%。每年，CNC在全国范围内接受500多个候选剧本，由其下属的8个委员会审阅后从中挑出几十个，给予资金支持。获得资助的影片需用票房收益偿还资助金。但如果影片上座率不高，票房收益甚微，那么制片人无须偿还。

法国政府对电影产业的支持确有其独到之处。这种影视资助机制不是简单的输血型扶持，而是促使电影产业自身具备造血功能。政府将上缴的影视税返还给制片人的下一部作品，可激励制片人生产更多的优秀作品，争取更多的票房，为今后发展积蓄资金，由此产生"滚雪球"效应。这实际上是从制片、发行和放映三个环节帮助制片人完成自身造血过程。把电影、电视、录像、网络视频点播四种行业全部纳入CNC统筹范围，这种影视联盟形式的组合体现了行业互惠互利的原则，构成了法国电影的独特生存环境，增强了整个影视业的抗风险能力。法国电影资助机制有助于培育新人、鼓励创新，而新人辈出正是法国电影能始终保持旺盛创造力的重要原因。择优资助更集中体现了对艺术电影的推崇和扶持，有效地保护了法国民族电影的生存和发展空间。值得一提的是，征收电影票特别附加税也包括在法国所有院线放映的外国影片，其税款全部纳入电影资助基金账户，直接用于扶持法国本土电影。法国是接纳外国影片最多的国家之一，外国电影在法国市场上占60%~70%的份额是一种常态。这些外来影片在法国创造票房收益的同时，也为法国本土电影的发展积累了资本。例如，占据法国年度票房之首的《海底总动员》《阿凡达》《泰坦尼克号》等美国大片，占法国票房收入的11%，毫无例外地被划进了CNC用于支持本土影视产业的资助基金账户。当年《泰坦尼克号》在法国票房收入达2亿欧元，所上缴CNC的电影票特别税达1200万欧元，至少够拍5部法国本土电影。近年来，随着电影产业本身的不断发展变化，法国影视资助政策虽然有所调整和补充，但其基本理念没有改变，即从影视产业链的下游（播放环节）提取税款，投资于产业链的上游（生产和发行环节）。这种独特的电影产业造血机制使得法国电影产业得以应对各种挑战。

（二）引导多元主体推动文化发展[①]

现代社会的结构是由政府、企业、社会公益组织三大板块组成的。当今世界，文化发展已渗透到社会结构的各个部分，要实现文化大发展、大繁荣，必须大力塑造参与文化建设的多元主体，形成相关政府部门、不同所有制企业、行业组织、公益文化机构等共同参与文化建设的局面。

世界各个文化强国在文化发展过程中，都十分注重对文化发展主体的塑造、引导，形成了多元主体积极参与文化建设的局面，西方发达国家的实践经验给了我们很多启示。

1. 运用财税政策吸引企业参与

尽管美国、法国、英国等世界文化强国的文化管理体制不尽相同，但有一点是共同的，就是各国政府都重视公共文化建设，同时对所需资金并不是大包大揽，而是通过财税政策鼓励企业、私人捐助。

美国早在 1917 年联邦税法中就规定了对非营利艺术团体与机构免征所得税，并减免资助者的税额。在这一政策的推动下，公司和个人积极资助文化事业。另一方面，经费分担、陪同资助是美国文化资助体系的主要模式，政府只负责向文化机构和艺术家个人提供"种子资金"，如美国国家艺术与人文基金会规定，对任何项目的资助总额都不超过所需经费的 50%，这就迫使文化艺术机构主动寻找企业、基金会的资助。

在日本，企业积极参与公益性文化建设，对公益性的文化团体进行资助在企业家中已达成共识。例如，由三得利公司全额资助的三得利音乐财团成立于 1969 年，财团设立的目的就是推进日本西洋音乐事业，保存和发展日本的传统音乐。财团设立当年就组织了三得利音乐奖，每年举办一届，用以奖励为音乐事业做出杰出贡献的日本音乐家。

法国制定了《企业参与文化赞助税收法》《文化赞助税制》《共同赞助法》等一整套文化赞助税制体系，对文化赞助的性质、目的、范围、条件、形式、对象等都做了具体规定，鼓励企业参与文化赞助活动。

1984 年英国议会批准了《关于刺激企业赞助艺术的计划》，明确赞助是指企业出于经营目的，借助艺术活动提高知名度、招待客户或职工、做广告宣传等。该计划规定，如果企业赞助艺术，政府将"陪着"企业资助同一项艺术活动，而且鼓励"新投入"，即：企业第一次赞助，政府陪同等量出资共同用于新项目；而第二次赞助，政府陪同出一半的资金，以此类推。

借鉴与启发：① 对公共文化活动坚持有限资助的原则；② 用财政资金陪同企业赞助公共文化活动；③ 积极争取税收政策对文化发展的支持。这样既能发挥财税政策的杠杆作用，又增强了企业投入公共文化的吸引力。

2. 鼓励组建行业协会和同业工会

英国的剧院同业组织为英国表演艺术的繁荣发展做出了重要贡献。英国戏剧界有两个同业组织：一是伦敦剧院协会，二是英国戏剧管理协会，它们是剧院老板、管理人员和节

[①] 郭万超. 世界文化强国：如何引导多元主体推动文化发展[N]. 中国文化报，2014-01-25（4）.

目制作人的同业组织。协会向会员收取会费，会费从250英镑到3000英镑不等，为会员提供单项服务额外收取费用。协会以处理劳资关系为会员提供法律帮助，开展面向中央和地方政府、媒体的公关活动，维护演出市场的繁荣。协会每年通过以下活动来完成其使命：举办伦敦戏剧博览会，联合伦敦公共交通、旅游等公司和机构开展广告宣传活动，出版和发行刊物介绍各种演出信息，向英国各类媒体提供演出信息；举办英国戏剧界最高奖——劳伦斯·奥利维亚戏剧奖（该奖由伦敦剧院协会于1976年设立）；设立劳伦斯·奥利维亚奖学金，资助戏剧学院才华横溢但家庭困难的学生完成学业；发售剧院代用券；等等。人们可以用剧院代用券在全国的150多家剧院兑换任何一场演出票。

美国有很多出版行业协会，如美国出版商协会、美国书商协会、美国大学出版联合会等。这些非营利法人组织对出版业进行管理，发挥了维权、服务、沟通、公证和监督等作用。

借鉴与启发：我国应鼓励文化院团、文化机构自发组织起来，克服单一的文化院团、文化机构力量分散、资源有限的弊端，组建自我管理的行业协会、同业工会，发挥它们在维护自身合法权益、沟通政府、沟通媒体、培养人才、开拓市场、制定行业标准等方面的作用。

3. 鼓励文化单位成立"观众之友"

欧美国家的文化单位大都成立了各种形式的"观众之友"（指有组织地支持某个文化院团、文化机构的群众团体，是把拥有共同爱好的人团结在一起的有效方式）。1909年，英国出现了第一个"博物馆之友"——英国剑桥大学的菲兹威廉博物馆之友。目前，英国已有600多个博物馆之友组织。"博物馆之友"所做的工作：一是为博物馆筹集资金，资助博物馆购买藏品及保护藏品，以弥补博物馆经费的不足；二是为博物馆提供义务帮助和服务。"博物馆之友"的会员可享受的优惠待遇有：观看展览预展、在博物馆闭馆后使用场地搞活动、使用博物馆资料进行学术研究、参观博物馆未对公众开放的地方等。伦敦皇家美院之友有会员7万人，由10名全日制工作人员管理，年会费超过100万英镑。

很多剧团也成立了"观众之友"。如伦敦学会室内乐团成立"观众之友"协会，入会者交少量会费，每月可收到演出信息，可优先订票，观看排练，参观后台，订购剧院杂志，参加乐团聚会、联欢，甚至可自费随乐团出国访问演出。通过这些活动，密切观众与乐团的联系，形成一批基本观众并影响更多的人。皇家歌剧院成立的"考文特花园之友"有会员1.9万多人，每年缴纳会费45英镑。

借鉴与启发："观众之友"实行会员制，会员缴纳会费。文化单位组建"观众之友"，一是可以通过收取会费、会员赞助，在一定程度上解决文化单位资金不足的困难；二是培养了基本观众，任何文化产品都需要建立基本观众群，保证票房收入。目前，我国的"观众之友"组织还比较少，作用还没有得到很好发挥，政府应鼓励文化单位成立类似的组织。

（三）欧洲国家加强社媒管控措施①

英国周一计划制定新的网络安全法，将对无法保护用户免受有害内容侵扰的社交媒体

---

① 欧洲国家加强社媒管控措施[N]. 中国文化报，2019-04-10（8）.

公司和技术企业予以处罚。

世界各国政府都在为如何更好地管控社交媒体平台上的内容大伤脑筋，这些平台往往因为煽动虐待行为、传播网络色情内容和影响或操纵选民意见而受到批评。因为新西兰清真寺大规模枪击事件被放到脸书网站上进行直播，全球担忧情绪近期进一步加剧。

英国政府在一份广受媒体报道的政策文件中表示，如果技术公司无法限制有害内容的传播，政府可能会考虑使用罚款、封堵网站和对高管人员追责等方式进行惩罚。

政府还将设立一个监督规则实施情况的监管机构。行业组织英国科技企业协会说，这份文件是一个重大进步，但仍需在为期 12 周的磋商中加以明确。该协会说政府某些方面的处理太过模糊。

法国国民议会周一晚投票通过了对数字巨头征税的法案，这将让法国成为这方面的先行者，尽管美国对此一直表示反对。

该法案主要内容是开征"GAFA 税"（谷歌、亚马逊、脸书和苹果的英文首字母缩写）。法国此项税收政策源于欧盟的一项法律草案，但后者三月由于四个国家（爱尔兰、瑞典、丹麦和芬兰）的反对未能通过。经济与财政部长勒梅尔认为，该税种可以用作国际谈判中的"杠杆"。

华盛顿方面认为，这一税种"极端歧视总部设在美国的跨国企业"。具体来说，"GAFA 税"涉及的是"通过法国网民创造增值的"数字业务，指向的是那些全球数字业务营收超过 7.5 亿欧元、在法国数字业务营收超过 2500 万欧元的企业。税率为各企业在法国所产生收入的 3%。

"GAFA 税"目前涉及企业可能有 30 多家，包括约会网站 Meetic、爱彼迎、Instagram 等，该税种曾被预计为 2019 年法国政府带来 4 亿欧元收入。

（四）港片入内地的利好政策[①]

中国香港特区政府宣布中央同意 5 项便利香港电影业进入内地市场的措施，令香港电影圈相当振奋。

据香港东方日报网报道，香港特首林郑月娥 16 日宣布，刚收到中央同意实行 5 项便利香港电影业进入内地的措施，即香港人士参与内地电影业制作不受数量限制；对内地和香港合拍片在演员比例及内地元素上不做限制；取消收取两地合拍片立项申报费用；香港电影及电影人可报名参评内地电影奖项；香港电影企业在港澳地区及海外发行推广优秀内地电影和合拍片可申请奖励。

业内人士对新措施普遍表示欢迎。王英伟说，允许香港电影参与竞逐内地电影奖项可增加港片在内地的知名度，对两地影业开发市场均有利。曾志伟称，"香港电影人可以大胆制作更多港味电影，相信每年的港产片数量有望增加一成。"

2003 年《内地与香港关于建立更紧密经贸关系的安排》（CEPA）签署后，两地合拍片数量开始提升。有港媒统计，截至 2018 年年底，中国票房史排名前 20 中有 6 部是两地

[①] 林风. 港片入内地，5 项政策利好受欢迎[N]. 环球时报，2019-04-17（12）.

合拍片，分别为《红海行动》《美人鱼》《捉妖记》《捉妖记 2》《寻龙诀》《西游伏妖篇》，上榜数量与好莱坞大片相同。不过，合拍片也常因题材带来困扰。香港电影中经常出现毒品、黑社会等犯罪题材，为了进入内地势必要有所调整，如何保持本土特色又能顺利登陆内地院线成为许多香港导演北上的难题。

有港媒评论，合拍片在剧本审批时，其中一项重要内容就是需增加内地外景，如《志明与春娇》续集内容搬到北京，皆因属于合拍片。另一个限制是演员比例问题。一般按 2∶1 来选角，即由两个非内地演员担纲主角，另一个主要角色就必须由内地演员出演。一般来说，该规定对古装题材并不构成太大影响，但若是现代都市题材，因不同成长环境和文化差异等因素，就会导致内地演员演香港人物或香港演员演内地人物时格格不入，从而影响片子质量。香港影评库网站称，由于合拍片大多在内地拍摄，基于整体开支等因素，主角以外的其他角色自然不会从香港带过去，长久下来合拍片中只能看见那几张香港熟面孔。

【思考与讨论】
1. 法国影视基金运作制度的特点及效果是什么？
2. 他国的文化强国政策对于我国有什么借鉴之处？

本章小结

> 内部型的政策工具主要是指在一国内部对于文化产品和服务及其创作者（生产者）的各种扶助政策，如财税资助、补贴和税收优惠等政策手段，以有助提升文化产品（服务）竞争力、激励创作者（生产者），从而达到推动本国对外文化贸易的目的。外部型的政策工具以进口配额和出口管制为代表，其中进口配额往往与许可证制度相结合，以利于本国文化保护与传承。

> 通过资金资助某类文化产品或文化产业也是当前各国政府及社会力量采取的主要政策，主要有两种方式：一是利用国家、社区和私人的基金会；二是来自政府财政预算的资助。补贴是欧盟及其成员政府在视听领域采取的最重要的措施。

> 税收在对文化艺术的鼓励中往往有两个方向的作用：一是对文化产品征税，并将这种税收作为补贴的一种方式，用来资助该国的文化产品发展；二是对于文化产品消费或文化产品生产企业给予税收减免，以鼓励该类文化产品出口。

> 行业组织、人才培养和海外营销是从社会层面推动文化贸易的辅助政策工具。

一、本章基本概念

歧视性税收；电视无国界；出口管制；许可证制度；经济特区

二、本章基本思考题

1. 各国资助文化有哪些形式？
2. 内部型政策与外部型政策的各自适用情况是什么？
3. 简述各种文化政策类型的特点对比。
4. 中国推动对外文化贸易的当前政策有哪些？

推荐阅读资料

1. 塔尼亚·芙恩．文化产品与世界贸易组织[M]．裘安曼，译．北京：商务印书馆，2010．
2. 李怀亮，阎玉刚，罗兵，等．国际文化贸易教程[M]．北京：中国人民大学出版社，2007．
3. 理查德·F．库索尔．法兰西道路：法国如何拥抱和拒绝美国的价值观与实力[M]．言予馨，付春光，译．北京：商务印书馆，2013．
4. 贝尔纳·古奈．反思文化例外论[M]．李颖，译．北京：社会科学文献出版社，2010．
5. 弗雷德里克·马特尔．主流：谁将打赢全球文化战争[M]．刘成富，房美，胡园园，等译．北京：商务印书馆，2012．

第五章

国际文化贸易平台

学习目标

通过对本章的学习,学生应掌握如下内容:
1. 国际主要书展;
2. 国际主要电影节展;
3. 国际主要电视节展;
4. 国际主要艺术博览会。

导言

在国际文化贸易中,国际书展、电影节、电视节、艺术品交易会等中介平台为国际文化贸易的发展发挥了重要作用。发达国家能够主导文化贸易流向,与其拥有强大的中介平台主导权不无关系。本章将分别概述国际上重要的书展、电影节展、电视节展及艺术博览会四种类型的中介平台,它们往往拥有一个共同特征,即在依托当地城市的同时,也成就了这些城市的发展,是西方工业文明发展的历史产物。

第一节 国际图书交易平台

国际书展是开展版权贸易的重要场所,它既为版权贸易提供样品及各种相关信息,也反映出版业的发展动态与趋势。从版权贸易角度观察,德国法兰克福国际书展(Frankfurt Book Fair)、意大利博洛尼亚儿童国际书展(Bologna Children's Book Fair)与美国 BEA 书展(BookExpo America,BEA)是目前最重要的国际书展。除了这三大书展外,欧洲、美洲、亚洲与非洲等国家和地区也都有一些各具特色的书展。像埃及开罗书展、巴西圣保罗书展、阿根廷书展、波兰书展与莫斯科书展等都不仅具有较大规模,还在不同地区或不

同语种的版权贸易中也扮演着重要角色。中国书展（北京国际图书博览会、香港书展与台北书展）、日本东京国际书展、韩国首尔国际书展、印度新德里国际书展以及新加坡世界书展等则代表了亚洲目前的书展水平。

一、德国法兰克福国际书展

无论是从规模上还是从版权成交水平上，德国法兰克福国际书展都是国际书展中最引人注目的一个。该书展创办于1949年，每年举行一次，时间在10月的第一个星期三，为期五天，由德国出版商与书商协会下属的一个机构——会议与展览会有限公司主办。展会的前三天仅供业界人士参与，后两天对公众开放。法兰克福拥有跨越500年的图书交易历史，首次图书交易由当地图书销售商举办，在17世纪末期，已成为欧洲最重要的图书书展。法兰克福书展作为政治和文化发展的结果，在启蒙时期，相比莱比锡国际图书博览会（Leipziger Buchmesse）黯然失色。直至第二次世界大战后，法兰克福国际书展于1949年再次举办。20世纪80年代末期是法兰克福书展发展最快的时期，如今的法兰克福书展不仅是最大的国际书展，也是世界出版信息的最大集散地，是各国出版业界人士沟通信息、研讨出版业发展方向、商谈版权贸易的最重要场所。

法兰克福国际书展具有四个特点：第一，为主宾国提供专门展馆，自1976年开始，法兰克福国际书展每年都有一个主宾国，由不同的国家主办。第二，版权贸易是其主要功能，除了设有数量众多的展厅外，还设有文学经纪人中心、国际书商中心等多个专门的业务洽谈中心，供参展人员开展版权贸易与其他方面的业务谈判。第三，参展出版社与参与人次众多，多年有逾百个国家和地区的7000多家出版公司参展。同时，吸引全球近30万人次参与。第四，举办活动丰富，各种讲座、报告会丰富，大型论坛、小型沙龙等近4000场[①]。2019年第71届书展共吸引全球104个国家和地区的7450家参展商、302 267人参与[②]。即使处于疫情中的2020年，法兰克福书展仍通过线上参展方式吸引了全球110个国家和地区的4400多家线上参展商。

二、意大利博洛尼亚儿童国际书展

意大利博洛尼亚儿童国际书展（Bologna Children's Book Fair）自1963年开始举办，每年一次，为期四天。它最初只是意大利出版界进行儿童图书贸易的场所，后来逐步发展成为国际性的儿童图书版权贸易场所，并最终成为目前国际上最有影响的国际儿童图书展。目前每届书展均有来自世界上一百多个国家的出版商参展。它也是几个最大的国际书展之一，有春季的法兰克福书展之称。目前的博洛尼亚国际书展以语言和专题分类，展览规模越来越大。书展期间举办的几项活动在国际少儿出版界也有非常大的影响。这些活动

[①] 张金. 2014年法兰克福书展小记[J]. 出版广角，2014（12）：8-9.
[②] https://www.buchmesse.de/en/exhibit.

包括安徒生奖、博洛尼亚儿童评奖、儿童图书插画展等。此外还有联合国的国际儿童图书委员会的会议举行。

每年的 3 月底 4 月初,来自超过 80 个国家和 1500 名左右的出版商,设至少 10 个展馆,展馆面积超过 2 万平方米。书展共分儿童及青少年图书、教科书、电子多媒体产品和国际插图作品展四大部分。博洛尼亚书展是全世界最大的专业少儿书展,以国际版权贸易和国际出版合作为主,同时努力发掘和推介优秀的儿童读物作家和插图画家。不少的代理商、发行商、印刷商和图书馆工作人员每年都参加这一书展。可以说每年的博洛尼亚书展是全世界与儿童读物有关的出版商、作家、插图画家、代理商、印刷商、发行商、图书馆工作者进行商业联系和国际合作交流的一个大舞台,是国际少儿出版界的一个盛会。参加书展的出版商不仅有华纳兄弟、迪士尼、贝塔斯曼、西蒙·舒斯特等世界著名的大出版机构,也有规模仅有 10 人左右,以出版特色图书为主的家庭社、夫妻社[1]。

三、美国 BEA 书展

美国 BEA(Book Exposition of America,BEA)书展历史最悠久,1900 年由美国书商协会(American Booksellers Association)[2]与美国出版商协会(Association of American Publishers,AAP)[3]联合主办,是由美国书商协会大会及贸易展览会(ABA)演变而来的,距今已有一个多世纪的历史。每年于五六月间在美国不同城市举办,为期 3~4 天。BEA 书展一直是美国出版商与美国书商间的图书批发交易会(类似于北京春季图书订货会)。过去几乎很少进行版权贸易活动。不仅如此,美国的零售商们还千方百计地阻止在书展上开展国际版权贸易及其他非图书零售活动。后来逐渐发展成为美国每年一度的图书展示、图书订货和版权贸易的出版界和图书业的最大盛会。除书刊展示外,书展还安排有专题会议、同业聚会、文艺沙龙、颁奖典礼等活动。书展期间颁发的奖项众多,如编辑最高奖——美国出版商协会的克蒂斯·本杰明奖、最佳书商奖、年度最佳业内新人奖等。年度图书奖则包括 23 项最佳出版社和额度为 1000 美元的小说与非小说编辑奖。2015 年美国书展在纽约贾维茨展览中心圆满举行。中国作为主宾国身份应邀参加了该届美国书展,由近 150 家出版单位组成的中国出版代表团带来了近万种精品图书,展出面积达 2342 平方米,还举办了近 130 场丰富多彩的活动,美国书展组会为负责人史迪文·罗萨托称其创下美国书展历史上主宾国的最大规模[4]。美国书展交易额每年都在 250 亿美元以上[5],它为出版商、发行商、版权代理人、作家和读者搭建了很好的交流平台[6]。

---

[1] 韩媛. 博洛尼亚走笔:记 2000 年博洛尼亚国际儿童书展[J]. 外国出版,2000(07):49-51.
[2] 佚名. 美国书展[J]. 现代出版,2015(3):85.
[3] https://publishers.org/
[4] 2015 美国书展圆满落幕. 数字印艺,2015(7):3.
[5] http://m.828i.com/expo/144204.html
[6] 杜金卿. 阅读:国民不可或缺的精神涵养[J]. 中国出版,2006(11):55-57.

美国书展相比德国法兰克福国际书展规模要小一些,但它是了解世界出版业,尤其是美国出版业的窗口。不仅世界上5家超级出版集团、20多家世界级出版集团均参与这个盛会,而且拉美国家的出版社由于地域关系,也把美国书展作为图书展示和版权贸易的重要场所。同时,欧洲、澳大利亚和亚洲国家也积极参与这一重要书展。参展商有2000多家,其中美国本国参展商有1000多家,来自世界各地、以国家为组团单位的近千家出版社参加,展场面积约2.8万平方米[1]。书商、图书管理员、专业零售商和全国连锁店、出版商和品鉴师聚集在一起,共同发现最新的图书、作者、分销渠道、技术和趋势。2011年的美国书展开幕前,先行举办"数字图书2011"(Digital Book 2011)为主题的国际数字出版论坛会议[2]。此外,美国BEA书展也设立主宾国。2015年,中国应邀作为主宾国参加了美国书展,由近150家出版单位组成的中国出版代表团带去近万种精品图书,展出面积达2342平方米,还举办了近130场丰富多彩的活动[3]。

四、英国伦敦书展

英国伦敦书展(London Book Fair,LBF)于1971年创办,每年举办一次。时间在每年的三四月份,由英国工业与贸易博览会公司负责主办。1985年起由英国励展博览会集团主办,为版权贸易型书展[4]。最初的参加者以英联邦国家为主,参加国家与地区有20余个,参展商有700余家。经过近50年的发展,伦敦国际书展逐步成为100多个国家、1700多个参展商参与,仅次于德国法兰克福书展的世界第二大国际性图书展览。作为全球书业最重要的春季盛会,LBF每年在伦敦西区Earls Court展馆举行,历时三天,在时间上与秋季举行的德国法兰克福书展遥相呼应,同时又早于美国的BEA书展。

LBF书展的英国参展商比例约70%,如兰登书屋、企鹅集团、布鲁斯伯里、BBC、牛津大学出版社、DK等知名出版公司一直是伦敦书展的积极参与者。自2004年起,伦敦国际书展开始设立"市场焦点"主宾国活动。主宾国家或地区借助书展平台,展示本国优秀的出版物,宣传、推介本国的知名作家,扩大图书版权贸易,开展具有国际影响力的文化交流活动,全面提升主宾国国家或地区的文化影响力。主宾国活动现在已成为每届伦敦国际书展的焦点和亮点。2012年,中国为伦敦书展的主宾国。2019年,第48届伦敦国际书展在英国伦敦奥林匹亚展览中心举办,主宾国是印度尼西亚。该届书展吸引了130多个国家和地区的500多家机构参展,访客超2.5万人次[5]。

---

[1] 申作宏. 从美国国际书展到北京国际书展看版权贸易[J]. 中国出版, 2002 (07): 57-58.
[2] Kay Cassell. BookExpo America 2011[J]. Library Hi Tech News, 2011(11): 5-6.
[3] 2015年美国书展圆满落幕[J]. 印刷技术, 2015 (13): 3.
[4] 熊楚, 林楷. 伦敦书展[J]. 现代出版, 2015 (2): 81.
[5] 第48届伦敦国际书展举办[J]. 传媒, 2019 (7): 6.

第二节 国际电影交易平台

对于电影节的划分，世界普遍采用国际制片人协会（FIAPF）制定的四类分级体系：A 类为非专门类竞赛电影节，级别最高、规模最大，目前全世界仅认定 15 个，包括威尼斯国际电影节、夏纳国际电影节、柏林国际电影节、上海国际电影节等；B 类为专门类竞赛电影节，如韩国釜山电影节；C 类为非竞赛性电影节，如加拿大多伦多电影节；D 类为短片与纪录片电影节。按照这套标准划分，全世界受国际制片人协会认证的最重要的国际电影节有 60 多个。由于颁奖机制不同，这一体系并不容纳历史悠久、影响力甚广的美国奥斯卡金像奖。电影节现已成为电影产业与会展业最直接的接入点。一个国家或地区通过举办电影节，不仅可以促进本国电影与国外的交流合作，还能最大限度地扩大本国电影在国际上的影响力，促进本国电影与世界接轨。与此同时，电影节期间前来的国内外嘉宾，可为举办城市带来效益可观的会展经济，可谓"一箭三雕"。以夏纳电影节为例，它自创立至今已经举办 67 届。据保守估计，每届电影节给夏纳带来的经济收益至少有 1 亿欧元。夏纳电影节如今具有非常大的影响力，各项活动及配套设施的积累与发展十分成熟，并不需要更多的追加投入。加之每年一届在固定地点举办，稳定性良好，随着电影节规模的扩大，每年利润会持续增长。

1932 年，意大利举办了全世界第一个电影节——威尼斯国际电影节。其后电影节的发展速度与规模超乎寻常，据不完全统计，当今世界各国已设置各类电影节近 1000 个，且这一数字仍在以每年约 50 个的速度继续增长。从投入/产出效果来看，举办国际电影节相比举办奥运会毫不逊色。国际电影节大都得到主办国官方以及地方政府财政拨款的资助。以欧洲三个老牌电影节为例，夏纳电影节总成本约为 1500 万欧元（合 1.7 亿元人民币），其中国家拨款 750 万欧元，占总预算的 50%，当地政府拨款 375 万欧元，占总预算的 25%；柏林电影节总成本约为 1300 万欧元（合 1.4 亿元人民币），其中国家拨款 600 万欧元，占总预算的 46%，当地政府拨款 300 万欧元，占总预算的 23%；威尼斯电影节总成本约为 900 万欧元（合 0.9 亿元人民币），其中国家拨款 600 万欧元，占总预算的 67%。

一、美国电影市场

美国电影市场（American Film Market，AFM）创办于 1981 年，每年 11 月初在加利福尼亚州洛杉矶北部的圣莫尼卡（Santa Monica）开展。全世界有来自 70 多个国家的八千多名电影业领域的各界领袖精英前来参加为期 8 天的交易、展览、研讨和社交聚会，包括集中电影业领域的收购开发执行主管、经纪人、律师、导演、分销商、节庆导演、金融家、电影委员、制片商、编剧和全球记者等人群[①]。AFM 与电影节不同，展映者（代表制作公

---

① 美国电影市场官方网站．http://www.americanfilmmarket.com/about-afm．

司或自己制作的销售经纪人）参加 AFM，是因为它为制片商和分销商提供封闭签约的交易场所，仅在 8 天内就能达到超过 8 亿美元的合同签约额。

展会上，参与者观看 400 余部将在美国和世界大部分地区首映的电影。这些电影包括将在国际电影节、各类影院和电视上被公众认识的耗资大片和小预算艺术片。8000 多名参与者、700 多个放映屏幕使得 AFM 成为最大电影国际会议系列，并持续成为世界范围的独立电影制片商和商业人士的主要目的市场。

AFM 由独立电影电视联盟美国电影市场协会（Independent Film & Television Alliance, IFTA）主办。IFTA 是代表世界范围独立电影和电视节目提供融资、制作和许可的贸易协会。该协会总部设在洛杉矶，拥有全球会员以及广泛的服务与支持，其旨在为独立电影和电视业提供高质量的市场导向服务并成为行业利益的世界代表。近年来，AFM 更是成为亚洲影片攻占北美市场的桥头堡，自 2006 年起有我国影片到 AFM 交易。随着近年中国电影市场规模的快速扩大，中国影片和中国电影市场受到重视，2014 年爱奇艺成为中国第一家与 AFM 达成深度合作的视频网站。

二、戛纳国际电影节

戛纳国际电影节（Cannes International Film Festival）迄今已成为与柏林国际电影节、威尼斯国际电影节齐名的世界三大电影节之一。1939 年，法国为对抗当时受意大利法西斯政权控制的威尼斯电影节，决定创办法国自己的国际电影节。但第二次世界大战的爆发致使筹备工作停顿下来，直至 1946 年创办成功。戛纳国际电影节更强调电影的艺术性，被誉为"艺术电影的殿堂"。它每届时间为期两周，其间的活动主要分为六个单元："正式竞赛""导演双周""一种注视""影评人周""法国电影新貌""会外市场展"。戛纳国际电影市场每年 4—5 月在法国的戛纳与戛纳国际电影节同期举行，这是它的特殊之处。一部影片制作完成后，其制作人会与某家国际售片公司接洽，由后者将该片介绍给全球各地的发行商。电影市场中的销售方或参展商就是这些售片商。他们在电影市场展台约见客户，预约播映时间，介绍电影成片或正在制作中的电影摘要。市场另一方则是购片商或发行商。戛纳国际电影节和电影市场则为这些卖家和买家提供了一个交易平台。为帮助各地制片人在国外为其影片找到投资人及国际发行渠道，戛纳国际电影节市场主办方实施了 7 年"制片人网络"项目。这一项目面向经验丰富的制片人，围绕影片主题和地区特长为各位制片人穿针引线。对于那些缺乏国际经验的制片人，电影市场计划启动另一项补充项目，为他们与国际电影界的初次接触提供帮助，根据他们正在筹建中的电影项目设立专门工作室。每一届电影市场的组织工作从上一届电影节闭幕当天就开始了，因为此时正是了解市场参与者需要和期待的良机。这个阶段一直延续到年终，主办方趁机尽可能地改善所提供的服务，开发针对电影业技术或经济发展的新服务或项目。这个阶段也是参展商和售片公司预定展台，组织下次参展的时间。从 1 月份起，参与者开始登记注册，售片公司开始安排上映计划表，进行影片推广活动。数码播放技术在各大影院逐渐开始流行，与传统的 35

毫米胶片影片相比，全新的数码载体影片较为复杂，对电影市场来说，这是一项特殊的挑战。如今，戛纳电影市场拥有 30 多个影厅，其中 2/3 配备数码播放设备，以便播放各种现存数码形式的影片[①]。电影市场的另一项改进是为购片人在 Cinando 网站（www.cinando.com）上提供在线观片的可能性。售片人可亲自下载代售影片，决定将影片展示给哪些购片人观看，并可得知其影片的观看天数及时长。这类工具并非为取代电影市场而设，因为面对面的会晤极其重要，但此举可让购片人意识到自己在活动期间错过了哪些影片。更通俗地说，电影市场时刻关注电影的重大发展，尤其注重引入更多新媒体买家，特别是点播视频买家（近年来，这类买家的增长非常迅猛）。

三、柏林国际电影节

柏林国际电影节（Berlin International film festival）被誉为"东西方电影传声器"，于 1951 年创办，每年 2—3 月初举办，为期两周，主要项目包括正式竞赛、非竞赛影片回顾、青年电影展和欧洲电影交易市场。但其最大特色还是在东西方之间的汇合与调停中扮演文化和政治角色。它同戛纳国际电影节、卡罗维发利国际电影节、莫斯科国际电影节、威尼斯国际电影节和圣塞巴斯蒂安国际电影节共同组成了国际电影节的一级阵容，即最高级别的 A 级电影节。柏林国际电影节是非常强调政治的，这源于柏林电影节的创办背景比较特殊。第二次世界大战后，战胜国美国想通过电影节建立一个"自由世界的窗口"，把世界电影带到德国来。最先出于美国文化政治的动机。在第二次世界大战结束后的第六年，柏林成为自由社会的样板。柏林国际电影节由电影历史学家阿尔弗雷德·鲍尔（Alfred Bauer）发起，其目的是为了树立柏林"世界自由窗口"的形象。十年后，这一电影节成为柏林文化生活的重要部分。柏林国际电影节从 20 世纪 60 年代中期开始经历了一段很明显的停滞期。1971 年，除了传统竞赛单元外，还开办了新电影国际论坛。1974 年，第一部苏联电影在该电影节参展，当时的民主德国也参加了这一届电影节。随着政治气候的改变，两德之间的各种协议纷纷签署，柏林国际电影节也被重新定位：一方面将它定位为国际电影制作的一面镜子，另一方面它在东西方之间的政治文化搭建方面起到桥梁作用。柏林国际电影节形成"竞赛单元""青年论坛""全景单元""新一代"单元的四个支柱模式。电影节每年举行一次，1978 年起，为了和戛纳国际电影节竞争，举办时间提前至 2 月底 3 月初。

第三节　国际电视节目交易平台

有三种类型的国际电视节目交易会：第一种是全球性的电视节目交易会，包括所有类型的节目和来自世界各地的参加者；第二种是地区性的博览会，主要是来自本地区的发行商向国际买主推介他们的产品；第三种是某一特定类型的节目交易会，参展节目集中在某

[①] 江珍妮. 戛纳电影节艺术与商业的盛宴[J]. 中国市场，2011（25）：66.

一特定节目类型上,如纪录片。另外,有些国际性的电影节上也进行电影电视节目改编权的交易①。

一、MIP-TV

戛纳电视节(Marché International des Programmes de Télévision,MIP-TV)是世界上最重要的电影交易会之一。每年春天举行,是全球最主要的电视节目市场。这个市场创立于1963年,当初主要作为美国发行商和欧洲卖主交易的场所,现在已经成为真正意义上的全球电视界的重要事件。

二、NATPE

全美电视节目展(National Association of Television Program Executives,NATPE)也创立于1963年,创立之初仅仅作为美国国内同行之间节目交易的非营利目的的场所。一年一度的NATPE是一个专业性很强、影响力巨大的世界影视传媒行业盛会,是世界电视节目最大的交易场所。展会特设各类节目展区,显示新型网络电视(WebTV)的巨大威力,现场展示节目制作过程。来自全球76个国家的20 000多名专业人士参与,超过1000家参展商云集展出世界最先进的影视制作技术和优秀作品。此外,还会邀请美国顶尖传媒公司负责人进行相关演讲,举办各种交流论坛,进行实地参观考察,并且有机会与各国同行进行面对面的节目洽谈和交易②。

三、MIPCOM

世界视听内容交易会(International Market of Communications Programmes,MIPCOM)创办于1985年,每年10月在法国举行,全球媒体和娱乐业都会汇聚戛纳,人们习惯于把这个展销会看成MIP-TV的"小兄弟"。它周期为4天,主要内容为展映和交易会议,参加者与MIP-TV基本相同,1992—2000年的参加者增加了50%以上。MIPCOM是年度最受期盼的全球性娱乐内容市场,从热播节目到开创性合作,它把每一刻都变成机遇,把4天的交流和网络、会议和展映转变成持久性商业。在2019年,吸引来自全球240位投资商、2388家展映公司、4700个买方和13 500名参展人员③。MIPCOM(世界视听内容交易会)是为创作、合拍、采购、销售、融资以及跨平台发行娱乐内容而举办的全球性内容盛会。它为从事电视、电影以及数字内容制作和发行的业内决策人提供独一无二的市场会议和交流论坛,以便了解全球娱乐内容产业发展趋势,并在全球化层面开展娱乐内容版权的交易④。

---

① 李怀亮. 国际文化贸易导论[M]. 北京:中国传媒大学出版社,2008:182-189.
② 本资料源于网络并经作者加工整理。
③ https://www.mipcom.com/en-gb/what-is-mipcom/attending-participants.html
④ http://www.reedmidem.com/v3/Shows/Mipcom/zh/

第四节　国际艺术交易平台

艺术博览会对于全世界来说都是一个新兴事物,迄今为止历史还不足六十年,在我国的历史更是刚愈三十年。但它却是艺术市场的重要组成部分,在文化艺术的国际贸易中发挥着不可替代的作用。艺术博览会是从较早成熟的综合性市场运作模式——"博览会"中逐渐细分出来的,形成一个专业性市场形态,是艺术品交易的二级市场,是大规模、高品位、综合性的艺术商品集中展示的交易形式、买卖场所和组织活动。

一、德国科隆国际艺术博览会

德国科隆国际艺术博览会(Cologne International Art Fair)是世界上最早举办的现代意义的艺术博览会,1967年在德国临莱茵河的城市科隆举办。它最初展出德国为主的现代艺术作品,保持着倡导西方现代艺术的文化特色。德国科隆国际艺术博览会在科隆展览中心举办,吸引超过20个国家的约200家画廊及约60 000位参观者,进行为期六天的展览。其中,约2/3的参展画廊来自德国本土。值得一提的是,科隆国际艺术博览会规模宏大,举世瞩目。在德国,除科隆国际艺术博览会外,还有法兰克福国际艺术博览会、汉堡国际艺术博览会、自由柏林艺术博览会等,但无论是声势还是影响,皆不可与科隆国际艺术博览会相提并论。

二、瑞士巴塞尔国际艺术博览会

瑞士巴塞尔国际艺术博览会(Basel International Art Fair)自1970年开始在莱茵河畔的瑞士北部城市巴塞尔举办,与科隆国际艺术博览会的创办相隔3年,每年6月举办一次。该博览会以严格的审查评选制度和高品位的展品著称,被誉为"世界艺博会之冠",是一个典型的以A级画廊凸显歧异价值的艺术博览会。巴塞尔国际艺术博览会又称"艺术巴塞尔"(Art Basel),是由创立于1917年的瑞士巴塞尔展览集团(MCH Swiss Exhibition Ltd.)举办的,该公司为一家专业的会展公司,每年在全球举办60多个各种不同类型的博览会,在其举办的展会中尤以巴塞尔国际艺术博览会影响最大。巴塞尔国际艺术博览会创办于1970年,其由于严格与专业的经营和管理成为当今世界上最具影响力的艺术博览会,被誉为世界艺术市场中的"奥林匹克盛会"。巴塞尔博览会公司为完全保持独立地位,采取不接受政府、企业与私人资助的经营方式,这样有效地抵制了外界的干预与影响,保证了主办者行为的独立自主[①]。尽管全球艺术市场在不断地增长与放大,但自巴塞尔国际艺术博

---

① 武洪滨. "巴塞尔模式"的启示:"学术引领市场"理念下当代艺术博览会的市场机制生成[J]. 艺术管理研究, 2012 (4): 105-109.

览会创办以来，从未因利益驱动而盲目扩大参展画廊的规模，一直到今天始终保持在 300 家左右。也正是因为严格恪守学术理念与质量标准，巴塞尔国际艺术博览会已成为当代艺术界与顶级收藏家的盛会，艺术品成交量也不断攀升，稳居世界艺术博览会市场的龙头地位。参展巴塞尔国际艺术博览会费用不菲，据参展画廊介绍，一个展位费就达数万欧元，参加一次展会一个画廊的总花费大约需要 10 万瑞士法郎，尽管有如此高的参展费用，但每年申请参展的画廊仍然趋之若鹜[①]。

三、法国巴黎国际当代艺术博览会

法国巴黎国际当代艺术博览会（The International Contemporary Art Fair，FIAC）[②]1974 年首次举办，展出场地为巴黎巴士底旧火车站，自 1976 年起迁至位于香榭丽舍大街的大皇宫博物馆，从 1993 年起又迁至位于埃菲尔铁塔旁、塞纳河畔的布朗丽广场，人们从此称这个广场为"艺博会广场"。2016 年度法国巴黎国际当代艺术博览会汇集了来自 27 个国家（地区）的 186 家画廊，代表了 4000 多位来自世界各地的艺术家；72 080 位访客，其间有 1200 多位收藏家、艺术机构工作人员以及艺术节专业人士到场参观，同比增长了 8.7%。据统计，参观者来自近 60 个国家，包括比利时、巴西、中国、德国、希腊、印度、以色列、意大利、日本、黎巴嫩、卢森堡、墨西哥、卡塔尔、西班牙、新加坡、瑞士、土耳其、阿拉伯联合酋长国、英国、美国等[③]。

四、美国芝加哥国际艺术博览会

美洲大陆最有声望的展览首推芝加哥国际艺术博览会。1979 年开始举办的芝加哥国际艺术博览会由美国著名艺术商、芝加哥湖滨艺术中心董事长约翰·威尔逊创办，场地是利用密执安湖畔的海军码头仓库改建的，因而芝加哥国际艺术博览会也以"海军码头展"闻名于世。每年 5 月举办的芝加哥国际艺术博览会是美国历史最久也最具代表性的艺术博览会，因坚持展品的高质量和高品位而一直实行严格的参展评审制度，故被公认为是 20 世纪最具水准和最有绩效的艺术博览会之一。

亚洲地区的第一个艺术博览会是 1990 年在东京举行的，称为东京艺术博览会（Tokyo Art Expo）。首届展览就吸引了来自 22 个国家的 165 家画廊参加，观众达 5 万人。

总结国际文化贸易交易平台与社会的关系，可用如下三点概括。

（1）经济发展与国家文化贸易平台之间的互动关系。商品市场作为商品集中交易的场所，它的前提是"要有生产者提供货物，有消费者购买货物，即供求关系的建立。经济环境的变化将直接影响到买方和卖方，也会影响到双方供求关系的形成，同时，经济

[①] 本刊编辑部. 巴塞尔迈阿密海滩艺术博览会[J]. 艺术与投资，2011（1）：72-73.
[②] 注：法语书写为 Foire Internationale d'Art Contemporain。
[③] 宋世霁. 巴黎国际当代艺术博览会[J]. 当代美术家，2016（6）：80-83.

环境的质量状况也必然影响到市场的运行"。经济的发展是艺术市场形成的前提和发展的基础。作为艺术市场重要组成部分的艺术博览会是伴随着经济的发展而逐步成长起来的。

（2）城市竞争与国际文化贸易平台的互助。"Fair"和"Exposition"为"显露"和"陈列"之意。所谓艺术博览会一般也被看作一个艺术品的展示、陈列会。但如此理解仍不过是词表之意，关键的问题仍被遮蔽着，这就是艺术品为什么需要以"会"来"显露"和"陈列"。世界上大多数展览均以城市为单位展开，这一现象说明城市与艺术博览会之间实有极微妙的关系和极深的渊源。同时也说明展会原是城市的需要。西方城市举办展览会，目的在于宣传城市形象、展示城市文化和扩大知名度。当然，城市举办展会实际上还有其他原因。

（3）政绩竞争与国际文化贸易平台的互助。当今的竞争不仅是国家的竞争，连带城市竞争也一并展开。政绩竞争是以城市公民利益和城市长远利益为核心的政绩性竞争，国际展会就是政绩竞争的产物。当前国际展会的目的是增强公民的城市荣誉感、教化市民、提升城市软实力和增加城市的知名度，以带动其他产业（如旅游业、餐饮业）的发展。因此，其运作极为谨慎，不但广泛征求意见，注重博览会的连续与稳定性，而且不做表面文章，以防阻碍效率。城市因国际展会的歧异特性而具备歧异价值，如美国芝加哥在1979年尚未举办艺术博览会之前，影响已日渐式微，但自举办闻名于世的芝加哥国际艺术博览会之后又重现光芒，就是城市借助艺术博览会重塑形象的典型例证。

 案例/专栏

国际节展助推中国文化"走出去"

（一）巴黎四家电影节：将中国放在电影的多棱镜下[①]

2013年3月6日至10日，法国多维尔亚洲电影节在法国北部海滨城市多维尔举行，其间举办的"中国电影之夜"活动吸引了诸多观众，而有"电影之都"之称的巴黎更是不乏关于中国电影的各类节庆和放映活动。据笔者了解，到目前为止，在巴黎比较有名的中国电影节有四个，分别是"巴黎中国电影节""Shadows电影节""中国银幕电影节""法国中国电影节"。关于四个电影节的主办机构，"巴黎中国电影节""法国中国电影节"由中国方面举办，"Shadows电影节"与"中国银幕电影节"则由法国方面主办。由于中国和法国主办方在电影节的举办策略、宣传方式等方面的异同，彰显出电影节在跨文化交流领域中的立场。

1. 中方举办的电影节：贯穿中国历史，注重明星效应

举办电影节这样的文化展示推广活动，最关键的是片源。2011年，第一届"法国中国电影节"由巴黎中国文化中心举办；2004年首次举办的"巴黎中国电影节"主席，则是出

[①] 张羿. 巴黎四家电影节：将中国放在电影的多棱镜下[N]. 中国文化报，2013-03-14（12）.

生在上海、后移居法国的女艺术家高醇芳。这两个电影节的目的主要是与中国国家广播电影电视总局合作，将国内最新出品的电影介绍到法国。第一届"法国中国电影节"集中展映了《十月围城》《唐山大地震》《孔子》《风声》等12部中国电影，以丰富多样的题材为法国观众开启一扇了解中国电影现状的窗口，令法国观众全面地感受到不同时代中国人的风貌。第七届"巴黎中国电影节"共有四个单元展示中国电影的不同侧面。在"最新电影"单元里，不仅有《金陵十三钗》《龙门飞甲》等大制作，也不乏新生代导演的作品，如韩杰的《Hello，树先生》、卢晟的《这里，那里》。在"向电影大师孙瑜致敬"单元，共放映了导演孙瑜从1933年的《小玩意》到1958年的《鲁班的传说》共7部作品，令法国观众领略到这位中国电影史上重要的"诗人导演"的艺术风格。在"王小帅作品回顾展"单元，法国观众可以欣赏到导演的新作和曾经的重要作品。在"纪录片、动画片以及文献资料片"单元，由法国人制作拍摄的名为《郎世宁》的纪录片别具一格，不仅展示了意大利画家郎世宁珍贵绘画作品的复制品，还以画外音叙述的方式讲解了郎世宁的生平及他与中国因绘画建立的关联，获得了法国观众的广泛认可。在宣传方面，中法电影界名人是"法国中国电影节"及"巴黎中国电影节"上的亮点。例如，在第一届"法国中国电影节"上，中法电影演员姜文和让·雷诺作为电影节的特邀嘉宾出席活动；在第二届"法国中国电影节"则邀请了巩俐与阿兰·德龙两位明星；在第七届"巴黎中国电影节"上，法国著名女演员卡洛尔·布盖成为特邀嘉宾。邀请知名人士参加电影节，不仅可以烘托氛围，也可以令对中国电影比较陌生的法国观众通过所熟知的明星来关注电影节的活动。

2. 法方举办的电影节：关注当代社会，汉学家参与

法方举办的中国主题的电影节体现了另一种展示角度。每两年一届的"Shadows电影节"由巴黎Arsinica协会承担举办，"中国银幕电影节"的负责人则是一位叫米歇尔·诺尔的男士。这两个电影节的关注点都在中国民间。"Shadows电影节"2006年举办第一届时，便将重心放在中国民间独立电影的发展趋势上，其负责人从中国国内电影节直接选片。随着中国社会的进步以及创作者们对自身和对社会环境的不断思索，中国民间影像的鲜活性、可触性、平实性折射出一个多元化的中国社会。无论是独立制作的纪录片、剧情片，还是具有浓郁个人创作色彩的艺术作品，诸如《光棍儿》《谁的眼睛》之类的影片都通过不同侧面彰显出中国当代电影及视觉艺术的发展现状。"中国银幕电影节"走的不仅是民间道路，更是一条自力更生的道路。米歇尔·诺尔不仅自己看片、选片，更参与电影的制作、拍摄，将国际性带入中国纪录片的创作中，并与中国本土人文地理进行融合，从而制作出《茶之路》等具有中国风情又不乏国际市场潜力的纪录片作品。"Shadows电影节""中国银幕电影节"均注重对中国形象的研究、阐释。前者在2012年第四届电影节举办期间，在法国高等社会科学院、巴黎第七大学、巴黎第八大学以及法国巴黎东方语言文化学院进行了多场次的放映和讨论。法国研习中国当代历史、社会的汉学学者对其所放映的一些纪录片、剧情片作品进行了深层次的剖析。2012年的"中国银幕电影节"期间，米歇尔·诺尔将所展映的《乡村医生》《老梁》等10多部作品分为9个主题，如老年人问题、环境问题、中国当代历史、中国饮食等。10位法国汉学学者与观众围绕这些主题进

行了热烈的探讨,以电影为媒介,深入变迁中的中国当代社会。

3. 两种思维展现多元中国

笔者认为,如果说中国方面举办的电影节所呈现出来的中国形象是单线性输出,即通过与中国广播电影电视总局合作选片,随后介绍给法国观众,那么由法国人所举办的电影节则呈现出一种接受与传输的复杂性:电影节负责人接受中国形象在先,随后将这些形象传到法国本土,经法国汉学学者再阐释,最后才由法国观众接受。

中方举办的电影节着重从全局出发,对中国形象进行宏观展示,希望法国观众通过电影整体性地了解中国电影和中国社会的过去及现在。法方举办的中国电影节则侧重对中国当代社会的关注,作为文化交流的媒介,电影成为法国人一种具象化思考和理解中国的方式。

不过,无论是哪一方举办的中国电影节,所展示的都是同一个中国。这些电影节的并存发展形成一种多棱镜效果,使得中国形象在两种不同的举办方式、思维方式下展现出其多元性。和而不同,这正是跨文化交流的意义所在。

(二)中外图书国际博览会成为助推国家对外图书贸易平台

1986年9月5日到11日,第一届北京国际图书博览会(以下简称"图博会")的召开成为一件国际盛事。法国《解放报》曾报道称,首届北京国际图书博览会是一个富有历史意义的事件,是中国文化史上实行全方位开放的标志。

1. 北京国际图书博览会搭建图书版权贸易平台[①]

至今,北京国际图书博览会走过二十七届,图博会已经发展成为世界级书展。2020年9月30日,第二十七届北京国际图书博览会顺利闭幕,常态化的贸易和交流将在"云"上继续。创办34年的北京国际图书博览会首次移师线上,书展全面创新办展方式,一些核心数据持续增长,云书展取得显著成效。

第一届图博会上,仅达成版权贸易97项。而本届图博会,据初步统计,自图博会线上平台开放以来,共达成中外版权贸易协议(含意向)6788项,同比增长13.2%,版权贸易创新高。其中,达成各类版权输出与合作出版意向和协议4395项,同比增长14.45%;达成引进意向和协议2393项,同比增长10.99%。截至目前,本届图博会云书展共举办1300多场活动,深度研讨行业发展,助力全民阅读。其中,专业活动聚焦5G应用、智慧创新等话题,均采用线上线下结合方式举办,参加人数超过500万。为借书展契机推广全民阅读,图博会联合全球出版机构、文化机构及学习强国等,共同推出系列品牌活动,相关话题和活动播放量已突破10亿。本届图博会云书展吸引97个国家和地区的约1400家展商线上注册,展示3.8万余种中外版权图书、30多万种实物贸易图书。其中,参展国家和地区数超过往年,"一带一路"沿线国家和地区达31个;新展商数量达200家,国际出版企业50强中有25家注册参展。中图公司有关负责人表示,核心数据的持续增长,充分体现了云书展的便捷性和促进国际出版交流合作的有效性。接下来,图博会云书展将持续发

[①] 第二十七届北京国际图书博览会版权贸易创新高[N]. 人民日报, 2020-10-01.

挥平台作用，推动出版行业不间断地开展国际交流合作。

2. 伦敦书展助推中国从网络文学输出到文化输出

2019年3月12日至14日，来自世界各国的图书参展商会聚伦敦，参加伦敦国际书展这一全球图书业重要的春季盛会。作为多次亮相国际书展的中国参展商，阅文集团本次不仅展出了最新的海外出版成果，如《天道图书馆》《全职高手》等国内高人气网络作品的英译本、Reborn: Evolving From Nothing（《重生：虚无进化》）这类海外网文作家的人气新作，还代表中国网络文学企业与众多国际知名出版机构进行了广泛的探讨交流。

中国数字文化内容平台所展现的多样化商业探索和中国文化力量在展会上获得不少关注。业内分析人士认为，中国网络文学在世界"圈粉"意味着中华文化冲破文化差异壁垒的能力显著增强，文化的共通性在不断延展。

近年来，随着中国网文企业的努力，中国网络文学在全球的影响力持续扩大。据了解，目前，中国原创网络文学作品已向日本、韩国、泰国、越南等亚洲国家，以及美国、英国、法国等欧美国家授权数字出版和实体图书出版。其中，仅阅文集团的海外授权作品就达300余部，例如授权企鹅兰登书屋出版的《鬼吹灯》英文纸质版目前已有两部在海外上市。

网文出海模式正逐渐从出版授权为主进入以线上互动阅读为核心，集合了版权授权、开放平台等功能的中国网文出海3.0时代正在到来。"网文出海并非简单地将国内网文作品翻译到国外，还需要对网文作品进行本地化融合与创新。"起点国际内容总监刘昱人介绍，起点国际于2018年4月上线了海外原创功能，目前已吸引1.6万多名海外作者入驻，创作了超过2.3万部英文原创作品，包括西方奇幻、东方幻想以及都市感情等热门类别。据悉，此次伦敦国际书展上展出的《重生：虚无进化》便是一部由美国在校大学生创作的英文网文作品，该书上线后迅速攀升至起点国际原创推荐票榜首位，并长期居于榜单前列，至今累计点击量已超900万次。

能否让用户广泛融入并参与内容创作，被视为一种文化能否落地生根的标志。基于中国文化和海外用户需求，中国网文企业近年来在海外业务发展过程中还打造了围绕网络文学创作和阅读的高黏性粉丝社区。通过这些社区用户的表现可以看出，海外网文读者和中国读者有相似的阅读爱好——边吐槽边"刷文"。据统计，目前，起点国际平台上点击量超过千万次的69部作品，已累计产生评论数370万条。除评论外，读者还积极参与各种互动，了解网文背后的文化内涵，如《放开那个女巫》的海外读者就非常热衷于给书中人物设计世界观、绘制地图。而通过网文作品中的词汇百科，海外读者还可以轻松了解八卦、太极等东方文化元素以及当代中国的社会生活风貌。

此外，网文IP改编作品也受到海外读者关注，成为中国文化走出去的重要载体之一。例如，根据国内知名IP改编的电视剧《择天记》入选"一带一路"蒙俄展映推荐片剧目；由网文《扶摇皇后》改编的电视剧《扶摇》登上欧美主流视频网站及多国电视台；根据网文《凰权》改编的电视剧《天盛长歌》成为Netflix（网飞）以"Netflix Original Series"级别预购的第一部中国古装大剧。

随着中国网络文学和网文 IP 改编作品在海外传播范围的扩大，中国文化的世界影响力也在逐步扩大。可以期待，未来中国网文出海将有着更多样的落地形式。正如业内人士所言："网文出海不只是让更多人看到来自东方的故事，也不只是让更多人加入创作和阅读网络文学作品的队伍，而是透过网络文学的世界，让更多人感受到中国文化的魅力。网络文学走出去的时候，也正是中国传统和现代文化进一步与世界文化交融的时候。"

（三）策展的文化责任与中国路径①

在新的时代背景下，策展在中国蕴含着更丰富的文化内涵，它以多样的形式参与美术作品的时代文化建构，丰富人民生活，参与国际交流与对话，以此兴学术新见，开学派气象，立文化主体，促全球对话。在诸多利好的条件下，如何构建、发展"中国策展学"，推动中国策展学科与艺术生态的繁荣发展，已然成为当前美术界凸显的新课题。

1. 新语境、新成果、新动向

回顾中华人民共和国美术 70 多年发展历程，可以看到策展不仅与艺术展览相关，也在不断推动文化事业的发展。以组织发动范围最广、评审遴选程序最严、传播和影响最广泛的十三届全国美展为例，各展区的展览举办之后，都形成了一个地区、一个城市对美术文化关注的新热潮，许多展区不断地延长展期，使得展览能够更好地满足人民群众对美术、对艺术文化新的期待和需求。虽然全国美展有着一套历史上积淀下来的习惯性规则，但是新兴的展览策划在中国的实践显然对各级政府、文艺团体组织大型展览提供了鲜活的经验参考，由此使得这些展览能够在策展思维和受众把握上更多预判社会效益，注重展览组织过程中发动各方面力量，等等。可见，策展在今天面临的是一个更加社会化、机制化的文化语境。

回到具体的策展实践，2019 年策展界有许多新动向和成果。在日前举办的第二届"策展在中国"暨 2019 年中国美术家协会策展委员会年会上，中国美术家协会主席、策展委员会主任范迪安总结了四个突出特点：一是艺术家个展的策划更加注重艺术探索与时代语境的关系；二是把握科技与艺术融合的新趋势，在新媒体和科技艺术展览的策划中注重观众参与和体验，倡扬人文精神；三是设计类展览的策划注重中国设计的发展之路，以"大设计"的视野推动公共艺术发展；四是走向国际的策展，如威尼斯双年展中国馆的策划突出中国文化视角，讲述中国故事。他还提出，新时代的展览策划要更加重视当代中国城市和乡村建设提供的文化空间，要更加重视策展方法论的建构。还原和归纳是两个比较重要的新动向，还原更多是指将策划的视野、策划的理念放到艺术家原初的动机上，归纳则是为了提炼出新策展理念背后的学术命题。可以预见，2020 年开始的新一个 10 年，策展人将面临更大的场域性挑战。

2. 科技策展：热潮还需冷思考

近几年，策展界掀起了一股科技类展览热潮，沉浸式、光影秀成为这类新媒体艺术主

---

① 李亦奕. 策展的文化责任与中国路径[N]. 中国文化报（美术周刊），2020-01-12（1）.

打的标签,"沉浸式的环境成为人们对新媒体艺术展最主要的想象,只要有非常多的光影,就会有人来打卡,他们打着科技和艺术的旗号,成为今天最流行的文化消费方式,而不是反思精神生活方式。"基于此,中央美术学院实验艺术学院院长、策展人邱志杰在策划科技类展览时,有意避开"沉浸",试图彰显每件作品的独立性,让观众有理性思考的空间。

例如,"科技艺术四十年——从林茨到深圳"就设置了一个特殊环节,每件作品标签里说明使用了什么技术,同时展示这个技术在日常生活中如何被使用。此外,展览的文献板块回溯了林茨电子艺术节的历年主题,以及在不同时代的展现。"我们希望观众对一件作品的喜欢不仅停留在感性层面,还能够在历史语境中扮演资源输出者角色,始终带着某种责任进行思考。从这一点来说,我们要意识到科技艺术的严肃性,它有互动性、趣味性,但并不意味着迷失其中。这是林茨电子艺术节 40 年带给我们的思考,也是思考中国科技艺术发展非常重要的一点。"对邱志杰来说,推广科技艺术的意义不在艺术本身,而是把整个中国社会提升到一个更加富有创新和创造意识的学习型社会。

3. 在古今东西的融汇中延展

如果说科技对艺术的介入常常会直接导致艺术中的时间感和空间感,那么,究竟如何才能在历史的脉络和当代连接中找到中国策展的一种方式?在广州美术学院美术馆副馆长胡斌看来,越来越需要一种打通时空界限的策展实践,把古代、近现代和当代有机联结起来。例如,在苏州博物馆开展的"画屏:传统与未来",策展人巫鸿以"屏风"为主体,一方面呈现了不同历史时期的画屏实物和包含画屏形象的诸多绘画作品,另一方面也展示了 9 位当代艺术家创作的一批与画屏形式或观念有关的当代艺术作品,形成了一场古今之间的对话。策展人希望在发掘一个古老艺术传统的持续生命的同时,彰显中国当代艺术的一种特殊文化渊源。广东时代美术馆策划的"潘玉良:沉默的旅程"则是受潘玉良人生经历的激发,邀请几位中国当代艺术家进行创作,展览形成对潘玉良那段艺术与生命旅程的回响,同时又将这样一位历史人物放到了当代性的问题场域之中。"这样的历史与当代相互激发的研究和策展思路,不仅是国内策展人在践行,它俨然已经成为一种国际潮流。"胡斌说,从自身历史与现场出发的研究和策展本身,处于一个国际化的网络之中,也必然反馈到更广泛的艺术世界。

从文明互鉴的角度,超越以往相对表象化、浅层次的中国风,真正体现艺术本体层面的融汇和延展,实现有效的跨文化艺术交流,是海外主题性展览的难点。"与其揣度受众的感受和改造我们的东西,不如我们把自己精华的东西拿出去,同时也要吸收当地受众文化反馈。不应忽视丝绸之路双向交流的属性。"围绕"一带一路"主题创作与策展实践,中央美术学院副教授、国家主题性美术创作研究中心副主任于洋指出,通过在国内和海上丝路、草原丝路的巡展,可以突破地域局限,建立文化间交流。策展也是如此,它也是东西方不断对望、凝视和互融的过程。

4. 策展人权利和工作方式反思

如果把策展比作一种框架,一种将艺术作品表述为某种连贯关系的叙事,那么它显然比艺术史更灵敏、更灵活，能够观察、梳理和分析当下社会发展的最新艺术现象和脉动，并给艺术史的书写提供一些素材和视角。在上海当代艺术博物馆展览部主管项苙苹看来，不同类型的展览具有不同的框架作用，双年展对应艺术史中的大事件，主题展对应一些专题理论研究，个展对应艺术家个人的风格问题。在策展中会遇到很多策展人无法抗拒的因素，这时需要策展人放权，在相对被动、局限的条件下进行策展。项苙苹引入了"弱策展"的概念，这里的"弱"不是不作为，而是在比较被动时，在众多力量发生冲突时，以更加温和宏观的方式处理，目标是最后项目的成功举办。"我认为弱策展是这样一种开放、合作、以退为进的策展状态，尤其适用于情况复杂、变数大的项目。"

对此，全国美术馆专业委员会副主任王璜生有不同的看法，他表示，"弱策展"真正的概念是在新博物馆、新美术馆时代反思策展人权利在哪儿，如何让渡，如何平面化，如何与艺术家、机构、项目之间形成更开放、更民主的对话关系。这种对策展人权利的自我反思还有工作方式的自我调节，是作为策展人应该思考的。

5. 策展组织模式新尝试

一个展览如何在艺术理念、观念方面提出新问题，并成为一个时代的共识，同样非常重要。以中央美术学院第三届CAFAM双年展为例，该展提出"协商""民主化""思想实验""开放性""参与性"等核心理念，与全国各地的学者展开协商性对话，以期获得更广泛的地域、语言、思想空间中的激烈碰撞。"对话会"在广州、重庆、武汉、西安、杭州共设了五场，分别以"活性的公共空间""过程即艺术""从知识生产到思想实验""多样的艺术生产""策展何为"为主题，探讨与第三届CAFAM双年展"空间协商：没想到你是这样的"相关或由此引出的种种问题。"我们希望对运行近百年的双年展展览体制进行怀疑与反思，在双年展组织模式、运行机制上进行新的实验和尝试，体现其作为大学美术馆应具有的'思想实验室'功能，并将'空间协商'带入展览的操作中，尝试对单一策展权力的分化和对其控制的突破，期望引发对策展民主化、艺术民主化和文化民主化的讨论。"王璜生用"无形的手"来概括自己的策展立场。

湖北美术馆馆长冀少峰以"@武汉"阐述了美术馆在构建城市公共文化服务系统中所扮演的角色和意义。"@武汉"是湖北地区各艺术机构自发组织的文化艺术推广平台，它以相关艺术展览为基础，注重机构之间的信息共享，还有一个特点是它凸显了研究性。例如，湖北美术馆和武汉美术馆两个美术馆进行合作，每次对项目进行研究时，都会请十位学者、批评家对一个艺术家进行个案研究，然后再形成分析。"做这种性质的展览，不要陷入一种回顾性，而是凸显近五年或者十年他们阶段性的思考。"冀少峰说，"@武汉"最大的特点就是突出研究性和联动性。机构与机构之间，美术馆与美术馆之间，强调开放性、当代性、包容性。

如果有一种新的组织方式去介入展览，那么它可以为展览提供很多新的可能性。而在此当中，不同的视角和切入点所激发的思考和启示意义当然是有所不同的。正是从这一层面上说，寻找中国策展的路径的价值才愈加凸显。

6. 上海国际电影节的新发展①

一个电影节，承载多重期盼。专业电影人在这里探讨产业发展、寻求更多机遇；影迷们在这里欣赏海内外作品，接触更多风格和类型的电影。上海国际电影节走到第二十二届，不仅想成为电影人和影迷的光影盛宴，还希望为电影产业的发展起到实际作用，助推中国从电影大国向电影强国攀登，见证更多变化和惊喜。

中华人民共和国 70 多年的历史也是一部中国电影发展史。上海国际电影节作为中国唯一的 A 类电影节，上海国际电影节要把中国电影的成就反映好，更要反映好新时代中国电影新的追求、新的探索。

衡量一个电影节成功与否的指标主要有三个：它是不是全球电影人愿意来的聚会，是不是我们广大影迷观影的节日，能不能为电影产业发展起到加持助推的实际作用。上海国际电影节正在朝这三个方向努力。

2014 年，上海国际电影节确定了"立足亚洲、关注华语、扶持新人"的定位。亚洲文明对话大会的召开，让上海国际电影节更坚定了"立足亚洲"的自信。在举办多年的亚洲新人奖基础上，2019 年电影节搭建起"SIFF ASIA"架构，除了坚持评选优秀亚洲电影作品和电影人的亚洲新人奖外，还纳入全新策划的亚洲合拍、亚洲新人沙龙等项目，积极推动亚洲电影文化发展。2015 年，上海国际电影节响应"一带一路"倡议，在国际电影展映板块策划"丝绸之路"影展单元。2018 年的上海国际电影节又进一步成立"一带一路"电影节联盟。近一年来，电影节的"朋友圈"不断壮大，该联盟成员机构已扩展到 33 个国家、38 个成员机构。除了每年的电影节，联盟内成员也在加强日常往来。上海国际电影节这个平台将带动更多"一带一路"国家的电影大放异彩，如图 5-1 所示。

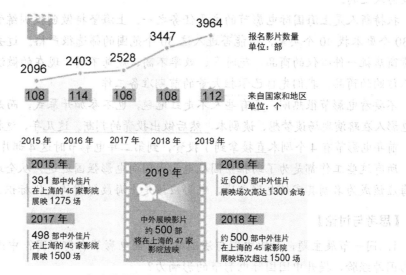

图 5-1　2015—2019 年上海国际电影节的参展影片与展映影片相关数据

---

① 曹玲娟. 上海电影节 扩大朋友圈[N]. 新民晚报, 2019-06-12（3）.

在亚洲，传统意义的电影大国强国并不是很多，很多国家都还处于电影工业发展的初期，但是，不能说这些国家没有好的电影，没有好的电影人才。从这几年为亚洲电影服务的过程中，在整个区域文明对话深入的当下，用电影来开展国与国、民与民之间的交流。

每年上海国际电影节的票房都很火爆，这几年更加明显。据统计，电影节期间上海电影院的上座率是平时的五六倍，电影节的聚焦效应十分明显。现在很多导演来参加电影节，已经不满足于放场电影、开个发布会，而是希望深入影迷当中，直接倾听中国这个大市场中广大影迷对电影的喜好。他们非常重视我们这个市场，也很尊重中国人对电影价值的选择。

电影在上海是有传统的，现在上海也是全国为数不多的每周都有国际影展的城市，电影节是一个平台，正在进一步激发这样的传统。这几年上海国际电影节还有个现象，吸引长三角甚至全国各地的观众。2019年电影节开票首日的购票数据显示，江浙一带的影迷购票数就有两万多张，远在北京的影迷也会为了心仪的影片专程到上海。人们对电影的热情一旦被点燃，释放出的能量相当惊人。

目前，中国的电影工业体系仍然薄弱，工业体系的闭环还未完全形成，上海应该有所作为。2018年，19部"上海出品"影片在国内外各影节、影展获奖入围，"上海出品"占全国国产片票房27.4%，12部影片票房过亿。今天要沉下心来，完善电影工业链条、加快电影人才培养。

上海要拿出切实可行的措施，努力打造影视产业新高地，如建设松江科技影都、环上大国际影视产业园区等。在人才方面，我们存在明显短板，如影视高等教育不能满足产业亟须的人才，产业人才远远支撑不了国产电影的增长速度。多年前，上海成立了非学历制的上海温哥华电影学院，每天进行10多个小时教学实践，这种实战型人才恰恰是中国电影最为缺乏的。

扶持新人是上海国际电影节的主要任务之一。上海坚持做创投训练营，这几年每年为约30个剧本找40个买家，但能否进入这30个范围的筛选很严格。过去的做法好比是到百货商店挑一件心仪的商品，花时多、效率不高、疲惫不堪，现在的做法好比是到精品店选你订购的商品，我们先自己承担大量的前期准备工作。

不要看电影节很热闹，还有些人不走红地毯，也不参加开幕式，而是专门听那些年轻的电影人在路演现场谈梦想、谈剧本，然后做出投资的判断。这几年，这样的投资成功率很高，前年电影节有4个剧本直接拿到了投资，到第二年电影节时这4部片子都已经完片了。

所有这些工作都是为了助推中国从电影大国向电影强国迈进。从全球电影趋势来讲，上海应该成为名副其实的电影之城，电影应该是上海最鲜明的文化标识。

【思考与讨论】

1. 同一节展主题，对比中国与法国举办中国电影节有何不同？中国如何结合本国优势与国外经验，提升中国国际电影节的影响力？

2. 北京图书国际博览会、上海国际电影节如何借鉴国际知名节展的优势，在数字化时代创新中国文化节展？

本章小结

» 从版权贸易角度观察，德国法兰克福国际书展、意大利博洛尼亚儿童国际书展与美国 BEA 书展是目前全球最重要的三大国际书展。德国法兰克福国际书展无论参与人数还是版权签订量均规模最大；意大利博洛尼亚儿童国际书展是儿童书展界的"法兰克福国际书展"；美国 BEA 书展的历史最为悠久，鉴于美国当前经济和综合实力，其书展由最初的面向国内市场、以图书交易为主的展览演变为吸引国际商家、兼具版权贸易为主的图书展。

» 世界普遍采用国际制片人协会（FIAPF）制定的四类分级体系：A 类为非专门类竞赛电影节，级别最高、规模最大，目前全世界仅认定 15 个。1932 年，意大利举办了全世界第一个电影节——威尼斯国际电影节，世界电影节展数量不断攀升。国际电影节是开拓电影市场的中介平台，戛纳国际电影节、柏林国际电影节和威尼斯国际电影节是欧洲齐名的三大电影节。美国电影市场与电影节不同，是制片商和分销商提供封闭签约的交易场所，成为具有世界影响力的电影版权交易平台。

» 有三种类型的国际电视节目交易会，分别是全球性的电视节目交易会、地区性的博览会和某一特定类型的节目交易会。戛纳电视节（MIP-TV）、全美电视节目展（NATPE）和世界视听内容交易会（MIPCOM）是国际上重要的电视节目交易平台。

» 艺术博览会是艺术品交易的二级市场，是大规模、高品位、综合性的艺术商品集中展示的交易形式、买卖场所和组织活动。德国科隆国际艺术博览会、瑞士巴塞尔国际艺术博览会、法国巴黎国际当代艺术博览会和美国芝加哥国际艺术博览会是著名的艺术品贸易平台。

» 国际文化节展是伴随着经济的发展而逐步成长起来的，一方面它们有利于增强公民的城市荣誉感、教化市民、提升城市软实力，以及增加城市的知名度，带动其他产业（如旅游业、餐饮业）的发展；另一方面，城市也因国际展会的歧异特性而具备歧异价值。因此，国际文化节展的特色是提升国际文化节展影响的主要因素。

综合练习

一、本章基本概念

二级市场；歧异价值；艺术博览会；电视节目交易会；国际书展；国际电影节

二、本章基本思考题

1. 简述国际文化节展对于国际文化贸易的作用。
2. 简述国际文化节展的运作特点。
3. 简述国际文化节展对于城市发展的作用。

推荐阅读资料

1. 李怀亮. 国际文化贸易导论[M]. 北京：中国传媒大学出版社，2008.
2. 章利国. 艺术市场学[M]. 杭州：中国美术学院出版社，2003.
3. 李万康. 艺术市场学概论[M]. 上海：复旦大学出版社，2005.
4. 阎玉刚. 国际演出与文化会展贸易[M]. 北京：中国传媒大学出版社，2008.
5. 陶小军，王菡薇，钟卉. 艺术市场学[M]. 北京：商务印书馆，2017.

第六章

国际文化贸易中介

通过对本章的学习，学生应掌握如下内容：
1. 文化经纪人的定义及其活动的作用；
2. 国外文化经纪行业协会及其功能；
3. 国际文化经纪实务的发展状况。

国际文化贸易中介有两种类型：一种是在文化贸易主体与客体之间完成贸易行为而搭建的平台载体，如本书第五章所讨论的国际图书展、电影（视）节展和艺术博览会等文化节展。另一种是活跃在此类平台中的一种角色，即文化经纪人，他们是促成文化贸易最终达成及繁荣文化贸易活动的重要力量。

第一节　文化经纪人及其经纪活动

文化经纪人与文化经纪代理业务作为文化市场的一个重要组成部分，在促进文化产品的生产、流通和消费方面发挥着重要的作用。政府、行业协会、企业以及从业人员要发挥各自职能，协调合作，促进文化经纪代理市场发展。

一、文化经纪人的概念及形式

文化经纪人泛指与文化市场相关的众多行业的经纪人群体，即在出版、影视、演出、娱乐、美术、文物等文化市场上为供求双方充当媒介而收取佣金的经纪人[①]。也有定义将文化经纪人称为，在文化经济活动中以收取佣金为目的，为促成他人文化交易而从事居间、行纪、代理等经纪业务的公民、法人和其他经济组织[②]。虽然表述不尽一致，但以收取佣金为目的、力求促成供求双方的文化贸易是其共同特征。

从文化经纪人的组织形式看，它包括个体文化经纪人、合伙文化经纪人、文化经纪公司和其他文化经纪组织形式。个体文化经纪人主要以个人为主，由于目前文化市场管理尚不十分规范，实际上国内许多广告公司、咨询公司、文化传播公司，还有一些外国个体经纪人或小型公司也见缝插针，介入中国的文化市场从事文化经纪活动。

经济全球化在导致文化市场全球化的同时，也导致了文化经纪人经济活动的全球化。同时伴随着社会信息化，文化经纪人不再可能享受信息垄断所带来的垄断利润。原来传统经纪人的复杂功能将通过大公司的多技能人员合作而完成。个体经纪人往往被大经纪公司整理、兼并。管理数百甚至数千艺术家的虚拟经纪人将会出现。这些虚拟经纪人将艺术家实行分类分级管理和采取专业的全球营销宣传，同时承担信誉担保人的角色和作用。原有收取佣金的方式将不复存在，替代方式是收取网站信息管理和相关推广费用。文化经纪人变成网络管理和信息处理人员。文化经纪人与传统经纪人不同，有着自身的次生态圈和"生态位"。文化经纪人虽然不是艺术家，但他与传统经纪人的区别在于其参与甚至主导创作（人）。如果以经纪人为中心，他们与文化贸易供应方组成了一种合作、共生关系，维系这种关系的纽带一方面是经济利益和资本，另一方面更重要的是价值观、意义、符号、格调等。因此，文化经纪人的生态是文化产业生态的核心地带，它的存在把单一线性的工业链条"活化"为平等协作的思想群落，比传统经纪人更体现了生态特征[③]。

文化经纪人作为文化市场发展阶段的催化剂，推动文化市场的个性化发展；同时，作为世界文化交流的桥梁，促进第三产业发展，优化文化市场的再循环；有机地实现艺术与商业的结合。文化经纪人通过为文化产品的经营、交易提供场所，能够有效地解决文化产品进入市场的问题，并在市场准入与市场竞争等方面发挥重要作用。文化经纪机构大体可分为以下三类：① 直接为文化产品交易活动服务的"桥梁组织"，如演出经纪机构、商品经纪机构、影视经纪机构、文物经纪机构、模特经纪机构、文化旅游经纪机构、工艺品经纪机构、新闻出版经纪人以及各种文化代理机构或经纪人等；② 为文化产业投资者服务的各类文化艺术咨询机构；③ 能起到市场中介作用、协调和约束文化市场经营的主体行为的行业自律组织，如文化市场中的行业协会[④]。

从文化经纪人从事的专长领域看，可分为图书经纪人、娱乐经纪人和艺术品经纪人等，他们共同从事文化经纪活动。

[①] 汪京．文化经纪人[M]．北京：中国经济出版社，2006：750．
[②] 满月．我国文化经纪主体发展现状浅析[J]．长沙大学学报，2012，26（4）：29-32．
[③] 徐海龙．文化经纪人视野中的文化产业生态建设[J]．理论月刊，2013（12）：80-83．
[④] 韩筱旭．文化产业人才观：浅析我国内地的文化经纪[J]．东方艺术，2011（S1）：70-71．

二、文化经纪人及其活动作用

文化经纪人及其从事的文化经纪活动在国际文化贸易中发挥着重要的桥梁作用,它的功用在于推介和征服对象壁垒,获得对象认可。文化市场是文化经纪人产生的客观基础,由于文化市场的全球性特征,当代文化经纪人既要适应文化形式多样和文化需求多层次性的发展要求,也要满足多元化文化经营主体的形成需要。为此,国际文化贸易活动须聘请熟悉国际规则的文化经纪人。这样,文化经纪人的经纪活动便在一个网络化的国际社会中悄然实现了全球化。由于不同国家收入水平和竞争实力的差距,跨国经纪活动存在上一阶层国家为下一阶层国家的艺术家提供经纪的单向上位性。例如,在我国文化产品和服务走出去的过程中,较为常见的是西方经纪人为中国艺术家打入西方艺术市场提供经纪服务,但绝少存在反向的中国艺术经纪人为西方艺术家提供经纪的现象。

文化经纪人的核心地位体现在分工产业链上。在由个体、组织(活动)、制度、思潮、创意、符号和价值观等元素组成的文化"软环境"中,经纪人(公司)的出现代表了市场分工和效率的要求。可以说,文化经纪人作为一种职业,是一个国家和区域的文化产业专业化和兴盛的折射;"经纪"作为一种理念,是一个成熟公民社会性的具体体现。以文化经纪人为视角的文化产业生态研究,就是勾描"经纪人"的特征、定位、价值、与其他市场主体的关系,让这种市场"活性菌"式的角色和组织承担起政府一部分"不能做、不便做和做不好"的职能,打通产业链上的各个环节,营造出一个不断催生创意和精品的文化生态,一个实现了信息共享、情感交流、观点交锋的公共空间。在文化产业园区和城市中,艺术家、经纪人、评论家(知识分子)、媒体人、政府人、资本人、消费者、生产者以及文化和政策氛围构成了生态系统。这个系统极其庞大和复杂,如果逐一详细描述众多个体、组织和场域,那么很难深入切中本质。因此需要对文化产业生态中的生物体和生物因子进行设定和划分,从而聚焦于文化经纪人的"小生态"。可以设定经纪人、艺术家为"生物体(组织)"。除二者之外,其他都设为外围的"生态因子"(对"生物体"产生影响的环境因素),分为生物性生态因子,如评论家(知识分子)、媒体人、政府人、资本人、消费者、生产企业;非生物性生态因子,如基础设施布局、文化氛围、政策等,以总结出众多生态因子影响生物体(经纪人与艺术家)的几种方式(扼杀、竞争、寄生、互利共生、空间密度等)。从国际经验看,国际文化贸易的达成多半是由于资源供给方和经纪人认识到长期的良好商业合作必须对双方都公平,良好生态系统对于保持长期合作关系的重要性。

三、国外文化经纪行业协会与功能

从日本、美国和德国三个国家进行文化经纪的分析,可看出日本与德国的文化经纪行业协会功能相近,美国的文化经纪行业协会更多偏重于社会功能。

(一)日本文化经纪行业协会与功能

日本文化经纪行业协会很多,几乎文化行业的每一个领域都有自律性的组织或机构。

所有的这些行业协会实行的都是社团法人制度，行业协会负责制定行业规则，维护会员的合法权益，同时进行行业统计。日本文化经纪行业协会的作用十分突出，被看作政府职能的延伸。并且，日本的文化企业很看重行业协会，一般都积极参加协会组织，而且自觉遵守行规。

在日本，文化产品的审查通常由行业协会代替政府负责。例如，影协下设的电影伦理管理委员会负责电影审查，该委员会由5位管理委员及电影业各领域的8位审查员组成，每年约审查500部长篇电影和剧院用电影。凡未经该机构审查的作品，一律不能在影院公映。日本计算机娱乐提供者协会成立于1994年，现有会员200多家，其中一半以上为软件开发商，其余为学校及经销商。该协会属于社团法人，主要针对行业的发展开展调查和研究，进行行业统计等项工作。2002年该协会对计算机游戏软件产品实行分级制度，并对行业内企业开发的软件产品内容进行审查。软件开发公司每开发出新产品必须送审，否则将受到协会惩处[①]。因此，日本文化企业看重行业行为，推动日本文化发展比较顺畅，已经形成了较为完善的经纪人制度。在日本，许多画家、电影演员、歌手等都有自己的经纪人，签约都由经纪人出面。经纪人不仅起到发掘和培养画家、演员和歌手的作用，而且能激活、培育并规范文化艺术市场。

日本文化经纪行业协会的功能主要有信息功能、参政功能、协调功能以及其他功能。

（二）美国文化经纪行业协会与功能

美国文化经纪行业协会的一般性特点为：自愿参加，自愿组织，政府一般不对文化经纪行业组织进行资助，也不过问协会的活动，自由放任，管理松懈。但近几年，美国行业组织开始改变与政府对立的态度，而致力于沟通，注意协调政府与企业的关系，促进政企合作；当政企之间发生矛盾时，往往诉诸议会裁决，以形成对政府的压力。在议会，有代表各行各业企业界利益的议员以及议会团体，以便获得法定多数的支持，形成对政府的压力和制约。

美国的文化经纪行业协会有两项重要职能：信息系统职能和多项协调职能。

（三）德国文化经纪行业协会与功能

德国文化经纪行业协会与日本文化经纪行业协会在一些基本方面有不少相近之处，如有相近的建立背景。第二次世界大战后，德国、日本两国都从战时的统治经济中脱身，转入市场经济轨道。由于同盟国对原协约国的有关规定，在德国和日本的经济发展过程中，政府起着比较特殊的主导作用，无论是德国的社会市场经济，还是日本的社团市场经济，都试图建立一种政府与社会、企业合作或"官民协调"的宏观经济管理模式。在政府与社会合作体制或"官民协调"体制中，都强调了政府推动建立文化经纪行业协会组织，发挥文化经纪行业协会沟通政府与企业、企业与企业，以及企业与公众的重要作用。同时，德

[①] 杨浩鹏. 有心无力还是费力不讨好？文化产业协会亟待调整自身定位[N]. 中国文化报，2011-08-10（7）.

国与日本的文化经纪行业协会都有庞大的组织机构和较高的组织化程序，都具有比较广泛地参与社会经济发展的功能。

德国文化经纪行业协会的功能同日本类似，主要有信息功能、参政功能、协调功能以及其他功能。

第二节 国际文化经纪实务

文化经纪是活跃文化贸易的主要力量，发达国家的文化贸易输出源于实力强劲的文化经纪状态。国际文化经纪业务根据专业领域的不同而有不同的具体内容。

一、国外演出经纪活动的运作程序

演出经纪是文化经纪的主要类别，也是文化经纪发展历史最为悠久的形式。全球化带来了日益频繁的国际文化交流，演出活动也不再局限于本国范围之内，而是更多地走出国门登上国际舞台，或是将海外演出活动引进国内，使国内观众不出国门便可欣赏到异国文化演出。在整个文化交流过程中，国际演出经纪人随着市场的发展应运而生，并起着越来越重要的作用。西方的演出经纪公司已经具有近百年比较规范的行业发展历史，形成了一整套相当成熟的国际演出经纪活动模式。我国的演出经纪活动尚处于萌芽期，从事国际演出经纪的公司为数不多，无论是"引进"还是"输出"都还处于探索阶段。

国际演出经纪活动主要包括将国外的演出项目引进来，或把本国演出项目推广到海外市场这两方面内容。在国际演出市场上，经常交流的演出项目有舞蹈、杂技、魔术、戏剧、马戏等。对于国际演出经纪人来讲，经纪运作程序主要有如下几个步骤。

（一）制订计划，确定经纪项目

演出市场是文化市场的重要组成部分，而国际演出活动又是国家对外宣传、国际交流的主要平台，如"中法文化年""中国文化周"活动等，因此国际演出活动经常是国家对外交流活动中的一个环节，受到国家和市场两方面的影响。国际演出经纪人首先要研读最新的有关文化产业发展的文件，寻找机会，并制订相关的演出计划，争取获得政府的认同与支持，借助国家平台这一优势输出演出项目，为今后的独立经纪活动奠定基础。在制订计划后，要进行全方位的国内外市场调研、评估，国际演出经纪人既要熟悉国内外市场对演出产品的供求状况，从而更有针对性地引进和输出演出项目，还要收集国内外演出市场上的相关信息，如国内外政策法规、经济走势、专门项目信息等，最终确认哪些演出项目具有高市场认可度、强吸引力、鲜明民族文化特色等优势，以便有目标、有计划地引进或者输出。

（二）发掘、确定经纪对象

在进行了详尽的市场分析后，就要有针对性地发掘具有高度市场影响力、高度市场需求、适合引进国门或推广至海外的演出项目。能否根据市场现状及预期发掘出优秀的演出项目是国际演出经纪活动中最关键的一步，具有决定意义。在引进演出项目时，可以通过海外的演出经纪公司以及各种媒介渠道联系演出团体及个人，并与经纪公司进行各种业务的交谈，最终确定经纪对象；在输出演出项目时，既可以接受海外经纪公司的委托，在国内市场上寻找演出项目，也可以作为国内演出项目的代理，将其推荐给海外经纪公司，最终在双方同意的基础上确定经纪对象。

（三）全方位包装演出产品

在确定了经纪对象之后，就要有目标、有目的地对演出产品（艺人）进行全方位的包装。无论是引进还是输出演出项目，包装都是必要的，尤其是在参与国际演出经纪时，更要对产品进行高度的国际化、目标市场化的包装，使之更加符合消费者的口味，赢得目标市场消费者的认同。如在输出演出项目时，为了更好地赢得海外市场，吸引更多的海外观众，消除民族化带来的"文化折扣"，就要对演出产品（艺人）进行服装、语言、音乐、场景等方面的包装，并培养艺人的国际化气质与风格，在必要时也可对具有浓郁中国特色的产品进行适当的"改革"，以使目标国观众更好地理解与接受。

（四）多渠道宣传演出项目

文艺演出是最能展示一国文化的产品项目。一个演出项目经常要在多国舞台上巡演，不仅演出地点多，而且演出周期长，要想取得理想的票房收入，就要提前预热目标市场，因此，对演出项目的宣传势在必行。国际演出经纪人要学会运用各种手段与渠道进行宣传，如为演出项目、演员开辟网站；通过电视、广播、报刊等多种媒体进行广告宣传，制作展板，发放传单，等等，这些都可以有效地增强演出项目在目标市场的影响力，吸引更多的观众去观看。

（五）进行谈判，签订合同

在对演出产品进行包装的过程中，经纪人就要参与国际谈判。谈判主要是在国内经纪人与海外演出经纪公司之间展开，内容包括演出时间、演出地点、演出内容、演出人员、演出场次、基本费用等。无论是引进还是输出演出项目，经纪人都要了解国内外的谈判惯例与规则，双方经过反复商谈，最终确立并签订演出合同。同时，谈判还包括与赞助商的谈判，即争取取得财力支持，同时也保证赞助商的利益，并最终签订合同。

（六）办理相关演出手续

无论是引进还是输出演出项目，都要将相关文件上报国务院文化行政部门审批。文件包括以下几个方面。

（1）演出申请书。

（2）与演出有关的各类演出合同文本（中外文）。

（3）演出节目内容材料和节目录像带（光盘）。

（4）外方文艺表演团体及演职人员名单、护照等身份证明文件、技术水平和资信情况证明。

（5）演出地省级文化行政部门出具的同意函。

得到审批后，经纪人要及时将文件送达演出团体（艺人）或海外经纪公司，海外演出团体（艺人）还要在所在国办理相关手续，或是国内演出公司统一办理演职人员出入境手续。

（七）安排、接待国内外演出人员

在一切手续办理好后，经纪人将负责陪同国内演出团体或个人前往演出目的国，与海外经纪公司以及相关部门一起负责具体的演出活动；或是接待来华演出的团体或个人，负责具体活动安排；等等。

（八）与海外演出团体、经纪公司建立良好的后续关系

在一项演出活动结束后，经纪人要与海外演出团体、海外经纪公司建立积极的后续关系，不仅有利于国内演出项目的输出，而且有利于海外演出项目的再次或定期来本国演出，并可凭借良好的关系取得更多的经济效益，同时也有助于两国文化的交流。

二、国际艺术经纪活动的运作程序

"艺术品作为产品是一种重要的经济动产，像所有的商品一样，受制于供需法则、分配、交易、使用和投资法则。"随着全球化、市场经济的发展，艺术品开始在世界市场上流通，国际艺术品经纪人也应运而生，各种从事国际艺术品经纪活动的中介组织，如画廊、拍卖会、博览会等也迅速发展起来。在国际艺术品市场交易中，画廊和拍卖行是两大经纪人。

国际艺术品商业中介以一级艺术品市场和二级艺术品市场为主。一级艺术品市场主要指国际画廊，其主要经营方式是艺术经营企业和经营者代理艺术品的所有权或拥有艺术品的所有权，以便再次进入市场销售；二级艺术品市场主要包括国际艺术品拍卖和国际艺术博览会，其经营方式主要是接受艺术品所有者的委托，通过中介活动使艺术品进入收藏，经营者不拥有艺术品的所有权。下面分别就国际画廊、国际艺术品拍卖行这两种主要经纪组织的活动内容及运作程序进行阐述。

（一）国际画廊经纪活动的主要内容和运作程序

1. 国际画廊经纪活动的主要内容

画廊的存在对艺术家和收藏者都十分重要，即画廊以最恰当的方式、最合理的价值分

别满足双方的利益和需求。在国际艺术品经纪中,画廊经纪人更是起到了推广民族文化、拓展海外市场的作用。

国际画廊经纪活动的主要内容包括以下几个方面。

(1) 代理国内艺术家作品,将其推广至海外市场,替艺术家寻找海外买家。

(2) 引进国外画作,在国内市场上寻找买家。

(3) 受国内收藏者的委托,在国外艺术品市场上搜寻相关作品。

(4) 开展相应的宣传,举办艺术品展览、展销等活动。

2. 国际画廊经纪活动的运作程序

国际画廊作为艺术品交易中介,主要从事艺术品的引进和输出业务。下面就国际画廊代理国内作品为例,阐述其基本运作程序。

(1) 调研海外艺术品市场。开展国际艺术品交易的首要环节是进行海外市场的调查、分析,了解海外艺术品投资市场对于国内作品的供需状况、投资动向以及海外的经济文化法律环境、宗教信仰、习俗禁忌等。经纪人可以通过海外画廊、收藏家获取相关资料,进行市场分析,规划预期代理的艺术品类型。如近年来欧美艺术品市场兴起藏传佛教的潮流,画廊经纪人可以划定欲代理的艺术作品类型为佛像类等相关画作,进而有目的地进行签约。

(2) 签约合适的代理艺术家。在对海外艺术品市场进行调研的基础上,国际画廊经纪人就可以有目的、有计划地寻找国内艺术家、艺术品,在与艺术家进行商谈(包括佣金提取比例、代理期限、代理作品数量与种类、目标市场等)并达成一致后方可签订合约。

(3) 包装代理艺术家。国际画廊经纪人可以根据市场需要对旗下艺术家及其作品进行必要的包装,这在美国等西方国家已经相当普遍。这种包装可以通过对画展布局、装饰的精心设计,对画册的特色修饰,以及对中国艺术的历史渊源、文化特性、审美特征适当宣传等方式进行,还可以借助各种媒体、广告、发布会等形式对艺术家、艺术品进行全方位的包装。通过包装可以更加凸显艺术家、艺术品的风格特色,吸引更多的海外买家,进而使他们对中国艺术有更全面的了解。

(4) 协同艺术家创作适应海外市场需求的艺术品。中国的艺术品要想真正进入并适应海外市场,就要求艺术家在艺术创作时凸显个性化、现代化。由于国际画廊经纪人对海外市场信息有充分的把握,因此经纪人协同艺术家创作具有重要作用,他们可以给艺术家以相关的建议,使艺术家生产出更具国际适应性的画作。

(5) 举办画展。举办画展是画廊最重要的业务之一,画展是最能充分展示艺术作品的平台,是艺术家与收藏者之间的桥梁。画廊可以在国内外市场上分别举办画展,吸引尽可能多的海外收藏者,这不仅是对代理艺术家的一种宣传,更是对画廊品牌的国际化宣传。

(6) 参与国际画廊博览会。国际画廊博览会是展示、展销艺术作品,拓展画廊海外市场,形成国际声誉的重要契机。国际画廊经纪人可以通过博览会对其所代理的艺术家、艺术品进行更为广泛的宣传,虽然只是将作品运往某一国参展,但是由于博览会的国际影响以及参展画廊来自许多不同国家，因此，博览会可以吸引更多的收藏爱好者与国际艺术品经纪人，争取更广阔的销售空间。但一般而言，层次越高的国际画廊博览会对参展的画廊级别要求越高，当然带动画廊的市场影响力、销售额也就越高。

（7）向海外经纪商、收藏者推荐艺术家及作品。由于经营国际画廊业务的经纪人经常与众多的海外经纪商、收藏者保持联系，同时受他们的委托寻找国内相应的艺术品，因此，画廊把自己代理的艺术家、艺术品推荐给他们是最直接的输出方式。

（8）进行国际艺术品交易。在代理艺术家寻找到买家后，经纪人就要受代理人的委托与海外经纪商、收藏者进行交易，包括画廊与购买者之间就价格进行协商，价格确定后买者向画廊付款，画廊将作品及证明证书等交给买者，画廊缴纳相应税费，之后再从中提取佣金并将剩余款项付给代理艺术家。

（9）与各方建立良好的后续关系。在交易完成之后，画廊要与海外艺术经纪商、收藏者、国际画廊博览会组织者、海内外媒体等各方积极发展后续关系。这种广泛、良好的关系是国际画廊经纪人的一项重要经纪资源，可以通过各种关系、渠道为未来的经纪行为奠定良好的基础，降低国际经纪成本，形成其重要的无形资本。

（二）国际艺术品拍卖行经纪活动的主要内容与运作程序

艺术品拍卖（Art Auction）属于国际艺术品交易的二级市场，拍卖行从拍卖成交额中向买卖双方收取一定比例的金额作为手续费。国际拍卖公司实际是不同国家的艺术家与消费者之间的一座桥梁，通过其进行艺术品跨国界的交易。国际艺术品拍卖方式主要有价格上行式、荷兰式和密封投标式三种，随着网络信息时代的到来，"网上拍卖"作为一种新的艺术品拍卖形式也应运而生。

1. 国际艺术品拍卖行经纪活动的主要内容

国际艺术品拍卖行作为艺术品经纪人，在国际交易中主要从事以下几个方面的工作。

（1）受收藏者委托对其所拥有的艺术品进行拍卖操作。收藏者主要包括国内外画廊、艺术品收藏者个人、拥有艺术品（而非专业收藏者）的个人等。

（2）受艺术家委托对其作品直接进行拍卖操作。随着艺术品经纪人制度的建立与发展，艺术家直接将其作品送到拍卖行的行为日渐减少，而是更多地通过经纪人这一中介送去拍卖。

（3）组织拍卖活动，从中提取佣金。进行国际拍卖是拍卖经纪人整个工作中最核心的部分，通过组织拍卖、聚集艺术收藏者、竞价拍卖，最终得到艺术品的交易价格，并使得艺术品所有权发生转移，经纪人从买卖双方分别提取一定比例的佣金。佣金的提取比例因国家不同、拍卖行不同而有所不同，如西方多国的惯例一般是买卖双方各交落槌价的10%；德国的惯例则是买方交纳8%，卖方交纳10%；中国内地的惯例是双方各交10%。

国际上采用的一般是阶梯式佣金收取制度，即按照不同成交价格区间收取不同的佣金费用，随着成交价格的攀升，佣金比例分段累加递减。例如，佳士得的佣金比例为：成交价在 7.5 万美元以内的收取 25%；7.5 万～150 万美元的收取 20%；超出 150 万美元的收取 12%，与之前的佣金相比，价格区间向上拓展了 50%。苏富比的佣金比例调整为：落槌价在 10 万美元以内，买方佣金为 25%；10 万～200 万美元，佣金为 20%；200 万美元以上，佣金为 12%。较之以前的佣金，价格区间向上拓展了一倍。与佳士得相比，苏富比收取佣金的整体价格区间高了 25%，首先，拍卖公司利用佣金杠杆来定位目标客户群体。佣金既是公司收益的来源，也是调节的杠杆，小的客户群体集中会凸增成本，所以要限制一部分小客户。市场经济并不是规模越大越好，就像一些奢侈品店，每次只放几个人进去，形成优越的购买环境，为真正的大客户提供更好的服务，同时可以提高公司品牌知名度和层次。其次，佳士得与苏富比既是竞争对手，也是合作伙伴，是竞争的共同获益者。出现接连涨价的情况，一是在精品标的比较紧俏时，需要降低委托方佣金，为转嫁成本风险而提高买受方佣金；二是在形成市场垄断时，市场竞争不充分，没有足够数量的企业来进行竞争，形成寡头经济。如果有足够竞争的话，那么结果是大家相应降佣[①]。

(4) 宣传、推广民族文化，推出艺术家。国际艺术品拍卖经纪人要在拍卖前对所拍艺术品进行宣传，在这个过程中，要积极向海外艺术爱好者推广民族文化以及向国内介绍海外文化。同时，国际艺术品经纪人还致力于宣传、促成艺术家的工作，推出国内艺术家，介绍海外艺术家。如 1988 年，英国苏富比国际拍卖公司就曾经手苏联的艺术品，从而向世界推出了一批日渐成熟的苏联艺术创作者。

2．国际艺术品拍卖行经纪活动的运作程序

(1) 策划艺术品拍卖。国际艺术品拍卖活动的策划是整个程序的基础。策划要具有总体性，即整个拍卖过程的设定要有统一的目标，每个步骤都要有适当的标准；策划要具有合理性，即拍品是否在法律法规所允许的范围内，拍卖规模、档次、预期目标是否适当；策划还要有具体性，即事先确定好拍卖时间、地点、场地大小、拍品种类、数量、交易币种等。国际艺术品拍卖由于涉及跨国交易，因此，所有策划都要符合本国及国际相关法律的规定，只有这样才能更加有序、高效地进行经纪活动。

(2) 确定拍品。确定拍品和策划有时是同时进行的，在制订策划方案的同时寻找拍品，并根据准备好的拍品完善策划项目。拍品可以是收藏者、艺术家、画廊提供给拍卖行的，当艺术品所有者委托律师写信、打电话找拍卖公司时，经纪人要到所有者指定地点对艺术品进行鉴定、登记、编号，确定底价；或者是艺术品拥有者直接前往经纪人处进行艺术品鉴定、登记等事项，最后定好底价，经纪人向买主收取一定的委托费，签订合同。合同内容一般涉及拍卖人、委托人姓名或名称、详细地址，拍品内容（名称、数量、质量、规格），卖主定的底价，欲拍卖时间、地点，佣金提取比例，款项交付方式，违约责任，保险费，运输费等。经双方同意后签字生效，若为海外卖主则应准备中外文两版合同文件。

国际艺术品拍卖经纪人要将所准备好的拍品进行分类，可以综合拍卖，也可以分类拍

---
① 徐磊. 佳士得、苏富比为何上调佣金[J]. 收藏，2013（4）：151-153.

卖，还可以根据同一类别的不同档次进行拍卖，但都要符合整个拍卖活动的策划方案。

（3）确保信誉。信誉是国际艺术品拍卖公司的灵魂。世界两大著名国际拍卖公司——英国苏富比拍卖公司（Sotheby's）和英国佳士得拍卖公司（Christie's）是目前国际上最具影响力的国际拍卖公司，并在世界各地拥有分公司或办事处。两百多年的历史以及拍卖经验造就了它们的信誉，它们已经成为其他拍卖公司信誉的担保。如前面所述，1988年苏富比经手的苏联艺术品拍卖就是一种信誉保证手段。

除了寻求国际著名拍卖机构予以信誉保证外，还可以由艺术品名家通过鉴定建立信誉。

（4）宣传艺术品拍卖活动。当今，艺术品在国际上进行拍卖，关键是靠宣传。这不仅是一种必要的手段，也是一种法律规定。如《中华人民共和国拍卖法》就有如下规定："拍卖人应当于拍卖日七日前发布拍卖公告。""拍卖标的的展示时间不得少于两日。"不同国家的具体规定也会有所不同。具体宣传可以通过向国内外相关艺术品经纪公司发送邀请函、拍品宣传册，制作展板，张贴海报，利用电台、电视台、网络等传媒手段发布相关信息。一般而言，国际艺术品拍卖的宣传时间与开拍时间间隔要长于单纯的国内拍卖，因为要留给海外拍卖者准备、来访的时间。

（5）组织拍卖。在宣传活动展开后，就要按照规定的时间、地点进行拍卖，这也是整个活动的核心部分。在拍卖会上，主持人是全场的关键，一般国际艺术品拍卖会都采用英文进行主持。在拍卖过程中，主持人要确保底价的保密，并要记清场外竞拍者预约的价格，如竞买者提前用电子邮件预约价格为15万美元之内，只要场内没有人给出超过15万美元的价格，拍品就属于这位买家。主持人要在最高价位上重复报价三次，若无人再出更高价格，则落槌以示成交，最后应价为成交价。

（6）签订成交合同。艺术品拍卖成交当时或第二天，竞得人与拍卖行之间必须签订拍卖成交合同，以进一步从法律上确认拍卖成交事实。拍卖合同应包括以下主要内容：拍卖艺术品名称和特性；拍卖成交价格；拍卖艺术品交付竞得人的时间、地点、方式；竞得人的价格支付或结算方式；违约责任；等等。

（7）付款。如果艺术品拍卖会采用现场付款的方式，收款台一般设在拍卖会场中，买主竞得拍卖艺术品后即可现场交费，拍卖行确认收足货款及成交佣金等应缴费用后，开具税务局批准的特殊发票——成交确认书及提货单。

竞得人分期付款的，要按事先规定的成交价比例及时向拍卖行支付一部分货款作为定金。其未付部分通常都按"尽速付款"条款支付。对于尽速付款的期限，艺术品拍卖一般为一周左右。

拍卖会收取的币种因拍卖会的规模、拍卖品的档次、竞买人的组成状况不同而不同。一般国内的艺术品拍卖会，拍卖行以人民币报价，收取人民币现金、支票、汇票、信用卡等。也有以美元、港元报价的拍卖会，收取的币种包括人民币和其他自由外汇及其相应支票、信用卡等，汇率一般以当天人民币与外币兑换牌价为标准。

（8）交割艺术品。艺术品拍卖成交后，拍卖行必须按规定向竞得人迅速交付售出的艺术品。各国拍卖行一般采取款到即付的交割方式。对于竞得人而言，其按时履行合同义务后，即可获得拍卖艺术品的所有权。但如其未能按约定取得拍卖艺术品而受到损失，则可向拍卖行提出索赔要求。如果竞得人未按时履行合同义务而造成延期付款或提货的，拍卖行可以向其加收各种应计费用，甚至可以取消拍卖成交合同而对拍卖艺术品另行拍卖。

（9）清点拍卖结果。在国际艺术品拍卖交易完成之后，经纪人需要对整个活动涉及的拍品、金额进行清点。通过清点计算出此次拍卖的收益、未拍出的艺术品，并对它们进行分类，通过计算总体成交率、具体类别艺术品成交率、买受者国别等数据以总结市场需求等情况。

（10）进一步宣传。拍卖结束后，国际艺术品拍卖经纪人要充分利用整个活动的余热在世界市场上开展进一步的宣传。如我国的藏传佛教作品在拍卖会上的成交率很高，已多被海外收藏者购买，经纪人可以就此结果通过各种传媒渠道在海外市场进行宣传，不仅可以招来更多的海外收藏家关注的目光，同时也可在世界范围内为我国的文化、风俗、传统进行更积极的推广。

第三节　国际主要文化经纪公司

国际主要文化经纪公司如同其他大型文化企业一样，具有规模化和垄断特征。

一、国际演出经纪跨国公司的经营管理

美国四家主要的经纪公司为创新艺人经纪公司、国际创新管理公司、联合人才经纪公司以及威廉·莫里斯·伊达沃演艺经纪公司。仅这四家就代理了70%的合同，而洛杉矶还有两百多家经纪公司。经纪公司是好莱坞所有合同的主要中介，负责让创作者，也就是他们的客户与制片人和电影公司取得联系。经纪公司不仅是演员的中间人，同时还在导演、编剧以及好莱坞所有员工之间斡旋（这与音乐、出版、电视以及体育行业的体系毫无二致）。如果交易达成，经纪公司通常会索取10%的合约金。新时代的好莱坞拥有上千家子公司，如今正是经纪公司从中发挥着决定性作用。一般来说，经纪公司不但负责有关电影制片合同的协商，也为影院销售的相关合同、电视和网络合同、数字影碟和国际票房的佣金以及其他许多相关的事务提供服务。威廉·莫里斯·伊达沃这样的经纪公司，40%的收入来自电视合同，电影合同的收入占25%。洛杉矶的威廉·莫里斯·伊达沃公司针对电影《黑客帝国》拟定了长达264页的合同，其中不仅涵盖电影本身，也包括了相关电子游戏、漫画、电视节目、衍生产品和网络游戏。在新时代的好莱坞，与电影公司时代相比，这些合同的一个新特点在于，最有名的演员在票房收入中占有比例。人们将这种体制称作"参与分工"

体制,类似于公司高管所持有的"股票期权"①。

(一)创新艺人经纪公司

创新艺人经纪公司(Creative Artists Agency,CAA)创立于1975年,为美国现今最大的经纪公司,旗下艺人占了好莱坞影星的三分之二,被好莱坞最权威的《首映式消息》称为"好莱坞最有影响力的机构"之一。CAA远不是美国成立最早的演艺经纪公司,尤其是比历史悠久的威廉·莫里斯经纪公司(William Morris Agency)晚了近80年。但是在如今的好莱坞,CAA是当之无愧的王者,只用30年就完成了对手历经百年也未能成就的传奇。

在CAA起家的电视节目制作领域,情况更是如此。CAA是好莱坞艺人的"老板",有媒体称之为"好莱坞的骇客帝国",因为公司的代理人就像电影中戴墨镜、着黑色套装的密探一样,设计并控制着几乎所有艺人的演艺生涯。以电影为例,好莱坞2/3左右的一线明星都签在CAA旗下,全明星阵容多达几百位,如果再加上音乐人、作家等,CAA签约艺人总数过千。汤姆·汉克斯、汤姆·克鲁斯、朱丽娅·罗伯茨、妮可·基德曼等巨星均出自CAA旗下,但他们最多只能算是CAA大家庭的几位杰出代表而已。

CAA在好莱坞的巨大影响力还不仅仅在于签约艺人知名度极高、规模极大,还因为公司旗下艺人门类齐全、组织严密。以电影为例,CAA旗下不仅有汤姆·汉克斯、汤姆·克鲁斯等超一流演员,还有斯皮尔伯格等超一流导演,以及非常优秀的制片人、剧本作家等。可以说,时代华纳如果想投资一部电影,从剧本到电影后期制作,CAA能提供全套班底,而且都是顶级人选。这正是电影巨头怕CAA的地方,因为CAA通常不提供单独的艺人服务,而是整体作战,用演员就得用CAA的剧本、导演、制片人,而且要出大价钱,有时CAA还能要求对电影收入提成。因此,电影巨头经常抱怨说,正是CAA的捆绑销售拉高了电影的人力成本。

1. "育人""推销人"和"用人"分开

美国好莱坞经纪实际包括两个部分:私人经理人(Personal Managers)和经纪人(Talent Agents),两者均需持证上岗,且有相关的行业规则和法律规定。私人经理人的角色类似个人职业顾问,他们的活动范围相对经纪人要广泛,主要向代理人提供包括商业事务和个人事务的建议、忠告,并指引、调整代理客户的职业发展道路。这是一个育人的过程。经纪人类似国内普通人才代理的猎头顾问,只不过他们主要站在"求职者"而非"雇主"立场,主要责任就是把人才推销给买家,为他们的人才客户找到尽可能多的工作机会,并针对那些涉及客户利益的交易条款与买家展开谈判,为客户谋得最好的交易条件,经纪人仅仅局限于帮助客户获得工作并为之谈判相关交易条款。两者之间的分工由美国人才代理法(Talent Agencies Act,TAA)和它们各自的行业工会条约来规定。根据TAA的规定,"如

---

① 弗雷德里克·马特尔. 主流:谁将打赢全球文化战争[M]. 刘成富,房美,胡园园,等译. 北京:商务印书馆,2012:88.

果一个人没有从劳工委员会获得许可证,那么他将不得从事与经纪人相关的职业"。因此,一个代理人要想帮客户获得工作,那么他就必须获得许可证。反过来说,当经理人也这么做时(无许可证),那他就违反了 TAA 的规定。如果一个经理人违反规定为一个客户获得工作,那么这个客户可以向劳工委员会提出申诉,要求给予赔偿。对于经理人的违规行为,委员会选择的补偿方式是废除所有经理人和客户之间的合约,并罚没经理人的所有违法所得。只是根据 TAA 的规定,"任何违规的行为超过一年以上将不被起诉"。美国经纪人行业工会约和 TAA 法则明确规定经纪人不可参与制片。CAA 公司从成立之初便秉承只做艺人经纪,不参与任何制作的理念。在公司内部将"育人"工作做好,然后将其打包给制片方开展工作。经纪人和代理人分开,制作公司和经纪公司分离,有利于保护艺人权益。因为如果混业经营,制片人会希望演员越便宜越好,压得越低越好,从整个公司成本考虑,艺人的片酬谈判空间也就很有限。

2. 流水线式项目生产服务

在 CAA,艺人好比流水线上的产品,各种工作人员就如同流水线上的工人,每人负责一个内容,人人都为产品最终推出服务。客户不再专属于哪个经纪人,只是公司的客户。对于超级巨星,只如同普通企业一样,会有一个专门的项目团队。整个团队各自分工,为客户挑选剧本,寻找投资方,洽谈发行机构,有时甚至还可以做一些日常事务的规划。衡量一个经纪人的工作业绩不是为客户谋得了多少工作,而是经纪人在团队里的工作表现。这种方式可使多方获利:对艺人,他能获得各方面领域最适合为他服务的人才,也不用受制于某个专门的经纪人或导演;对经纪人和导演,CAA 搭建了一个充分发挥其才能的平台,他能够在这个平台上充分发挥专长,而无须为争取客户勾心斗角,对自己和公司造成资源内耗;更重要的是对 CAA 公司,可使公司内部信息等资源得到充分共享与利用;并且虽然培育出很多的明星产品,但没有哪一个产品是专属哪一个经纪人,任何公司内的一员只是打造明星产品中的某一环节,这样也有效地防范了由于某个人员的转会或离职,而造成公司的损失。同时牵制住艺人,在没有自己的专属经纪人工作流程中得以成名的明星,离开 CAA,也并不容易找到各方面都很适合为自己服务的人。这种方式也促使 CAA 可与艺人将签约期限定为两年。这种短期灵活的协议方面,公司无须付高额签约费用;而两年一签的机制会刺激艺人与公司员工为长久发展而不断努力;同时,对于艺人来说,明星无须因签订长期合同,违约离开时,而交高额违约金。

3. 捆绑式销售

为更好获得利润,赢取谈判筹码,CAA 经纪公司把制作节目需要的人才(包括演员、导演、编剧等)集合在一起打包出售。经纪公司收取整个节目预算的 10%。CAA 通常就是如此操作:要用 CAA 的演员,就必须用 CAA 的导演、制片人、剧作家等全套人员。它的销售是一个完整的项目:编剧+导演+演员+票房+其他附加(网络、DVD 光盘、书)一起打包,甚至在中国,根据当地市场情况,提供给投资方资金具体回收模式和数额。这种方式让制作要么接受，要么放弃，没有讨价还价的余地。对制作方的吸引之处在于，大的经纪公司（如 CAA）提供的项目和阵容不容易凑起来，很方便。如不接受打包，制片公司不得不为了电影制作人才而去和经纪人各自展开谈判，费时费力，也不一定便宜。

4. 整合营销传播理念的贯通

CAA 强调团队作战，有严格统一的培训制度、整齐划一的公司文化。在公司内部，所有人都只有身份，没有头衔，人人平等。公司员工都有义务服务于每个艺人，大家都是经纪代理人，基本没有管理层，不分地位和等级。在外，CAA 经纪人只要出席电影首映式或颁奖典礼，着装统一，三五成群集聚，而且用"同一个声音"说话。这种方式使总部庞大的资源信息透明、共享化，经纪公司抓好每一个特别适合这个演员的机会，导演要能把戏导得精彩，故事角色也要特别适合他。对艺人的规划进行方向上的把握，让导演与新演员互相熟悉，安排见面互看作品，尤其让导演记住新演员。同时，在艺人的演艺生涯里，艺人和公司是合作的关系，而不是在他们管理之下。经纪人的个体价值被忽略至最小，而CAA 的品牌价值却随着艺人身价提高得以放大。

（二）威廉·莫里斯·伊达沃演艺经纪公司（William Morris Endeavor，WME）

威廉·莫里斯经纪公司创立于 1898 年。美国五大演艺经纪公司中的两家——有着 111 年历史的威廉·莫里斯经纪公司（WMA）和成立仅 14 年的 Endeavor 经纪公司于 2009 年 4 月 27 日宣布了一项里程碑式的并购交易，合并后的新公司被命名为 William Morris Endeavor（WME）Entertainment。

这个历史性协议让两家业内最受尊敬的娱乐经纪公司走到了一起，两家公司的业务涵盖了电影、电视、音乐、剧场、出版、广告、体育、营销和线下制作等众多领域。其实，在宣布合并前，WMA 和 Endeavor 已经进行了长达一年的商谈。

WMA 以业务范围广泛著称，其中包括不少"吸金"领域。该公司掌握着一定的演出场馆资源及音乐人，仅音乐演出部门年收入就可保证在 8000 万美元上下。该公司还拥有多个电视节目，其中包括 ABC 热播的真人秀节目《与明星共舞》。除了拥有强大的财力外，WMA 还拥有国际化背景，该公司在上海亦设有办事处。在音乐领域，该公司旗下的艺人包括"小甜甜"布兰妮、坎耶·韦斯特、"滚石"乐队、"老鹰"乐队等，韩国小天王 Rain 在好莱坞也签约了这家公司。在电影方面，该公司囊括了昆汀·塔伦蒂诺、克林特·伊斯特伍德、迈克尔·贝、理察·基尔、丹泽尔·华盛顿、拉塞尔·克罗、约翰·屈服塔、史泰龙等。

Endeavor 则以旗下艺人大牌著称，在导演部分包括新科奥斯卡最佳导演丹尼·博伊尔、《教父》导演科波拉和马丁·斯科塞斯等，以及马特·戴蒙、休·杰克曼、罗伯特·德尼罗、章子怡等超过 300 名大牌艺人。合并后的新公司（WME）年收入预计达 3.25 亿美元，也成为"老大哥"CAA 的最强劲对手，如图 6-1 所示。

1898
The William Morris Agency (WMA) forms in New York City, eventually becoming the longest-running talent agency in the world.

1910
Screen legend Charlie Chaplin signs with WMA, strengthening the company's foothold in the fast-growing film industry.

1955
Marilyn Monroe and Elvis Presley join WMA as clients; the present-day Endeavor represents more than 6,000 clients, including leading entertainers, content creators, legendary athletes, sports institutions, style icons and blue-chip brands.

1995
Four former ICM agents, including current Endeavor CEO Ariel Emanuel, form the Endeavor Talent Agency, a boutique agency with a focus on television.

2000
Patrick Whitesell, now Endeavor Executive Chairman, joins Endeavor, bringing expertise in movies.

2008
WMA is the first agency to launch an Electronic Music division, representing artists like Deadmau5, Afrojack and Calvin Harris. It also pioneers the Las Vegas DJ residency model, booking Kaskade as the opening headliner at the Wynn.

WME 2009
WMA and Endeavor merge to form WME in the biggest talent agency merger in history.

2009
The WME (now Endeavor) Foundation, a 501c3 non-profit, is established. Part of Endeavor Impact, the Foundation's mission is to ensure that the industries Endeavor works in are accessible to all.

2010
Fortune names WME co-CEOs Ariel Emanuel and Patrick Whitesell to its "Businesspersons of the Year" list.

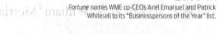

2011
WME helps bring Lollapalooza to Brazil and Chile. Clients like The Killers, Steve Aoki, Pearl Jam and the Foo Fighters help make it one of the most successful music festivals in South America.

VICE 2011
WME's merchant bank, The Raine Group, gains international headlines for its advisory services and purchases a sizeable stake in VICE media. The firm helped secure funding for Brooklyn's Barclays Center; launched Trey Parker and Matt Stone's $300 million Important Studios; and advised Dick Clark Productions on its sale to Guggenheim Partners.

2012 SILVERLAKE
WME forms a strategic partnership with Silver Lake Partners, a global leader in technology investing.

2014
Fast Company names WME to its list of the 50 Most Innovative Companies.

2014 IMG
WME acquires IMG, creating WME | IMG (now Endeavor), a leading global entity in entertainment and sports.

2014
WME and Oprah Winfrey launch Oprah's The Life You Want Weekend, an eight-city tour that urges attendees to rise to their greatest potential.

2016 FORTUNE
Endeavor is named one of *Fortune*'s "25 Most Important Private Companies."

2017
WME | IMG renames to Endeavor.

ENDEAVOR

图 6-1　WME 的成长历程①

---

① http://www.wmeagency.com/story/

二、艺术品经纪跨国公司的经营管理

苏富比与佳士得分别成立于 1744 年和 1766 年，已经是有两百多年历史的世界拍卖业两大巨头，它们长期控制着世界艺术品拍卖市场七成以上的交易[①]。更有数据表明，这两家是国际拍卖行业的"航空母舰"，它们的拍卖行控制了全球 95% 的艺术品拍卖市场[②]。

（一）苏富比拍卖公司

1778 年，拍卖行在一位名叫约翰·苏富比（John Sotheby）的商人加入后，以"苏富比"命名并沿用至今。苏富比的经营范围最初以古籍拍卖为主，20 世纪初开始涉足绘画，之后延伸至整个艺术领域。如今，苏富比拍卖经营的范围已十分广泛，包括房地产、艺术品、工艺珠宝等。并且，苏富比的分支机构遍布全球。它是第一个于 1955 年从伦敦扩展到纽约的国际拍卖行，也是第一个在中国香港、巴黎和多哈进行销售的国际拍卖行[③]。其中，远东包括 1973 年于中国香港、1979 年于东京、1981 年于台北、1985 年于新加坡、1992 年于汉城、1994 年于上海等地设立的多个分支机构。如今，已在 40 个国家拥有 90 个拍卖点，每年进行大约 250 场拍卖。其他地区的拍卖业务则根据地域特点各有不同的功能划分，如中国陶瓷拍卖主要设在中国香港，装饰艺术品拍卖主要设在摩纳哥，珠宝工艺品拍卖主要设在瑞士。由于经营面覆盖全球，每年有数以千计的拍卖活动，故其交易额也十分可观，如 1989 年度其交易额就达 35 亿美元，后急剧下降，可是 2002 年也有 16 亿美元[④]，2017 年的全球拍卖额又回升到 47 亿美元[⑤]。苏富比是全球拍卖业的鼻祖，有 262 年的历史，是全世界最大且唯一的一家于纽约证券交易所上市的国际拍卖公司。其分公司遍布世界各个国家，拥有全球一流的专家鉴定队伍，拍卖成交额一直居世界首位。其屡屡创出的拍卖纪录不断刷新着全球业界排行榜，曾以 1.04 亿美元的价码将毕加索的《拿烟斗的少年》蜕变为世间最昂贵的"男孩"！[⑥]

作为艺术界最大的企业之一，苏富比在 2019 年 6 月 17 日被欧洲电信与媒体集团 Altice 董事会执行主席帕特里克·德拉希（Patrick Drahi）全资拥有的 BidFair USA 收购，成为私人拥有的拍卖行。自此，这家 1744 年创建于英国伦敦的老牌拍卖行结束了在纽约证券交易所 31 年的上市公司经历。苏富比方面表示，这笔收购的总金额为 37 亿美元，公司董事会已与帕特里克·德拉希的 BidFair USA 签订协议，股东（包括员工股东）将以每股 57 美元的价格换取现金，远高于目前它在纽约证券交易所的股价。苏富比的私人化确实有助

[①] 马健. "百年老店"为什么能够基业长青：苏富比与佳士得的合谋丑闻及其危机应对[J]. 经济论坛, 2009（4）：125-127.
[②] 走进佳士得[J]. 中国海关, 2005（11）：50-52.
[③] 参见苏富比官网：https://www.sothebys.com/en/about/careers?locale=en
[④] 李万康. 艺术市场学概论[M]. 上海：复旦大学出版社, 2005.
[⑤] 苏旋. 苏富比 2017 年全球拍卖 47 亿美元[J]. 文物天地, 2018（3）：124-125.
[⑥] 巨国青. 苏富比史话（上）[J]. 收藏家, 2006（12）：37-42.

于提高它在行业内相对于老对手佳士得的竞争力，但也有部分人对这场收购的前景并不乐观：拍卖市场本就是一个透明度相对较低的环境，而苏富比被收购则让整个市场的标准更加模糊了起来。①

（二）佳士得拍卖公司

佳士得（Christie's，旧译"克里斯蒂"）拍卖行与苏富比拍卖行并称为国际拍卖行业的两大"航空母舰"。1766 年 12 月 5 日，詹姆斯·克里斯蒂（James Christie）在英国伦敦创建了佳士得公司，最初主要从事古籍、珍贵手稿及绘画的拍卖活动。1784 年，佳士得因拍卖法国国王路易十五的间谍谢瓦利埃·戴翁收藏的大批珍贵油画而名声大噪，其后更因拍卖英国著名肖像画家雷诺兹的遗物和被送上断头台的法国巴里夫人的珠宝而闻名于世。

该公司自创立后，随着克里斯蒂家族的没落，经营者几经变更，现在"克里斯蒂"之谓便成了一个由克里斯蒂、曼森、乌兹三人联名组成的缩写词。同苏富比一样，该公司迄今也有两百多年的历史。佳士得公司最初以经营宝石为主，之后才扩展至艺术品拍卖。在今天，这家公司的发展规模已经十分庞大，其分支机构虽然在数量上不及苏富比，但同样遍布全球，并且交易额也差不多。它是苏富比拍卖公司在世界艺术品拍卖市场上的主要竞争对手。苏富比和佳士得是目前世界艺术品拍卖业的两大巨头和领导者，它们不仅具有超过两百多年的悠久历史、深厚的内部文脉和完善的内控机制，而且两家公司从上至下的各价值链环节都取得了高度的竞争刚性和链接协调性，具体表现在如下九个方面。

（1）拍卖业务广泛，品种多样，档次丰富，对拍品的发掘和市场的开拓总是不遗余力。

（2）经营机构遍布全球。其中，苏富比拍卖行在世界 70 多个国家和地区建立了办事机构，佳士得则在全世界拥有 88 个分支机构。

（3）拥有强大的人才队伍，包括造诣精湛的艺术品鉴定专家和训练有素的拍卖师。

（4）拍卖活动经常化和多样化。

（5）设备完善。

（6）注重效率。

（7）对顾客需求有深入研究。

（8）注重服务。

（9）注重信誉。

2018 年佳士得刷新历年来艺术拍卖成交总额，成交总额比 2017 年增长 3%至 53 亿英镑（70 亿美元，上升 6%），其中最瞩目的拍卖当数历史性的洛克菲勒夫妇珍藏拍卖，为拍卖史上最重要的艺术珍藏。各项数据显示，2018 年全球拍卖成交总额上升 3%至 47 亿英镑（63 亿美元，上升 6%），各类拍品的成交比率上升至 82%，反映佳士得持续着重精心策划及谨慎估价。私人洽购成交额上升 4%至 4.912 亿英镑（6.533 亿美元，上升 7%），而合

---

① 苏富比退市始末[J]. 中国拍卖，2019（7）：66-67.

共 88 场网上专拍的成交总额则上升 16%至 6510 万英镑（8660 万美元，上升 20%）。新买家占所有买家的 32%。由于新买家于全球热烈竞拍所有估价范围的拍品，令来自新买家的成交额增加 20%。网上拍卖仍然是吸纳新买家的主要渠道（41%的新买家通过网上拍卖光顾佳士得，2017 年为 36%）。以类别计算，奢侈品（32%）和第二次世界大战后及当代艺术（16%）拍卖吸纳的新买家比例最高。2018 年有 67 件拍品的成交价超过 1000 万英镑，2017 年则有 65 件，反映买家对此类拍品的需求仍然殷切。

 案例/专栏

中国文化经纪人及文化经纪公司

（一）从"穴头"到经纪人[①]

演出经纪人这个行当，在我国已有二十多年的历史，注册的、非注册的、职业的、非职业的，总数非常庞大，2013 年 3 月 1 日起施行的《演出经纪人员管理办法》又对演出经纪人进一步加以规范。但就目前发展看，这一行当的职业水准仍不理想。

遍布各地的演出、与日俱增的演艺队伍、无时无刻不在进行的影视播映，甚至网络里的明星脸，如今都已经离不开经纪公司和经纪人。我国的经纪人究竟有多少，似乎很难统计，因为从事这一行当的人，有的注册，有的没有注册，有的是职业的，有的则是非职业的，至今仍处于一种散漫的状态。

1. 经纪人应运而生

20 世纪 80 年代，"走穴"和"穴头"日益盛行，这些旧日江湖艺人的行话被当时的文艺界拿过来，专门形容那些个体演出行为，其中含有贬义的成分，因为当时各类演出从名义上讲，还是由国营演出团体、电影厂、演出公司负责组织的。但随着文化生活的多样化、演出市场越来越活跃，传统体制下的演出经营管理已经远远不能适应社会需要，所以，不管你乐意不乐意，"走穴"和"穴头"都是时代的产物。那个时代，演艺人员或早或晚大多参与过"走穴"，由于拥有号召力，有的名演员自己就做"穴头"，还有的"穴头"是电视广播从业人员和演艺人员的亲属，他们的人脉是"走穴"的可靠资源。

20 世纪 90 年代以后，文化市场逐渐发达，中介作为市场经济中必不可少的环节得到重视，而文化中介之一的经纪业也进入了合法正规的发展时期。1995 年，国家工商总局颁布了《经纪人管理办法》，标志着我国经纪业迈入了一个新的阶段。"走穴"和"穴头"由地下和半地下变为了光明正大的行业，大量文化公司开始从事经纪业，有的就干脆以文化经纪为生，而舞台和影视演出的经纪更是大受青睐，这既是明星辈出的结果，也是演艺利润迅速上升后的市场反映。

"20 世纪 80 年代末、90 年代初，明星效应为我国舞台带来了新的气象，从那时起，

[①] 陈原. 从"穴头"到经纪人[N]. 人民日报，2013-08-08（19）.

我们就开始与外国明星、港台明星和大陆艺人签约，做他们的经纪人。有的是专项演出的经纪，有的是唱片经纪，有的则是从唱片、演出到创作的全方位经纪。至今已经有近百个。"中国国际文化艺术公司总经理江凌是演艺界明星都很熟悉的人物，很多明星因她而成名。一说到经纪，她深有感触。

除了文化公司从事演出经纪业外，还有许多个体经纪人活跃在各地，数量庞大。有的专为一位艺人服务，有的可以同时兼做几个人的经纪人，有的只做演出，有的则专为影视拍摄服务。从2005年9月1日起，新修订的《营业性演出管理条例》开始实行，这为个体演出经纪人的发展带来了保障。胡波已经是两个孩子的母亲，20年前就是北京有名的经纪人，在演艺界人脉很广，有的明星就是在她的经营下走向事业的巅峰。后来她曾退出经纪业一段时间做专职母亲，但最后仍经受不住演艺市场和个体经纪人这项职业的诱惑，最近再度返回经纪业。"我现在不缺吃不愁穿，但多年的经纪人生涯让我对这份工作有了很深的情结，看着一个个艺人走向舞台、走上屏幕，就有一种说不出的成就感。"

有人为了生计，有人纯粹为了兴趣，有人则是工作需要，纷纷踏入了经纪人这个行当。

2. 演出经纪人的苦衷

演出经纪人是文化经纪人中的一种，在《演出经纪人员管理办法》中的定义是："演出经纪人员，包括在演出经纪机构中从事演出组织、制作、营销，演出居间、代理、行纪，演员签约、推广、代理等活动的从业人员。"其实，这也是对演出经纪人职责的概括。在许多国家，演出经纪人行当已经十分成熟，任何演出和艺术家的活动都与他们紧密相连，一个成功艺术家的背后肯定会有高水准的经纪人，一场成功的演出也离不开众多经纪人的辛劳。任何想要走上舞台和屏幕的艺人首先要找到一位出色的经纪人，然后才可能走上成功之路。而在演出市场，只有与经纪人洽谈、和经纪人签约才是规范的做法。

"一般经纪人或称助理，甚至还要照料艺人的生活，而资深的经纪人不但要负责演出、营销、签约，还要负责艺人的形象设计，总之要为他们的一切负责，因为只有经纪人工作出色，艺人才有可能成功。"曾为十多位艺人做过经纪的西蒙恒源国际文化传播有限公司总经理蔡葵一提到经纪人就有一肚子话要说。如今有很多人，包括明星，当然还有经纪人本身，仍认为中介服务是多余的，不相信经纪人的专业性，认为可有可无，还有人只将经纪人看作打杂的，或者是一种类似保姆的职业，无须什么素养，结果导致这一职业的门槛很低，好像什么人都可以进来，无非为明星跑跑腿、提个包而已。

陈梓秋是老牌的经纪人，从李春波到零点乐队，他和他的北京喜洋洋联盟影视文化有限公司曾为几十位著名的歌星、影星做过经纪，但现在，在他们的公司业务里已经没有经纪这一项了。"我们过去与艺人签约后，利润主要来自唱片，多的可分成到90%以上，可自从唱片业一落千丈后，利润基本为零，所以，再签就成了亏本的买卖。"在国际上，经纪公司与艺人签约是将演出、广告与唱片分开的，而在国内过去多是签全约，当唱片业不景气后，签全约就显得很不划算，于是，改为专项签约的越来越多，这样虽然可以减少损失,但获利也就很有限了。

江凌和陈梓秋等人都对明星毁约感触很深,许多人原来毫无名气,一旦成名后,往往与经纪公司毁约。"毁约之后连官司都不必打,他们直接问,你们想要多少违约金,然后照付。这些违约金对他们而言,根本不算什么。可在一些市场经济发达且规范的国家,违约罚款可以罚到倾家荡产,以维护合约的权威性,保护知识产权。"说到这些情形,陈梓秋一脸无奈。曾经为很多人铺就明星之路的江凌也说,他们公司现在签约大多是单项演出,或者只与那些为人规范、知名度高、讲信誉的艺术家签约,以规避风险。

3. 经纪人才为什么奇缺

由于经纪人准入门槛很低,或者说根本没有,于是人数很多、人才却很少就成了演出经纪业的一种现状。

依照规定,凡是经营演出的文化公司必须拥有3个以上具有演出经纪资格证书的职业经纪人,所以,在很多文化公司,具备这样证书的人并不少。"其实并不难考",一些经纪人这样说。但在这些公司里,流动性强是一大特征,所以,这些名义上有资质的经纪人经常变换,而现在的文化演出公司大多又是单项签约,结果,经纪人的作用往往显得不那么明显。这样的环境很难培育人才。

因为轻视演出经纪人的职业性和专业素质的大环境,也让亲属兼经纪人成为极其普遍的现象,找演员,先找七大姑八大姨谈条件、签合同,成为演艺界一景,家族景象使得演出经纪变得更为随意,更加缺乏职业性和专业素养。还有的演员干脆自己成立公司和工作室,自我经纪,肥水不流外人田,让演出经纪人的职业独立性变得十分微弱。"有的公司与大牌明星签约其实是幌子,事实上什么都可以不做,要的只是他们的名气,借此可以招徕生意,这些明星事实上都有自己的经纪人。"陈梓秋对明星演出经纪的虚假现象也很不满。

大量的个体演出经纪人没有什么资质,更无所谓证书,使这个行当常常成为侵害演艺从业人员利益的地方。他们往往利用初学演艺者的无知、刚刚获奖者急于成名的心理,趁机渔利,有的在大奖赛的场外寻找对象,有的在艺术学校附近打主意。这些人严重损害了演出经纪人的声誉,至今仍被叫作"穴头",让"穴头"再次成为贬义词。

演出经纪是演出市场的关键环节,对演出市场的发展繁荣具有重要意义,"没有中介或者中介水平不高的市场,肯定是个不成熟的市场。"南京艺术学院教授居其宏对演出市场的中介现状十分不满。很多专家指出,别看现在演出经纪人数庞大,但真正有资质、有水平、有眼光、有素养的经纪人寥寥无几,演出经纪人不懂艺术、不懂市场,甚至不懂什么是经纪的比比皆是,这将严重影响演出市场的健康发展,从长远利益讲,也一定会损伤演艺人才和演艺事业本身。

(二)天创演艺:合作打造中国演艺精品出口平台[①]

如果说3年前天创国际演艺制作交流有限公司(以下简称"天创演艺")在美国布兰森市收购白宫剧院的举动被国内业界视为一场"豪赌",也被国外业界视作"建在一座山

[①] 郑洁. 天创演艺:合作打造中国演艺精品出口平台[N]. 中国文化报,2013-08-24(3).

头上的外国剧院"的话，那么3年后用美国布兰森市市长玛丽安·普莱斯丽的话说，天创演艺早已融入当地社会。8月9日晚，中国大型舞台剧《马可·波罗传奇》在白宫剧院揭开100场驻场演出的序幕。首演火爆，能容纳千人的剧院座无虚席，其轰动程度甚至超过了天创演艺的经典剧目《功夫传奇》。

如果说过去3年白宫剧院只是天创演艺自产自销的渠道，那么如今的白宫剧院正被打造成为中国演艺产品的外销中心和展示平台，而《马可·波罗传奇》的上演可视为其试水的第一步。

1. 一次接棒，《马可·波罗传奇》背后的传奇

电闪雷鸣，一艘古老的木制轮船在惊涛骇浪中挣扎，这是在美国布兰森白宫剧院上演的《马可·波罗传奇》中的一幕。恢宏的舞台设计、逼真的灯光音响、梦幻的前置纱幕，特别是舞台上5块LED彩色背景屏幕逼真的动态画面效果，是布兰森54家剧院前所未有的舞台艺术创新，给美国观众带来了极大的震撼。《马可·波罗传奇》正式接棒，2013年计划在白宫剧院驻演100场；而原先驻演3年的剧目《功夫传奇》，正通过商务谈判，计划移师拉斯维加斯。

2. 《马可·波罗传奇》的诞生堪称一场传奇

1271年，17岁的意大利青年马可·波罗踏上去往神秘东方的旅途。他在繁盛元代中国的所见所闻，为欧洲中世纪带来了东方文明的光亮；踏着马可·波罗的脚印，哥伦布发现了美洲新大陆，人类历史从此改变。《马可·波罗传奇》讲述了元代时期，意大利旅行家马可·波罗游历中国的故事。全剧场景横跨亚欧大陆，不仅有水城威尼斯、壮美的草原、中国首都元大都，还有中国南部的美丽城市扬州。

在确立了题材之后，从正式进入创作到演出呈现，一共只用了半年的时间，展现了天创演艺惊人的资源整合能力。在制作上，《马可·波罗传奇》突出呈现了天创演艺对国际演艺市场规律的了解，以及对外向型演艺产品的创意、生产能力和转制能力。

天创演艺总经理、《马可·波罗传奇》总导演曹晓宁说："走出去的中国剧目和文化产品，特别是思想性、故事性较强的产品，往往因为水土不服难以打入海外主流市场；天创的核心竞争力是中国演艺产品的转换制式能力，从语言特色、欣赏角度、思维习惯、价值体系等方面对'中国制造'进行改编与再创作，使之能够在目标国家深入人心。"

《马可·波罗传奇》艺术元素饱满，仅舞蹈就包含了蒙古族舞、傣族舞、回族舞、印度舞、芭蕾舞等众多舞种，巧妙地糅合了杂技、魔术等艺术元素。贯穿全剧的蒙古舞更是从俄罗斯布里亚特共和国聘请专业舞蹈设计师设计，展示了从蒙古宫廷、西部蒙古部族到伊斯兰蒙古部族等风格多样的蒙古族舞蹈，舞蹈演员更是来自多个国家。而演出的主力是刚刚转制的呼和浩特民族歌舞团。

为了白宫剧院的首演，天创演艺对该剧做了"微调"，以蒙古族民歌《鸿雁》和意大利经典曲目《我的太阳》为背景，试图更接国外"地气"。该剧饱受赞赏的服装设计由总政歌舞团老一代服装师宋立担纲，而炫目的数字多媒体则由业内著名的数虎图像制作——

这些都是天创演艺精选的合作伙伴。

《马可·波罗传奇》在运营模式上也是业界的一次创新：一台剧目，联合制作，国内外多地上演。7月25日，该剧在呼和浩特首演；8月9日起在美国白宫剧院驻演100场；12月回到国家大剧院演出；2014年起在国内多地驻演、巡演。

天创演艺在美国布兰森演艺市场已经打拼3年，这次制作《马可·波罗传奇》可以说是在充分了解了美国布兰森观众的观剧需求与欣赏偏好后的一次特别定制。

布兰森是一个以美国乡村音乐为主体的市场，观众听得多、看得少，缺乏富有视觉美感的舞蹈产品。在制作水准上缺乏具有高科技含量的舞台制作。在研究了3000多份观众问卷后，天创演艺有了明确的创作方向：老少咸宜的中国剧目内容、色彩丰富的表演舞段、引人入胜的故事情节以及富有高科技含量的舞台制作，这种独特的艺术组合使《马可·波罗传奇》与当地演艺市场上大多数乡村音乐晚会区别开来，在每天上演的100多场剧目中脱颖而出，获得了可喜的票房。这种特别定制得到了美国布兰森商会的褒奖，并预判它在未来几年内会长演不衰。

3. 多重创新，天创文投展现北京文化改革风范

《马可·波罗传奇》由北京天创文投演艺有限公司（以下简称"天创文投"）与呼和浩特民族演艺集团共同投资。作为剧目投资方之一的天创文投正是天创演艺与北京市文资办进行战略合作的成果之一，它的职能是发掘和创作更多的中国好剧目，并经由天创演艺之手，帮助它们走向市场并出口海外。

在"政府主导，企业主体，市场运作，社会参与"的改革框架下，创新走出去模式，发展多种形式的对外文化交流和贸易是文化改革与创新的方向，天创文投可谓应运而生。

北京市文投集团作为北京市政府文化改革的产物，天创文投是其第一个与企业联手成立的合作企业，投资的第一部作品就是《马可·波罗传奇》。这次合作的大背景是当下北京市的文化产业新政，即政府对文化产业的扶持从无偿拨款奖励向设立基金定向投资扶持转变；对文化产业的扶持从企业外部输血向进入企业参与实践、共同发展转变；对文化产业的扶持从单纯的资金扶持向土地、税收等政策性服务转变。天创文投除了合作投资剧目外，还要遵循资源互补的原则，落实优秀剧目在北京的落地渠道，等等。

该公司投资组合时，天创演艺以《马可·波罗传奇》的版权评估值400万元加上现金200万元入股，占1200万元注册资金的50%；而且在注册公司名称时，政府坚持把天创署名在前，这些都体现了当下政府投资对"企业主体"的看重和对知识产权的尊重。

"北京市政府选择和以原创能力见长的天创演艺合作，并与具有演出实力和渠道资源的呼和浩特演艺集团合作，面向全国寻找好项目，进行投资性扶持，共同走出去，体现了首都文化的胸怀。这种运作模式在全国也还是首创。"曹晓宁说道，"对于那些拥有好创意或好项目的地方集团来说，寻求政府一次性的补贴并不稳定，只有参与到项目运营中去才能培育长期的造血能力。"

据悉，该剧投资、制作和发行类似电影的共同投资、版权分割：内容制作和海外发行

权交给天创演艺，国内发行权归属投资方，国内外演出收益由投资方分享。

4. 13年铺路，天创演艺在海外市场有底气

在白宫剧院《马可·波罗传奇》首演的观众中，有一部分特殊嘉宾，他们来自美国娱乐业巨头的市场策划、艺术管理等部门。说起这些特殊观众，曹晓宁谈起了收购白宫剧院的初衷。

2009年，天创演艺在美国第三大演艺中心布兰森收购了白宫剧院，中国企业收购海外主流剧院，国内外舆论哗然。由于建在小镇的山头上，白宫剧院被当地同行戏称为"山头上的外国演出"，能否融入当地社会受到人们的质疑。

2010年，布兰森所在州遭遇了天灾，天创演艺积极组织诸多员工，在多地区参与了很多场赈灾义演，从此被视为布兰森大家庭的一员，所有票务系统不再对天创演艺区别对待。"从2010年至2012年，《功夫传奇》先后被评为当地'最佳新剧目奖'和'年度最佳剧目奖'。这次的《马可·波罗传奇》我们同样有信心，因为我们已经融入当地社会，成为名副其实的本地企业。"曹晓宁说道。

天创演艺接手白宫剧院三年多来，已经吸引了北美甚至欧洲的大牌演出经纪，美国娱乐业巨头金沙、米高梅和凯撒三大集团也多次现场观摩天创演艺的剧目。多个跨国演艺集团和经纪公司在这里与天创签约。《功夫传奇》得以在以往赴美、加、英、俄、日巡演的基础上，从这里走向西班牙、印度、阿联酋巡回演出。前不久，天创演艺与某集团的战略合作意向已经达成，未来天创演艺将有4部产品进入该集团在中国澳门、新加坡和美国拉斯维加斯的剧院。

曹晓宁说："天创演艺收购白宫剧院，并不是自娱自乐，在天创演艺的剧目站稳脚跟以后，我们将借助它在海外演出市场的辐射力，把它打造成中国剧目海外展示和输出平台，一步步构建自己的外向型全产业链，成为以内容制作能力、展示输出能力为核心的全产业链服务提供商。"

5. 共生共荣，天创能给合作者带来什么

"今后，天创演艺将面向全国发掘和培育好的剧目，经过一条海内外演艺产品孵化展示链条，生产更多能娱乐中国百姓，能走向国际商演舞台的文化商品。青岛天创大剧院是原创剧目和改编剧目的孵化培育基地；北京红剧场是剧目展演、反馈、改编、升华平台；白宫剧院则是剧目海外展示平台。通过这条产业链，更多的优秀中国剧目将进入百老汇、伦敦西区、拉斯维加斯演艺集聚区等目标市场。"曹晓宁说道，现在不少地方文化企业去海外演出，都是由政府贴钱，不能进入商演市场，而天创演艺立志做演艺界的"苹果"，计划每年为客户量身定做两部原创剧目，并积极推向商演市场，其中一部推向国际市场。

曹晓宁说，中国文化产品在国际上水土不服，主要是目标市场存在"制式"差别。所谓"制式"，是指思维定式、语言特色、欣赏习惯等方面的差别。《功夫传奇》就是经过国际知名编剧、导演、经纪公司专家的再创作，实现了制式转换，推出了不同目标市场的多个版本，才能成功进行国际巡演和驻演达1378场。

对于天创演艺而言，无论是政府、演艺团体、演艺渠道、演出票务、演出经纪，或者

文化投资机构，天创演艺都有诚意进行合作。对天创演艺而言，今后几年发展的关键词也将是"合作"，而其核心价值是资源整合能力。

曹晓宁表示，为了确保各方的权益，天创演艺将采取成立合作公司的办法，与合作者一起成长。事实上，天创国际演艺制作交流有限公司成立十余年来，先后与多家机构合作制作了十多个原创剧目并成功推向市场。其中目前每天演出的6个剧目，累计演出已达13 920场，已经为合作者创造了可观的价值。

他举例道，2002年4月首演的《梦幻漓江》，驻场演出11年，累计4035场；《梦想者》2008年起在美国关岛驻场演出5年共2816场；《喜马拉雅》2007年起在拉萨驻场演出6年达757场；《梦归琴岛》2012年起在青岛驻场演出11个月共247场；《马可·波罗传奇》首演累计15场（截至8月23日）。上述所有剧目的合作者均占有部分甚至是大部分股权，合作方从中取得了不菲的收益。

另外，据曹晓宁介绍，8月13日，历时20天的第三届中国少数民族戏剧汇演颁奖仪式在呼和浩特举行，《马可·波罗传奇》已获剧目金奖第一名；在单项奖中，《马可·波罗传奇》摘得优秀编剧奖、优秀导演奖、优秀音乐奖、优秀舞美奖和优秀表演奖五项大奖，所有合作方都有所斩获。

"天创演艺将以其自身强大的专业能力和资源整合能力，带给合作者可观的综合收益。同时，也将敞开胸怀，与更多国内外志同道合者携手合作，让中国演艺在世界舞台上发出更为璀璨的光芒。"曹晓宁，这位自回国创业以来，就以中国演艺产品走向国际市场为目标的实干家，对于前途和未来有着无限的自信和热情。

【思考与讨论】
1. 中国文化经纪人如何发挥重要的中介作用？
2. 对比国际文化经纪公司，中国文化经纪公司该如何助推中国文化进入国外市场？

本章小结

- 文化经纪人泛指与文化市场相关的众多行业的经纪人群体，即在出版、影视、演出、娱乐、美术、文物等文化市场上为供求双方充当媒介而收取佣金的经纪人。文化经纪人也可指在文化经济活动中以收取佣金为目的，为促成他人文化交易而从事居间、行纪、代理等经纪业务的公民、法人和其他经济组织。
- 文化经纪机构大体可分为以下三类：① 直接为文化产品交易活动服务的"桥梁组织"；② 为文化产业投资者服务的各类文化艺术咨询机构；③ 能起到市场中介作用、协调和约束文化市场经营的主体行为的行业自律组织。
- 国际文化贸易活动须聘请熟悉国际规则的文化经纪人，文化经纪人的经纪活动便在一个网络化的国际社会中悄然实现了全球化。由于不同国家收入水平和竞争实力的差距，跨国经纪活动存在上一阶层国家为下一阶层国家的艺术家提供经纪的单向上位性。

▶ 日本文化经纪行业协会与德国文化经纪行业协会的功能相似,主要有信息功能、参政功能、协调功能以及其他功能,而美国的文化经纪行业协会有两项重要职能:信息系统职能和多项协调职能。

综合练习

一、本章基本概念

文化经纪;文化经纪人;CAA;WME

二、本章基本思考题

1. 简述文化经纪及文化经纪人的作用。
2. 区别不同文化行业的经纪活动异同。
3. 简述国际知名文化经纪公司的运作特点。

推荐阅读资料

1. 李万康. 艺术市场学概论[M]. 上海:复旦大学出版社,2005.
2. 章利国. 艺术市场学[M]. 杭州:中国美术学院出版社,2003.
3. 汪京. 文化经纪人[M]. 北京:中国经济出版社,2006.
4. 弗雷德里克·马特尔. 主流:谁将打赢全球文化战争[M]. 刘成富,房美,胡园园,等译. 北京:商务印书馆,2012.
5. 蔡正鹤. 文化经纪人培训教程[M]. 上海:上海文艺出版社,2000.
6. 李怀亮. 国际文化贸易导论[M]. 北京:中国传媒大学出版社,2008.
7. 褚岩. 文化经纪人概论[M]. 北京:中国电影出版社,2008.
8. 胡晓月,肖春晔. 文化经济理论与实务[M]. 广州:中山大学出版社,2009.
9. 胡月明. 演出经纪人[M]. 北京:中国经济出版社,2002.

第七章

国际文化贸易运行主体

学习目标

通过对本章的学习,学生应掌握如下内容:
1. 文化资本概念及特征;
2. 国际文化资本运行方式;
3. 国际文化集团的跨国并购。

导言

跨国公司是国际文化贸易的主体,由于跨国公司在全球价值链的主导作用,跨国公司囊括了全球文化贸易的 2/3 以上,全球 50 家媒体娱乐公司就占据 95%以上的国际文化市场[①]。近几年,国际文化贸易中比较有影响力的跨国公司有时代华纳、迪士尼、维旺迪、新闻集团、贝塔斯曼、美国直播电视集团等。但是,相比其他行业跨国公司,跨国文化集团的经济影响力并未伴随着国际文化贸易的作用提升而显著增长。例如,进入 21 世纪后,入围《财富》杂志世界 500 强名单的文化产业公司并未超过 8 家。其中,2010 年入围企业最多,为迪士尼(Disney)、维旺迪(Vivendy)、新闻集团(News Group)、时代华纳(Time Warner)、美国直播电视集团(Direct TV)、Maruhan、贝塔斯曼(Bertelsman AG)和大日本印刷(Dai Nippon Printing)。而 2014 年的入围名单企业中减少了 Maruhan、贝塔斯曼和大日本印刷 3 家企业,仅保留其余 5 家企业。其中,除维旺迪外,其余均为美国企业。[②]同时,在美国境内的 500 强企业中,有 9 家文化企业入围,除了进入世界 500 强的四家企业外,还有哥伦比亚广播集团在线国家娱乐、探索通讯和清晰频道媒体控股公司(2014 年 9 月更名为 iHeartMedia),相比我国 500 强企业中尚无文化企业入围的境况看,美国具有竞争力的跨国文化公司是推动美国文化出口全球市场的主要力量。

---

① 雷兴长,曹文环.当今文化贸易国际格局特征分析[J].社科纵横,2008,23(10):29-31.
② 2020 年,世界 500 强入围文化企业仅有 3 家,为迪士尼、维亚康姆 CBS 公司和法国 Financière 公司。——编者注。

第一节 跨国文化资本运营

文化资本运营是跨国文化集团的主要活动和内容，是对文化资本进行有效运营，以最大限度实现增值的过程。当前全球知名的文化企业无一不是通过多次资本运营发展起来的。资本运营是跨国公司的主要活动和内容，而运作文化资本也正是跨国文化企业与其他跨国企业相区别的主要特征之一，那么，什么是文化资本？文化资本相比其他资本具有哪些特点？文化资本运营有哪些方式？本节将首先通过介绍文化资本概念及其特征，来解答上述问题。

一、文化资本概念及特征

对文化资本的理解可以分为两种语境：一种是社会学的文化资本概念；另一种是经济学的文化资本概念。

从社会学对文化资本的讨论中，最被广泛引用的是由法国社会学家布尔迪厄（Pierre Bourdieu）首次提出的文化资本概念，将其描述为所拥有的知识、成就具体化为个人的正式与非正式资格证书，并用来达成他们的社会地位。在布尔迪厄的文化资本概念中，将其分为三种类型：嵌入文化资本（Embodied Cultural Capital）、具体文化资本（Objectified Cultural Capital）和制度文化资本（Institutionalized Cultural Capital）。其中，嵌入文化资本是指持久内化于个人身体和心智的文化资本；具体文化资本是指文化资本被转换成如图画、图书、字典、文具、机器等文化产品；而制度文化资本主要是指文凭和职业证书，这种文化资本的概念相似于经济学家所提出的人力资本。

与之相比，从传统经济学语境看，通常将资本分为实物资本、人力资本和自然资本三种形式。文化经济学家 David Throsby 则提出第四种资本形式——文化资本，即体现文化价值的一种资产（1999）。更精细地说，文化资本是嵌入于一种财产中的文化价值存量，该存量反过来可以形成一定时间内的货物和服务流或者商品，这种物品可以既有文化价值又有经济价值。该种财产可以存在于有形的和无形的形式中。[①] David Throsby 通过四种含义提出将文化资本合并到经济分析中：第一，必须阐述文化资本作为经济现象，它的文化价值与经济价值之间的关系。例如，对于遗产建筑所代表的有形文化资本，必然产生经济价值。对于音乐和文献所代表的无形文化资本，通过提供服务也必然产生经济价值。第二，如果文化资本产生经济价值，则文化资本必然对经济增长和经济总量有所贡献。第三，文化资本和自然资本的功能相似，文化生态系统支撑着社会运转，影响着人们的行为方式以及他们做出的选择。文化资本的文化价值和公共品特性，使其对可

---

① 牛宏宝. 文化资本与文化（创意）产业[J]. 中国人民大学学报，2010（1）：145-153.

持续发展具有重要贡献。第四，文化资本存在与传统资本相似的现象，可应用资本预算和成本收益分析等技术对其进行成本投资分析[①]。

与一般经济资本相比，文化资本具有增值性、运动性和独立性等资本共性，也具备文化性、创新性和共享性的自身个性。

二、文化资本交易模式

文化产品及服务是文化资本的主要物质载体，文化资源是文化资本的主要源泉，一旦进入交易市场即变成文化资本。文化资本交易模式是指促使文化资本产生价值增值的交易方式，它与其他资本交易有所不同：第一，文化资本交易内容是文化产品或服务的交换。从市场角度看，这些文化产品就是文化资本交易的内容，国际上通行的文化贸易统计标准是 UNESCO 的文化统计框架（Framework for Cultural Statistics，FCS），它将当前国际流通中的文化商品和服务划分为十大类：文化遗产（编码为 0）；印刷品及文学作品（编码为 1）；音乐（编码为 2）；表演艺术（编码为 3）；视觉艺术（编码为 4）；电影和摄影（编码为 5）；广播电视（编码为 6）；社会文化活动（编码为 7）；体育及游戏（编码为 8）；环境和自然（编码为 9）。第二，文化资本交易除了实现经济价值外，也有助于人们获得精神方面的需求。文化资本与其他物质资本不同的根本之处在于，文化消费不仅是为了满足生存的需要，也是为了满足人们精神生活的需要。第三，文化资本交易的收益与价值并不完全是等边际关系。一些情况下，个人可能愿意为具有较高文化价值的东西支付较高的价格；但在另一些情况下，高雅文化有可能被认为是高文化价值和低经济价值的商品，而通俗文化有可能被认为是高经济价值和低文化价值的商品。个人愿意为文化产品支付的数额不能反映该文化产品对于社会群体的文化价值。同时，文化产品与服务的公共品属性，也使得一人付费，可多人收益。如购买一本图书的多人借阅，也可一人付费而长期受益。即使对于如一份著作权通过版权的多种出售，边际成本几乎为零，而收益却不断延展。第四，文化资本的交易模式不断变化。文化资本交易模式随着经济和科技进步也不断拓展，如文化资本的交易由以往的实物化交易变为证券化交易，由即时交易拓展为预前交易，由线下交易拓展为在线交易，由单品交易拓展为规模交易，等等。

文化资本交易模式从不同角度也有多种分类方法：从交易的主体看，文化资本交易包括政府、企业和居民的交易；从交易的空间看，文化资本交易可以分为境内交易和境外交易，境内交易主要包括政府、企业和居民之间文化产品的转移，境外交易除了包括境内交易的主体外，还包括政府与外国政府之间的交易、企业与外国企业之间的交易；从交易的客体看，文化资本交易包括图片、图书、词典、工具、机械、影视作品等交易；从交易的方式看，文化资本交易有传统交易方式和现代交易方式。传统交易方式主要是现场现货交易，现代交易方式主要指电子商务下的交易模式。

[①] 戴维·索罗斯比. 什么是文化资本？[J]. 马克思主义与现实，2004（1）：50-55.

三、跨国文化资本经营模式

跨国文化公司对文化资本的经营模式主要有规模化经营、多元化经营以及产业链一体化经营三种模式。

文化资本的共享性特点使得规模化经营成为一种适合跨国文化公司获取利润的方式。因为文化商品和服务往往以版权和文化资源为核心价值,使其生产的许多文化商品的边际成本接近于零。唱片行业、电影产业和演艺表演,往往一次性的智力投入在形成有效版权后,后期可以反复开发与利用。例如,一次性支付的电影版权,通过多次放映,新增的边际成本很低,但却可以平摊大规模的初始创作成本。以电影业的投资为例,一部影片如果成功可能会带来高于投资数倍的回报,但是如果观众不买账,可能血本无归。美国影片《蜘蛛侠》投资1.3亿美元,当年仅票房收入就达4亿美元[①]。因此,规模化的文化资本经营有利于提高风险抵抗能力以及市场开拓能力。

多元化经营是跨国公司的普遍经营模式,它是企业生产多种产品或多个产业跨国而实行的经营扩张,充分利用了范围经济和协同化经济。伴随着信息技术、互联网发展以及大数据革命,媒介融合态势越来越明显,文化企业越来越多地通过产业链的横向延伸来迅速扩张、成长,寻求范围经济效应以及关联企业之间的协同效应,形成文化产业内的多元化经营模式。美国文化企业巨头默多克的新闻集团从经营报业起家,短短数十年内已经形成了一个包含报业、杂志、广播电视、有线电视网络、电影制作发行、图书出版等多个行业净资产超过400亿美元的庞大传媒集团。兰登书屋为德国贝塔斯曼公司所有,时代华纳出版集团被法国拉加代尔集团收购,日本的索尼公司收购哥伦比亚唱片公司、阿里斯塔唱片公司以及美国无线电公司。实际上,资本或跨国公司的国籍对创意产业的影响是有限的。

文化资本创造的重要特点之一是很多文化商品生产与消费同步,文化信息传递与文化价值创造同步。表演艺术业的生产场所是剧场,其消费场所也是在剧场。另一种情况是,由于文化商品的上下游产业价值链之间联系非常密切,为了取得市场的主动权,以及寻求资本回报最大化,文化企业的产业拓展往往会迅速地往上下游产业链延伸。文化品牌的价值链延伸开发特点也是导致文化投资多元化的重要原因。日本Bandai公司开发的动画作品Gundam风靡一时,因此该公司在影视音乐作品的基础上开发了丰富的衍生产品,形成游戏软件、玩具、服装生活用品、网络和手机平台等一系列相关产业价值链。

第二节 文化资本的跨国并购

美国经济学家乔治·J.斯蒂格勒(George J. Stigler)指出:"一个企业通过兼并其竞

---

① 王云,龙志和. 产业价值链视角下的文化资本特征与经营模式[J]. 经济地理,2009,29(12):2028-2033.

争对手的途径成为巨型企业是现代经济史上的一个突出现象,没有一个美国大公司不是通过某种程序、某种方式的兼并而成长起来的,几乎没有一家大公司主要是靠内部扩张成长起来的。"

自19世纪末至今,美国发生了世界最长的并购历史,共经历了六次公认的并购浪潮,如表7-1所示。从并购方式看,从最开始的横向并购、纵向并购、混合并购到至今的杠杆并购。从并购主体看,从最单纯壮大规模的中小企业,金融、工业和公用事业,再到信息和服务业。总体来看,这六次并购浪潮都具有以下特征:一是并购浪潮往往掀起经济快速成长的时期,与经济周期呈现出一种被动的吻合;二是纵观企业并购浪潮,技术、经济和政策的作用是推动企业发展的主要动力,呈现出一种技术革命带动经济发展,经济发展促进企业并购,企业并购反作用于经济发展的趋势;三是市场扩张与企业扩张同步进行,跨国并购愈演愈烈;四是美国国内有关反垄断法案的执行开始呈现放松管制的迹象;五是从运营和金融两个角度成为并购动机,包括增长、协同效应、多元化经营、规模及高效率管理、降低破产风险和利用现金流盈余等。

表7-1 19世纪末以来的美国并购浪潮及其表现[①]

并购浪潮序次	并购持续周期	并购表现特征
第一次并购浪潮	1897—1904年	横向并购,大量分散的中小企业合并为具有行业支配地位的少数大型企业
第二次并购浪潮	1916—1929年	横向并购占较大比重,出现纵向并购,遍及银行业、工业部门,特别是水、电、煤气公用事业,甚至扩展到零售商业部门
第三次并购浪潮	1965—1969年	混合并购占主导,跨国并购出现
第四次并购浪潮	1984—1989年	横向、纵向、混合三种形式
第五次并购浪潮	1992—2000年	信息和服务行业,全球浪潮
第六次并购浪潮	2003—2007年中期	私募股权融资,与第五次并购相似

从历史经验看,经济管制的放松导致合并现象的出现。里根、老布什甚至是克林顿政府,以及美国联邦通信委员会这样的联邦音像监管部门,都先后对文化传媒领域的发展采取了放任的态度。而在此之前,对它管制极为严格,以往没有哪个公司可以拥有8家广播电台,后来这个数字增加到12家、18家。1996年,电台领域实现了完全的自由化,不到5年的时间里,明晰频道传媒集团拥有的广播电台数目从43个增加到1200个,成为美国广播一体化的典型代表。明晰频道传媒集团无与伦比的成功使其被冠以"广播公司麦当劳"的称号。2006年,明晰集团不得不出卖旗下的280家广播公司,并且划分为三派:明晰频道户外公司(在66个公司分布着80万个广告牌,与法国的德高公司一样,是世界顶级的都市户外广告公司)、明晰频道通信公司(如今在美国拥有约900家广播公司,但已出卖

[①] KVALEN I G. The Determinants of Mergers-A study of Norwegian Private Companies[EB/OL]. http://www.bi.edu/OsloFiles/ccgr/Student_papers/MSc/CCGR_MSc_062.pdf.

旗下的电视台）以及现场国度公司（音乐会、演唱会和运动会的推销公司，在七个国家拥有 125 个现场演出场所）。尽管明晰集团经历了一场营垒内部的分裂，但这三家新兴上市公司依然由这个得克萨斯州的家族公司间接掌控[①]。轰轰烈烈的兼并浪潮 20 世纪 80 年代开始，时至今日，跨国并购已成为跨国文化企业发展壮大与资本优化的主流方式。

一、并购定义概述

并购（M & As）即兼并（Merger）和收购（Acquisition），是一种通过转移公司所有权或控制权的方式实现企业金融和管理的扩张、发展的经营手段，其主要目的是双方在生产、科研、市场营销或财务方面产生经营协同效应，股东由此实现利润最大化。

（一）兼并

兼并一般指两家或两家以上公司的合并，被兼并公司的权利与义务由存续（或新设）公司承担。兼并形式主要有两种：吸收合并和新设合并。吸收合并是指一家公司和另一家公司合并，其中一家公司从此消失，另一家公司则为存续公司，这种情况可以用公式"A+B=A（B）"来表示。新设合并是指两家或两家以上公司合并，另外成立一家新公司，成为新的法人实体，原有两家公司都不再继续保留其法人地位，这种情况可以用公式"A+B=C"来表示。

（二）收购

收购是指一家企业或公司被另一家公司或其他企业实体购买，这种购买可以是 100% 或者接近 100% 的资产所有权购买，从而使收购企业居于控制地位。收购可以进一步分为资产收购和股份收购。资产收购是指买方企业购买卖方企业的部分或全部资产的行为；股份收购是指买方企业直接或间接购买卖方企业的部分或全部股票，并根据持股比例与其他股东共同承担卖方企业的所有权利与义务。

兼并强调两家企业合并在一起，收购强调一方对另一方的控制。实际上，兼并和收购往往交织在一起，很难严格区分开，统称为"并购"。并购作为一种交易活动，至少需要买方、卖方、标的以及价格四个基本要素。并购标的有别于其他贸易活动，它的对象主要是商务控制权（是对要素资源集合的控制权），而不是其他贸易活动交易标的的单一资源。例如，产品（劳务）、人力资源、技术、资本等。交易场所为产品市场或者要素市场。企业资源要素分为资产要素和能力要素，资产要素和能力要素相互转换，其质和量随时间变化而变化。资产要素包括人力、物力、财力等要素，其中人力要素与其他资产要素构成商务。商务控制权可能以目标方的资产、能力或者二者的结合为目标，但是能力不脱离资产单独存在。资产可以直接交易，能力交易通过资产交易实现。资产类要素活性低，因而交易效果的杠杆程度低，风险程度也低；能力交易活性高，因而交易效果的杠杆程度高，风

[①] 弗雷德里克·马特尔. 主流：谁将打赢全球文化战争[M]. 刘成富, 房美, 胡园园, 等译. 北京：商务印书馆，2012：108-110.

险程度也高。另外，并购是企业收缩与扩张的战略活动，但从并购市场的交易主体角度看，一个企业通过并购来扩张，必然对应一个企业通过售出来收缩。

二、并购的主要方式

企业并购类型可以根据并购对象的不同，分为横向并购、纵向并购和混合并购。

（一）横向并购

横向并购（Horizontal Merger and Acquisitions）是指同一产业内、企业内，生产同类产品，或生产工艺相近的竞争对手之间发生的并购。其优点是：① 可以消除竞争对手；② 可以迅速扩大生产规模，节约共同费用，提高通用设备使用效率，形成规模经济。因此，横向并购是企业并购中的常见方式。但由于这种并购容易破坏竞争，形成高度垄断的局面，也成为诸多国家反垄断的密切关注对象。不过，随着全球竞争的加剧，各国对此的管制放宽很多。Gugler（2003）发现在1981—1998年完成的45 000次兼并中，几乎42%的交易是横向并购[①]。

（二）纵向并购

纵向并购（Vertical Merger and Acquisitions）是指在为生产相同产品，处于同一产业链不同环节的上、下游企业之间进行的并购交易行为。它根据产业链上企业的供应厂商或客户的合并，也可分为前向并购和后向并购。前向并购（又称向前并购）是指并购生产流程下一阶段的企业，一般是指处于销售领域的企业；后向并购（又称向后并购）是指并购生产流程上一阶段的企业，一般是指原材料的供应方。并购双方往往是原材料供应者或产成品购买者，所以对彼此的生产状况比较熟悉，有利于并购后的相互融合。

（三）混合并购

混合并购（Conglomerate Merger）是指既非竞争对手又非潜在客户或供应商的企业、非同一行业产业内的并购，通常并购双方所处的行业完全不相关，或者是为了寻找共同的产品扩张或者市场扩张。混合并购的主要目的在于减少长期经营一个行业所带来的风险，与其密切相关的是多元化经营战略。

三、跨国文化并购的文化考量

跨国企业并购是指企业为实现跨国经营，通过一定程序和渠道，依法取得东道国企业的所有权，从而完成并购行为的一种国际性投资活动。跨国文化企业并购是指跨国文化企

---

① GUGLER K, MUELLER D C, YURTOGLU B B, et al. The effects of mergers: an international comparison[J]. International Journal of Industrial Organization, 2003(21): 625-653.

业之间或跨国文化企业主导的与其他企业之间所发生的并购活动，且所有权转移后的新企业主体仍为文化企业属性的并购行为。

并购经常会浪潮式地发生，但大多数并购会失败。造成并购失败的原因比较复杂，其中文化冲突是被学者普遍讨论的一个主要因素，就像《财富》记者所写的"集团的效率和被迫的文化是不能共存的"。那么，对于跨国文化企业的并购，它的文化考量相比一般跨国公司更为突出，这主要面临两个方面：① 作为企业属性，并购的不同企业之间企业文化冲突的处理；② 对于文化企业所提供的文化产品（服务），并购后的品牌处理，或者新的产品文化内涵的考量。跨国文化企业的并购存在高风险，失败的案例可谓比比皆是。美国在线和时代华纳合并的失败、迪士尼乐园在法国惨遭的滑铁卢，都显示资源的重组和整合并不是那么轻而易举的，尤其是与意识形态密切相关的传媒领域。

这是因为文化的生存是具有异质性的。当某一文化圈的文化受到外来的侵害时，就会产生强烈的自我保护意识。美国迪士尼文化在进入法国巴黎时遭遇了严重的文化反弹。"文化反弹"是由法国所提出的一个理论，该理论认为，"如果一种外来的浅层文化深度侵害另一种丰厚的文化，经历一定的阶段，发展到一定程度，文化就会实施反弹，即人们就会重新认识并认可原有的丰厚文化。"法国是一个有着悠久历史的国家，它有自己的文化习惯。巴黎人曾经自豪地说："一部巴黎的历史胜过整个美洲的历史。"由此可见，法国人具有极强的民族自豪感，他们为本国文化感到骄傲并且竭力对其加以维护和发扬。法国人的"反美情绪"有深刻的思想文化根源和社会基础。在许多自认为高雅的法国人看来，大众文化就是"俗文化""反文化"或"没文化"。法国人尤其不愿接受"全球化=美国化"的观点，但现实中法国的商业正在被美国化和全球化。19世纪50年代，法国建立的水公司维旺迪环球公司在2000年成功收购环球电影制片厂以及音乐、电视盒出版业的美国资产之后，一跃成为世界传媒巨头之一①。

随后，在2007年收购了游戏巨头美国动视有限公司和加利福尼亚暴雪娱乐公司（著名大型多玩家在线游戏《魔兽世界》的制作商）。从此，维旺迪成为电子游戏行业的领先者。但有些产品真的属于法国，或者说至少是属于欧洲吗？所有的游戏都在美国构思、制作并在美国进行商业推广。这虽然是一家法国的跨国企业，但对制作的产品并无任何影响。最好的情况便是，这些游戏具备亚洲特质，因为许多游戏在亚洲生产。因此，当代表美国文化的迪士尼来到法国时，法国人认为，它是一种文化帝国主义，害怕美国文化从此对他们的文化产生过大的冲击甚至取而代之，从心理上产生了排斥，以致公园开业时法国的左派示威者们用鸡蛋、番茄酱和写有"米老鼠回家去"的标语来回敬远道而来的美国人。一些知识阶层的人士甚至将刚刚诞生的米老鼠和米老鼠公司视为对欧洲文化的污染，他们称公园为可恶的美国文化。主流新闻界对该公园也持反对态度，幸灾乐祸地描绘着迪士尼的每一次失败。②

---

① 理查德·F. 库索尔. 法兰西道路：法国如何拥护和拒绝美国的价值观与实力[M]. 言予馨, 付春光, 译. 北京：商务印书馆，2013：241-242.
② 潘薇. 迪士尼球土化文化传播策略探讨：以迪士尼乐园为例[D]. 上海：上海交通大学，2010：4.

现如今，品牌已逐渐成为文化企业生存发展的灵魂，文化航母的建设更是离不开强有力的品牌，而打造文化品牌的核心目标应在于不断提升其品牌价值。作为名副其实的文化航母，华特迪士尼公司作为文化品牌，能否成功地做好跨文化间的衔接，是文化航母在"走出去"之后，"走得好"的要点之一。在 Interbrand 品牌评估体系中，营销范围与市场地位一样占到了 25%，迪士尼正是在这方面努力做好了准备。2019 年 Interbrand 品牌价值 100 强中，迪士尼排名第十，比 2018 年排名前进四位，品牌价值提升近 45 亿美元（迪士尼品牌价值在 2018 年和 2019 年分别为 398.74 亿美元、443.52 亿美元）。而这也正是经历自 2017 年 12 月迪士尼宣布收购 21 世纪福克斯，至 2019 年 3 月 20 日对 21 世纪福克斯的收购正式生效的整个过程。迪士尼是从 2017 年被流媒体巨头 Netflix 冲击后开始采取积极态度，纵观迪士尼王国，其正是在多次关键转折期的并购重组中不断成长起来的，其中，它能够妥善考量跨国、跨业态并购中的文化因素发挥了重要作用。

第三节 主要跨国文化集团的并购

在目前的全球媒介竞争中，占主导地位的是欧美、日本、澳大利亚的大型媒介集团。这些"超级媒介集团"有时代华纳、贝塔斯曼、迪士尼、新闻集团及维亚康姆、索尼等几十家大型跨国企业。

一、时代华纳（现为华纳媒体集团）

时代华纳（Time Warner Inc.）由时代公司和华纳传播公司合并而成，是具有近三十年发展历史的老牌传媒集团，它的形成与不间断的兼并密不可分。时代公司与华纳兄弟影业公司均始建于 1923 年。前者作为杂志出版、新闻报道和图片新闻的先驱，相继推出了综合新闻周刊《时代》、财经月刊《财富》以及《生活》《体育周报》等一系列颇具影响力的畅销杂志。20 世纪 60 年代末，时代公司开始了第一轮并购，先是购买了利特尔-布朗公司，从而使经营范围扩展到书籍出版领域。20 世纪 70 年代，时代进入有线电视业，并购了家庭有线电视网（HOB）。后者华纳兄弟影业公司在建立后短短几年时间内就发展成为电影业界最大的家族电影公司，20 世纪 60 年代末已经当之无愧地成为好莱坞电影业的第一巨头。1990 年 1 月，时代公司以 149 亿美元的现金和股权完成了对华纳公司的收购，这样，以影视和音乐产品著称的华纳传播公司与运营出版事业为主的时代公司合并为时代华纳公司。进入 20 世纪 90 年代，时代华纳公司进入飞速发展的轨道，当时公司的联合执行总裁杰拉德·列文（Gerald Levin）一直希望建立一个集时代公司、华纳传播公司和特纳广播公司三者优点于一体的新时代公司，于是一轮针对特纳广播公司（TBS）的兼并开始了。特纳广播公司旗下拥有全美乃至全球有线电视及新闻业瞩目的美国有线电视新闻网（CNN），1995 年 6 月时代华纳开始着手兼并 TBS 的事务。8 月，他们的申请报告得到联邦通信委员会（FCC）的批准。经过一年的谈判，时代华纳终于正式兼并 TBS，从而使时代华纳成为世界上最大的传媒公司。可以说，作为一家有着较长历史的传媒公司，时代华纳是典型的传统媒体的代表。

2000 年 1 月，美国在线出资 1640 亿美元并购时代华纳，并将公司改名为美国在线时代华纳。美国在线成立于 1985 年 5 月，是一家从事通信服务、互联网接入的网络公司，到 1998 年 8 月已经拥有用户 1300 万。1999 年美国在线合并网景公司更是让业内人士震惊，被视为美国"新经济"企业成功的代表。20 世纪 90 年代，这短短的 10 年中，美国在线资产增长率达到 1300%，其成长之迅速，财富积累之快，令其他公司瞠目。1998 年美国在线迅速扩张。2 月，宣布收购 Cmopu Serve 公司。2000 年 1 月，两家公司正式宣布合并。根据合并协议，美国在线股东持有的每股股票换购新公司一股的股票。时代华纳股东持有的每股股票可换取新公司 1.5 股股票，最终美国在线股东拥有新公司 55%的股份，时代华纳股东拥有 45%的股份。美国在线和时代华纳均表示此次"两强之间的战略合并"将造就一家市值超过 3500 亿美元的巨无霸企业，成为有史以来规模最为盛大的公司并购行动。时代华纳公司是一家领先的媒体和娱乐公司，根据美国特拉华州法律与美国在线公司在 2000 年 2 月 4 日合并。公司业务包括电视网络、电影和电视娱乐与出版。公司业务划分为三个部分：网络，包括有线电视网、基本付费电视服务和数字媒体服务；影视娱乐，包括剧情片、电视、家庭录像和视频游戏的生产和销售；出版，主要包括杂志出版和相关网站的书籍出版和营销业务。

两家公司合并之后成为世界上最大的媒体集团，事业延伸打通了虚拟和物理媒体渠道。美国政府允许这种垂直整合，是为了确保美国在全球范围内的在线服务和节目（内容）产品市场上继续领先于欧洲和日本。然而，合并的美国在线时代华纳公司业绩并未实现业务完美融合。2001 年，美国在线时代华纳亏损了 49.21 亿美元。2002 年，美国在线时代华纳对商誉进行减值测算，分别在第一季度和第四季度计提了 542 亿美元、447 亿美元的商誉减值准备，计提的商誉减值准备高达 989 亿美元，使 2002 年的亏损总额达到创纪录的 986.96 亿美元。经过 3 年的业务和人事结构磨合，2003 年 9 月 17 日，美国在线时代华纳重新将公司的名字改为"时代华纳"，合并之前的时代华纳标志也被重新采用。美国在线时代华纳的结构重新组合，优化资源配置。庞大的业务被拆分为两大群：一是媒体及通信集团；二是娱乐与网络集团。2009 年 5 月 28 日，时代华纳宣布将美国在线分拆出去，至同年 12 月 9 日分拆计划完成后，美国在线再度成为一家独立的上市公司。[①]时代华纳与美国在线合并终结后，时代华纳的运营绩效水平总体趋好。时代华纳及时开展了多元化的运营业务，但是主营业务的盈利能力着实较为强大，始终是公司利润的重要来源。时代华纳的主营业务为影视娱乐、音乐唱片、有线电视、出版。不仅起到了支柱的作用，也没有抢夺其他业务的"璀璨"，稳重但不张扬或许是对时代华纳主营业务最贴合的表述。时代华纳在资产周转率方面一直保持在 0.5 以下的最佳范围。这不仅体现了时代华纳的稳定，更

[①] 孙梅. 美国在线时代华纳公司的并购历程及整合启示[D]. 长春：东北师范大学，2007：16-17.

加体现了时代华纳较为稳定地一直保持着优秀的记录。在应收周转率方面,该指标保持在3~4,相较于该企业的其他指标,这样的数据并不十分突出,但是仍具有稳健特性。2014年2月13日,美国最大的有线电视公司康卡斯特宣布收购该市场上的第二大公司,即时代华纳子公司时代华纳有线,前者接管时代华纳有线约1100万用户,进一步巩固其市场地位。2016年10月,AT&T宣布以每股107.50美元、总权益达854亿美元的价格收购传媒巨头时代华纳。2018年6月19日,"时代华纳股份有限公司"(Time Warner Inc.)这个名字正式成为历史,改名为"Warner Media"(华纳媒体集团),这也使得连续十余年入围世界500强的时代华纳首次没有出现在2019年的榜单上。这反映了传统电信运营商与传统媒体面临数字经济下的双向转型。

二、贝塔斯曼集团

贝塔斯曼集团是一家媒体、服务和教育公司,在全球约50个国家开展业务,拥有12.6万名员工,2019财年实现收入180亿欧元[①]。旗下有欧洲最大的电视广播集团RTL集团、全球最大的图书出版集团兰登书屋(Random House)、欧洲最大的杂志出版公司古纳亚尔(Gruner Jahr)、还有贝塔斯曼音乐娱乐集团(BMG)、贝塔斯曼—斯普林格(Bertelsmann Springer)、阿瓦多集团(Arvato)和贝塔斯曼直接集团(Direct Group Bertelsmann)[②]。从一间印刷小作坊发展到全球知名的大型国际出版集团,既与其深刻的历史背景有关,也与它所采取的多次联合与兼并、收购与控股等资本运营方式有关。德意志民族是一个非常热爱图书的民族,对于世界出版和印刷技术做出了巨大的贡献。德国人口不超过8000万,但多年来图书出版量稳居世界第三位,其图书质量上乘、装帧精美、品种丰富。15世纪,谷登堡改良活字印刷技术,使图书通过机械大批量复制出版成为可能,德国很快就成为欧洲的印刷和出版中心。18世纪末,德国已经拥有了一大批颇具规模的出版社、图书中间商和书店。

自1964年第一宗并购案始,贝塔斯曼的并购已有五十余年的历史。开展并购活动需做强核心业务,核心竞争力则是企业实力的体现,只有当企业具有一定的实力才能提供开展并购活动所需要的人、财、物。围绕核心业务开展并购活动,主要是为了与并购目标企业在管理、技术、资源的配置等方面达到最大的协同效应,这构成贝塔斯曼并购历程的鲜明特征。贝塔斯曼的业务分为三大块,即媒介内容、印刷/服务、媒介产品客户直销,而生产一流的媒介内容一直是其核心业务,其内容涉及图书、报纸、杂志、电视和音像制品等产品。贝塔斯曼以图书出版起家,先从神学书籍出版开始,逐步扩展到哲学、教育学、小说、百科全书等领域。1943年,它的小说出版开始盈利。到20世纪50年代,贝塔斯曼成为百科全书出版领域的代名词。这两个时间标志着贝塔斯曼的图书出版经过了内涵式的发展,达到了一定的规模。自1964年的并购以来,贝塔斯曼围绕图书出版(包括发行)的

[①] https://ar2019.bertelsmann.com/reports/bertelsmann/annual/2019/gb/English/0/home.html.
[②] 周拉弟. 论贝塔斯曼图书销售业务在中国的失败[J]. 新闻界,2009 (1):27-29.

并购案就有12宗,约占46%。从整体来看,贝塔斯曼的并购节奏在加速,20世纪80年代发生四起并购案,90年代发生六起并购案,而进入21世纪后,并购更加频繁。具体到杂志、音乐、广播、电影、电视等某类具体的业务,它的并购却采用审慎的模式。以报刊并购为例,当贝塔斯曼的图书出版达到一定的规模时,开始思索涉足杂志领域。1969年它以25%的股权参股了德国出版社古纳亚尔,四年后才进行收购。杂志业并购的成功使其信心满怀地进军报业,首先参股匈牙利最大的报纸《人民自由报》,然后于1991年收购《德累斯顿报》,1992年收购《柏林人报》,2000年又与英格兰皮尔逊集团合作,创办《德国金融时报》。报纸与杂志领域的一系列并购,确立了古纳亚尔欧洲第一的报纸杂志集团的地位。在这个过程中,又分别于1980年收购美国矮脚鸡图书公司,1986年收购美国道布尔戴公司,并将它们整合为矮脚鸡-道布尔戴出版集团公司,这被认为是角逐最大出版市场的大举措。1998年,收购美国兰登书屋出版社后,将这三家出版社合并,成立新的出版集团——兰登书屋公司。贝塔斯曼早在1964年就涉足广播电影电视业,但直到2001年才开始大举收购RTL集团,2002年获得该集团90%的股权。1995年收购当时德国多媒体领头羊Pixel Park,这标志着贝塔斯曼进入多媒体时代。托马斯·米德尔霍夫任职时,贝塔斯曼提出了"多媒体战略",并开展了一系列的并购,2002年收购了手机互动游戏公司Codeonline。时至今日,贝塔斯曼已经成为将电视、广播、电视制作(RTL集团)、印刷及电子图书(兰登书屋)、报刊出版(古纳亚尔)、媒体及通信服务(欧唯特)以及媒体俱乐部和书店(直接集团)集于一体的领军企业。涉足新领域本身风险就高,新领域中的并购更需要小心谨慎,而通过一种温和的审慎扩张模式,先参股其中,然后进行小规模的多次并购,从而有效地降低了风险[①]。

从贝塔斯曼的并购过程看,它从图书业向印刷业、期刊业、广播电视业、多媒体业以及下游俱乐部不断拓展。经历了横向并购、纵向并购和混合并购的过程,除了把握每次的重要机遇外,并购后有效的组织整合也是它制胜的关键。不过值得说明的有两点:第一,贝塔斯曼母公司是一个由家族创办并经营的企业,不是上市公司,因此,本书对此的经营业绩没有数据做进一步跟踪对比分析;第二,贝塔斯曼尽管是德国公司,但它的全球战略的美国化已使其不具有明显的国别属性。它对其旗下的兰登书屋的出版策略既不控制,也未做过协调,而对旗下所属的RTL电视台、频道五电视台、M6广播以及娱乐广播所播放的节目也未参与管理。由贝塔斯曼集团出版的图书、报刊以及贝塔斯曼(BMG)唱片集团推出的商业化音乐,加之其录制的电视广播节目,都不是德国的产物,甚至不是欧洲人的作品。两家大西洋彼岸的精英出版社——兰登书屋和华纳图书出版社都不属于美国人。兰登书屋是美国第一家出版公司,但却归属德国媒体巨头贝塔斯曼集团,但兰登书屋仍完全是一个美国化的出版机构[②]。2014年10月,贝塔斯曼集团以上亿美元价格从Vista Equity Partners手中收购美国在线教育公司Relias Learning。2017年增持企业兰登股权至75%,

---

[①] 吴亮芳. 破解我国出版业并购难题[J]. 中国出版,2011(2):3-5.
[②] 弗雷德里克·马特尔. 主流:谁将打赢全球文化战争[M]. 刘成富,房美,胡园园,等译. 北京:商务印书馆,2012:338-339.

2018年以5亿欧元金额从私募股权基金CIP资本手中收购美国在线教育提供商OnCourse Learning，进一步拓展教育业务版图。2019年，贝塔斯曼以6.75亿美元收购培生集团持有的企鹅兰登书屋股份的剩余25%股权，这样贝塔斯曼就拥有了这家全球最大的大众图书出版集团的全部股份，形成了以广播电视、图书出版、音乐版权、教育等集中于传媒、服务与教育业务的跨国文化集团。

三、迪士尼

迪士尼公司（The Walt Disney Company）创立于1922年，总部设在美国伯班克，在美国、拉丁美洲、加拿大、欧洲、亚太地区等很多国家和地区都设有办事处或者分公司。迪士尼公司已经成为全球最大的娱乐公司，是典型的跨国集团。它由手工绘制动漫形象到不断借用新科技使产业不断扩充、并购、升级，逐步从单一制作发展到今天成为具有制作、发行、播出和周边产品收益的全产业链媒介帝国，是一个逐渐延伸产业链的过程。迪士尼的创建与发展也有其时代背景和产业规律的推动。20世纪二三十年代开始的美国经济大萧条，人们需要欢乐，渴望安慰，欢乐的制造者——迪士尼的卡通人物应运而生，而且大获成功，1922年5月23日华特·迪士尼组成"欢笑卡通公司"。1928年，《蒸汽船威利号》的巨大成功，使华特·迪士尼看到了"欢乐"的力量。于是，他要造一个远离尘嚣的乐园——主题公园，在这里"有当今世界上的所有成就、希望和欢乐"。与此同时，米老鼠形象诞生，它的热心、快乐感染了众多家庭，在早期成为迪士尼形象的核心，并由此发展为称霸全球的动画帝国。迪士尼的成功首先源于创始人对于时代需要的把握和准确预测能力。同时，国际市场的开拓使品牌、版权收益跨越了国界。1955年，迪士尼的品牌从众多动画形象延伸到了一个新的领域，随着加利福尼亚州迪士尼乐园的开幕，迪士尼品牌在与消费者互动方面、多元化体验方面获得了提升。除了以上两个领域外，公司继续在媒体领域（如电视、音乐、真人表演电影制作与分销）迅速扩张。作为迪士尼的掌门人，埃斯纳倾向于版权控制的策略，允许同一内容被开发成多个版本，从而增加销量。1995年，迪士尼收购美国广播公司（ABC）作为旗下大众传媒业态，以便为迪士尼制作的内容产品提供服务，但并非从事全方位的发行。这表明了迪士尼在品牌跨界、品牌融合等方面运作顺利。为了增加流动资金，迪士尼又对经典影片的录像带和数码碟片进行再版。

时至今日，华特迪士尼公司旗下已有多个不同的业务部门，是一个集合了众多娱乐形式的集合品牌。企业管理部门（Corporate Administration）为华特迪士尼公司业务部门及其附属公司提供支持服务，并与迪士尼业务部门合作，分析潜在机遇，评估成绩，为迪士尼公司的将来发展方向提出建议。迪士尼消费品（Disney Consumer Products）管理全球范围内以新兴和传统迪士尼人物为主题，负责不同产品设计、开发、出版、宣传和销售工作的特许经销商、制造商、出版商和零售商，细分为迪士尼商店、迪士尼商品特许经营和迪士尼全球出版三个分支机构。迪士尼互动媒体集团（Disney Interactive Media Group）制作并发布媒体产品，通过各种互动性媒体平台（包括网络、手机和视频游戏机），为全世界儿童和家庭创造和传达具有娱乐性和教育性的互动媒体体验。迪士尼互动媒体集团细分为迪士尼互动工作室与迪士尼在线两个分支机构。迪士尼媒体网络（Disney Media Networks）内容优质，负责战略性地运用传统和新兴发布平台，向全球几亿人呈现引人入胜的新闻和娱乐节目。美国广播公司电视网络（ABC）、娱乐与体育节目电视网（ESPN）、女性电视频道（Life time）、美国有线/卫星电视频道（A&E）、迪士尼频道有线电视网络，以及美国、加拿大的部分电视台与广播电台均属于迪士尼媒体网络下属分支。华特迪士尼乐园和度假区（Walt Disney Parks and Resorts）集创造力、技术、故事讲述以及迪士尼的传奇服务于一体，迎合各年龄层次的游客，包括迪士尼冒险之旅、迪士尼邮轮度假、迪士尼区域娱乐、迪士尼度假俱乐部，以及加利福尼亚州、巴黎、东京、中国香港、上海迪士尼乐园度假区，佛罗里达华特迪士尼世界度假区，华特迪士尼幻想工程等。华特迪士尼娱乐工作室（Walt Disney Studios Entertainment）下分电影、家庭娱乐、音乐、现场演出、舞台制作各部门，旗下分支机构各有所长，包括华特迪士尼电影、迪士尼自然、试金石影片公司、皮克斯动画工作室与卢卡斯影业。迪士尼总部目前只有一些全球级别的管理层、制片公司、美国广播电台和发行公司。其中，发行公司的名称就是总部所处大街的名称——国际布埃纳维斯塔。迪士尼主要侧重于混合文化战略。在迪士尼的创意娱乐部，大众艺术总是和大众文化形影相随。淡化艺术和娱乐之间的界限，设想出真正的戏剧、表演、木偶戏、焰火以及超越生活的事务。"超越生活"——意在构思一些超越背景、年龄、国度的人物，而这些人物很快会在全球流行起来，并引领时尚潮流①。

2017年年末，老牌娱乐帝国迪士尼完成了对福克斯公司的收购，并以524亿美元的金额成为电影行业迄今为止最大的并购案。2017年12月，迪士尼以总共713亿美元的代价正式收购21世纪福克斯旗下的20世纪福斯影业、20世纪福斯电视公司、FX有线电视网与国家地理，以及福克斯30%的Hulu股份、39%的欧洲电视巨头Sky股份等，并于2019年3月19日正式生效。

中国文化企业走出去纪实

（一）中南卡通"走出去"纪实②

浙江中南卡通股份有限公司创办10年来，先后获得国家文化出口重点企业、首批国家重点动漫企业、国家火炬计划重点高新技术企业等殊荣。

5月8日，蒙蒙细雨中，记者应约来到浙江杭州钱塘江畔的中南卡通总部新址，缤纷灵动的卡通群像映入眼帘。走进二楼4000平方米的制作间，300多张隔开的工作台整齐排

---

① 弗雷德里克·马特尔．主流：谁将打赢全球文化战争[M]．刘成富，房美，胡园园，等译．北京：商务印书馆，2012：36-38．
② 苏唯谦，戚永晔，徐塘．中南卡通"走出去"纪实[N]．中国文化报，2013-05-14（2）．

列，年轻人安静、专注地在计算机前忙碌着，场面甚是壮观。

忙得团团转的中南卡通总经理沈玉良对记者说，4月，他们刚刚去法国参加了第50届戛纳电视节，中南卡通洽谈50余场，达成意向4个，签约2个，涉及金额230多万元人民币。回国后，他们又马不停蹄地投入第九届国际动漫节展会和公司整体搬迁工作中。

1. 中国题材，中国动画，全方位开发

吴建荣说："近年来，国产优秀动画发展迅速，能实现盈利的却寥寥无几。不少动画企业的眼光停留在制作上，没有形成产业链概念，产品开发、品牌授权等环节资金投入不多，产品影响力有限。中南卡通涉足动漫产业后，依托原创动画片形成了自主知识产权和自有动漫品牌，以版权贸易和品牌授权为盈利点，形成了一条以自主知识产权为核心的动漫产业链。在动画片制作期间，我们就开始寻找品牌、形象合作商，开发衍生产品，在动画片热播期间，相应产品已投放市场。例如，出售《郑和下西洋》的海外版权时，片子尚在制作中，图书、音像等产品就已在开发了。"

2003年，文化部提出推动国有文化企业经营机制转换，放宽文化市场准入政策，用高新技术提高文化产业竞争力等重大举措。当时的中南建设集团董事长吴建荣敏锐地捕捉到了不同寻常的商机，毅然决定进军动漫这个对他来说完全陌生的行业。他相信自己的商业嗅觉，看好资源消耗少、节能环保无污染的文创产业，甚至做好了"五年不赚钱"的准备。中南卡通刚成立时，120人的制作团队一天只能生产1分钟动漫影视产品，完成一部片子往往要两三年。单纯卖片，连20%的成本都收不回。但吴建荣认准了动漫产业，不怕暂时亏钱，他只要求团队做出精品。

每天守在电视机前琢磨动画片的吴建荣认为，动画片叫座的关键是要有趣味性，中国动画不缺好题材，但要改进讲故事的方法。在这种理念指导下，年轻的设计师们创作出了狡猾的海盗、美丽的仙女、可爱的章鱼等动画形象，并将其融入一个个引人入胜的故事中。

2. 频繁参加国外展会，寻求新突破

"80后"的中南卡通董事长吴佳2006年从加拿大哥伦比亚学院学成归国，负责管理中南卡通旗下的动画制作公司和卡通影视公司。吴佳谈到"走出去"话题时感慨地说："这些年，中南卡通勇敢地走出去，拓展动漫产业链，坚持构建一条完整的从动画内容制作、品牌形象授权、媒体传播到产品制作、市场营销的产业链，并将文化内涵深入各个延伸产品中，打响了旗下品牌。"

从2005年开始，中南卡通连续9年参加法国戛纳电视节，坚持不懈地在国外著名行业展会露脸。

事实上，中南卡通"走出去"的路并非一帆风顺。"毕竟，早几年国产动画和西方动画起步不同，差距明显。哪怕不盈利或赔钱，我们也要频繁去国际平台亮相，这为中南卡通带来了很多机会，赢得了人气。"吴佳说。

在中南卡通的不断坚持下，"走出去"之路终于出现转机。2009年7月，美国尼克儿童频道将中南卡通原创的《魔幻仙踪》作为中国卡通首映片播出，这是中国国产动画片首次进入美国主流媒体视野。

2010年的戛纳电视节上，意大利一家发行公司相中了中南卡通原创和代理的《锋速战警》《小龙阿布》《魔幻仙踪》等5部动画片，表示有渠道让这些动画片进入欧洲主流电视台。"中国动画片要打入欧美主流市场非常难，对中南卡通来说，这是播出渠道的一个新突破。中国题材是我们动画片的特色，在表达方式上则力求国际化和综合化。"说起这段经历，吴佳不免有些激动。

3. 大步"走出去"，正在实现

"大步'走出去'，有效推广营销，是中南卡通的成功之道。中南卡通从第一次参加戛纳电视节后，就坚持年年在戛纳展会上推出新片子、新卖点，所以我们能稳居全国影视动漫出口龙头地位。"吴建荣侃侃而谈。在2012年戛纳电视节上，中南卡通等8家杭州动漫企业一口气拿下千万美元订单，拓展了合作拍片、技术交流和衍生产品授权等多个合作项目。

面对记者"走出去成效如何"的提问，沈玉良说："2008年中南卡通开始盈利，目前约有8万分钟原创动画片'走出去'，销往70多个国家和地区。2009—2012年，中南卡通创汇5000多万元人民币，其中2012年的动漫外汇收入750多万元，并已获得国内和国际著名影视节最佳影片大奖等上百个奖项。"据了解，中南卡通现已占全国同类产品出口量的70%以上。

"迪士尼做了80多年，我们做动漫才10年，我们的发展速度比迪士尼快得多。"吴建荣和他的团队这样描述自己的中国梦："让孩子们在中国动漫中度过每一天。要建一座'中南卡通城'，把所有动漫作品中的卡通形象都放到'城'里，城内有卡通故事、卡通形象、卡通体验、卡通文化，这是我们中国人自己的'东方迪士尼乐园'，让中国原创动漫走进每个孩子的生活。"

梦想正一步步成为现实。在举办的第九届国际动漫节上，以原创动漫为主题的中南卡通购物中心作为分会场，不仅有《中国熊猫》《郑成功》、动画电影《魔幻仙踪》等动漫和衍生品展示吸引眼球，卡通城里的半球幕飞行体验馆、原创XD体验馆、水幕电影、4D高科技体验馆等互动体验项目更是让人们纷至沓来。记者在全息投影和4D影院技术的动漫科技馆体验了一把，场景塑造得非常奇幻，让人感觉既惊险又刺激，难怪吸引无数少儿和家长乐此不疲地加入动漫科技之旅。

（二）蓝海电视——一个中国民营媒体的世界传奇[①]

一个名不见经传的中国民营媒体，2013年8月进入美国东部主流的MHz电视网，向美国观众24小时播出报道中国的英文节目，而原先使用该电视网频道的半岛电视台不得不另选播出渠道。逆袭美国电视业的蓝海电视，目前已有3颗卫星频道覆盖亚洲、北美、欧洲等地区的120多个国家，其有线落地已经全面进入了美国及英国的主流渠道。这一切只用了短短3年时间。

相比官方背景的CCTV-NEWS和新华社CNC等国内英文电视媒体，民营"出身"的

[①] 刘妮丽. 蓝海电视：一个中国民营媒体的世界传奇[N]. 中国文化报，2013-09-21（1）. 引用时有所删改。

蓝海电视能获得美国主流社会的认可并不容易。用创始人诸葛虹云的话说："20年前，我在美国追逐'美国梦'，20年后，我开始实现自己的'中国梦'——一个诞生在中国、成长在海外、布局于全球的英文全媒体正在崛起。"

1. 创业初衷

"中国最红的明星是谁？"——"只认识成龙。"

"中国最著名的城市是哪里？"——"新加坡。"

随机访谈中，一般西方人这样的回答让诸葛虹云异常惊愕，他们对中国的了解居然匮乏到这种程度。"中国已成为世界第二大经济体，而目前中国'走出去'的文化内容太少，传播途径只有CCTV-NEWS和新华社CNC。"走出国门，中国的形象、软实力与实际的巨大差距，激发了诸葛虹云传达中国声音的愿望。

"一定要为西方受众提供来自中国的真实信息，让他们全方位地了解中国的真实面貌。"诸葛虹云暗下决心，打造一个"每年生产8万分钟原创英文节目，让中国内容在全球传播的电视台。"并且，在她看来，中国民营媒体进入西方市场，还是一片无人竞争的蓝海，于是，苦苦思索2年的诸葛虹云，遂给公司取名"蓝海电视"。

2010年5月，蓝海电视英文频道全面开播，成为一个主打海外落地的中国民营电视频道。与官方背景的中国英文媒体有所不同，蓝海电视是民间的、全英文的、以西方表达方式介绍中国的媒体，其观众定位为西方主流社会人群，为其全面提供中国的经济、商务、科技、文化等内容。其节目在中国采编制作，在海外落地播出。这不仅大幅度降低了企业的运营成本，更确保了播放内容的准确、及时。

来自爱尔兰的蓝海电视主持人Fergus表示："我发现过去世界对中国的报道只有两个渠道：一是外媒；一是中国官方媒体。外媒多是负面报道，而官方媒体政治意识太强烈，新闻可信度在西方受众眼里大打折扣。西方受众渴望知道中国与中国人的想法，但关于中国的报道非常有限。"

蓝海电视的出现，无疑填补了这一空白。于是，从2010年开始，蓝海电视不断推进其在海外的落地。2013年5月，蓝海电视英文频道进入欧洲最大的入户卫星电视运营商英国天空广播公司（BSKYB）的播出网络，拥有1100万家庭用户。2013年8月，蓝海电视顺利登陆全美MHz有线电视网，网络覆盖整个北美，南到墨西哥、古巴，北到加拿大，并在包括英国、东南亚地区等全球22个国家和地区落地。

2. 落地运营

那么，一家中国民营媒体在海外究竟该如何寻找"栖身之所"呢？

"首先是内容。蓝海电视提供的全部是中国内容，这是与西方媒体相比我们的竞争优势。当然，在内容选择上要适应海外观众，表达方式尽量符合西方受众习惯。"诸葛虹云表示，"内容是谈判的一个重要筹码。美国受众更在乎的是内容，谁的内容更精彩就选择谁，遥控器在每一个受众的手上。对于运营商来说，如果观众都需要这个电视频道的内容，而运营商没有这个频道，观众就会放弃这家运营商。"

在蓝海电视欧洲办事处工作10年之久的英国人Ashly，负责公司海外市场的扩张和落地。从北美、欧洲电视运营商的角度来说，他发现：" 西方运营商认为这是一个崭新的开始，是其他媒体还未企及的、传播中国内容的新窗口。到目前为止，西方观众不想只看到中国官方媒体的内容，而希望看到更多民间视角的节目和中国故事。"

"然而，在美国落地一个电视频道也绝非易事，一个运营商谈判下来需要两三年时间，在落地前，运营商会对节目有所考量，花很长时间考察节目，他们跟我们谈判时，甚至对我们每档节目的主持人都耳熟能详，做决定非常慎重。运营商更多关心的是商业前景，其考量标准就是能否为其增加价值，能够向运营商证明占领这个渠道可以带来商业效益，运营商就愿意合作。"诸葛虹云表示。

蓝海电视落地的第一个城市是美国纽约，运营商是时代华纳。当然，不同地区有不同的运营商，同一个地方也有不同的运营商，每个运营商的定位不同，这就要求蓝海电视必须"号"准运营商的"脉"。

诸葛虹云举例说："例如，同样在洛杉矶，有的运营商覆盖区是亚洲居民区，有的运营商覆盖区是西班牙居民区，中国内容的电视台想进入亚洲居民区就有优势，进入西班牙居民区就可能被拒绝。另外，如果运营商频道主打国际内容，而刚好缺少中国板块，那么报道中国内容的电视台就有谈判优势。总之，要多了解运营商的情况，提供对方需要的东西。"

3. 竞争优势

蓝海电视的定位是"中国内容，西方表达"。中国内容可以保证，但"西方表达"如何实现呢？

例如美国总统访华，这是双方媒体关注的大事，中国媒体一般报道政治、外交等大是大非问题，而"西方表达"则会更关注具体细节，如两国首脑的谈话、在哪个房间吃饭、夫人有没有参加、穿的什么衣服、打的什么领带等，更多是从受众角度关注问题。

为了让内容"接地气"，蓝海电视提供来自中国微博上最火热的话题，节目中直接引用微博网友的发言、评论和配图。

蓝海电视节目中心编导刘冰介绍："选题范围涵盖从国内到国际，主要选择一些热点话题，但不回避任何敏感话题。"

"在内容选择上，官方背景的中国英文电视媒体承担传递国家声音的职责，而民营媒体不承担这样的职责，因此选题更贴近受众，关注具体问题，如到中国投资、旅行、生活会遇到哪些问题。"

在蓝海电视落地美国的过程中，还形成了一个多媒体融合推广模式。蓝海电视并不是传统电视台的概念，而是一个专注于向世界传播中国内容的视频全媒体。

其旗下拥有英文电视频道 BON TV、中国内容发行平台 BON CP，以及英文原创内容制作机构 BON Productions，将传统电视媒体与新兴媒体结合，采取"电视台+视频通讯社+手机+网络新媒体"，以及 App 客户端下载播出、互动点播、社交媒体、碎片化播出等多方位组合的传播模式，实现立体化、规模化、持续性、高效率、低成本的传播。

例如，刚落地美国不久，蓝海电视初期除了在电视频道落地外，就是通过 YouTube 传播。YouTube 的影响力之大以及对年轻群体的覆盖，也为蓝海电视带来了口碑和观众。

4. 商业模式

自负盈亏的蓝海电视,其盈利模式和生存方式又怎样?

蓝海电视并不是一个人在战斗。早在成立之初的 2010 年,蓝海电视就获得了鼎晖资本的投资,此后又获得了英大传媒投资集团的第二轮投资。目前股权构成为创始人、鼎晖资本和英大传媒投资三方。作为高度市场化媒体,蓝海电视预计 2014 年盈利,并寄希望在 2014 年上市。

鼎晖投资合伙人王树表示:"当初投资蓝海电视,宏观上感觉很有前景和价值,但落实起来很难。虽然官方背景的中国英文电视台已有很大改变,但离西方表达还有一定的差距,中国作为世界第二大经济体,已经不可阻挡地崛起,但很多信息却没有一个渠道传播出去。蓝海电视的想法和野心是很少见的,随着交流慢慢深入,我发现他们准备这个事情不是一两天了,如果早在几年前,中国在国际上还没有这么高的地位,创业的气氛也没有这么好,他们也不会有这样的创业机会。中国崛起不是偶然,传播中国声音、讲述中国故事不是偶然,这个机会让有准备的人遇到了,把偶然变成了必然。"

目前,蓝海电视的收入主要来自广告、海外收视费和内容销售,其中又以广告为主。蓝海的广告模式已经相对成熟,已吸引了陕西省旅游局、上海青浦旅游局、江苏同里旅游公司、中国石化、TCL、蒙牛、方正集团等企业和相关机构。

5. 运营难题

"中国民营英文媒体在海外是无人竞争的新市场空间,到现在依然是蓝海。"

"如何真正把内容做成设计的那样,让团队有一致认识,让生产的产品获得市场认可,如何带团队,难度都非常大。"诸葛虹云表示,"被政府认可也是一个难题,媒体要被社会认可才能获得采访和广告机会。蓝海电视不是官方媒体,因此,被社会认可要经过一个艰难的过程。"

此外,融资也是一大难题。"要让银行和资本加入这个行业,但前提是要认可创意的价值,如果不认可无形资产的价值,文化就发展不起来,而中国的无形资产没有评估方,无人认可其价值,跟西方国家比很落后,这是文化发展的障碍。"诸葛虹云说。她建议,大型央企可担当文化"走出去"的中坚力量。20 世纪 80 年代,美国文化进入中国都是靠大企业赞助的,如迪士尼的背后是美国 GE 集团的赞助。中国大型企业赞助中国文化"走出去",在国际上还可以获得品牌认知。

虽然摸着石头过河很难,但蓝海电视已经身先士卒成为中国企业"走出去"的一个样本。用投资人王树的话来说,"蓝海电视崛起的背后是中国经济的崛起。今天,世界经济的发展离不开中国经济,'好时代+好机会+好团队'让中国企业大展宏图,蓝海电视的中国梦正当时!"

(三)中国文化资本如何走向世界[①]

"中国电影离奥斯卡越来越远,中国资本离奥斯卡越来越近。"这曾是对中国电影行

---

① 张琪. 中企投资美国电影斩获奥斯卡 中国资本如何影响好莱坞[N]. 人民日报海外版,2019-03-01.
中美电影业打破边界彼此拥抱[N]. 参考消息,2019-10-25(15).

业的一句调侃，它说得对，也不对。虽然2019年中国影片依然未能入围第91届奥斯卡，但近来《流浪地球》《我不是药神》等口碑票房兼具的佳作让外界看到了中国电影崛起的希望。

相比中国影片，中国资本在好莱坞更游刃有余。本届奥斯卡不少提名及获奖影片背后不乏中国资本，其中阿里影业联合出品的《绿皮书》更是斩获最佳影片奖项，最佳视觉效果奖的《登月第一人》以及最佳改编剧本奖的《黑色党徒》背后则有完美影视的投资。

中国社会科学院新闻所世界传媒研究中心秘书长、副研究员冷淞对海外网称，虽然目前中国资本进军好莱坞，很难参与剧本研发的投资，更多的资金用于推广和发行，但是好莱坞能吸纳中国资本已经是中国在国际传播上的进步，这是中国电影产业接近好莱坞一线制作、了解好莱坞规制的重要手段。阿里影业能联合出品《绿皮书》这样的佳作，也说明中国影视公司的海外布局正在被国际认可。

1. 压赌《绿皮书》，斩获奥斯卡

《绿皮书》是整个电影颁奖季的最大赢家，横扫54项提名、18项大奖，在2018年11月21日北美上映后，获得高达94%的烂番茄观众好评度。该片改编自牙买加裔美国钢琴家唐·谢利和其雇佣的司机兼保镖托尼·立普的真实事件。影片中，钢琴家和司机凭借着绿皮书的指引，开车前往美国南部巡演，在旅途中产生了跨越种族和阶级的真挚友情。

《绿皮书》在中国十分叫座，把7100万美元的票房收入囊中，仅比在美国的票房少了20%左右。中国的票房正在迅速增长。2018年这一数字接近90亿美元。

《绿皮书》联合出品方阿里影业也凭借此片，成为全球首家联合出品获奥斯卡最佳影片的影视互联网公司。据阿里影业透露，该片已于2019年3月1日在国内正式上映，在奥斯卡宣布的五天后登录各大院线，成为本届颁奖季最快与国内观众见面的奥斯卡获奖电影。

对于压赌成功《绿皮书》，阿里影业总裁张蔚告诉海外网："做的时候根本没想到能得奥斯卡最佳影片奖，我们是被这个故事打动了，选影片最看重的是情感共鸣。阿里影业一直致力于做'小人物、正能量、大情怀'的内容，希望给观众带来美好与健康的精神体验。"

"阿里影业自成立之初即确立了国际化发展战略，专门在美国成立海外分部，持续与好莱坞影视公司深度沟通，为中国观众带来优秀的好莱坞影片。"张蔚补充说。阿里影业所投资的其他美国电影，所涉及的都是在中国市场表现良好的题材，包括由汤姆·克鲁斯主演的两部《碟中谍》电影。《喜福会》和《摘金奇缘》的制片人在会上说，就在中国可能对一系列好莱坞内容开放之际，美国正在表现出接受更多亚洲题材的电影的迹象。1993年热播的影片《喜福会》的制片人杨燕子说，2018年《摘金奇缘》取得的票房成功表明亚裔美国人群体在票房上有很强的发言权。《摘金奇缘》制片人约翰·佩诺蒂说，如今世界各地的内容大量涌入奈飞这样的流媒体服务平台，这也让美国观众更加熟悉外国节目。约翰·佩诺蒂说："下一个伟大的创新浪潮是受技术推动的受众全球化。"

2. 中国资本"以退为进"，渗入好莱坞产业链上游

不仅是阿里影业，万达影业、华谊兄弟等中国电影公司都在积极扩展海外市场。但在

"走出去"之初，中国电影公司曾选择"合拍片"的捷径，催生出《钢铁侠3》这样口碑不佳的中国"特供片"。中国电影公司因此选择了一种"以退为进"的合作模式：直接投资好莱坞电影产业。

早在2012年，万达集团以26亿美元收购了美国第二大院线运营商AMC娱乐控股，2016年年初又收购了传奇影业；华谊兄弟也于2014年发布公告称斥资1.3亿美元在美国设立全资子公司，主要从事影视投资、制作、发行等。

进入2015年后，中国资本"走出去"的速度加快。华谊兄弟宣布牵手STX，3年要拍18部片，并按投资比例享有这些电影全球票房和衍生品收入的20%，还按相同比例拥有影片版权；电广传媒与狮门影业签下3年15亿美元的拍片协议，将投资对方50部影片，并按出资比例参与全球票房分账……

从广告植入、中国演员露脸，到不满足于在消费端为好莱坞贡献票房，进而深入产业链上游——在海外设立分公司、收购电影公司、签订投资协议、收购创作团队等方式拓展国际市场。中国资本越来越多地流向奥斯卡获奖影片。2016年，第88届奥斯卡最佳影片奖《聚焦》、最佳导演和最佳男主奖《荒野猎人》以及获得多项提名的《火星救援》都有中国资本的助推。2017年第90届奥斯卡，华谊兄弟与美国STX联合出品的《茉莉牌局》入围最佳改编剧本。

对于中国资本纷纷涉足海外影业，业内人士普遍认为，享受全球票房分账意味着中国资本实质性地进入国际市场，国内电影公司不仅能获得票房，还能与海外的优质资源建立联系，以进一步开发渠道及产业链。

另外，通过中国资本介入，中国电影正在快速吸取好莱坞和其他海外成功的制片经验和资源，提升自身的制片工业水准。2019年贺岁档影片《流浪地球》在北美地区收获好评，美国流媒体视频巨头Netflix已买下《流浪地球》海外播放权，准备将影片翻译成28种语言，面向全球190个国家地区的观众播放。

冷凇认为，虽然文娱产业的海外投资与实体经济有所不同，商业回报率不如后者高，但意义重大，在学习好莱坞工业体系运作、创造出全球范围内流行的电影作品，而且符合世界命运共同体的处世性价值传播方面，好莱坞的经验非常值得借鉴。

3. 发挥资源优势，找到市场与艺术的最大公约数

对于未来中国资本如何在好莱坞发挥作用，阿里影业总裁张蔚表示，要利用好影视互联网公司的资源平台优势。阿里影业多年来积累了大量的技术、平台、资源、数据，有助于实现电影行业的透明化、效率化。如在电影宣发上，阿里旗下有一站式宣发平台"灯塔"，可以将好莱坞电影与淘宝、天猫资源打通并联动起来。

不过需要承认的是，中国资本在出海过程中也遇到了诸多挑战和困难，最大的便是在剧本原创参与上缺少话语权。冷凇对此建议，中国资本投资好莱坞最重要的是尊重导演与编剧的"个性化，圈层化，垂直化"创作，找到市场与艺术之间的最大公约数。好莱坞电影产业工业化体系成熟，每个环节都有自己的专业性和特殊性，中国投资者要给予充分尊重，要在实战中学习好莱坞电影的工业化和流程化体系。

具有实战经验的阿里影业同样认为，合作中的尊重互信是最重要的。很多东西说教没有用，需要使用对方能够接受的方法潜移默化地施加影响。只有这样才能够慢慢地让海外观众或者主流媒体、决策人了解中国。海外合作伙伴虽然意识到中国市场潜力非常大，但是真让他们为中国市场做一些行动上的改变，还是需要不断去推动的，只有在一起做过事才会增进了解。

【思考与讨论】
1. 从你的角度看，中国国有文化企业与民营文化企业"走出去"有何不同？
2. 从跨国文化资本运行经验看，以电影为例的中国文化企业走出去应吸取哪些经验？

本章小结

- 对文化资本的理解可以分为两种语境：一种是社会学的文化资本概念；另一种是经济学的文化资本概念。从社会学语境看，法国社会学家布尔迪厄将文化资本描述为所拥有的知识、成就，具体化为个人的正式与非正式资格证书，并用来达成他们的社会地位。从传统经济学语境看，通常将资本分为实物资本、人力资本和自然资本三种形式。文化经济学家 David Throsby 则提出第四种资本形式——文化资本，即体现文化价值的一种资产。

- 文化资本交易模式是指促使文化资本产生价值增值的交易方式，它与其他资本交易有所不同：第一，文化资本交易内容是文化产品或服务的交换；第二，文化资本交易除了实现经济价值外，也是精神需求的满足；第三，文化资本交易的收益与价值并不完全是等边际关系。

- 跨国文化公司对文化资本的经营模式主要有规模化经营、多元化经营以及产业链一体化经营。

- 企业并购类型可以根据并购对象的不同，分为横向并购、纵向并购和混合并购。跨国文化企业并购是指跨国文化企业之间或跨国文化企业主导的与其他企业之间所发生的并购活动，且所有权转移后的新企业主体仍为文化企业属性的并购行为。

综合练习

一、本章基本概念

文化资本；文化资本运行；跨国文化并购；天使投资；风险投资；跨国并购

二、本章基本思考题

1. 简述文化资本的主要运行方式及特征。

2. 跨国文化集团资本运营的绩效评估。
3. 跨国文化集团与其他跨国公司进行国际并购的异同。

推荐阅读资料

1. 韩骏伟，胡晓明. 国际文化贸易[M]. 广州：中山大学出版社，2009.
2. The Walt Disney Company. 2013 Annual Report[R]. USA:DIS, 2013.
3. 弗雷德里克·马特尔. 主流：谁将打赢全球文化战争[M]. 刘成富，房美，胡园园，等译. 北京：商务印书馆，2012.
4. 理查德·F. 库索尔. 法兰西道路：法国如何拥抱和拒绝美国的价值观和实力[M]. 言予馨，付春光，译. 北京：商务印书馆，2013.
5. 李怀亮. 国际文化贸易导论[M]. 北京：中国传媒大学出版社，2008.
6. 张胜冰，马树华，徐向昱，等. 文化产业经营管理案例[M]. 青岛：中国海洋大学出版社，2007.
7. 陈焱. 好莱坞模式：美国电影产生研究[M]. 北京：北京联合出版公司，2016.

第八章

国际版权贸易

学习目标

通过对本章的学习，学生应掌握如下内容：
1. 国际版权贸易的特征及趋势；
2. 国际版权贸易的主要形式；
3. 国际版权贸易的主要内容。

导言

版权贸易不仅传递经济价值，也以主体的意识形态性传递文化价值。伴随着人类步入信息和知识经济时代，版权贸易在国际文化贸易中占据着越来越重要的地位。世界知识产权组织（the World Intellectual Property Organization, WIPO）自2006年以来，一直支持对版权及版权产业保护的经济贡献进行评估[①]。2003年，WIPO发布了一份方法指南，旨在揭示版权行业的经济贡献。它确立了一套主要指标——国内生产总值（GDP）、就业和对外贸易的经济贡献，并制定了研究标准和方法。这些准则是对许多发达国家和发展中国家版权产业经济贡献进行国别研究的基础。2016年WIPO发布的《版权相关产业经济贡献评估的国家研究》显示，版权产业在发达国家和发展中国家都有相当大的经济影响。各国对GDP贡献差别较大，从美国的11.10%到文莱的1.58%。平均为5.26%，四分之三国家的版权产业经济贡献在4%~6.5%。版权产业对国家就业贡献相比国内生产总值（GDP）的比重略高，平均达到5.49%，近四分之三的国家落入4%~7%。其中，墨西哥和菲律宾的劳动人口在版权行业中所占比例最高。研究还显示，版权产业是贸易体系中最具活力的行业之一。

---

① WIPO成立于1967年，是联合国的自筹资金组织，拥有193个会员国，是知识产权服务、政策、信息和合作的全球论坛。

第一节　国际版权贸易相关概念

伴随版权贸易的重要性不断显现，吸引较多组织和学者进行版权贸易的相关研究尽管对版权贸易的概念予以不同定义，但均一致认为：版权贸易是以无形的版权为标的物的商业贸易行为。根据不同角度，版权贸易可划分为不同类型。

（1）根据版权贸易的主体或客体的国界范畴，可分为国内版权贸易和国际版权贸易（涉外版权贸易或国际版权贸易）两大类。国内版权贸易是指国界内通过货币媒介而实现的版权产品或版权服务的交换。国际版权贸易（International Copyright Trade）在国际上并不是一个法律上的表述。一般来说，版权贸易是指版权的有关经济权利的转让与许可，因此国际版权贸易是版权在国家或地区之间有偿流转的一种贸易形式。

（2）根据版权贸易领域的不同，可分为图书版权贸易、音像制品版权贸易、影视作品版权贸易和计算机软件版权贸易等。本文论述的是影视作品版权贸易这一类。

（3）根据版权贸易标的的不同，版权贸易可分为以作者版权为标的的版权贸易和以邻接权为标的的版权贸易两种。电视节目内容的版权属性，例如一集电视剧、一档综艺节目的版权属性已被《中华人民共和国著作权法》（以下简称《著作权法》）明确规定和保护。除此之外，电视节目的模板也具有知识产权属性，即版权属性。电视节目模板的版权交易已经成为国内外电视节目在传统的出售受众换取广告投入、出售节目内容、以节目为载体成立相关的俱乐部等营销方式之外的一种新的节目交易方式。电视节目模板贸易属于国际贸易中的服务贸易范畴，与之相关的主要是《服务贸易总协定》和《与贸易有关的知识产权协定》[①]。

一、国际版权贸易特征

国际版权贸易与国内版权贸易具有一定的共同性，具体如下。

（1）在社会再生产中的地位相同。国际版权贸易从事着国家之间的版权商品和版权服务的交换，国内版权贸易是国界内的版权商品和版权服务的交换，虽然活动范围有所不同，但都是商业活动，都处在社会再生产过程中的交换环节，处于社会再生产过程中的中介地位。

（2）有共同的商品运动方式。国际版权贸易与国内版权贸易的交易过程大同小异，但商品流通运动的方式却完全一样，即 $G-W-G'$。经营版权产品的目的都是通过交换取得更多的经营利润。

（3）基本职能一样，都受商品经济规律的影响和制约。国际版权贸易与国内版权贸

[①] 董玉玲. 中国电视节目版权贸易问题研究[D]. 济南：山东大学，2013：8.

易的基本职能都是通过媒介完成版权产品的交换，即做版权买卖。其他活动（如融资、储存、运输、报关）都必须为它服务；同时，都必须遵循商品经济的基本规律，如价值规律、供求规律、节约流通时间规律等。这些规律均会在一定的时间和程度上影响到国际和国内的版权贸易。不管是从事国际版权贸易，还是从事国内版权贸易，都必须遵循这些经济规律，不得违背。

国际版权贸易与国内版权贸易又存在一定程度的差别，具体表现在以下几个方面。

（1）语言、法律和风俗习惯不同。国际上进行版权贸易活动首先会遇到差异，必须首先克服这些障碍，如版权保护制度、语言、风俗习惯等障碍，否则就无法恰当地进行版权贸易洽谈、签约，处理版权贸易纠纷，进行版权市场调研。国内版权贸易虽然也会遇到一些语言、风俗习惯的差异，但差别要小得多。

（2）各国之间货币、度量衡、海关等制度不同。进行国际商品交换，会遇到须用外币支付且汇率又经常变动，以及各国之间度量衡、海关制度均有较大差别等诸多问题，使得国际商品交换活动复杂化。相比之下，国内贸易就简单多了。

（3）各国的经济政策不同。各个国家的经济政策主要是为本国经济发展服务的，但又会在一定程度上影响到国际贸易的开展，且很多政策也会因不同的经济形势、不同的执政者而发生变化。这里有金融政策、产业政策、进出口管理政策、关税政策等，从事国际商品交换活动必须研究这些政策。国内贸易研究的内容要少得多。

（4）国际贸易的风险大于国内贸易。商品交换离不开竞争，自然存在一定的风险。但相比之下，国际贸易的风险更多也更大，具体表现在资信风险、商业风险、价格风险、汇率风险、运输风险以及政治风险等方面。

另外，版权贸易与"版权经营"（或经营版权）概念也有区别。"经营版权"是一种版权经营者依法买卖版权，从中获取利润的经济活动。具体一点就是出版者以某一价格从他人手中购得某一作品的版权，然后又以某一价格将这一作品的版权卖给另一版权经营者，从而获取利润。"经营版权"是经营版权产业经济的基本手段、基本途径、基本方法。

专门从事版权经营业务意义十分重大，一般人把经营版权理解为"版权贸易"，这种理解在一定程度上是正确的，但这种理解不能适应将来中国发展版权产业经济的需要。因为对这一概念理解上的差异将对版权经营者对版权经济的认识，对版权业务经营的定位、管理体制和经营机制产生直接影响。如不把对版权贸易的理解回到真正的"经营版权"意义上来，则有害于版权经济的长期发展。在当代中国，已经有许多出版者从事过版权买卖，但是这种版权买卖不是真正的版权贸易，更不是真正意义上的"版权经营"。

国际版权贸易中视听产品的分销亦涉及有关视听产品的相邻权。现行的国际条约在相邻权方面基本确立了对表演者、录音制品制作者和广播组织的权利保护。《罗马公约》向表演者提供的保护包括：未经许可广播和向公众传播或录制其表演，或者复制其曾表演的录音录像；规定录音制品制作者享有许可、禁止复制的权利；广播组织有权许可或禁止转播、录制、复制、在营利性公共场所向公众传播等行为。《世界知识产权组织表演和录音制品条约》（WIPO Performance and Phonograms Treaty，WPPT）（1996）在此基础上进一步确认了表演者对其表演在授权、禁止、复制、发行、出租以及以有线或无线方式向公众提供其录制表演的专有权利；进一步确认了录音制品制作者在复制、发行、出租以及以有线或无线方式向公众提供其录音制品的权利。除此之外，WPPT 还确认了表演者和录音制品制作者由于向公众提供有关表演或录音制品而获得一次性合理报酬的权利。基于信息技术发展和保护表演者权利的考虑，《视听表演北京条约》从表演者对尚未录制的表演的录制和向公众传播的权利，对其以视听录制品录制的表演享有的复制、发行、出租、向公众提供、广播及向公众传播、权利转让等方面，进一步完善了表演者对录制其表演的视听产品享有的权利[1]。

二、美国版权结算中心[2]

越来越多的内容拥有者开始认识到版权的重要性，同时也意识到集体授权的益处，但是如何保护版权，怎样保护内容拥有者的思想越来越受到人们关注。美国版权结算中心（Copyright Clearance Center，CCC）在集体授权上的做法，以及如何在保护内容拥有者权益的同时带来可观的经济效益，具体经验如下。

（一）自愿登记的运营模式

CCC 是一家全球版权经纪公司，对世界最热门的印刷和在线内容（从图书、期刊、报纸到博客和图片）进行授权和许可。CCC 成立于 1978 年，为非营利性组织，通过简化授权流程和支持内容创造者的知识产权为全球组织提供授权服务。

CCC 基于美国自愿登记系统运营，即版权所有者和内容使用者并非强制通过 CCC 来做版权结算和许可使用。其授权内容包括图书、期刊、报纸、博客、电子书、图片等。据了解，CCC 作为一家全球版权经纪公司，为包括 400 多家世界 500 强公司在内的各种规模的公司、学术机构、法律事务所、卫生组织和政府机构提供版权许可解决方案。

CCC 是版权持有者和内容使用者之间的桥梁，可以将烦琐的流程简单化，在不违背版权法的前提下，能够让版权持有者和内容使用者各取所需。CCC 整个数据库平台上有 4.5 亿个版权，版权持有者授予 CCC 版权，内容使用者可以通过这个平台获得这些版权的使用权。CCC 连续 3 年入选行业内最具影响力的公司之一，其运营实践获得很大的成功。2003—2012 年，其发展呈逐年上升趋势，CCC 向版权持有者支付的版税超过 13 亿美元。

（二）"版权超市"：串联持有者与使用者

随着网络媒体的普及，大量新的内容产生出来，购买或使用新闻及学术类的信息主要通过网络手段来实现，这让信息分享变得很容易。一些研究表明，相比 5 年前，如今的信息转发量增加了 63%，利用网络媒体的分享越来越多。然而在分享的同时，人们也会留意

---

[1] 张啸. 国际版权贸易中视听产品分销服务法律研究[D]. 上海：复旦大学，2013：21.
[2] 橘子. 美国版权结算中心：如何让内容变成效益[N]. 中国文化报，2013-06-15（4）.

内容版权的归属，是否违背版权法的要求，在对美国的一些企业、医疗卫生机构、政府和教育部门的调查中发现，其中 1/3 的人对版权的归属、使用是否合法不太确定，1/2 的人认为能够免费得到的信息不需要经过许可。而学术期刊领域有些图书的内容可以自由阅读不需要付费，但是信息的转发与分享是否免费，人们在工作中则从未考虑。

有人认为在分享信息时要获取许可是一种障碍。如何跨越这个障碍，能够合法地分享版权？首先要保证有质量的内容容易获取，当内容被再次使用时能获得相应的报酬。CCC 主要代理作品的部分内容被复制时的版权，而这种做法在国内尚未普及。

CCC 行使的是版权持有者的代理人角色，协助版权持有者提供和结算其相关作品的版权使用。这些服务包括使用、复制和通过影印或者电子方式传播。

（三）集体授权：提高授权效率

CCC 通过与各个出版社签约，获得其版权后汇集到 CCC 的平台上，这样，内容使用者可以在平台上进行选购，之后根据同 CCC 签约合作的方式进行一次性付费或者按年度协议进行年度付费，按照内容使用者要求的方式来使用内容。而 CCC 则把费用汇集起来，一次性支付给出版社。据悉，CCC 一年支付给大型学术出版社的版税有上千万元，其数目是相当可观的，CCC 采取的这种方式让授权变得更加便捷。

按次付费许可服务是一种通过逐个交易的授权服务，CCC 授权许可各种类型版权的独立使用，如影印、电子传播，以及将内容以一种新的形式再次发布（如将一篇报纸文章转载于教科书中），包括将作品的全部或部分内容翻译成另一种语言等。CCC 提供不同的定制化服务，由版权持有者决定每单个作品的使用权利，如版权持有者可以基于每个作品和/或每个页面或者每次使用设定不同的版税价格，这些价格差别范围可以很大。CCC 按次付费许可为商业机构、学术机构和个人提供快速和便捷的版权许可服务，许可使用科学、技术、医药、新闻、金融等领域最先进的内容，允许从报纸、期刊、图书、研究报告或其他发布的文档中复制文章；通过电子邮件发送在线文章或 PDF 文件；在公司或学术机构网站、内网、外网上张贴数字信息；在时事通讯、书或杂志上重新发表；扫描纸质材料为电子形式。CCC 按次付费许可操作简便，只需注册一个 copyright.com 账户，然后按搜索选项输入如出版者、出版物名称或 ISSN 等，即可获得与选项相匹配的结果。年度许可服务是一种目录储存管理服务，CCC 维护着一个可用于许可服务的所有作品的目录表，对整个目录表内作品的使用设定一个统一的价格，允许内容使用者在一定的时间内（通常为一年），在授权使用范围内使用目录内的任何作品。年度许可服务由 CCC 董事会的版权持有者委员会基于 CCC 管理层和第三方计量经济专家的建议制定年度许可价格，这些建议根据行业的不同或学术领域的科研强度、学生数量及被复制作品的特性、使用频率而有所变化。因此，每个领域作品的版权使用价格是不同的。年度许可服务适用于商业领域、学术领域和政府机构[1]。

---

[1] 高雪山，钟紫红. 美国版权结算中心及其版权解决方案：期刊转型不可忽略的保值增值途径[J]. 中国科技期刊研究，2013，24（4）：619-623.

这是集体授权体系，其特征是自愿性和非独家性。如果出版社授权给 CCC 之后，又同其他版权组织签订协议并不受影响。同 CCC 签订的协议折中了各方的观点，是一次性的标准化协议，标准化的条款适应大家的要求，但也可以进行有限的调整，不局限于任何一种特殊的形式。协议要能融入版权持有者的现有工作流程，最好是融入想获取版权的这一方的流程，这样让整个流程运行起来很顺利，对于内容使用者来说更便捷，只需要在该平台上进行一次性采购就可以获得使用权，同时也提高了版权持有者的授权效率。授权给 CCC 以后，如果进行标准化运作，版权持有者不用参与，直接收取版费即可。

此外，CCC 还有一种电影版权的授权，该授权是 2012 年 CCC 同另一家专门经营电影版权的公司合作推出的，主要用于公司的员工在做 PPT 报告时或者是在报告的内容中使用电影和电视节目中的一小部分内容。

（四）适时调整解决方案

CCC 为用户提供授权解决方案，这是其存在的价值所在。CCC 会根据整体发展状况不断地推出新的解决方案，其用户遍布全世界，包括 3.5 万多家商业性企业和政府机构、2000 万的企业员工和政府雇员。CCC 与用户签约后，会将一种软件直接安装在经常使用其内容并且需要授权的员工计算机终端上，版权持有者与它合作等于直接进入这些计算机终端，完成版权持有者与内容使用者的对接。此外，还有与之合作的 1000 多家高等院校。

实际上 CCC 的平台上没有内容，只有许可，如一本书的书名、书号、出版者、语言的下面是可以使用的授权方式，并不是将内容放在网站上让人们下载，而是用户已经获得这本书，需要在 CCC 网站获取授权才可以合法使用。CCC 只是一个授权，其年度协议有两个方向：一是通过印刷和数字的形式面向商业性的机构、企业和政府等；二是面向学术机构。

此外，CCC 开发的产品——内容所在地直接授权受到许多国外的出版社的欢迎，这些出版社可以使用该产品来管理其授权，便于授权收费和转账。CCC 与版权持有者签约后，CCC 会为版权持有者开通一个账户，让签约者自己管理授权。

CCC 在不改变其确立的工作流程下帮助出版社或者其他的版权持有者将内容浏览者变成其客户，帮助他们在不增加任何投入的前提下从新的渠道获得一部分收入。CCC 的理念是希望给愿意守法的内容使用者提供一种渠道，让他们很容易地获得自己需要的内容，而且能够很方便地向版权持有者支付费用。

三、英国"版权集成中心"

互联网技术的发达及互联网革命所带给人们的阅读和文化消费方式的改变，使版权消费呈现出两极分化趋势：围绕数字化技术的文化类商品，如数字游戏、数字音乐和数字图书等的消费量大幅提升，而传统的文化类，如单机游戏、磁带音乐和纸质图书等销售量却大幅下滑或者停滞不前。近年来，在 Web 2.0 等互联网技术的助力下，文化生产方式持续变革，导致现有版权制度与文化产业发展的冲突愈演愈烈。各国政府纷纷采取行动，确保版权制度与文化生产方式的升级相协调，以促进创新与经济增长。作为世界文化产业模范国，英国政府于 2010 年提出建设"在线版权交易平台"战略，以期解决网络时代的版权授权困境，此举引起了美国与欧洲国家的高度关注。虽然版权的在线交易并不新鲜，但这项名为"版权集成中心（Copyright Hub）"的计划的确引人关注[①]。

近年来，国际版权保护力度不断加强，在一定程度上影响了公众的信息获取。为了平衡版权人与公众的利益，加拿大、美国、英国、澳大利亚等国近年来都对原有的版权限制制度（或称版权例外制度）进行了改革。其中，英国版权局于 2014 年年初向议会提交了版权法修改议案，主要涉及对版权例外制度的修订。

（1）经议会批准，该修改法案自 2014 年 6 月 1 日起正式实施。

（2）本次修订几乎重构了英国的版权例外制度[②]，包括九项内容的修订：① 私人复制例外；② 研究及个人学习例外；③ 文本和数据挖掘例外；④ 引用例外；⑤ 滑稽模仿例外；⑥ 残障人士获取无障碍格式版本例外；⑦ 教育使用例外；⑧ 保存及收藏例外；⑨ 公共管理例外。这些制度变革代表着国际版权制度发展的最新趋势。

第二节 国际版权贸易形式

国际版权贸易主要包括版权许可和转让的直接版权方式，也有间接的转口贸易及评价褒贬不一的平行进口贸易。其中，版权许可和转让是主流的国际版权贸易方式。

一、版权许可与转让

国际版权转让和使用许可指的是与版权有关的经济权利的转让与许可，它不包括版权的精神权利。

版权许可使用是指版权人在版权保护期内，许可他人在一定期限、范围内以一定方式使用其作品，版权人因此得到一定的经济利益，实现版权财产权利的一种法律行为。版权许可使用实际上是一种特殊的财产租赁关系，它是版权人行使权利的一种方式：版权人可以许可他人行使其财产权中的一项或者多项权益。版权许可使用制度在版权立法中具有重要意义。版权立法特别强调版权的专有性，强调保护作者因为创作而产生的这种垄断权；版权立法要通过保障权利人行使许可权而实现其版权，而通过许可他人使用作品，作品得到广泛传播和利用。

一般来说，可依据不同的划分标准进行版权许可使用合同的分类。

（1）按照版权人准许作品使用者使用其专有权利的内容来划分，可将版权许可合同

[①] 季芳芳，于文. 在线版权交易平台的创新趋势及评价[J]. 编辑之友，2013（7）：109-112.
[②] 胡开忠，赵加兵. 英国版权例外制度的最新修订及启示[J]. 知识产权，2014（8）：73-78.

分为"一揽子"合同和单项授权合同。版权"一揽子"合同是指将作品的全部使用权（项）一并许可他人使用。版权单项许可合同是指版权人将自己作品中的某一项权利许可他人使用。

（2）按照版权人授权使用的范围，可以将许可合同分为独占许可和非独占许可两种。版权独占许可合同是指版权人在一定的范围、期限内将作品的权利只授予一个被许可人，被许可使用人垄断使用该作品的权利而签订的合同。它排斥版权人自己。版权非独占许可是指版权人在同一范围、时间内将作品的权利同时授予若干被许可人，被许可使用人取得非专有使用权利而签订的合同。

（3）按照作品的使用方式不同可将版权许可合同分为出版合同、表演合同、播放合同、录音合同、录像合同、制作合同、翻译合同、改编合同等不同类型。

（4）按照授权许可的人数划分，可将版权许可合同分为单独许可合同和集体许可合同。有时作品的使用涉及多项权利、多个使用者，如表演者、录音制作者、录像制作者、播放者、网络传播者等，如果每个使用者都要与版权人签订各种许可合同，对于版权人和众多的作品使用者来说都很不方便，于是产生了集体许可证贸易（Collective Licensing）。为了在版权许可证贸易中减少转让中的麻烦及减少原作版权人在行使自己版权时的麻烦，使比出版、翻译、制片等数量更大的版权许可贸易活动能够开展，在实践中产生了集体许可证贸易。此种贸易中的许可合同分"一揽子合同"和"中心组织许可合同"两种。

（5）根据国家版权行政管理部门的指导权限不同，可以将版权使用合同划分为标准合同和示范合同。这种划分不是版权许可使用合同发展的方面。

版权许可使用版权是附属于一个被创造的原创作品上的法律权利集合。这些权利使得版权所有者能对其材料实施某种控制行为（如制作它的拷贝），从而防止他人未经其许可而使用材料。这种行为具有排他性，能够将他人排除在对版权材料实施相同行为的范围之外。版权的持有方可以是个人或组织（企业或政府），而且能够像其他产权方式一样来对版权进行出售或许可。版权许可是一种资格允许：版权拥有者向某人授予一种或多种对于版权材料的排他性权利，但许可并不能将版权的归属转让给另一个人——它只是授予行使某种权利的权限。从公共物品的角度来看，版权许可使用可以是排他或非排他。在排他的许可下，被许可方是唯一能够在许可权利范围内使用材料的主体（甚至将版权持有者排除在外）；非排他许可则意味着授予一种或多种权利，但并未将版权持有者或其他被许可方排除在外[①]。

什么是版权转让？版权转让又叫作版权的后继归属。版权是一种民事权利，是一种私权，是一种绝对权，它如同其他财产权利一样，可以买卖、交换、赠予、遗赠等。版权一旦转让，就意味着：① 权利主体发生了变更；② 版权受让人可取得版权的所有权（非使用权）和处分权；③ 版权转让后，版权受让人同时取得了作品的物权，是一种准物权性质的买卖；④ 版权受让人有权排除包括版权人在内的其他人行使其版权；⑤ 在版权转让中，受让人获得的是版权的价金（而非作品使用费）；⑥ 一旦发生版权纠纷，版权受让

---

① 陈美. 澳大利亚公共部门信息再利用中的版权保护：基于多元公共行政观的视角[J]. 情报理论与实践，2014，37（5）：130-135.

人成为诉讼的当事人。

所谓版权转让合同是指版权人在版权保护期内，许可他人在一定期限、范围内以一定方式取得版权财产权的全部或部分，版权人因此得到一定的版权商品价金，实现版权财产权利的一种法律行为。国际版权的转让有部分转让和全部转让两种。部分转让，即由著作人通过签订合同转让著作权中部分经济权利；全部转让，即卖版权。但一些国家的版权法中禁止全部转让，因为全部转让既包括了经济权利（即财产权），又包括了精神权利（即人身权），也就是说，著作人只能转让作为经济权利的财产权的一项或多项，而不能转让作为精神权利的人身权。

二、版权转口贸易

版权输出是指将本国所生产或加工的版权商品（包括本国拥有的版权劳务）输往国外市场进行销售的对外贸易活动。在进行对外贸易活动时，常常会遇到两个都有"出口"二字，但含义有所不同的概念，应注意它们的区别：其一为净出口。这是专指同类版权商品的出口量大于同类版权商品的进口量的部分。其二为复出口贸易。这是指买进外国版权商品后未经复制、加工又输出到外国的版权贸易活动。版权引进是指将外国所创作、生产或加工的版权商品（包括外国拥有的版权服务）购买后输入本国市场的版权贸易活动。

版权转口贸易是为了区别于版权商品生产国与版权商品消费国直接买卖版权商品的直接贸易行为而提出来的。它是指版权商品生产国与商品消费国因某种原因不能直接进行版权产品买卖，而须通过第三国进行版权商品交易的买卖活动。第三国不仅是中介人的身份，而且也是货主，也要通过此类版权交易获取利润，这种形式就是版权转口贸易。第三国参与此类活动，必须经过版权产品的价值转移活动——买和卖，但不一定要经过版权产品的实物转移，可以不经过本国而对版权商品进行生产国与消费国的直接运输。

三、版权平行进口

版权平行进口是指某项知识产权已获进口国法律保护，且知识产权人已在该国自己或授权他人制造或销售其知识产权产品的情形下，该国未被授权的进口商从国外知识产权权利人或其被许可人手中购得该产品，并进口至其国内销售的行为。平行进口问题是基于知识产权的地域性特征而产生，而跨国公司差别定价所导致的相关产品在国内外市场的巨大价格差异则是平行进口产生的根本原因。由于平行进口的商品并非假冒伪劣产品，且在国内市场上价格更有吸引力，所以常常会获得更多消费者青睐。如此一来，面对平行进口商品在国内的"同质竞争"，版权权利人常常无法收回开发或受让版权所支付的巨额前期投资，其经济利益受到巨大损害[①]。

[①] 张丽. 版权平行进口中利益冲突与平衡探析：从约翰·威利父子集团诉苏巴普·基尔特桑谈起[J]. 出版发行研究，2014（11）:

第三节　主要版权贸易内容

出版业的全球化有三种方式：出版物的跨国贸易、版权贸易、出版组织的跨国发展。出版物的跨国贸易开始得最早，也最为普遍。出版物的跨国贸易促进了其他国家目标读者群的逐步扩大，当读者群形成一定规模，版本的翻译引进工作便显得更为重要，版权贸易便随之而生。出版物贸易与版权贸易这两种形式仅仅属于跨国贸易范畴，不涉及出版组织和人力资源的跨国流动，关系简单明了，因此大多数人不将之视为出版组织的跨国经营。

一、图书版权贸易

1896 年，英国牛津大学出版社在美国纽约设立分社，成为世界出版组织跨国发展的最早案例。据统计，截至 2005 年 7 月，全世界出版 13 282 余种报纸，全球报纸日发行量达 4.5 亿份，中国、美国和英国三个国家的新书出版种数都超过了 20 万种，占世界人口 75% 的发展中国家报纸占有量为 30%，书籍种类占有量为 26.5%。有统计数据表明，世界七大工业强国的总人口加起来不到全球人口的 10%，但是却拥有世界日报总数的 38.5%，每千人日报拥有量为 286 份，为世界各国平均值的 3 倍。书籍种类数百万人拥有量，发达国家为 507 种，发展中国家仅为 57 种。在全世界跨国流通的 100 本书籍中，有 85 本是从发达国家流向发展中国家的[①]。

图书版权贸易与图书贸易的区别主要有两个方面，最根本的是有形财产权与无形财产权的区别。版权贸易是无形财产权贸易，版权贸易的主体著作权人对其作品所拥有的权利不会因为作品载体的转移而转移。读者购买了该书，并不因此拥有了该书的著作权。图书贸易是有形财产权贸易，随着载体的转移，该载体所涉及的物权也随之转移。

从贸易主客体角度看，还有许多区别，如版权贸易的主体是著作权人，著作权人在同一时间里一般是固定不变的"一个"（不是指一个人，可以是多个人），其行使贸易权利的时间一般是作者有生之年加死后 50 年（欧美一些国家目前已增加到死后 70 年）。图书贸易的主体，从数量上说，有多少个载体（多少本书）就可能有多少个物权人。从物权行使时间看，只要载体（图书）存在，进行物权交易的权利就随之存在。

从本质上讲，图书版权贸易也属于贸易行为的一种，只不过其贸易的对象是作者创作的包含在其作品中的无形的经济权利。图书版权贸易较之于一般实物贸易具有明显的特殊性，正是这种特殊性决定了其交易的主体、客体、方式等与一般实物贸易具有很大的差别。因而，总结以上这些特点，可以给出图书的版权贸易的定义：图书版权持有者与使用者通

[①] 李怀亮，闫玉刚，罗兵，等. 国际文化贸易教程[M]. 北京：中国人民大学出版社，2007：132-134.

过有偿转移包含在图书版权中的某项或几项财产权而进行的经济活动。也就是说,只要图书权利人通过版权的许可或转让获得了相应的利益,就认为这属于版权贸易行为。只是与一般贸易不同的是,版权贸易出售的是著作权人对自己的作品所拥有的经济权利[①]。

概括地讲,国际版权贸易产生与发展源于两个方面的原因:一是社会技术经济,尤其是印刷技术与音像电子传播技术的发展;二是国际版权保护的立法进程。19 世纪末以来,版权意识逐渐萌生,旨在保护版权的国内法已经产生。国际文化交流日益频繁,但对外版权贸易随着国际文化交流日益频繁,1886 年 9 月,英国、法国、德国、意大利、比利时、瑞士、西班牙等国家在瑞士首都伯尔尼召开了历史上第一次国际著作权会议,通过了《保护文学艺术作品伯尔尼公约》(以下简称《伯尔尼公约》)。这是世界上第一个国际版权公约,使国际版权贸易有了法律基础,促进了国际版权贸易的兴起与发展。美国当时的出版业及作品数量与欧洲发达国家相去甚远,参加公约对美国不利,因而当时未在公约上签字。第二次世界大战后,美国的科技水平和经济实力发展很快,超过了所有资本主义国家,文艺和科技作品数量猛增,出版商、电影制片商和音像制作商都迫切需要谋求海外市场。但因美国不是《伯尔尼公约》成员国,其作品在英国、法国等欧洲国家得不到保护,这直接影响了美国的利益。而当时处于经济高速发展期的美国,其图书市场需求旺、潜力大,英国、法国、德国等欧洲国家也希望其作品能打入美国市场。这样,经过数年磋商,1952 年,在联合国教科文组织的召集下,五十多个国家代表在日内瓦讨论通过了《世界版权公约》(Universal Copyright Convention,UCC)。当时,法国、德国、美国等四十个国家在公约上签了字。这使得世界两大版权市场——欧洲市场和美洲市场连接了起来,使国际版权贸易得到进一步发展。

自 20 世纪 90 年代以来,随着数字网络技术的发展及知识经济的兴起,现代国际版权贸易的发展进入繁荣时期。同其他经济现象一样,版权贸易也受到数字技术的影响。例如,美国出版商协会(American Association of Publishers,AAP)引用了 2014 年的一项研究,估计 32%的美国人拥有电子阅读器,自 2011 年以来增长的电子阅读器占其 45%。2009 年,电子书销量同比增长了 176%。因为这些快速的格式变化,随着时间推移,衡量行业财富收入的更好方式是版权收入,而不是具体出售图书的册数。

各国涉外版权贸易进入了一个新的发展阶段。数字技术对图书版权销售的影响在两个方面:① 数字版权形式的图书销售收入占比增大。《2019 年 WIPO 知识产权指标报告》(*World Intellectual Property Indicators 2019*)显示,2018 年包括美国、德国、意大利在内十四个国家的贸易和教育部门的图书版权收入达到 425 亿美元[②]。其中,美国图书版权收入最高,达到 233 亿美元,英国、法国分别达到 54 亿美元和 30 亿美元。日本在线版权的图书销售收入占比为 24.5%,瑞典为 23.2%,美国为 19.4%。② 在线渠道的图书销售收入占比也趋向增加。如英国图书的在线渠道收入占比过半,已经高达 51.5%,美国为 41.6%,

---

[①] 杨婷婷. 近十年(2004—2013 年)我国图书版权贸易研究[D]. 北京:北京印刷学院,2014:2.
[②] 十四个国家分别为美国、德国、英国、法国、巴西、土耳其、比利时、挪威、捷克、芬兰、丹麦、塞尔维亚、冰岛、阿塞拜疆。

巴西为 25.5%。从该报告中的十四个国家图书贸易在线收入指标看，美国收入仍为最高（162 亿美元），日本（84 亿美元）、英国（32 亿美元）和法国（21 亿美元）紧随其后。英国数字图书版权收入占图书销售收入已经过半（51.5%），美国在线图书销售收入占比为 41.6%，巴西占比为 25.5%，瑞典占比为 23.5%。另外，需要说明的是，儿童图书占贸易收入的 27.9%，儿童图书版权也会成为未来图书版权贸易的主要类别。

当前图书版权贸易发展的新趋势是国际合作出版。国际合作出版作为跨国出版的手段，必须适应不同国家、不同体制甚至不同文化的需要，具有版本合作（Co-edition）、图书包（Packager）、选题合作（Title Cooperation）、印刷外包（Printing Outsourcing）等各有利弊的多种方式[①]。

目前许多畅销书只需要引进或输出版权，而后在版权引进国进行翻译即可获得较高收益，但也有许多图书在使用该方法时并不能取得很好的收益。如语言学习型图书，这类图书就需要进行一定程度的本土化翻译，而引进或输出这类图书仅靠引进国的翻译费时费力，等到翻译结束，市场上对该类图书的热度已经减少或市场份额已经被其他出版社或公司瓜分完毕。此外，一些图书的许多内容和版面设计并不符合其他国家读者的阅读和学习习惯。由于各国的教育体制等方面也有诸多不同，按照一国的教育体制设计的图书内容和预期效果在另一国很可能根本就无法实现。同时，直接引进翻译也不容易被引进国的读者适应，市场效果一般不会太好。而如果为了适应本国的习惯而对该类图书进行改编，则不是简单的修订那么容易就能解决的，很可能要进行全书框架性或结构性的调整，这无异于重新编写一本图书。目前许多国外的出版社不授权影印原版，而只授权原版销售，该版权进入中国市场后可能不允许被翻译，而除了极个别的专业性读者有需求外，一般读者都不会购买，这样就很难在市场上销售。因此，这时进行合作出版就很有必要。在出版之前就针对目标国读者群进行有计划的编写，共同策划选题、内容，省时省力，又可以获得较高收益。合作出版的基本流程是：国内和国外的出版社在就某一计划合作出版的图书达成意向后，双方各自负责一部分，最后再合在一起统稿。当目标为国内市场时，由于国内出版社更熟悉国内行业和市场情况，而国外出版社在组织作者、版面设计、内容编写等方面更有优势，所以通常国内的出版社负责对国内的市场进行调查研究，而后将编写方案、目标读者、市场上同类图书的情况以及计划出版的图书的相关要求等发送给国外出版社，国外出版社接到这些内容后开始物色编写队伍，同时保持与国内出版社的沟通，及时反馈信息并将修改方案告知国内出版社。这样一来，经过一段时间的沟通基本就可以写出样稿。而后国内出版社可以将样稿送给提前组织的专家以及部分读者提出意见，并将其反馈给国外出版社，这样最后基本可以成稿。在成书完成后，通常由国内出版社负责国内部分的销售，国外出版社负责其他国家和地区的销售。这样一本合作出版的图书从编写到最后发行就基本结束了[②]。

[①] 罗小卫，张兵一. 国际合作出版方式利弊分析[J]. 出版发行研究，2016（6）：86-89.
[②] 宋建刚. 中国图书版权贸易逆差研究：以马克思国际价值理论为视角[D]. 天津：天津财经大学，2013：14-15.

二、影视版权贸易

当前正在经历一场由数字化和全球化的双引擎驱动的全面革命。数字技术和互联网正在改变影视节目的融资、制作、发行、推广、付费和消费方式,也影响着影视版权贸易。

电影版权交易在国际电影贸易链中占据极为重要的位置,尤其是具有轰动效应的知名影片的国际版权商业价值甚至要高于电影票房。美国每年有 70 亿美元的国内电影票房收入,其年均份额仅占全国电影产业总收入的 27%,其余为版权转让和相关衍生商品收入。目前全球商业价值最高的 50 个 IP 几乎都来源于美国和日本,其中诞生于 1996 年的《精灵宝可梦》是全球价值最高的 IP,版权方收入达 950 亿美元。而排名第 50 位的《火影忍者》收入也达到了 101 亿美元,也就是说,全球 50 个知名 IP,每个 IP 的单独收入都超过 100 亿美元。反观全球的电影票房市场,虽然 2019 年达到了破纪录的 425 亿美元,但仍可显见影视 IP 市场开发潜力巨大。细分来看,在排名前 10 的 IP 中有 5 个是迪士尼公司所有,这也从数据上印证了迪士尼在全球 IP 授权开发领域的统治地位。迪士尼公司成立于 1923 年,起初为动画卡通电影制作公司,创作出流行至今的米老鼠、唐老鸭、白雪公主、狮子王等经典形象,此后迪士尼公司不断拓展业务,成为多元化的全球影视公司,截至目前,全球票房前 20 名的电影中有 11 部出自迪士尼公司。例如,《泰坦尼克号》的全球票房收入为 7 亿美元,而其电影版权和附属产品(包括影碟、唱片甚至船模)的销售收入达到了 15 亿美元。2004 年,《十面埋伏》的制作方新画面公司分别以 1.15 亿元人民币和 8500 万元人民币,向哥伦比亚电影公司和华纳电影公司出售了《十面埋伏》在北美地区和日本地区的发行权。《十面埋伏》海外版权卖断收入超过 2 亿元人民币,远远超过了《十面埋伏》1.53 亿元的国内票房[1]。宝莱坞只是印度电影产业的一部分,其他电影业分布在孟买以外的不同地区,影片中的语言多达二十多种。宝莱坞占据了印度大部分票房,同样,宝莱坞的电影也是印度出口最多的。宝莱坞电影的国际市场占有率大约为 2.5%。这一数据比欧洲的要高,但与美国约 50%的市场占有率相比仍然是很低的。宝莱坞电影在出口方面的竞争力主要是价格[2]。

电视版权贸易从 20 世纪 70 年代兴起的电视电续剧版权为主发展到如今的电视节目模板贸易方式更为普及,这种现象已经引起各国越来越多的文化传媒集团、单位的广泛关注,也有越来越多的学者对这一贸易形式的发展历程、发展现状进行研究。"电视节目模式"是一个非常宽泛的概念,包括了节目的中心创意和一系列技术的、艺术的、经济的以及商业的信息,因而,电视节目模式远远超过了作为一个构思和想法的范围。就原创的节目模式而言,它规定了整个节目的进程,体现了节目独特的创意。此外,每天通过电视和互联网向观众提供电视节目和进行商业开发,这也构成了节目模式的独特之处。电视节目模式

---

[1] 董晓常. 中国电影:2005 行至拐点[J]. 互联网周刊, 2005 (13).
[2] 弗雷德里克·马特尔. 主流:谁将打赢全球文化战争[M]. 刘成富, 房美, 胡园园, 等译. 北京:商务印书馆, 2012:204.

成为版权法的客体符合版权扩张的要求。从历史的角度看,版权一直呈现扩张的趋势。这在很大程度上是技术,特别是传播技术不断发展的结果。技术的发展以及传播渠道的增多产生了新的客体,各国一直都很注意扩张自己的版权以适应技术带来的变化。电视节目模式同样也是传播技术发展的产物。并且,电视节目模式国际贸易的逐渐扩大,说明其具有被市场认可的产业价值。版权法的目的之一,就是保护被市场认可的产业资源。所以,电视节目模式符合版权扩张的要求,应该成为版权法的客体[①]。

另外,针对电视模板贸易,也有学者从地域角度分析。世界各区域在全球化进程中发挥着重要作用,因为绝大多数自由贸易协定的范围都是区域性的。截至2020年9月,有306个区域贸易协定(RTAs)和许多双边贸易协定,它们也包括《亚太贸易协定》(Asia Pacific Trade Agreement,APTA,仅针对商品贸易)、《西非国家经济共同体条约》(Economic Community of West African States,ECOWAS,仅针对商品贸易)、《欧洲共同体条约》(Economic Community Treaty,也被称为《罗马条约》)和《北美自由贸易协定》(North American Free Trade Agreement,NAFTA)。这些贸易协定均在与邻国进行贸易中发挥优势,包括可以打破贸易壁垒的共同语言或文化(欧洲除外)。这些语言或文化共性形成了地理语言区域,从而促进文化产品交流(Sinclair et al,1996),同时也在电视模板交易中起着重要作用。新兴国家的模板贸易更有可能传播到同一地区的另一个市场,而不是世界其他任何地方。韩国以家庭为导向的模式在中国做得很好,因为这两个国家共享儒家的敏感性。对乔·哈利勒来说,正是共同语言之美吸引了来自中东各地的观众观看《百万诗人》等节目。众所周知,拉美的电视广播跨越了拉丁美洲的边界,现在以模板贸易方式出现。但各地区之间也存在着明显的差异:无论是在行业(本地企业的区域合作程度、泛区域参与者的数量和规模等)还是在内容(如跨境媒体流量)方面,其传媒业都处于不同的整合阶段。要精确衡量这些指标,还需要进一步的研究,但欧洲似乎在业务整合和合作方面领先于其他地区:欧洲拥有数量最多的跨国模板制作商,本地公司之间的合作已经成为一种惯例。在其他地区,次区域市场正显示出一体化的迹象,如以英语为母语的非洲和阿拉伯海湾地区。在内容方面,本地格式在欧洲、拉丁美洲传播得很好,并且开始在亚洲传播。在中东,最初的少数人正在跨越边界。在某些地区做生意比在其他地区更难。在非洲和中东(或至少部分地区),当地电视制作人面临着看似无法克服的挑战,从大规模盗版到武装冲突。相比之下,北美市场的规模、开放性和竞争力令人瞩目。格式贸易的跨国性质给新兴市场带来了巨大的机遇。西方电视制作专业不能简单地说扔掉产品,开始新的一年。他们需要了解每个市场,更重要的是,与当地企业合作,开发和生产他们的模式。这产生了知识转移和文化交流,并加强了南北之间的关系。由于格式在其本国和毗邻地区更容易传播,电视模板贸易也有可能对南南贸易做出贡献。事实证明,电视模式并不是西方国家统治的"特洛伊木马",但也不是将周边国家转变为世界领先的创意中心的魔术棒。对于支持其创意经济并采取措施将其创意部门融入世界媒体体系的地区来说,它们所代表的是

---

① 陈笑春. 外国案例形成的电视节目模式版权认定原则及其运用[J]. 电视研究,2014(8):20-22.

一个被抓住的机会①。

三、游戏版权贸易

游戏产业是一个依托现代信息技术，特别是电子技术、计算机硬件与软件技术和网络通信技术的新兴文化产业。计算机游戏作为文化领域的重要组成部分，是继出版和电影之后的巨大市场。2010年度游戏软件市场为230亿美元，主要由北美、欧洲、日本构成，比例分别为108亿美元、93亿美元、28亿美元，和往年大致持平，北美和欧洲占了约90%。2019年，全球游戏市场达到1515.5亿美元。按构成来分，亚太地区，尤其东南亚是全球游戏产业的最大市场。其中，中国成为近年来增长最快的游戏市场②。2019年中国游戏产业实际销售收入为2330.2亿元，其中，移动游戏市场实际销售收入突破1513.7亿元，端游市场实际销售收入为616.9亿元，页游市场进一步萎缩到97.5亿元，单机游戏市场则大幅上涨到6.4亿元③。

（一）日本游戏版权国际贸易

日本内容产业出口主要依靠游戏，但近年来的形势不容乐观。在21世纪初期，日本的便携式游戏机和游戏软件在世界市场上占有重要地位。2018年12月5日，日本动画协会公布的一项调查结果显示，2017年日本动漫产业市场规模达到2.15万亿日元，创历史最高纪录，比上年增加大约1600亿日元。调查发现，动漫市场规模创纪录的重要原因是动漫游戏在中国的流行，以及动画播放在日本国内外都十分活跃，整条产业链各个行业互相影响、互相联系，通过动漫版权和各行业的紧密联系形成运作良好的产业链④。

日本动漫的海外推广就是突出案例。日本外务省利用每年"政府开发援助"中的"文化无偿援助资金"，从本国动漫制作商手中购买动漫播放版权，无偿提供给发展中国家播放，等这些国家的青少年对"免费午餐"形成依赖后，再实现正常的动漫出口贸易。这种推广策略，使日本动漫的国际市场占有率一度达到60%⑤。为加大日本对"海外"的宣传，促进和维护对外关系，外务省通过海外办事处和国际交流基金会积极向海外宣传日本文化和价值观。近年来，日本传统艺术、动漫作品、服装等一些流行文化元素相继成为日本文化外交的主要手段。2007年设立的"国际漫画赏"（the International MANGA Award）、2008年开始举办的"动漫文化大使"（时任外务大臣高村正彦为《哆啦A梦》颁发了任命书）都具有代表性⑥。

---

① 肖叶飞. 电视节目版权贸易的问题与策略[J]. 声屏世界，2014（7）：44-46.
② Global Gaming Industry: Growth, Trends and Forecast 2020-2025
https://www.prnewswire.com/news-releases/global-gaming-industry-growth-trends-and-forecast-2020-2025-301042773.html
③ 林蕾. 中国游戏产业发展与潜力分析[J]. 市场研究，2020（5）：65-69.
④ 肖海，江舒. 日本动漫版权保护对中国网络文学版权保护的启示[J]. 大连师范学院学报，2020，40（2）：58-66.
⑤ 申险峰，渠培娥，李成浩. 世界大国（地区）文化外交（日本卷）[M]. 北京：世界知识出版社，2013：138-139.
⑥ 申险峰，渠培娥，李成浩. 世界大国（地区）文化外交（日本卷）[M]. 北京：世界知识出版社，2013：129.

（二）法国游戏版权国际贸易

法国目前有 1100 多家与游戏相关的公司，游戏产业在各类文化产业中居第二位，仅次于图书产业，甚至领先于电影和音像产业。法国把游戏看作集合信息工程、数字编程以及绘画、设计、音乐、制片等多个领域的集合体①。2019 年巴黎圣母院发生大火，法国政府决定对其重建后，发售于 2014 年的法国游戏《刺客信条》可帮助修复这座历史建筑。这款游戏讲述 18 世纪法国大革命时期的虚构故事，游戏角色可在巴黎圣母院的内部和外部攀爬。

法国育碧公司（Ubisoft）是世界一流的电子游戏公司，为欧洲人所有。和它的竞争对手美国艺电公司和动视以及暴雪有限公司（后两家公司现属于法国龙头企业维旺迪集团）情况相同，育碧公司的收益也在迅速增长。电子游戏产业经济上的成功很大程度上得益于网络游戏数量的迅速增长、"多玩家"游戏产品的订购和新一代游戏机与互联网的完美组合。Xbox360（美国微软公司的第二代家用游戏机）、Playstation3（日本索尼的第三代家用游戏机）和 Wii（日本任天堂的第七代家用游戏机）都是真正的多媒体产品。鉴于育碧公司和维旺迪游戏公司的成功，法国公司从此成为世界的领先者。

在电子游戏产业，"法国手笔"的成功是相对的。正如贝塔斯曼与兰登书屋出版社、索尼与哥伦比亚广播公司的关系一样，法国人或许拥有最重要的一些电子游戏制作公司，但并不意味着它出品了那么多的法国游戏。和育碧公司的情况一样，法国的维旺迪游戏制作公司亦如此，它在 2007 年收购了游戏巨头美国动视有限公司和加利福尼亚暴雪娱乐公司（著名大型多玩家在线游戏《魔兽世界》的制作商）。无论是与育碧或暴雪游戏公司合作开发电子游戏，还是与百代唱片（英国投资的一家一流的唱片公司）或环球音乐集团（隶属于法国维旺迪集团）共同推广音乐，欧洲人都很少出产真正属于欧洲主流文化的东西。从最佳的角度看，这些德国、法国或者英国的跨国企业创造出能够供给国内市场的"民族化"物资财富和服务（但他们即使在欧洲范围内也很少出口）；由欧洲百代唱片和环球音乐集团驻当地代表得知，一切与艺术创作有关的事务均由纽约、迈阿密或者洛杉矶分公司处理，巴黎或者伦敦几乎从不参与。为了解决这一现状和欧洲人"共同"文化的脆弱性，通常是高品质的、受大众喜爱的民族文化并不"出口"他国，而无所不在的美国文化却成为其他国家文化的"其余部分"。这里不是指艺术或者历史文化，更不是指由文化承载的价值观，而是指文化产品、大众文化和青年文化②。

在欧洲，除法国外，波兰拥有近 300 家游戏公司，最有代表性的《巫师》《消逝的光芒》就诞生于此。《巫师》系列改编自波兰著名作家安杰·萨普科夫斯基的奇幻小说作品《猎魔人》。《巫师》系列是波兰"国宝级"游戏，该国总理于 2011 年将《巫师2》作为官方礼物赠给时任美国总统奥巴马，可见这款游戏对波兰的重要意义。德国目前也有超过 600 家游戏公司，政府支持游戏中植入民族文化，如游戏《大航海家》中，玩家在模拟特

---

① 青木. 欧洲游戏产业进入 3.0 阶段[J]. 环球时报，2020-04-17.
② 弗雷德里克·马特尔. 主流：谁将打赢全球文化战争[M]. 刘成富，房美，胡园园，等译. 北京：商务印书馆，2012：340-344.

定历史场景时，会对汉萨同盟这一商业联盟有所了解。德国政府还在许多重要文化纪念活动中推出游戏，如 2017 年是宗教改革家马丁·路德提出"95 条"500 周年，德国专门为此制作了一款寓教于乐的游戏。先有休闲类《愤怒的小鸟》，接着有战争类《部落冲突》。在芬兰，游戏甚至成为国家形象代言人。2020 年，芬兰游戏业的总销售额预计将突破 10 亿欧元。其中，《愤怒的小鸟》对这个北欧国家意义重大：芬兰航空开通"愤怒的小鸟"国际航班，坦佩雷市还打造首家"愤怒的小鸟"主题公园。文化学者韦斯特曼认为，游戏不仅被看作信息技术的实力，也已经被看作一个国家的文化实力。未来，游戏的文化植入会更被重视。

（三）美国游戏版权国际贸易

美国占据电子游戏领域的全球领先地位（艺电、R 星、动视暴雪和暴雪娱乐等全球著名公司），法国（育碧）和加拿大位居其后，至于印度、中国和拉美国家，则成为电子游戏技术开发领域最具吸引力的国家。除了欧洲和亚洲外，所有参与竞争的国家和地区都在实行国家扶助电子游戏产业的模式。无可争议的行业老大——美国——也是这样。所有国家都在保护它们的企业，国家补助有直接补助和间接补助两种方式。美国最高法院在 2011 年将电子游戏视为一种艺术，电子游戏产业可以利用《美国宪法第一修正案》受到言论自由的保护[①]。

游戏产业的数字化转型随处可见。在北美，开始区分"视频游戏"（严格意义上的电子游戏）和"计算机游戏"（在个人计算机或其他计算机上运行的电子游戏）；有时，还会增加一个"社交游戏"的类别，将专门为社交网络设计的游戏纳入其中。总体而言，将全部设备支持都算上，电子游戏市场如今超过了音乐市场和电影市场。一方面，电子游戏软件今后都可从网上下载或者存在流媒体模式，实体电子游戏商店注定消失。它们在其他个人计算机与苹果个人计算机之间的不同也将淡化。另外，网飞和声破天的包月模式在电子游戏产业得到发展（这已经是线上游戏"多人作战模式"的核心，例如暴雪娱乐公司的《魔兽世界》）。一度是关键媒介的电子游戏经销商，在数字化时代将变得没有用处，因为这个时代将是虚拟发行平台的天下，例如苹果商店、谷歌商店、亚马逊，尤其是斯蒂姆（Steam，一个数字游戏社交平台）——都是美国公司。随着智能手机、互联网流媒体和云端游戏质量的改进，家用游戏机的体验失去它的吸引力。移动社交网络将取得一部分市场份额（脸书超过 15%的营业额与电子游戏有关）。

从长远来看，在游戏生产和发行领域，这个转变为非美国电子游戏和独立公司打开了新的发展空间。电子游戏市场可能会像智能手机市场那样，贡献多样化态势，甚至可以看到围绕特定内容的市场发展，越来越细化，越来越本土化（Gree 推出手机游戏和手游开发商工合在线（GungHo Online Entertainment）就能说明这一点）。电子游戏产业整体仍然是非常美国化的，开发电子游戏的成本非常之高，动辄数千万美元。再者，美国人在这个领

---

① 弗雷德里克·马特尔. 智能：互联网时代的文化疆域[M]. 左玉冰，译. 北京：商务印书馆，2015：280-281.

域确实技术出众,在全球市场处于领先主导地位[①]。2019 年全球排行前 10 的游戏公司中,美国公司占据半壁江山(微软、苹果、动视暴雪、谷歌、EA),日本公司有三家(索尼、任天堂和万代南梦宫),中国的腾讯和网易分别位列第一名和第七名。

从图书版权贸易、影视版权贸易到游戏版权贸易,涉外版权代理制均是版权贸易的主要手段。实现能够从版权贸易途径配合版权宗主国国家文化战略实施,推动版权文化产品国际输出,扩大国际市场占有率,从而有助于体现国家意志在国际文化交流场域的表达力,获得文化全球话语权,增强国际竞争文化资本优势。涉外版权代理制是国际版权贸易高度市场化和产业化的结果,强调版权代理机构作为主体之一,处于市场中心地位,在版权宗主国和输入国的被代理人授权范围内,对国际版权文化产品及资源进行整合协调,以版权被代理人名义从事对被代理人产生权利、义务的,包括版权许可使用与转让、版权法律咨询、版权权益保障、资产营销管理等在内的版权贸易业务活动。英美等国利用涉外版权代理制提升国家文化国际影响力的前提条件是拥有强大的版权文化产业支撑,其能够提供数量庞大、高品质的供全球文化市场消费的版权文化产品,为国家价值观念提供多样化负载平台,使得涉外版权代理机构能够在国家意志主导下将数量众多、价值观念明晰准确的版权文化产品输入国际市场,提升国家文化影响力。美国的 ASCAP(the American Society of Composers, Authors and Publishers)和英国的 CLA(the Copyright Licensing Agency)都曾在国家文化战略中起到了重要的行业协调作用,因此我国可借鉴国外经验,积极发展内生性版权代理集体管理组织,以便于从行业整体价值观层面保证对利用版权代理制进行国家文化国际影响力提升策略实施的承载性。

案例/专栏

知识产权强国建设下的中国版权贸易

中国政府和企业越来越重视知识产权保护。知识产权为中国发展成世界第二大经济体提供了重要支撑,也成为中国企业走向国际市场的竞争法宝。

(一)中国加快知识产权强国建设[②③]

中国已经启动面向 2035 年的知识产权强国战略纲要的制定工作。完成重新组建国家知识产权局工作,实现专利、商标、原产地地理标志集中统一管理。版权工作由中央宣传部统一管理。知识产权审查质量和审查效率持续提升,商标注册平均审查周期缩短至 6 个月,高价值专利审查周期压减 10%,全年累计减免专利费用 58.6 亿元。

一是知识产权保护全面加强。2008 年,中国制定《国家知识产权战略纲要》,把保护

---

① 弗雷德里克·马特尔. 智能:互联网时代的文化疆域[M]. 北京:商务印书馆,2015:289.
② 袁于飞. 中国加快向知识产权强国转变[N]. 光明日报,2018-04-08(1).
③ 蒋建科. 我国知识产权强国建设稳步推进[N]. 人民日报,2019-04-29(12).

知识产权提升为国家战略。十余年来，中国在知识产权保护方面付出了巨大努力，有效地营造了稳定、公平、透明、可预期的营商环境。IBM（中国）有限公司知识产权法律经理郑闽迦说："中国的知识产权战略实施带动了专利法、商标法等一系列法律法规的完善，还有标准相关的法律以及反垄断、反不正当竞争相关的法律法规都在进行改进，往好的方向发展。"专利法修正案草案通过全国人大常委会第一次审议，草案明确建立侵权惩罚性赔偿制度，大幅提高侵权违法成本。积极推进著作权法修订，启动商标法修订，《专利代理条例》《植物新品种保护条例》完成修订，制定《"互联网+"知识产权保护工作方案》。38个部委开展对知识产权（专利）领域严重失信行为的联合惩戒。2019年，中共中央办公厅、国务院办公厅印发了《关于强化知识产权保护的意见》。

二是知识产权创造量质齐升。截至2018年年底，国内（不含港澳台）发明专利拥有量达到160.2万件，同比增长18.1%，每万人口发明专利拥有量达到11.5件。2018年，PCT（专利合作约定）国际专利申请受理量达到5.5万件，同比增长9.0%。国内有效商标注册量达到1804.9万件，同比增长32.8%。马德里商标国际注册申请量达到6594件，同比增长37.1%。据世界知识产权组织发布的《2018年全球创新指数报告》，我国排名升至全球第十七位，成为唯一进入前20强的中等收入经济体。世界知识产权组织近日公布的数据显示，在全球前15个原属地中，我国PCT国际专利申请年增长率达13.4%，是唯一取得两位数增长的国家。而且自2003年以来，中国PCT国际专利申请的年增长率都高于10%。PCT国际专利申请量全球排名第二和高年增长率反映出近年来中国知识产权整体实力的提升，也说明中国知识产权的含金量很高。2017年，我国国内发明专利拥有量和发明专利申请量都突破了100万件，中国正在从知识产权大国加速向知识产权强国转变。

三是知识产权运用效益明显提升。随着中国知识产权环境的不断改善，中国逐渐成为全球最为重要的市场之一，知识产权在中国市场的价值也在不断提高。2017年，我国知识产权使用费出口额首次超过40亿美元。这显示我国知识产权的价值在全球也得到越来越多的认可。2016—2018年，我国知识产权使用费出口额累计115.1亿美元，提前实现"十三五"专项规划目标。2018年，专利、商标质押融资总额达到1224亿元人民币，同比增长12.3%。评选中国专利金奖和外观设计金奖40项、版权金奖20项。累计核准地理标志保护产品专用标志使用企业8179家，相关产值逾1万亿元人民币。

四是知识产权经验有助于开拓国际市场。越来越多的中国企业逐渐掌握了运用知识产权的经验，出现了很多拓展国际市场的成功案例，如华为、中兴等。2017年，华为公司与中兴通讯分别以4024件PCT国际专利申请和2965件PCT国际专利申请占据了PCT国际专利申请人前两名的位置。中国美国商会发布的《2018中国商务环境调查报告》显示，在华的美国企业认为中国投资环境正在改善。受访企业一致认为，近年来中国知识产权保护方面的执法力度保持稳定或有所提升。而随着外商投资环境的持续优化，越来越多的外资企业将目光瞄准中国这个有着无限商机的世界第二大经济体。数据显示，2017年，全国新设立外商投资企业35 652家，同比增长27.8%；实际使用外资金额8775.6亿元人民币，同比增长7.9%。

五是知识产权国际合作不断深入。如今，我国正在从知识产权大国向知识产权强国转变，加强国际知识产权合作，从国家层面推动专利走出去是其中重要的一环。第十届金砖国家知识产权局局长会议在成都召开，签署了联合声明，将进一步加强金砖国家在知识产权领域的合作；另外，我国与柬埔寨签署了关于知识产权合作的谅解备忘录，确认中国有效发明专利可在柬埔寨登记生效。中国发明专利权人通过这一途径可快速、便捷地在柬埔寨获取专利权及相关保护。成功举办 2018 年"一带一路"知识产权高级别会议。积极参与世界知识产权组织、世界贸易组织框架下的多边事务，深化与国际植物新品种保护联盟等国际组织合作，推动完善知识产权国际规则。与世界知识产权组织合作建设技术与创新支持中心。专利审查高速路（PPH）合作伙伴增加到 28 个。我国有效发明专利正式在柬埔寨登记生效，专利审查结果在老挝直接得到认可。在第十届金砖国家知识产权局局长会议上，中国国家知识产权局局长申长雨，巴西国家工业产权局局长路易斯·奥塔维奥·皮门特尔，俄罗斯联邦知识产权局局长戈利高里·伊夫利耶夫，印度专利、外观设计和商标局局长欧姆·帕卡什·古普塔，以及南非公司与知识产权注册局局长罗伊·沃勒共同签署了《金砖五局关于加强金砖国家知识产权领域合作的联合声明》。声明指出，保持紧密合作符合金砖国家的共同利益，有利于营造促进创新和可持续发展的环境，并推动知识产权在新兴经济体中的发展。金砖国家将在法律法规、能力建设、知识产权意识提升、培训、知识产权信息、知识产权国际论坛协调、金砖合作机制建设七大方面进一步开展信息交流及合作。

（二）中国版权产业和版权贸易持续向好[①]

2018 年中国版权产业的行业增加值为 6.63 万亿元人民币，同比增长 9.0%；占 GDP 的比重为 7.37%，比 2017 年提高 0.02 个百分点。中国版权产业在国民经济中的比重稳步提升，总体规模进一步壮大。

党的十八大以来，国家版权局和地方版权行政部门全面贯彻落实中央各项决策部署，综合运用法律、政策、行政等手段，推动中国版权产业实现较快增长。2013—2018 年，我国版权产业的行业增加值已从 4.27 万亿元人民币增长至 6.63 万亿元人民币，产业规模增长了 55%；从对国民经济的贡献来看，中国版权产业占 GDP 的比重已由 2013 年的 7.27% 提高至 2018 年的 7.37%，提高了 0.1 个百分点，占比呈逐年提高的态势。作为创新驱动发展的重要推动力，版权产业对我国转变经济发展方式发挥了重要作用，为我国经济高质量发展提供了有力支撑。新闻出版、广播影视、软件、广告与设计等新业态加快融合发展，推动核心版权产业快速发展。2018 年中国核心版权产业行业增加值已突破 4 万亿元人民币，达到 4.17 万亿元人民币，同比增长 9.30%，占全部版权产业的比重达 63%，对版权产业发展的主体作用更加明显。

中国版权产业就业规模持续扩大，在促进就业增长、推动外贸出口方面发挥了积极作用。2018 年我国版权产业的城镇单位就业人数为 1645.53 万人，占全国城镇单位就业总人

[①] 于帆. 中国版权产业增加值占 GDP7.37%[N]. 中国文化报，2020-01-07（7）.

数的 9.53%，比 2017 年提高 0.05 个百分点，对促进就业、维护社会稳定发挥了重要作用。中国版权产业对外贸易稳中向好，2018 年我国版权产业的商品出口额比 2017 年增长 5.66%，尤其是随着近年来我国对外贸易宏观调控力度的不断加大，版权产业的商品出口额已实现连续两年增长，在全国商品出口总额中的比重稳定在 11%以上。

（三）未来重点实施对网络版权的严格保护

依法治国的根本要求，也是版权保护的内在逻辑，需要做到"四个保护"：在力度上加强保护、在范围上全面保护、在程度上适当保护、在效果上有效保护。要积极推进《著作权法》的第三次修订，引入惩罚性赔偿措施，从法律制度上解决版权保护中存在的举证难、周期长、成本高、赔偿低、效果差等问题。就网络版权产业健康发展问题，要继续推进网络版权产业业态快速发展，促进区域网络版权产业协调可持续发展，推动网络版权产业形态创新发展。

"剑网 2019"专项行动自 4 月底开始到 10 月底结束，开展 5 项重点整治：一是深化媒体融合，发展版权专题保护。严厉打击未经授权转载主流媒体新闻作品的侵权行为，严肃查处自媒体通过"标题党""洗稿"方式剽窃、篡改、删减主流媒体新闻作品的行为，依法取缔、关闭一批非法新闻网站（网站频道）及微博账号、微信公众号、头条号、百家号等互联网用户公众账号。二是严格院线电影网络版权专项整治。严厉打击影院偷拍盗录及通过网盘、微博、微信、淘宝等渠道传播盗版影视作品的行为，着力规范点播影院、点播院线在放映、发行活动中的版权秩序，大力整治通过将服务器设在境外传播盗版影视作品的非法活动。三是加强流媒体软硬件版权重点监管。严厉打击 IPTV（即交互式网络电视）、OTT（互联网电视）及各类智能终端等流媒体硬件和各种流媒体软件、聚合类软件非法传播他人作品的行为，严厉打击通过电子商务平台销售各种破解版、越狱版 OTT 产品的行为。四是规范图片市场版权保护运营秩序。严厉查处图片公司通过假冒授权、虚假授权等方式非法传播他人作品的侵权行为，着力整治图片公司在版权经营活动中存在的权属不清、滥用权利、不正当维权等违法违规行为，推动相关企业合理合法维权，构建健康有序的图片市场版权秩序。五是巩固网络重点领域版权治理成果。对短视频、有声读物、知识分享、网络直播等平台继续强化版权治理，巩固网络影视、音乐、文学、动漫、应用商店、网盘等领域取得的治理成果。

（四）"一带一路"相关国家开展版权贸易

中国新闻出版研究院日前发布《"一带一路"国际出版合作发展报告》。报告显示，截至目前，我国已与 83 个"一带一路"相关国家开展图书、电子出版物、网络文学等方面的版权贸易，占与我国签署共建"一带一路"合作文件国家总量的近三分之二。

作为"一带一路"国际出版合作发展系列报告的第一卷，该报告选取了 21 个"一带一路"相关国家和地区，并对各国的相关政策法规、图书出版、报刊出版、数字出版、全民阅读等情况进行整体梳理。同时，收集了多个典型案例，从不同角度展现我国在"一带一路"国际出版合作方面的成果。

报告显示，2016—2018 年，我国与"一带一路"相关国家签订版权贸易协议数量的增幅达86.5%，我国对"一带一路"相关国家的版权输出数量占版权输出总量的比例由41%增加到55%。目前，我国与"一带一路"相关国家的出版业合作广泛开展，合作国家遍及亚洲、欧洲、非洲、大洋洲、北美洲和南美洲。

基于参与丝路书香工程、中国图书对外推广计划、中国图书走出去基础目录库等出版走出去工程实施工作的长期积累，中国新闻出版研究院编写了该报告。研究团队发现，由于受到政治、经济、文化等因素影响，"一带一路"相关国家的出版业区域发展很不平衡；国内出版机构响应"一带一路"倡议，与"一带一路"相关国家掀起交流合作的热潮。同时，在合作过程中也出现顶层设计需与行业发展进一步适应、人才需快速补充等问题，需进一步统筹规划、科学管理、有序推进。

作为国内"一带一路"研究的重要组成部分，报告是目前出版领域第一次以国别方式对合作国家进行系统性研究的尝试，将对我国读者全面了解"一带一路"相关国家情况，掌握其出版领域管理方式、发展状况、市场情况，寻找未来合作机会提供有益借鉴。

【思考与讨论】
1. 中国知识产权保护或版权保护的特征是什么？
2. 中国"一带一路"的版权贸易特征是什么？

本章小结

- 图书版权贸易与图书贸易的区别主要有两个方面。最根本的是有形财产权与无形财产权的区别。版权贸易是无形财产权贸易，版权贸易的主体著作权人对其作品所拥有的权利不会因为作品载体的转移而转移。读者购买了该书，并不因此拥有了该书的著作权。图书贸易是有形财产权贸易，随着载体的转移，该载体所涉及的物权也随之转移。

- "经营版权"是指版权经营者依法买卖版权，从中获取利润的经济活动。具体一点就是出版者以某一价格从他人手中购得某一作品的版权，然后又以某一价格将这一作品的版权卖给另一版权经营者，从而获取利润。"经营版权"是经营版权产业经济的基本手段、基本途径、基本方法。

- 版权许可使用是指版权人在版权保护期内，许可他人在一定期限、范围内以一定方式使用其作品，版权人因此得到一定的经济利益，实现版权财产权利的一种法律行为。版权转让合同是指版权人在版权保护期内，许可他人在一定期限、范围内以一定方式取得版权财产权的全部或部分，版权人因此得到一定的版权商品价金，实现版权财产权利的一种法律行为。

- 版权转口贸易是区别于版权商品生产国与版权商品消费国直接买卖版权商品的直接贸易行为而提出来的。它是指版权商品生产国与商品消费国因某种原因不能直接进行版权产品买卖，而须通过第三国进行版权商品的买卖活动。

▶ 版权平行进口是指某项知识产权已获进口国法律保护,且知识产权人已在该国自己或授权他人制造或销售其知识产权产品的情形下,该国未被授权的进口商从国外知识产权权利人或其被许可人手中购得该产品,并进口至其国内销售的行为。平行进口问题基于知识产权的地域性特征而产生,而跨国公司差别定价所导致的相关产品在国内外市场的巨大价格差异则是平行进口产生的根本原因。

综合练习

一、本章基本概念

经营版权;图书版权贸易;版权许可使用;版权转让;版权转口贸易;版权平行进口

二、本章基本思考题

1. 区别图书版权贸易与图书贸易。
2. 识别国际版权贸易的特征及趋势。
3. 区别版权许可与转让、版权转口贸易、版权平行进口的版权贸易方式。
4. 理解图书版权贸易、影视版权贸易和游戏版权贸易的特征。

推荐阅读资料

1. National Studies on Assessing the Economic Contribution of the Copyright-Based Industries Series No.9.
2. 弗雷德里克·马特尔. 智能:互联网时代的文化疆域[M]. 君瑞图,左玉冰,译. 北京:商务印书馆,2015.
3. 弗雷德里克·马特尔. 主流:谁将打赢全球文化战争[M]. 刘成富,房美,胡园园,等译. 北京:商务印书馆,2012.
4. 申险峰,渠培娥,李成浩. 世界大国(地区)文化外交(日本卷)[M]. 北京:世界知识出版社,2013.
5. 李怀亮,阎玉刚,罗兵,等. 国际文化贸易教程[M]. 北京:中国人民大学出版社,2007.
6. 徐建华,叶新. 版权贸易教程[M]. 苏州:苏州大学出版社,2013.
7. "新闻出版实用知识丛书"组委会. 著作权与版权贸易[M]. 重庆:西南师范大学出版社,2017.
8. 姜汉忠. 版权贸易经略[M]. 北京:知识产权出版社,2018.

第九章 国际文化服务贸易

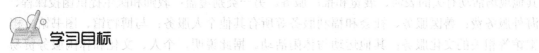

通过对本章的学习,学生应掌握如下内容:
1. 国际文化服务贸易总体特征;
2. 国际文化服务贸易分项特征;
3. 国际文化服务贸易集聚市场。

目前服务业占世界经济总量的比重为70%,主要经济发达国家的服务业比重则达75%左右;服务出口占世界贸易出口的比重为20%,而中国服务出口占对外贸易出口的比重不足10%,这表明中国服务出口相比世界总体水平既有很大差距,同时也有很大的提升空间。根据国际贸易统计分类,个人、文化和休闲服务、版税和许可证费用是典型的文化服务贸易类别;根据GATS中的条款说明,电影和音像作品是包含在文化贸易中的主要类别。其中,个人、文化和休闲服务不同于版权贸易,它主要是以过境交付和境外消费为主的贸易形式。同时鉴于包括电影版权的版权贸易内容已在前一章论述,本章则首先概括国际文化服务贸易特征,再介绍艺术表演的两个集群地及以太阳马戏团为代表的艺术表演贸易主体。

第一节 国际文化服务贸易特征

根据世界贸易组织发布的《世界贸易统计报告2019》,服务业已成为世界贸易中最具活力的部门。2005—2017年,服务贸易的增长速度快于货物贸易,平均每年增长5.4%(货物贸易同期平均增长率为4.6%)。从贸易方式看,价值7.8万亿美元(占58.9%)的全球服务贸易是以商业存在形式实现的。从贸易类别看,金融服务和分销服务实现全球服务贸易额的一半。本节将分别概述服务贸易中的文化服务贸易总体特征及包括演艺和视听服务的分项特征①。

一、文化服务贸易总体特征

本书第二章已表述,国际上目前并无对文化服务贸易的明确分类统计及权威定义。澳大利亚统计局介绍,个人、文化和娱乐服务包括视听相关服务和其他个人、文化与休闲服务。第一类别覆盖:电影制作、广播电视节目和唱片录音的相关服务;演员、制片人和导演的专业服务费;公司、电视节目、音像、多媒体和面向有限播放的多媒体音乐的发行和许可费用;体育活动宣传、组织和主办(包括支付给运动员的服务费用);与艺术表演和其他现场活动有关的表演、展览和推广服务。另一类别覆盖:教师和医生提供函授课程、海外服务费;兽医服务、社会和福利服务等所有其他个人服务;与博物馆、图书馆、档案馆等相关的文化服务;其他运动与休闲活动。据此说明,个人、文化和休闲服务贸易包括了GATS中对文化服务的定义范畴,故本节以此类服务为例,分析2005—2017年文化服务贸易的总体特征,如图9-1所示。

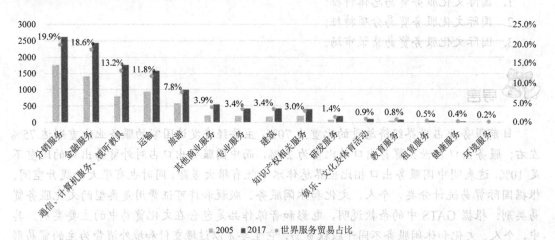

图9-1 2005—2017年依据行业划分商业服务贸易情况②

与知识产权有关的服务包括与版权复制和分销有关的费用,如计算机软件、视听资料、书籍、现场表演的广播和录音等。在移动技术和数字手段的推动下,与知识产权有关的服务贸易也在迅速增长。在过去的五年里,音乐点播和视频流媒体的繁荣,通过在线平台,已经把视听产品变成了美国知识产权相关服务出口中最具活力的部分,如图9-2所示。在创新视听产业的同时,数字化也给广告服务行业带来了一场革命。随着年轻一代的全职主播在社交媒体上影响力的不断扩大,广告正从传统媒体(如电视、广播和报纸)转向数字渠道。通过社交媒体平台、搜索引擎和网站收集的数据,可以创建自动化和个性化的广告,

---

① World Trade Organization. World Trade Report 2019[R]. WTO Publications, 2019:20, 22.
② WTO.World Trade Report 2019:the Future of Services Trade[R/OL].(2019-10-16) .http://www.doc88.com/p-3827328113156.html.

从而触及来自世界各地的潜在客户。结果，世界各地的公司越来越多地转向线上广告来推销他们的产品和服务。

图9-2　2006—2017年美国知识产权相关服务贸易出口情况①

与知识产权有关的服务还包括专利的国际使用、研发产出、工业过程和设计以及特许经营和商标。总的来说，与知识产权有关的服务的跨界贸易，估计总额为3 960亿美元，主要是发达国家之间的流动（出口的92%和进口的75%），如图9-3所示。

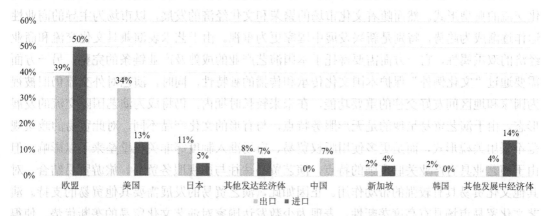

图9-3　2017年发达国家主导的世界知识产权相关服务贸易进出口情况②

然而，创新和创造力在几个发展中经济体蓬勃发展，专利申请、工业设计和商标申请均有显著增长（WTO，2018b）。2017年，数字传播、IT和电机是中国专利申请的主要技术领域，而新加坡专注于IT、半导体、制药和生物技术。在工业设计申请方面，韩国在全球排名第三，主要是在同一年的信息通信技术和视听材料方面（知识产权组织，2018）。

---

① WTO.World Trade Report 2019:the Future of Services Trade[R/OL].(2019-10-16).http://www.doc88.com/p-3827328113156.html.
② WTO.World Trade Report 2019:the Future of Services Trade[R/OL].(2019-10-16).http://www.doc88.com/p-3827328113156.html.

创新已转化为亚洲发展中国家知识产权相关服务出口的显著增长（自 2005 年以来平均每年增长 17%）。

二、文化服务贸易分项特征

国际文化服务贸易分项特征则分别以演艺服务和视听服务为例予以展开。

（一）演艺服务

演艺对外贸易因演艺的特殊性而使其在文化贸易中格外与众不同。演艺对外贸易主要是演艺的服务贸易。艺术表演对外服务主要包括两种方式：一种以资本和劳务输出模式为主，提供过境交付服务，如文艺院团的巡回演出；另一种是提供境外消费模式，主要与休闲旅游结合，作为一项旅游内容，到知名娱乐场所观看文艺演出。演艺对外贸易的核心是商业演出和演艺版权贸易，它是通过购买原作品的表演版权后，结合劳务表演，运用商业运作方式进行贸易的一种方式。例如，英国阿加莎·克里斯蒂作品在上海话剧演艺市场占有一席之地。以演出话剧为主的上海捕鼠器戏剧工作室和上海现代人剧社，找准英国阿加莎·克里斯蒂作品版权方，通过对方的版权授予与合作排演等方式，获得制作和演出阿加莎·克里斯蒂作品华语戏剧版权的独有权限，以获取版权贸易利益最大化。

长期以来，艺术演出在促进外交和国家之间交往方面被认为是重要的方式之一，是文化交流的典型形式。然而随着文化市场的繁荣和文化经济的发展，以市场为主导的商业性运作逐渐成为趋势，特别是新兴发展中国家更为重视。由于艺术表演兼具文化交流和商业经济的双重属性，它一方面需要寄托于本国演艺产业的成熟及产业链条的完整，另一方面需要通过"文化例外"保护本国文化传承和传播的独特性。同时，演艺对外交流仍旧被视为国家和地区间友好交往的重要功能，在未来较长时期内，仍将成为演艺国际交流的发展形态。由于演艺贸易呈现的是无形服务特点，与有形的文化产品不同，对此贸易的政策规范不采用关税形式，而是更多使用版权贸易、市场准入制度等非关税壁垒来予以影响。但由于演艺业具有产业关联度强的特点，演艺贸易往往与影视服务贸易、旅游贸易结合，对其他文化贸易具有较强的带动作用。正因如此，演艺贸易的发展需要其他贸易的支持。演艺文化贸易市场具有高度垄断性，表现为少数发达国家对演艺文化贸易的垄断优势，使得演艺产品与服务贸易呈现出垂直型的国际分工。演艺服务贸易在发达国家和发展中国家之间的分工呈现出严重的不平衡性，这与各国在演艺生产和服务能力、技术和资源差异、演艺市场的成熟度、各国历史文化特点、区域位置以及文化背景等方面的不同有关[①]。

（二）视听服务

本部分的视听服务主要以音乐市场和音乐唱片为例进行阐述。美国是世界最大的音乐

---

① 李嘉珊．演艺进出口：贸易标的独特属性及发展趋势[J]．国际贸易，2014（1）：57-61．

市场，虽然世界四大唱片集团（环球、华纳、索尼、EMI百代）中只有一家是美国公司，可是美国人决定着唱片行业的所有艺术策略。环球音乐公司是音乐市场的先锋，是一家法国公司，索尼音乐娱乐公司是日本的，百代音乐公司是英国的，剩下的华纳音乐公司（自从华尔街上市以来，就脱离了时代华纳，成为一家独立公司）才是美国的。这四大音乐公司占全球音乐销量的 70%，表明唱片行业如同演艺业一样，也是高度垄断行业。除了严格意义上的英伦音乐外，无论是拉美、亚洲、中东的音乐，还是非洲或者欧洲的音乐，百代唱片集团所有艺术方面的决定都是在纽约做出的。实际上欧洲的共同文化并不存在，对于欧洲人而言，唯一的共同文化便是美国文化[1]。目前，音乐市场也吸引了兴起的新技术公司，正在进驻并占据大量销售份额，苹果音乐公司最为突出（苹果以 iTunes 音乐下载工具为平台，占据美国四分之一的音乐销量，渗透到各类媒体中）。数字化似乎总是遥遥领先于唱片，而后者被迫眼睁睁看着自己走向灭亡。

国际唱片协会（International Federation of the Phonographic Industry，IFPI）创始于 1933 年，总部设在瑞士，注册办事处位于苏黎世。IFPI 是代表全世界 1300 多个唱片业制造商的国际性贸易组织，成员包含大至如 BMG、Sony、EMIhe Polygram 等国际性的唱片公司，小至发行量有限的小型独立制造商[2]。这些成员、全国性集团及其附属机构为 IFPI 的运行提供财政支持。《全球音乐报告 2019》显示，全球唱片行业继续投资于艺术家、资源和基础设施，即使在 15 年的时间里，面对大规模数字版权侵权收入下降了 40% 以上，这一点也未曾改变。通过创新和授权最广泛的数字音乐服务，世界各地的音乐市场正在发展和壮大，音乐正以新的和多样化的方式影响着歌迷。2018 年，全球唱片市场增长 9.7%。这是全球经济连续第四年增长，也是 IFPI 自 1997 年开始跟踪这一市场以来的最高增长率。其中，数字音乐已经超越实体音乐收入，占到全球音乐收入的 58.9%。在 2018 年全球音乐市场中，美国、日本、英国、德国、法国、韩国、中国、澳大利亚、加拿大和巴西依次是排名前十的国别音乐市场。

由此看出，除了音乐本身外，数字化趋势从两个方向支撑着音乐唱片的发展。一个方向是数字化本身拓宽了音乐的传播渠道，从实体音乐向版权音乐转变，版权成为音乐的核心；另一个方向是与承载音乐产品结合，也有助于音乐的传播。例如，早在 1990 年前后，索尼和松下对美国哥伦比亚和环球电影公司的收购并非偶然，这是视听领域硬件和软件之间（设备和文化产业内容之间）的"协同"战略。据统计，在日本，日本音乐占销售比例的 80%，而英文歌曲只占 20%；在韩国，流行音乐占据 80% 的国内市场份额；在中国香港，"粤语流行音乐"达到了销售比例的 70%[3]。日本人意识到不仅可以通过电子产品，而且能够通过产品和传媒的结合传达内容。日本在借鉴美国娱乐模式的同时，又在脱离美国模式，从而建立日本自己的模式来推广自己的流行音乐。

---

[1] 弗雷德里克·马特尔. 主流：谁将打赢全球文化战争[M]. 刘成富，房美，胡园园，等译. 北京：商务印书馆，2012：344.
[2] 佚名. 国际唱片协会[J]. 中国科技财富，2004（6）：61.
[3] 弗雷德里克·马特尔. 主流：谁将打赢全球文化战争[M]. 刘成富，房美，胡园园，等译. 北京：商务印书馆，2012：213.

第二节　全球艺术表演市场

以艺术表演和音乐唱片为代表的文化服务贸易呈现出的高度垄断性，不仅是由于跨国文化集团对于细分文化市场的垄断，它们也在空间上呈现一定的垄断性，这种空间的垄断性主要以产业集聚的形态存在。以演艺业为例，纽约百老汇和伦敦西区是世界著名的艺术表演集聚地，而太阳马戏团则是成功的跨国艺术表演公司。

一、百老汇

百老汇是世界知名的戏剧生活中心，就如同电影界的"好莱坞"一样代表着成功和繁荣。从地理意义上讲，百老汇指的是纽约市中心以巴特里公园为起点，由南向北纵贯曼哈顿岛，全长25千米的一条长街。百老汇剧院集中分布在百老汇大街44街至53街。从1798年第一家公园剧院在纽约成立以后，其他剧院也纷纷出现在百老汇的大街上。到了19世纪初期，百老汇就已经成为美国戏剧活动的中心。1883年，纽约最大的一家歌剧院大都会在百老汇开张。1893年，查尔斯·弗罗曼兴建了帝国剧院。1895年，奥斯卡·哈默斯坦创办了奥林匹克剧场。1900年，维多利亚大剧院和共和国剧院先后建成。当时它主要受欧洲戏剧的影响，上演维多利亚风格的经典剧，例如莎士比亚的剧目就经常被搬上舞台。几乎每一场在百老汇上演的剧目都会给剧院带来极高的票房收入。然而，许多人认为这里浓重的商业气息不利于戏剧的发展和创新。1928年，百老汇的剧院大约有70家。为了维持上演现代剧所付出的庞大开支，戏票往往在上演前几个月开始预售。

20世纪初，由于不满百老汇的商业气息，一部分戏剧界的精英离开制作费用昂贵的百老汇，到纽约市的其他地区，如格林威治村附近。他们利用附近的旧教堂、废仓库、地下室作为排演甚至演出的场所。在那里他们上演不为百老汇接受的实验性戏剧或前卫戏剧，也复演百老汇演出失败的剧目，并在导演、表演和演出风格上进行大胆探索，从而形成一个声势浩大的外百老汇运动。外百老汇的剧场一般规模较小且票价低廉，外百老汇曾经为实验性戏剧家提供了大显身手的好地方。但是20世纪60年代以后，外百老汇也逐步被商业化，效仿百老汇，走上了高成本制作的道路。外外百老汇是20世纪六七十年代开始的一场戏剧运动，运动的口号就是坚决抵制商业剧院，运动的直接诱因就是外百老汇的商业化使一部分剧作家和演员再度"外迁"。许多新作家和小剧团开始在偏僻的顶楼、地窖、酒吧、教堂等地以极低的成本演出各种实验性戏剧。演出的剧目包罗万象，演出的费用极为低廉，有的演员甚至不拿薪酬。观众来自纽约市的各个层面，但主要以大学生、市民、艺术家、剧作家为主。外外百老汇给美国戏剧的发展注入了一股新鲜血液。这时的戏剧已经不再是文化商们谋求利润的工具，也不仅仅是戏剧家们表达思想和情感的手段，而成为那些参与外外百老汇戏剧活动的各阶层人士的一种生存方式。目前外外百老汇在纽约市有

130 多个剧场。从百老汇到外百老汇再到外外百老汇，三者之间最重要的区分并不在于它们所坐落的地理位置不同，而在于经营理念和表演艺术风格的不同[①]。

美国百老汇戏剧产业创造了大量的财富，据百老汇联盟统计，2018—2019 年百老汇剧院演出 737 周，观众 1477 万，上演新剧 38 部，创造了 18.29 亿美元的票房。据美国非营利性职业剧院的行业协会——戏剧交流协会（Theatre Communication Group）调查，行会包括外百老汇与外外百老汇在内的全美 2117 家剧院全年票房收入仅为 8.1 亿美元，演出场次达 18.7 万场，上演新剧 17 000 部，接待观众 3000 万[②]。百老汇对纽约经济的影响不仅在于票房创造的价值，还包括提供就业岗位。据百老汇联盟统计，2018—2019 年，百老汇为纽约经济贡献了 147 亿美元票房收入，其中 85 亿美元是游客贡献的，占所有观众的 65%。其中，国内游客数量由 1999 年的 340 万增长到 2019 年的 680 万人次[③]。

如果把美国的演艺业比作一座冰山的话，那么百老汇的商业剧目可以算作冰山露出水面的 1/9，而非营利性剧目则是藏于水下的 8/9。它们互相配合、协作共同构成了美国繁荣的演艺业[④]。

即使是在经济衰退期，百老汇的上座率也始终保持稳固。其中，游客发挥了巨大作用。在纽约时报广场 2010 年 9 月的百老汇户外音乐会上，纽约市市长迈克尔·布隆伯格曾赞扬百老汇音乐剧吸引了大批观众和游客，每年为纽约市经济贡献 110 亿美元，创造 8.6 万个工作机会。根据美国百老汇联盟公布的 2011—2012 年度报告，百老汇在该年度共卖出 1230 万张剧票，其中外地游客购买比例多达 63.4%。在全部观众中，国际游客也创纪录地占到了 18.4%。因为游客源源不断地涌入，近年来，百老汇连传统的淡季（通常在春季演出季）也已消失不见。2013 年 1 月，百老汇保持了一派热闹景象：声名在外的伦敦音乐剧《玛蒂尔达》、美国罗杰斯与哈姆斯坦恩戏剧团队的电视音乐剧《灰姑娘》在此进行舞台预演；另有一些新的戏剧、音乐剧作品也在这里找到落脚点并轮番上演；更多的是一些重复演出的经典剧目，这些符合游客口味的流行剧目长期"霸占"着百老汇的舞台，如《妈妈咪呀！》《泽西男孩》等剧目，几乎是每个来百老汇的外地游客行程表上的"必看项"。2013 年 4 月，百老汇还上演音乐剧《摩城》，这是一部向贝里·戈迪和他开创于 20 世纪 60 年代的黑人流行乐奇迹"摩城之音"致敬的作品。从"摩城"走出了包括迈克尔·杰克逊、莱昂纳尔·里奇等在内的一代巨星，因此，这部音乐剧的观众基础十分深厚。

然而，令美国戏剧界人士担忧的是，百老汇目前这种被游客推动的繁荣可能掩盖了深层次的问题，即新剧目的创作空间在很大程度上被压缩了。特别是一些新推出的正剧，虽然娱乐性不那么强，又缺乏名气，但对于探索戏剧艺术发展来说至关重要。如果仅仅依据上座率来排剧，这些作品很可能因为不被游客买账而沦为市场的牺牲品。

[①] 齐征阳. 百老汇 外百老汇 外外百老汇[J]. 世界文化, 2009（10）: 46-47.

[②] 范煜辉. 美国百老汇戏剧产业启示录[J]. 文艺争鸣, 2010（11）: 53-55.

[③] The Broadway League. The Demographics of the Broadway Audience NYC 2018—2019[R/OL]. https://www.theproducersperspective.com/my_weblog/2020/01/the-demographics-of-the-broadway-audience-2018-2019.html.

[④] 黄河清. 美国百老汇运作模式及其启示[D]. 长沙: 中南大学, 2011.

目前，百老汇正在尝试通过邀请好莱坞电影明星加入舞台剧演出来扭转这一状况。有制作者认为，演员名单中出现一个大明星，能帮助新剧目更快、更容易地推向市场，因为对许多游客来说，去百老汇看演出不只是为了顶级的艺术享受，也可作为特殊的"旅行纪念品"带回家与其他人分享，看电影明星加盟的舞台剧是个很棒的谈资。此前，美国著名演员艾尔·帕西诺的加盟就让《大亨游戏》成为热门剧目，好莱坞女星斯嘉丽·约翰逊领衔、2013年1月17日开演的舞台剧《热铁皮屋顶上的猫》，观众期待度也颇高。

同为尝试之一的新剧《死账户》遭遇滑铁卢，证明仅靠明星的个人魅力来宣传新剧风险不小，未必能挽救游客追逐热门剧目的趋势。事实上，曾获奥斯卡提名的人气女影星杰西卡·查斯坦的加入，也没能帮助剧目《女继承人》实现大卖。值得注意的倒是百老汇2012年两部最卖座音乐剧——《报童》和《曾经》，虽然没有起用任何大明星，但宣传画上的金字招牌——美国戏剧和音乐剧最高奖"托尼奖"获得者却催生了票房。看来，来自专业领域的肯定可以成为百老汇好的大众营销工具，若想冲破游客们的"固定思维"，拿个有分量的奖，这不失为一条出路[①]。

二、伦敦西区

伦敦西区（West End）是与纽约百老汇齐名的世界戏剧中心，是表演艺术的国际舞台。西区剧院位于伦敦市最繁华的中心地段之一，在这个方圆1英里左右的区域，聚集了近50家剧院，它们都是伦敦剧院协会（Society of London Theater，SOLT）的会员。伦敦剧院协会官网（http://www.solt.co.uk/）公布的数据显示，2018年全英国的剧院总计上演了6万多场演出，吸引观众3400万人次，票房收入高达12.8亿英镑（约合112.7亿元人民币）。其中，伦敦西区贡献了"半壁江山"——观众超过1550万人次，票房收入7.6亿英镑（约合67亿元人民币）[②]。在世界经济并不景气，英国政府又大量削减文化资助拨款的境况下，西区戏剧表演产业仍能带来如此巨大的经济效益和文化影响力，难怪伦敦市市长和伦敦剧院协会会长宣称伦敦乃"世界戏剧之都"。西区剧院的另一种、占绝大多数的是自负盈亏的商业剧院，生存是它们的首要问题。它们相对规模较小，多上演热门的音乐剧和话剧。为了节省成本，它们会让一些剧目在固定剧院常年上演，形成了西区特色的驻场模式。同时许多成功的剧作，每年约有上百种，通过全球巡演模式在海外上演，为英国带来巨大的声誉和外汇。西区剧院的驻场、巡演模式聚集的规模效应和扩散的关联经济效益，形成一种"聚"与"散"的双轮驱动式经济模式，带动整个伦敦经济大发展。以西区为核心的伦敦表演产业中，每天的从业人员包括3000名表演者，6500名除了表演外的全职工作者，5000名兼职者，还有5000名媒体记者和剧评人。戏剧产业本身就提供了大量的就业岗位。根据伦敦旅游局统计，伦敦每年迎来的世界游客当中，大约有25%都会冲着西区"世界戏剧之都"的名声去看戏。密集的剧院群不仅为周边地区形成完整的配套产业，而且增强

[①] 黎骁宇. 百老汇：已被游客市场"挟持"太久[N]. 中国文化报, 2013-01-31（10）.
[②] 张代蕾. 徘徊在伦敦西区的新"魅影"[J]. 环球, 2019（10）：54-57.

了自身的核心竞争力。它们不会因为聚集导致恶性竞争或同质退化，反而形成了良性的表演艺术生态和区域性的文化繁荣，剧院的平均上座率高达70%以上。产业的聚集让每个剧院在产品制作的每一环节上，如剧目的选择、资金的投入、制作的精良、演员的挑选等，尽量做到精益求精。产业的聚集向演员、导演和制作人等展现了一个更为广阔的产业舞台和梯级的晋升通道。同时也便于产品的宣传和购买。这种聚集所形成的文化品牌效应大大增加了一个城市和一个国家的文化软实力。伦敦西区并没有一枝独秀的大型豪华剧院，而是由四五十个其貌不扬的中小剧院所形成的剧院群，在它们的外围散落着更多的实验性小剧场，这种由聚集同时向外扩散的梯级剧院群的结构形成了一种良性的文化生态，既有利于产业本身的发展，也融入了人们的日常生活，其文化价值和经济贡献远超过一个功能齐备、规模宏大、装饰奢华的国家大剧院。相比于大剧院，中小剧院的运营成本更低，从而降低了商业剧院的生存成本，产品能更具多样性，票价能更低廉，从而让剧场表演真正成为人们日常生活的一部分[①]。

西区剧院演出活动每年能创造数亿英镑的产值，为英国提供了数万个就业机会，并连锁性地带动相关产业的发展，其在经济发展中的重要性自然不会被英国政府所忽视。早在1988年，英国政策研究所发表的一篇题为《艺术对英国经济发展的重要性》的研究报告中就曾指出，艺术领域完全可以同其他领域一样为经济发展起到重要作用，因此认为政府应拿出钱来扶持和引导这一领域的健康发展。实际上，英国政府多年来每年在艺术领域投入一定数额的指导性拨款中，伦敦西区剧院所享有的份额都是最高的。这些资助对戏剧表演艺术的创作，特别是带有一定风险的尝试性创新，起到鼓励和推动作用，也是英国戏剧艺术长盛不衰的动力源。在西区，伦敦剧院协会管理的49家剧院中，除了5家剧院常年享受政府资助外，其余的则是以自负盈亏为主的商业剧院，虽然规模较小，但是因为数量多，它们为当地创造了很多的就业机会和经济效益[②]。

三、太阳马戏团

太阳马戏团于1984年由一群街头表演者创办，在创立的最初两年，它并未出现在加拿大艺术理事会的资助名单中。但从1986年起改变经营方式后，连年盈利，演出地区遍及全国。1987年成功到美国巡演，声名大振。因此，在1988年，太阳马戏团不仅获得了加拿大艺术理事会的资助，还获得了当时加拿大通信部长亲自批准颁发的200万加元的特别资助。除了从政府银行得到无息贷款外，政府对太阳马戏团的最重要的奖励是以1加元的价格将城市消防队的原址卖给太阳马戏团作为其办公大楼，可见政府的支持给予了太阳马戏团在国际市场上起飞的巨大推动力[③]。

太阳马戏团三十多年的创业史就是蓝海战略中的经典案例。他们取消了传统马戏团的

[①] 应小敏. 伦敦西区的繁盛对中国戏剧产业的启示[N]. 戏剧，2015（2）：46-56.
[②] 戴拥军. 金融危机下伦敦西区剧院的运作之道[J]. 中国戏剧，2009（2）：62-64.
[③] 曹晓宁，高霈霆. 解密太阳马戏团[J]. 杂技与魔术，2007（3）：37-39.

动物表演，成为唯一一家没有马戏的马戏团；取消了中场休息时间叫卖的小贩，从而为观众创造一个优雅的观赏环境；经过剔除和减少，马戏的魅力归结为帐篷、小丑、经典杂技表演三个关键元素，帐篷的外观富丽堂皇、内部舒适惬意，小丑从幽默闹剧转向迷人高雅，杂技和其他惊险刺激的表演增添了艺术的气息。与此同时，太阳马戏创新了表演的方式和内涵，增加了音乐、舞蹈、体操、武术、戏剧等元素，并且在舞台设计、灯光、服装、造型等方面精益求精。太阳马戏团运用增加和去除的创新方法，进行产品创新和客户创新，开拓新的市场，使太阳马戏团彻底甩掉了原有的竞争，如入无人之境般地创造了一片无竞争的蓝海。1987年年底，太阳马戏团摆脱了债务，并与华特迪士尼公司签下合作协议；1988年在美国巡演，盈利数百万美元；从1990年开始，这支年轻的团队逐步在欧洲巡演，他们的大篷变成了2500座的豪华帐篷，拥有全新的布景、精美的服饰；1994年起，太阳马戏团在美国、加拿大、巴西、哥伦比亚、荷兰和新加坡等地设立分部，世界各地最优秀的青年（包括奥运冠军在内）都以加入他们的马戏工作为荣；目前，太阳马戏团的技术力量已达到相当规模，包括900名演员在内的全团3000多名职工分别来自44个国家，他们长年带着11台节目在130多个城市巡回演出，年营业收入达到10亿美元，利润率高达25%；截至2006年，太阳马戏团在全世界推出13种不同类型的演出，由4个不同的演出团队把同样的演出带到世界各地，上座率高达95%，并获得过包括艾美奖、戏剧桌奖、斑比奖、ACE奖、菲里克斯奖和蒙特利尔金玫瑰奖等在内的各种国际演艺界重要奖项[①]。迄今为止，世界各地已有330多个城市进行巡演[②]。

太阳马戏团作为加拿大最大的演艺产品出口企业，对内容、剧目的排演要求十分严格，并已形成独有的表演性劳动创作流程。每次创意都遵循：灵感到来—分析市场—市场可行性报告—剧目创作—运营的基本模式[③]。太阳马戏团于1986年在温哥华举办的世博会、2005年7月蒙特利尔XI FINA世界水上冠军赛、2007年2月超级杯XLI赛以及温哥华2010公开赛制作开幕仪式上的演出，甚至第74届奥斯卡颁奖典礼也邀请太阳马戏团为其制作节目。2006年太阳马戏团推出DELIRIMUM音乐节，随后太阳马戏音乐公司成立。这是一家致力于创作、制作和营销与现有的和将来的太阳马戏团演出相关音乐的唱片公司。2010年，太阳马戏团与已故流行天王迈克尔·杰克逊的基金会签署协议，推出以迈克尔·杰克逊为主题的马戏节目[④]。根据协议，迈克尔·杰克逊基金会和太阳马戏团对演出收入实行五五分成，并均摊创作和演出费用。迈克尔·杰克逊基金会还将收取演出涉及的所有迈克尔·杰克逊歌曲的版税。太阳马戏团的产业链不仅已经向最高端延伸，也不仅是输出产品，而是开始输出理念、创意、标准和设计。虽然太阳马戏团的核心业务是演出，但形成品牌效应的"太阳马戏"在衍生品的开发方面已形成相当规模。太阳马戏团有着专业的衍生产

[①] 杨速炎. 蓝海战略 太阳马戏团崛起的秘笈[J]. 中关村，2007（10）：42-45.
[②] 林航，陈颖. 体验经济视角下中外跨境文化演出实践比较：以太阳马戏团与中国杂技团为例[J]. 北京城市学院学报，2018（1）：64-72.
[③] 陶陶. 浅谈通过表演性劳动降低传播中的文化折扣：以"太阳马戏团"为例[J]. 中国科技投资，2013（26）：177-178.
[④] 2013年，太阳马戏团推出马戏表演《迈克尔·杰克逊：不朽》《迈克尔·杰克逊：独一无二》，分别于2011年和2013年首演。

品团队，设计师同样来自世界各地，他们研制了 2000 多件不同类型的产品、设计服饰、配件、礼物、精细艺术品和手工艺品等各个种类，供全球的太阳马戏观众挑选①。在过去的三十几年间，它从加拿大蒙特利尔的一个 73 人演出公司，发展成为年收入 10 亿美元、员工超过 4000 人的娱乐公司。然而，在 2012 年，太阳马戏团遭遇第一个没有盈利的年份。2014 年，其创始人拉利伯特向媒体披露，正寻找买家，出售太阳马戏团。2015 年 4 月，这个加拿大国宝级表演团体对外宣布，中国的复星集团和德州太平洋集团（TPG Capital）通过交易获得了它的多数股权。收购完成后，TPG 资本将持股 60%，中国复星集团持有 20%的股份，加拿大第二养老基金魁北克储蓄集团持股 10%，拉利伯特家族信托基金持有剩余 10%的股份②。2015 年 6 月 17 日，太阳马戏团与杭州新天奇签约，常驻杭州，于 2018 年正式开演。演出规模和形式与全球其他城市并无二致。

凭借震撼、豪华的舞台表现和对传统马戏表演的颠覆性诠释，太阳马戏团在世界上得到广泛认可，"太阳马戏团的成功主要得益于长效机制的建立。"中国旅游演艺联盟理事长梅洪说，"一方面，太阳马戏团建立了规模较大、较完善的人才数据库，包括我国吴桥的优秀杂技人才都被收录在里面，数据库每年还会补充更新，当进行产品研发时，就可以通过数据库在全球范围内选择最合适的人才来完成项目。另一方面，太阳马戏团成立了具有决策权、人事权、财务权的艺术委员会，保障了工作的高效运转。在这两个机制的基础上，太阳马戏团主要采取驻场加巡演模式，取得了良好效果。"③

案例/专栏

我国文化服务贸易"含金量"提升

（一）我国服务贸易"含金量"提升④⑤

作为全球服务贸易的第二大国，2018 年，我国服务贸易金额达到 7919 亿美元，成为对外贸易发展的新动力。2019 年 1—10 月，我国服务贸易进出口总额达到 4.4 万亿元人民币，同比增长 2.6%。值得一提的是，我国服务贸易一直以来都处于逆差状态，而 2019 年 1—10 月，由于我国出口型服务贸易竞争力的普遍增强，逆差下降了 10.4%，逆差额收窄至 1.28 万亿元人民币。其中，知识密集型服务进出口达到了 1.51 万亿元人民币，同比增长 10.7%，个人文化娱乐服务等延续快速增长态势，服务贸易"含金量"进一步提高。

亮点 1：服务贸易比重上升空间大

2019 年上半年，我国服务贸易占对外贸易总额的比重达到 15.1%，比 2018 年全年高

---

① 黄介农. 太阳马戏团动态信息研究[J]. 杂技与魔术，2010（5）：34-35.
② 潘洁. 揭秘：被复星集团收购的太阳马戏团为何能值 15 亿？[EB/OL]. [2015-04-29]. http://biz.zjol.com.cn/system/2015/04/29/020629325.shtml.
③ 程佳. 促进旅游演艺发展 这些国外经验值得关注[N]. 中国文化报，2019-04-12（4）.
④ 宋佳烜. 我国服务贸易"含金量"进一步提高[N]. 中国文化报，2019-12-11（1）.
⑤ 齐志明. 我国服务贸易持续向好[N]. 人民日报，2019-08-14（5）.

出 0.5 个百分点。背后动力在哪?

看国际,全球已进入服务经济时代,服务贸易比重上升,2005—2017 年,世界服务贸易占贸易总额的比重从 20.66% 升至 23.69%。看国内,服务贸易发展的内生动力不断积聚。服务业产业基础不断增强。上半年,我国服务业增加值为 24.8 万亿元,占 GDP 的比重约为 55%,比 2018 年高出约 3 个百分点;服务业增加值 7.0% 的同比增速依然高于 6.3% 的 GDP 增速。

亮点 2: 出口增速高于进口将延续

2019 年上半年服贸逆差同比下降 874.9 亿元,出口继续快于进口,增速高出进口 9.6 个百分点。逆差收窄,原因在哪?

除了运输、维护和维修服务等传统服务出口贸易对增长贡献较大外,知识产权使用费,金融服务,个人、文化和娱乐服务等行业的增速都超过了平均水平,分别达到 33%、13.9% 和 9.45%。知识密集型服务开始成为拉动服务出口增长的重要因子,离岸服务外包也继续发挥重要引擎作用。近年离岸服务外包占新兴服务出口的比重一直在 70% 左右,上半年其执行金额达 2424.7 亿元,稳步增长。上半年服务进口的下降主要是因为旅行服务进口下降 393.89 亿元,幅度较大。近年来,旅行服务进口增速放缓导致服务进口整体增速变缓。2018 年增速为 6.4%,2019 年上半年则同比下降 4.36%。中国旅游研究院预测未来五年出境游市场年均复合增长率为 5% 左右。

我国经济加速向服务经济升级,服务业占比不断提高,服务的可贸易性大幅增长,服务业对外开放步伐加快及相关政策效应显现,服务贸易比重上升空间大、前景广阔。应完善发展体制,为服务业开放提供制度保障;进一步放宽服务贸易市场准入,提高服务业国际化水平;推动服务贸易交易模式创新,重视以数字技术等为代表的新技术成果运用;重视知识产权保护,发挥市场主体的积极性。

未来,我国是否还能继续保持服务贸易逆差收窄趋势?一方面,随着我国旅行服务进口由超高速转向中高速增长的态势可能成为常态,即使其他服务领域进口仍会增长,但服务进口不会再保持 2016 年之前的高速增长状态;另一方面,在相当长时间内,服务外包将发挥我国服务出口的比较优势,同时国内服务市场有可能与服务外包一起推动服务贸易出口增长。可以预计,今后若干年我国服务出口增速高于进口的情况不会变化。同时要强调,这只能说明服务贸易逆差扩大的速度放缓,并不意味着逆差一定会收窄,2019 年上半年逆差绝对收窄可能受多种因素影响。

亮点 3: 知识密集型服务表现抢眼

当前,我国越来越多的企业在电信、计算机、人工智能、工业物联网等知识密集型服务贸易中取得漂亮成绩。2019 年上半年,知识密集型服务进出口额达 8923.9 亿元,增长 9.4%,高于服务进出口整体增速 6.8 个百分点,占服务贸易总额比重达 34.2%。为何能如此快速增长?知识密集型服务业的发展依赖研发能力和科技实力。近年来我国加大研发投入力度,研发经费持续增长,加大对知识产权的保护力度,高科技制造业迅速发展,从而使相关行业出口快速增长、进口需求旺盛。随着我国先进制造业与现代服务融合加速,生产性服务企业自主研发能力逐步提高,高附加值、高技术含量的生产性服务出口也在相应增长。未来,这些领域的高增长趋势是否能继续保持?还有哪些服务贸易行业有机会"冒"出来?电信、计算机和信息服务进出口仍将保持目前较快的增长态势。随着金融、保险和养老等行业对外开放程度的提高,预计这些领域的进口增速会加快。研发、设计以及与互联网相关的生产性服务业和文化娱乐等消费性服务业,近年来增速明显加快,未来有望成为推动服务出口的重要力量,如图9-4所示。

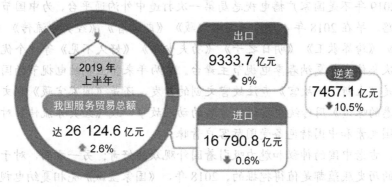

图9-4 2019年上半年我国服务贸易总体情况

2019年11月28日,中共中央、国务院印发《关于推进贸易高质量发展的指导意见》(以下简称《指导意见》),《指导意见》坚持新发展理念,坚持推动高质量发展,强化科技创新、制度创新、模式和业态创新,以共建"一带一路"为重点,大力优化贸易结构,推动进口与出口、货物贸易与服务贸易、贸易与双向投资、贸易与产业协调发展,促进国际国内要素有序自由流动、资源高效配置、市场深度融合,促进国际收支基本平衡,实现贸易高质量发展。

(二)中国原创综艺模式出海"含金量"再提升[①]

《声入人心》《闪亮的名字》《上新了·故宫》《我是未来》《熟悉的味道》《即刻电音》《超越吧英雄》——法国当地时间4月6日至11日,第56届春季戛纳电视节(MIP-TV,全球规模最大的电视节之一)在法国戛纳举行——七档中国原创模式的综艺节目登上了春季戛纳电视节的主舞台。当地时间4月7日,《声入人心》节目模式北美地区的发行合作正式签约。从"走出去"到"卖出去",中国原创综艺模式出海又迈出了坚实的一步。

1. 近年"出海"已频频

自2013年江苏卫视原创大型音乐对战节目《全能星战》和以色列知名节目模式公司合作海外模式发行(现已在越南播出)算起,《中国好歌曲》《汉字英雄》《天籁之战》等节目先后完成了"出口"。

2018年,中国原创节目模式"走出去"开始提速和升级,先是在CAA中国的促成下,浙江卫视就《我就是演员》原创节目与美国IOI公司签署模式授权协议,实现国产节目首

---

① 孙佳音. 中国原创综艺模式出海再迈步[N]. 新民晚报,2019-04-10(13).

次落地北美;年尾优酷与福克斯传媒集团正式签署合作协议,福克斯传媒买下优酷原创综艺节目《这!就是灌篮》的模式版权;近日,英国投资、制作、发行公司 The Story Lab 又购得《声临其境》综艺形式的国际发行权……可以说,曾经高度依赖海外模式的中国电视综艺行业,在自身原创和制作能力显著提升和政策、市场的引导下,完成了由模式进口到出口,由复制、抄袭到原创、输出的显著升级。

2. 传统文化是内核

其实,2019 年不是国家广播电视总局第一次打造中外沟通平台,为中国节目模式走出去到海外通路,早在 2018 年 4 月,《国家宝藏》《朗读者》《经典咏流传》《天籁之战》《声临其境》《跨界歌王》《明日之子》《功夫少年》《好久不见》等九个优秀的原创综艺模式就首次集体亮相戛纳春季电视节主舞台。从两年来登上戛纳电视节的国产节目可以看到,无论是《上新了·故宫》专注故宫文创的开发,还是《国家宝藏》在文博领域的探索,或《熟悉的味道》用传统中餐讲述背后的动人故事,或《经典咏流传》对传统诗词的深耕……中国元素和中国特色备受国际客户青睐。

一方面,古老中国的神秘和魅力吸引着国外观众的好奇;另一方面,对于大部分国家来说,深厚的历史底蕴都是值得挖掘的。2018 年,《国家宝藏》亮相戛纳电视节之际,泰国买家巴里察·斯他比达诺就曾表示,该节目通过独特的方式让比较枯燥的内容变得生动有趣,更易于理解和接受,希望泰国也能够学习这种方式。

3. 接轨国际路还长

具有中国特色的综艺节目,无论从开发的模式本身,还是从结合传统文化的内容来看,都是具有借鉴意义和推广潜力的。国际客户看中此类节目模式,实际上是看中了中国传统文化的内核。但仅有深厚的文化还不够,要实现规模化的出海,要在其他文化的土壤中落地生根,给制作方提出了更高的要求。换句话说,目前在国际舞台亮相的十余档中国原创节目模式,包括已经在东南亚和部分欧美国家合作发行的节目,在不同程度上仍存在一定的短板,与全世界范围内流行的模式(可复制到不同地区,突破文化障碍和壁垒)仍有着较为明显的差距。未来的日子里,如何使用国际通用的前沿电视语言,融入国际顶尖水平的制作理念和技术标准,打造具有中国特色且具有可复制性的节目模式,仍将是中国电视人需要不断探索的命题。(孙佳音)

(三)国产电影服务出口"含金量"提升[①]

出口影视作品、合拍电影、建立播出渠道,影视出海的进阶之路收获的不仅是观众和口碑,更像一座桥梁,在潜移默化中加深不同文化之间的相互交流,让民心更相通。

2019 年 1 月,《战斗民族养成记》在俄罗斯驻华大使馆内举办了一场影片推介会。这部电影从剧本创作到拍摄剪辑,都由中国华策影视集团和俄罗斯独立广播公司 CTC 传媒共同完成。

从单向出口影视作品,到双向文化沟通、合拍电影,华策影视集团总裁赵依芳特别高

[①] 刘静文. 国产影视,出海"升级"[N]. 人民日报,2019-02-28(12).

兴:"影视出海在升级,希望出海的作品能让中国观众和俄罗斯观众了解到双方更多文化风俗,加深友谊!"

1. 从单纯出口版权到合拍作品、建立渠道

把中国的影视作品带到海外已成华策的拿手好戏。但回头看,出海之路最初也没什么经验。

二十多年前,赵依芳萌生了把中国电视剧卖到国外的念头。凭着一股闯劲,她跑到了法国戛纳电视节,这也是中国民营影视公司第一次赴戛纳电视节参展。

懵懂中"闯"戛纳,展台只被摆在地下二层,华策却由此迈开了往国外销售版权的步伐。现在,赵依芳和同事们开拓出了影视作品出口海外的多条渠道,但电视节、推介会依然是华策把电视剧推向海外的最主要方式。"我们还是喜欢在电视节上'摆摊',一来能一次性接触到很多国外播放平台,挖掘潜在客户;再者面对面交流效率高,对我们感兴趣的买家可以现场看片花、大纲,再进一步沟通合作。"华策集团国际业务负责人说。

经过努力,他们在各种影视节展的角色越来越重要。"早些年我们的展位又小又偏,现在更大更明显了。"赵依芳说。

除了依托别人的平台外,赵依芳认为也得把自己的播出渠道建起来。2013年,华策通过自主办台和联合运营等方式建立了全球华语电视剧联播体,6年来逐渐覆盖了新加坡、菲律宾、俄罗斯、哈萨克斯坦等多个"一带一路"沿线国家和地区。

出海内容也在不断升级,不仅销售作品,也销售模式。越南等国不仅购买电视剧,也开始翻拍华策的剧集。与英国、俄罗斯等国合拍的作品更是打开了了解彼此的新窗口,让中国与海外民众更加尊重、理解甚至欣赏对方。

2. 翻译、剪辑都要考虑当地观众的口味

目前,华策已经成功将中国影视作品出口到了全球180多个国家和地区。特别是"一带一路"倡议的提出,华策和诸多海外合作伙伴进入了"蜜月期",截至2018年年底,他们的影视出海版图已经覆盖了超过20个"一带一路"沿线国家和地区,发行内容时长达11 832小时。

万余个小时的影视作品汇集了现代剧、古装剧、年代剧等各种类型。古装剧《天龙八部》演到了土耳其,《创业时代》先后在新加坡、马来西亚播出,《致我们单纯的小美好》则成为菲律宾私营媒体ABS—CBN播出的第一部中国现代剧……

出海大潮里,也不乏主旋律作品的身影。中国和印度的文化曾在古代丝绸之路上亲密碰撞,《大唐玄奘》抓住"一带一路"的契机,讲述了玄奘取经之路的故事,用细腻的电影语言将中印观众带回到一千多年前。

国内作品在世界观众面前频频"刷脸",可想要国外观众真正对中国影视剧感兴趣、看下去,赵依芳觉得,还得把重点放在作品的制作上。影视作品要能"入乡随俗",与播出当地民众的风俗习惯和口味相融。

翻译的好坏对影视作品影响很大。要让他国观众接受中国电视剧中的文化语境,得使用他们熟悉的语言和思维,而不是简单的一字一译。多年来华策在全球各地区建立起了诸

多翻译团队，众多译制难点变成了词库，"轻云之蔽月，流风之回雪""以彼之道还施彼身"等语句都建立了贴切的译制标准。

剪辑也要考虑当地观众的观看习惯。如菲律宾观众已经非常习惯美剧和韩剧的节奏，每天播出的剧集都有一个大的转折点，所以在菲律宾播出电视剧时，华策做得最多的事就是剪辑，以求让剧集节奏更紧凑。

"影视作品能潜移默化地加深不同民族之间对彼此的了解。民心相通是'一带一路'的'五通'之一，我们的心愿之一就是以影视为桥，让民心更相通。"赵依芳说。

3. 从历史文化和现实生活里找灵感、挖题材

勇往探路，困难也迎面而来。如让人头疼的海外盗版，一旦发生，正版的海外推广和授权会受到严重影响。

例如，即使当地拥有正规授权的单位不断抗议，有的海外盗播单位仍会拿出伪造文件，谎称已有授权；海外盗版网站更加恶劣，有的新剧播映时，华策经常每天要删除几百条盗版网站的播放链接。

此外，中国电视剧在国际影视市场上的认可度还不够高，与较早出海的欧美剧、日剧、韩剧相比，还处在价格表的中低端。

"这几年，我们提升了内容质量，海外发行价格也在提高。像出口给菲律宾的一部青春剧，售价已经可以和韩剧价格'掰手腕'了。"华策集团国际业务负责人说。

赵依芳认为，中国丰富悠久的历史是创作影视作品的巨大宝藏，从题材和剧本的源头上把好质量关，既从历史文化中寻找灵感，也在现实生活中挖掘优质题材，"只有这样，我们的影视剧才能沿着'一带一路'越走越远。"

【思考与讨论】
1. 中国服务贸易与世界服务贸易相比有何不同？
2. 如何推动以影视服务为代表的中国对外文化服务贸易？

本章小结

> 根据国际贸易统计分类，个人、文化和休闲服务、版税和许可证费用是典型的文化服务贸易类别；根据 GATS 中的条款说明，电影和音像作品是包含在文化贸易的主要类别。其中，个人、文化和休闲服务不同于版权贸易，它主要是以过境交付和境外消费为主的贸易形式。

> 艺术表演对外服务主要包括两种方式：一种是以资本和劳务输出模式为主，提供过境交付服务；另一种是提供境外消费模式，主要与休闲旅游结合。演艺对外贸易的核心是商业演出和演艺版权贸易，它是通过购买原作品的表演版权后，结合劳务表演，运用商业运作方式进行贸易的一种方式。

 综合练习

一、本章基本概念

文化服务贸易；演艺贸易；国际唱片协会

二、本章基本思考题

1. 简述文化服务贸易的总体特征与分项特征。
2. 以百老汇和伦敦西区为代表的国外演艺集聚地的成功因素是什么？
3. 以太阳马戏团为代表的国外知名演艺团体的成功因素是什么？

 推荐阅读资料

1. 韩骏伟，胡晓明. 国际文化贸易[M]. 广州：中山大学出版社，2009.
2. 弗雷德里克·马特尔. 主流：谁将打赢全球文化战争[M]. 刘成富，房美，胡园园，等译. 北京：商务印书馆，2012.
3. 申险峰，渠培娥，李成浩. 世界大国（地区）文化外交（日本卷）[M]. 北京：世界知识出版社，2013.
4. IFPI. Global Music Report: the industry in 2019[R/OL]. https://www.ifpi.org/ifpi-global-music-report-2019/

第十章

国际文化产品贸易

通过对本章的学习，学生应掌握如下内容：
1. 文化产品贸易总体特征；
2. 文化产品贸易空间特征；
3. 中国与"一带一路"国家文化产品出口特征；
4. 文化产品贸易的理论解释。

2019 年，我国文化产品进出口总额达 1114.5 亿美元，同比增长 8.9%，尤其对"一带一路"沿线国家文化产品出口额持续增大。目前，我国文化产品贸易在对外贸易中的比重偏低，但贸易结构持续改善。相比版权贸易与文化服务贸易，中国已于 2005 年成为世界最大的创意产品出口国，且持续多年实现贸易顺差。2014 年，国务院印发《关于加快发展对外文化贸易的意见》，明确加快发展对外文化贸易，提升国家软实力。2019 年，中共中央、国务院发布《关于推进贸易高质量发展的指导意见》，有助于培育我国文化产品贸易竞争新优势。

第一节 国际文化产品贸易特征

联合国教科文组织（UNESCO）把文化产品定义为"传播思想、符号和生活方式的消费品。它能够提供信息和娱乐，进而形成群体认同并影响文化行为"，如书籍、杂志、多媒体产品、软件、唱片、电影、视频、音像节目、手工艺品和时装。2005 年，UNESCO

把文化产品的种类进一步分为核心文化产品（Core Cultural Goods）和相关文化产品（The Related Cultural Goods）。核心文化产品包括文化遗产、印刷媒介、录音媒介、视觉艺术等。艺术品的突出特点是物质生产与文化内涵相结合，以实用物品或装饰用品为载体，同时具有审美性和艺术性，体现文化价值①。有鉴于此，依据联合国教科文组织的定义，并便于统计数据的获取，本节的研究对象为核心文化产品中的视觉艺术品。由于我国缺少艺术品贸易方面的相关数据，我们采用了来源于联合国商品贸易统计库（United Nations Commodity Trade Statistics Database）的数据。

一、文化产品贸易总体特征

在全球创意商品贸易中，前 20 名出口数量最多的国家中较少是发展中国家。根据联合国贸易和发展组织的创意经济全球数据库统计显示，包含工艺品、图书、图形和室内设计、时尚、电影、音乐、新媒体、印刷媒体、视听等文化产品的全球出口额自 2002 年以来持续升高，虽然 2008 年金融危机使得 2009 年的全球创意产品出口额大幅下降，但自 2010 年后仍持续增大，并继 2012 年后上升到 5000 亿美元的水平，如图 10-1 所示。

图 10-1 2002—2015 年世界创意产品出口额（单位：10 亿美元）

从创意产品的结构看，设计产品出口始终处于最大类别，其次是视觉艺术和手工产品。相比设计、新媒体和视觉艺术产品出口比例的增大，出版物、手工艺品和视听产品出口所占比例却相对有所下降。这反映出"创意"与"技术"含量正是未来创意产品出口的发展态势，如图 10-2 所示。

全球创意产品市场从 2002 年的 2080 亿美元扩大到 2015 年的 5090 亿美元，规模扩大了一倍多。

---

① 曹麦，苗莉青，姚想想. 我国艺术品出口的实证研究[J]. 国际贸易问题，2013（5）：45-54.

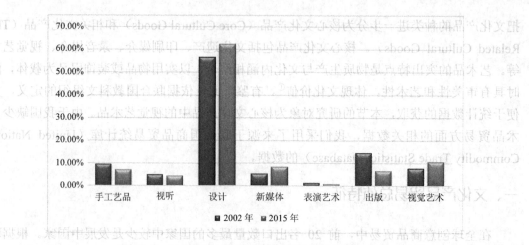

图 10-2　2002 与 2015 年世界创意产品出口结构对比

发展中国家出口依旧强劲，2002—2015 年平均增长率接近 10%，但 2015 年的创意产品出口额相比 2014 年有 2% 幅度的下降（2014 年发展中国家创意产品出口为 3315.54 亿美元；2015 年则为 2650.80 亿美元），不过发展中国家的创意产品出口仍占全球总体同类产品出口的 52%。中国也保持创意产品出口的领先地位。中国创意产品出口从 2002 年的 320 亿美元增加到 2015 年的 1685.06 亿美元，年均增长率为 14.35%。中国的出口不仅反映创造、制作、贸易传统与高科技相结合创意产品的能力，也反映了中国加工和出口许多由其他国家设计和创造的相关产品的能力。

对大多创意产品和相关服务的需求——尤其那些国内消费，例如室内设计产品、影像、音乐、游戏，电视广播的新形式——自 21 世纪以来依旧强劲，即使在全球金融危机的经济衰退期。持续强劲增长是好的，因为创意经济反映出当代生活方式与社会网络、创新、连通性、方式、地位、品牌、文化体验和价值共创。

近年来，亚洲、拉丁美洲和非洲的新兴经济中，创意产品的国内需求已经增加。附加产品的形式、规格和外观的设计功能创意是对创意产品贸易的最大贡献。2015 年，3182.16 亿美元设计产品进入全球市场，占创意产品整体出口的 62.43%。室内设计产品、时尚和珠宝是关键出口门类。

统计数据表明，新媒体和电子出版是近年来增长较快的创意类别。新媒体的出口水平年均增长 14.93%，在 2015 年达到峰值 4219.36 亿美元。出版物（包括图书、各种报纸和杂志等）是面临挑战的类别，由于电子出版发行的爆发式增长，它的贸易额在 2002—2015 年是稳中缓升，由 2002 年的 3032.63 亿美元增长到 2015 年的 3366.08 亿美元。

视觉艺术品是另一个企业激烈竞争和拥有巨大商业潜力的全球贸易市场。虽然它易受到世界金融市场和经济波动的影响，但 2002—2015 年的平均出口增长速度仍达到 10.64%，尤其 2015 年视觉艺术品全球出口额高达 537 亿美元。与之相比，2002—2015 年平均增长速度较为平缓的是工艺品和表演艺术品。就工艺品而言，它的全球出口增长不但同样呈现多次波动，而且总体上仍从2002年的199.18亿美元增加到2015年的357.20亿元（2009年和2015年的全球出口额较之各自前一年下降约17%和12%，其中2009年为271.22亿美元）。对表演艺术品而言，2009年、2013年和2015年均比前一年的出口额有所下降，下降幅度分别为17.48%、1.47%和16.88%。2002—2015年的总体平均增速保持4.03%，表演艺术品出口额从28.16亿美元增加到43.87亿美元。另外，视听设备于2002—2015年的平均增长率为10.61%。但值得注意的是，除了2009年受金融危机影响的出口额下降外，2012—2015年连续四年的出口额持续下降，这与数字技术催生文化创意产品新形态有关，例如，MP4、光盘、影碟机等设备销量随着数字版权的崛起而持续下滑，甚至消失。

二、文化产品贸易空间特征

根据UNCTAD创意经济的全球数据库，全球创意商品出口前十位国家和地区的2015年出口数据如图10-3所示。中国创意商品出口额为1680亿美元，遥遥领先于其他国家，为居于第二位美国的4倍多。在这前十位国家和地区中主要有两类：一类是经济发达国家和地区；另一类是文化资源丰富的国家和地区。对于经济发达国家和地区，繁荣的艺术市场和文化产品市场，以及强大的文化产业和布局全球的营销网络有利于其创意产品的出口，而对于印度和中国这样的发展中国家，主要基于国际贸易中的比较优势，出口文化资源密集的工艺品和劳动密集型的文化产品。

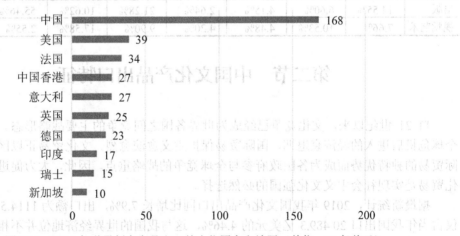

图10-3　2015年世界创意产品出口前十位国家和地区（单位：10亿美元）

就2002—2015年的创意产品出口结构数据而言（见表10-1和表10-2），从世界水平看，设计产品和新媒体产品的出口比例明显提高，而视听设备、手工艺品、出版物和视觉艺术商品的出口占比均有所降低，这表明当前的创意经济和数字化时代已经改变了国际上的文化贸易内容。设计产品由2002年的56.70%上升到2015年的62.43%，而出版物是下降最多的创意产品类别，从2002年的14.55%下降到2015年的6.60%。

表 10-1 2002—2015 年世界不同经济体的创意产品出口值[①]

单位：百万美元

表述	世界		发展经济体		发达经济体		转型经济体	
	2002 年	2015 年	2002 年	2015 年	2002 年	2015 年	2002 年	2015 年
创意产品	208 492.90	509 752.65	84 365.03	265 080.56	122 910.80	241 624.34	1217.07	3047.75
手工艺品	19 918	35 720	11 559	26 133	8297	9451	63	136
视听	10 268	21 875	1041	6859	9184	14 881	43	135
设计	118 210	318 216	59 069	185 770	58 742	130 860	400	1586
新媒体	10 974	42 194	4266	26 372	6705	15 744	4	78
表演艺术	2817	4387	1151	1824	1664	2559	3	3
出版	30 326	33 661	3500	6990	26 152	25 651	675	1020
视觉艺术	15 979	53 700	3780	11 133	12 168	42 478	31	89

表 10-2 2002—2015 年世界不同经济体的创意产品出口结构比例[②]

类别	世界		发展经济体		发达经济体		转型经济体	
	2002 年	2015 年	2002 年	2015 年	2002 年	2015 年	2002 年	2015 年
手工艺品	9.55%	7.01%	13.70%	9.86%	6.75%	3.91%	5.18%	4.46%
视听	4.92%	4.29%	1.23%	2.59%	7.47%	6.16%	3.53%	4.43%
设计	56.70%	62.43%	70.02%	70.08%	47.79%	54.16%	32.87%	52.04%
新媒体	9.28%	13.26%	7.22%	14.20%	11.41%	12.03%	1.00%	4.92%
表演艺术	1.35%	0.86%	1.36%	0.69%	1.35%	1.06%	0.25%	0.10%
出版	14.55%	6.60%	4.15%	2.64%	21.28%	10.62%	55.46%	33.47%
视觉艺术	7.66%	10.53%	4.48%	4.20%	9.90%	17.58%	2.55%	2.92%

第二节 中国文化产品出口特征

自 21 世纪以来，文化竞争已经成为世界各国之间竞争的主要战略形态。伴随着当前全球危机后进入的经济衰退期，国际贸易保护主义愈演愈烈，文化贸易正以区别于一般国际贸易的独特优势而成为各国政府参与全球竞争的战略重点。因此，大力促进我国对外文化贸易是实现社会主义文化强国的必然选择。

据最新统计，2019 年我国文化产品出口同比增长 7.9%，出口额为 1114.5 亿美元，但仅占当年我国出口 20 489.3 亿美元的 4.46%，这与我国的世界经济地位并不相符。本节将对我国文化产品出口展开进一步分析。

一、中国文化产品出口总体特征

根据《中国文化及相关产业统计年鉴》，我国在 2006—2019 年，文化产品进出口总

[①] 根据联合国贸发组织创意经济全球数据库发布的 2015 年数据整理所得。
[②] 根据联合国贸发组织创意经济全球数据库发布的 2015 年数据整理所得。

额持续递增，出口额与进口额的增长率虽有波动和负值，但从总体上它们年均增速较快，且始终保持越来越多的贸易顺差，如表 10-3 所示。

表 10-3 2006—2019 年中国文化产品进出口情况

单位：亿美元

年份 （Year）	进出口总额 （Total Imports & Exports）	出口额 （Total Exports）	进口额 （Total Imports）	贸易差额 （Balance）	增长（Increase Rate）	
					出口额 （Total Exports）	进口额 （Total Imports）
2006	213.6	201.7	11.9	189.8	14.6	5.8
2007	382.4	349.2	33.2	315.9	73.1	180.1
2008	433.0	390.5	42.5	348.0	11.8	28.0
2009	388.9	346.5	42.4	304.1	-11.3	-0.2
2010	487.1	429.0	58.1	370.8	23.8	37.0
2011	671.4	582.1	89.3	492.9	35.7	53.6
2012	887.5	766.5	121.0	645.5	31.7	35.6
2013	1070.8	898.6	172.2	726.4	17.2	42.3
2014	1273.7	1118.3	155.4	962.9	24.5	-9.8
2015	1013.2	870.9	142.3	728.6	-22.1	-8.4
2016	881.5	784.9	96.6	688.3	-9.9	-32.1
2017	971.2	881.9	89.3	792.5	12.4	-7.6
2018	1023.8	925.3	98.5	826.8	4.9	10.3
2019	1114.5	998.9	115.7	883.2	7.9	17.4

二、中国文化产品出口结构特征

对中国文化产品出口结构的度量，用出口年均增长率和细类出口额占比总额两种指标。本小节通过整理联合国商品贸易数据库数据，形成表 10-4 和表 10-5。

表 10-4 2003—2015 年中国创意产品进出口年均增长率

单位：%

类别	2003—2015 年		2007—2011 年		2012—2015 年	
	出口 （Exports）	进口 （Imports）	出口 （Exports）	进口 （Imports）	出口 （Exports）	进口 （Imports）
创意产品	14.3400	16.0888	12.0295	9.8471	4.8631	1.7694
手工艺品	12.0898	5.0390	6.4552	7.1024	5.7400	-8.6246
视听	—	—	—	—	—	—
设计	14.8557	17.2951	16.1076	21.8459	6.6694	9.3224
新媒体	—	—	—	—	—	—
表演艺术	8.3417	19.2951	5.5682	21.6059	-0.3046	14.0078
出版	13.5389	10.5858	5.2877	22.3051	2.7386	-5.8206
视觉艺术	14.7685	30.9937	20.0806	27.1033	-11.2701	28.8052

数据来源：通过整理联合国商品贸易数据库（UN Comtrade）而得。

表 10-5 2002—2015年中国创意产品出口总额与分项构成

年份	2002	2003	2004	2005	2006	2007	2008	2009	2010	2011	2012	2013	2014	2015
创意产品出口总值/百万美元	32 000.25	38 179.84	45 055.92	54 850.91	61 898.40	77 632.31	90 288.72	79 715.37	101 775.17	129 032.75	150 645.08	166 620.00	191 409.94	168 506.98
手工艺品	11.15	11.51	11.19	11.31	12.26	12.06	11.88	11.26	10.43	9.97	9.75	9.70	8.90	10.32
视听	0.53	0.51	0.36	0.25	0.20	1.62	1.43	1.51	1.19	1.09	0.62	0.59	0.43	0.65
设计	71.17	71.66	72.44	72.39	69.99	63.86	62.09	65.56	69.72	72.07	70.01	73.02	77.64	72.61
新媒体	7.35	6.93	6.44	7.20	8.35	14.10	16.34	13.12	10.12	8.10	8.67	6.66	5.84	8.37
表演艺术	1.35	1.44	1.55	1.47	1.40	1.39	1.46	1.36	1.27	1.11	1.02	0.89	0.80	0.89
出版	1.67	1.71	1.89	1.88	2.34	2.63	2.68	2.67	2.35	2.06	1.95	1.86	1.65	1.89
视觉艺术	6.78	6.24	6.12	5.51	5.44	4.33	4.11	4.52	4.92	5.60	7.98	7.29	4.74	5.28

随着中国人民生活水平提升，创意产品进口增长快于出口，且它们在 2012—2015 年的出口增长速度均低于 2007—2011 年，这与我们经济和商品贸易增长的总体态势是相一致的。就细分类别而言，出版物和手工艺品的出口增长快于进口。2012—2015 年，这两类增长中文化产品进口出现负增长。然而，表演艺术、设计和视觉艺术的进口增长却十分明显。值得注意的是，出口增长率相比 2007—2011 年也有所放缓。2012—2015 年，表演艺术和视觉艺术的出口呈现负增长，这是国内供给侧与美好生活之间的矛盾在文化产品出口结构上的外在体现。

从文化产品七类核心产品来看，设计产品占比最大，总体占所有产品出口的七成，其次是手工艺品、新媒体和视觉艺术。作为文化产品实物形态的视听、出版和表演艺术占比很小，这与视听和出版更多是版权形式贸易、表演艺术更多是服务贸易形式有关。

三、中国与"一带一路"国家文化产品出口特征

相比我国文化产品出口结构的总体情况，我国与"一带一路"沿线国家文化产品的出口结构有所不同。鉴于我国特殊的历史、文化和经济背景，"一带一路"沿线国家接收到我国更多的手工艺品、录制媒介、视觉艺术。同时，设计和创意产品却占比很少，几乎可以忽略不计。此外，相比表 10-5 所示的数据，相比出口其他地区，我国向"一带一路"国家出口更多的录制媒介、出版物和视听产品，如表 10-6 所示。不过现有数据还不能完全反映出 2013 年实施"一带一路"倡议对我国文化产品出口的影响，但可以为今后通过文化产品贸易加深与"一带一路"国家文化交流提供政策参考。

表 10-6　2007—2015 年中国对"一带一路"国家细分类文化产品的出口比重[①]

单位：%

类　别	细分类别	2007	2008	2009	2010	2011	2012	2013	2014	2015
文化和自然遗产	古董	0.01	0.01	0	0	0	0	0	0	0
表演和庆祝活动	乐器	3.75	3.62	3.88	3.86	3.92	3.72	3.45	3.70	3.40
	录制媒介	26.67	24.52	25.17	20.06	15.98	12.72	9.50	9.06	10.91
视觉艺术和手工艺	绘画	0.42	0.57	0.53	0.55	0.87	0.75	0.90	1.17	1.17
	其他视觉艺术	18.62	27.01	24.18	27.72	31.60	44.64	50.64	39.17	32.85
	手工艺品	39.98	33.41	34.22	35.88	34.22	27.61	27.33	30.92	35.19
	首饰	3.70	2.36	3.29	2.45	5.58	1.67	1.62	9.66	11.23
	摄影	0.01	0.00	0.00	0.00	0.01	0.00	0.01	0.03	0.02
书籍和报刊	书籍	1.02	1.30	1.35	1.50	1.48	1.79	1.94	1.62	1.14
	报纸	0.03	0.01	0.01	0.01	0.01	0.01	0.02	0.01	0.01
	其他印刷品	0.78	0.81	0.90	1.19	1.35	1.18	1.24	1.42	1.11
音像和交互媒体	电影和视频	3.82	6.23	6.32	6.77	4.97	5.87	3.26	3.23	2.93
设计和创意服务	建筑和设计	1.20	0.15	0.25	0.02	0.01	0.04	0.09	0.02	0.04

---

① 崔美霞. 中国对"一带一路"国家文化产品出口潜力研究[M]. 大连：东北财经大学，2017.

四、中国文化产品出口特征的理论解释

通过核心文化产品贸易及其空间结构分析，发现尽管文化贸易形态不同，具体特征不同，但均具有明显的空间特色。那么，是什么原因使得我国对外文化贸易产生如此的空间特征呢？为此，本节通过国际文化贸易相关理论对其进行解析。

面对我国对外文化贸易的空间差异时，我们会发现文化差异揭示了国际贸易产生的文化根源。每一个国家（地区）的文化都具有当地的特色和文化基因，这种独特的文化基因构成了一个国家（地区）的文化资源比较优势。充分发挥这种文化比较优势，无疑是增强文化贸易竞争力的重要砝码。由此，我们看到以湖南省为例，动漫产业作为优势产业发展迅猛，"动漫湘军"在全国影响广泛，相对来说有着较大的比较优势，因此湖南在文化出口中着重利用这一方面的长处，能够获得较好的收益，对外文化贸易也得以持续良性发展。江西省的版权贸易不佳，但核心文化产品出口却表现抢眼，这与当地蜚声世界的陶瓷产品有直接联系。

同时，文化的时代性也使得国际贸易中的商品或服务呈现出高科技文明和时代精神特征。古代中国的丝绸、瓷器贸易之所以发达，是因为它们蕴含了当时最先进的东方文化和物质技术；近代欧洲工商业品贸易能够全球扩张，是因为它们代表了当时最先进的物质技术文明；同样，当代美国大众文化产品畅销全球，是因为它们代表了当今的强势文化产品，富有时代文化精神。可见，文化的时代性是国际贸易中文化比较优势的重要表现。

比较优势理论的一个假设是规模收益不变。然而，现实世界却是，随着规模的扩大，产出的增加超过投入的增加，单位产品成本下降，收益递增，而这种现象被称为规模经济。简言之，就是由于规模收益递增，成本递减，构成了一个国家在某一产业发展上的竞争优势，从而以此竞争优势参与国际分工与国际贸易。其中，规模经济又可分为内部规模经济和外部规模经济。与石油、煤矿等重工业的以内在规模经济为主要形式促进出口的方式不同，文化产品的规模经济主要体现在外在规模经济方式上。

这一理论可以解释我国核心文化产品出口贸易顺差的现状。我国核心文化产品出口以加工贸易和一般贸易方式为主，这两种方式均体现出我国以文化加工制造为主，除了充分利用传统文化资源、技艺优势和人力优势外，大规模复制由规模经济所产生的成本优势也是促成我国核心文化产品出口的主要有利因素。我国文化产品出口以往一直以加工方式为主，直到2017年，一般方式才成为文化产品出口的主要方式。我国加工贸易方式出口文化产品占比由2015年的47.80%下降到2018年的40.66%；与之相比，一般贸易方式出口文化产品占比由2015年的41.78%增加到2018年的44.98%[①]。这反映出我国文化贸易正高质量发展。

产业内贸易指数是用来测度一个产业的产业内贸易程度的指数，是指同产业中双方国

---

① 由《中国文化及相关产业统计年鉴》整理而成。

家互有不同质的贸易往来,在统计数据上显示同一类同时存在进口和出口的商品数额,表明在该产业有着互补性的贸易需求,并且越是高位的分类显示出的产业内贸易指数越有说服力。产业内贸易指数值的取值范围为[0,1],指数值=0 时,表示没有发生产业内贸易;指数值=1 时,表明产业内进口额与出口额相等;指数值越大说明产业内贸易程度越高。

西方经济学家认为,国际贸易从产品内容上来看大致可以分为两种基本类型:一是产业间贸易,即建立在生产要素自然禀赋基础上的国际贸易;二是产业内贸易,即建立在某种需要探讨的新的基础上的国际贸易。产业内贸易(Intra-industry Trade)是产业内国际贸易的简称,是指一个国家或地区在一段时间内同一产业部门产品既进口又出口的现象。

上述理论的解析表明我国对外文化贸易总体上是依赖自身的文化资源、民间工艺等比较优势、规模经济产生的成本优势的,这能够解释核心文化产业出口和出口重点文化项目的空间结构特征。同时,产业内贸易理论的解析表明了我国对外文化贸易也受到我国经济发展和文化环境的影响,这可从我国与同处儒家文化圈的韩国和新加坡具有较为明显的产业内贸易可以证明。同时由于经济水平接近,我国与俄罗斯虽然不具有同源文化,但具有水平较高的产业内贸易。而即使与日本同样受汉文化影响,但由于经济发展水平处于不同阶段,也有较少的产业内贸易。

案例/专栏

中国童书"走出去"[①]

文化"走出去"必须坚持市场竞争,使其中的优秀之作脱颖而出,只有这样才能具备走向海外的能力,否则是走不远、走不快、走不稳的。

不久前,由中国作家陈佳同创作的童书《白狐迪拉与月亮石》被英国《金融时报》评为"2019 最佳童书"。近年来,越来越多的中国儿童文学和图画书走向世界。从引进版占据优势地位到今天原创作品逐渐提升市场份额并走向世界,中国童书产业正在上演一场"逆袭"的好戏,既成为文化自信的有力注脚,也给中国文化"走出去"提供了有益启示。

中国童书走出去,既依赖于高质量的创作和设计,也得益于多样化的国际出版合作。《白狐迪拉与月亮石》是国际知名出版人巴里·坎宁安引进的第一本中国原创童书,这位曾经挖掘出 J.K.罗琳等优秀作家的出版人坦言:"中国视角下的情节、引人入胜的行动和巧妙的人物设计都通过幽默温暖的文本语言,吸引更多世界各地的读者。" 2019 年,中国大百科全书出版社的《中国儿童太空百科全书》与斯洛伐克的奥拉出版公司达成合作协议,后者曾拿着样书请资深科普出版人审阅,结论是:"这本中国百科全书内容扎实可信、质量上乘。"可以说,高品质的中国童书能够赢得国外读者的喜爱,未来必将获得越来越多的推广渠道。

[①] 张贺. 中国童书"走出去"的启示[N]. 人民日报,2020-02-25(5).

中国是世界上人口最多的国家，也是世界上少年儿童最多的国家。中国家长对儿童阅读的关注度和需求量都非常高，因此，中国童书市场是世界少有的单一超大规模图书市场。这样一个超大市场，使得中国童书起印数远超国际同行，那些具备了市场号召力的优秀作品往往畅销数百万册。旺盛的市场需求和庞大的销量所创造的"规模效应"，能够使中国优秀出版企业迅速增强实力。实际上，"走出去"做得好的文化企业无一例外都在国内做得风生水起。这提示我们，"走出去"应首先立足于国内，通过国内市场积聚实力，为走向海外奠定基础。

中国童书产业是一个高度市场化的产业，全国580余家出版社中有520多家从事童书出版，百舸争流。同时，激烈的市场竞争也极大激发了中国作家和中国出版人的创造性、积极性。在与国外优秀童书同台竞技中，他们既学到了先进经验，又熟悉了国际版权贸易规则，为"走出去"创造了条件。温室中是长不出参天大树的，正是市场化竞争极大提升了中国童书的品质。这提示我们，文化"走出去"必须坚持市场竞争，只有使其中的优秀之作脱颖而出，才能具备走向海外的能力，否则是走不远、走不快、走不稳的。

总之，只要我们坚持立足国内、充分竞争，就一定会有越来越多优秀的原创作品涌现出来，就一定会有越来越多的中国童书走向世界，更好地讲好中国故事。

【思考与讨论】
1. 中国童书"走出去"说明我国文化产品出口升级了吗？
2. 以中国童书为例，政策、社会如何影响中国文化产品走出去？

本章小结

- 联合国教科文组织（UNESCO）把文化产品定义为"传播思想、符号和生活方式的消费品。它能够提供信息和娱乐，进而形成群体认同并影响文化行为"。2005年，UNESCO对文化产品的种类进一步分为核心文化产品（Core Cultural Goods）和相关文化产品（The Related Cultural Goods）。核心文化产品包括文化遗产、印刷媒介、录音媒介、视觉艺术等。

- 中国是全球文化产品出口第一的国家，全球文化产品贸易主要集中在中国和发达国家之间。近年来，亚洲、拉丁美洲和非洲的新兴经济中，创意产品的国内需求已经增加。设计产品占文化产品贸易最大比例，近年新媒体产品贸易提升最快，纸质出版物和手工艺品贸易量下降最多。

- 鉴于我国特殊的历史、文化和经济背景，"一带一路"沿线国家接收到我国更多的手艺品、录制媒介、视觉艺术、出版物和视听设备。与之相比，设计和创意产品却相对出口很少。

综合练习

一、本章基本概念

文化产品；核心文化产品；相关文化产品

二、本章基本思考题

1．文化产品贸易的总体特征有哪些？
2．文化产品贸易的空间特征有哪些？
3．中国与"一带一路"国家文化产品出口特征有哪些？

推荐阅读资料

1．赵有广．文化产品生产方式创新研究：基于中国文化产品对外贸易[M]．北京：经济科学出版社，2013．

2．李怀亮，阎玉刚，罗兵，等．国际文化贸易教程[M]．北京：中国人民大学出版社，2007．

3．罗兵．国际艺术品贸易[M]．北京：中国传媒大学出版社，2009．

4．张骞．文化产品国际贸易法律问题研究[M]．北京：中国人民大学出版社，2013．

5．詹姆斯·古德温．国际艺术品市场[M]．敬中一，赖靖博，裴志杰，译．北京：中国铁道出版社，2010．

6．徐照林，朴钟恩，王竞楠．"一带一路"建设与全球贸易及文化交流[M]．南京：东南大学出版社，2016．

第十一章

数字经济中的文化贸易

通过对本章的学习,学生应掌握如下内容:
1. 数字经济对文化贸易的技术影响;
2. 数字经济对文化贸易的制度影响。

世界正步入数字经济时代,数字经济的基本特征是以数据流动为基础,以计算基数和数字通信技术为支撑,以云计算为手段,推动 B2B、B2C、B2G,甚至是 C2C 商业模式的实现,这些商业模式使产业组织产生了革命性的变化①。数字经济是全球经济增长的新动能。据牛津经济研究院预测,到 2025 年,数字经济占全球经济比重将达到 24.3%,数字经济规模将达到 23 万亿美元②。数字化给商业发展模式带来了颠覆性的变革和重构,数字贸易是数字经济增长的驱动力。文化贸易不仅没有例外,而且经由文化产业商业模式改变和数字贸易形式演变而受到数字经济的显著影响。本章分别讨论数字经济对文化贸易的技术影响和制度影响。

第一节 数字经济对文化贸易的技术影响

数字技术起源于 20 世纪 40 年代后期,经过七十多年的发展,数字技术中的算法和算力技术已经广泛应用于几乎所有行业,并且与通信技术结合,正在深刻影响着国际贸易③。

---

① 国际贸易投资新规则与自贸试验区建设团队. 全球数字贸易促进指数报告[M]. 上海:立信会计出版社,2019:1.
② 李俊. 全球服务贸易发展指数报告(2018)[M]. 北京:社会科学文献出版社,2018:197.
③ 国际贸易投资新规则与自贸试验区建设团队. 全球数字贸易促进指数报告[M]. 上海:立信会计出版社,2019:3.

通过互联网技术供给产品与服务的商业活动构成了以文化内容为主要贸易标的的数字贸易特征：① 以互联网技术为交易基础；② 贸易标的是无形的知识、技术密集型数字产品或服务；③ 边际生产成本和运输成本几乎为零。依据数字贸易对货物贸易和服务贸易的影响，数字技术国际文化贸易的影响也可分为国际文化商品贸易和国际文化服务贸易两种类型分别予以讨论。

一、数字技术对国际文化商品贸易的影响

数字技术会形成新的国家文化商品贸易行为要素，从而影响不同国家的贸易比较优势。传统国际贸易理论中，影响国际贸易流向和流量的主要因素是劳动力和资本的要素禀赋，以及相对生产率、地理、基础设施或制度方面的差异。在数字经济时代，人工智能、机器人和 3D 制造等可能使劳动力禀赋被排除在比较优势的主要决定因素之外，导致全球劳动力禀赋的均等化，其结果是由劳动力禀赋差异驱动的贸易流可能枯竭。

（1）数字技术改变文化商品贸易方式。数字技术对货物贸易方式的影响体现在实物型的产品变成可数字化的产品，传统货物贸易被全部替代。数字技术大大降低了复制、创建、访问和传播等的成本，从而导致这些货物产品的交易量下降。以《中华人民共和国海关进出口税则》为例，其主要涉及的相关货物如下：照相及电影用品（海关产品分类中的第三十七章）；书籍、报纸、印刷图画及其他印刷品，手稿、打字稿及设计图纸（第四十九章）；录音机及放声机、电视图像、声音的录制（第八十五章）；照相、电影仪器及设备（第九十章）；乐器（第九十二章）；玩具、游戏品、运动用品（第九十五章）；艺术品、收藏品（第九十七章）。数字技术对上述货物的影响包括两种情况：① 被数字化产品全部或者部分替代，如书籍、报纸和游戏品等，原来的纸质书籍、光盘音乐及胶卷电影变成了数字图书、数字音乐以及数字电影；② 数字技术发展使得部分文化产品消失，或者部分文化产品的需求大大降低。例如，照相机胶卷、音乐唱片等文化产品载体基本消失了，又如录音机及放声机、随身听、MP3、MP4、贺卡等文化产品，在市场上的需求已少了很多。现在还没有研究机构能够准确统计数字技术对这些文化商品贸易所产生的具体影响。《世界贸易报告 2018》和《世界贸易报告 2019》均提到数字化技术促使数字化商品所占商品贸易比重的下降，例如，书籍、新闻纸或记录媒体所占全球贸易百分比从 2000 年的 2.7%下降到 2016 年的 0.8%[①]。

（2）数字技术正在改变各国文化贸易结构。数字技术领先国家的数字化商品贸易增长快速。数字技术催生了被称为"智能互联产品"的多种新文化商品。数字化文化商品是基于数字编码支持或者网络支持的文化产品，可以分为内嵌式文化产品和数字传输式文化产品。内嵌式文化产品即内涵算法等数字编码，并且与机器或者人机之间相互支持的产品，如智能音箱，用在博物馆、游乐场文化机构的智能机器人。数字传输式文化产品就是需要

---

① World Trade Organization. World Trade Report 2018:5.

通过数字编码或者文本、视频、图像等形式进行传输的产品，如电子阅读器、3D 打印机等，亚马逊的 Kindle Paperwhite 电子书阅读器就是典型的数字化文化产品。Kindle 的竞争力，除了丰富的资源外，还有网络支持功能，如包含 Wi-Fi 和 5G 两种网络方式。

（3）数字技术对文化商品贸易成本产生影响，新技术将有助于进一步降低贸易成本。《世界贸易报告 2018》的研究表明，1996—2014 年，国际贸易成本下降了 15%，并预测由于贸易成本下降，到 2030 年，贸易可能每年增长 1.8～2 个百分点，相当于在 15 年内累计增长 31～34 个百分点[①]。数字技术对文化商品贸易成本的要求较少，可以体现在运输成本、物流成本、信息成本和存储成本四个方面。应用人工智能可以通过优化路线和启用自动驾驶，通过商品跟踪减少物流成本，使用智能机器人优化存储和库存，整合 3D 打印，减少运输和物流服务需求。因此，新技术可以通过减少运输和储存成本来降低贸易成本，也可以通过减少运输时间以及由于更好的物流而减少交货时间不确定性来降低贸易成本。这些费用曾占了一大部分。因此，它们的减少可能对贸易流动产生巨大的潜在影响。与海关手续有关的贸易成本仍然妨碍贸易，特别是在文化制造产品方面。基本的电子系统减少了遵守海关规定所花费的时间，而区块链和人工智能技术则承诺进一步减少交货时间。它们的最大潜力在于对时间敏感的文化电子产品流动，如全球价值链相关电子设备。信息和交易成本在制造业中尤为重要，约占总贸易成本的 7%。在线平台有助于克服跨境交易中缺乏信息和信任等障碍。此外，物联网和区块链可以简化验证和认证程序，实时翻译和在线平台促进了不同语言之间的交流。跨境支付和金融创新服务进一步促进了贸易。例如，电子商务平台通过区块链技术绕过了传统的支付系统，有助于降低跨境贸易的交易成本。在影响贸易成本的因素中，商品网上订购和支付对贸易成本的影响相对较大。文化企业中更多是小微规模，都可以通过电子商务平台参与货物的国际交易，通过电子商务平台，在客户寻找、货物运输、货物的支付等国际贸易的各个环节降低小微企业进入国际市场的门槛，降低贸易成本。同时，在网络更为发达的发展中国家，小微企业往往更多地参与全球价值链。此外，数字技术也解决了小微企业的支付问题、B2B 交易和 B2C 交易，还包括访问在线平台、数字连接基础设施、海关自动化以及电子商务信息等问题。从需求角度看，由于个人用户可以直接在电子商务平台上在线购买，全球文化商品贸易的范围将更加广泛。

二、数字技术对国际文化服务贸易的影响

相对而言，数字技术对文化服务贸易的影响更深远，这表现为文化服务贸易数字化趋势和数字技术对国际服务贸易成本的影响。

新技术将进一步拓展服务贸易的领域。首先，数字技术将原来不可贸易的服务变成可贸易的数字化服务。在没有数字技术的情况下，大部分服务产品提供过程中没有中间产品，直接提供了最终产品（其无法拆分成中间产品）。目前，许多服务产业从产品定义到产品销售，都可以由专业数字服务提供商提供，服务被拆分成若干中间服务，这些服务产品中

---

① World Trade Organization. World Trade Report 2018:5.

的许多产品可以通过技术储存起来,客户需要时即可随时提供。数字技术使储存、处理和传输服务的成本大幅度下降,这样,可贸易的数字化服务的市场容量不断提高。

随着数字技术导致精密设备的发展,它使得消费者可以随时随地在线使用某些产品,只要他们连接到互联网上。其中一类产品是视听媒体和软件,它比其他类型的数字化产品更容易数字化。例如,电影和电视剧现在可以通过 Netflix 等平台观看,也可以在智能手机和平板电脑上观看。电子书可以从亚马逊等平台获取,并通过设备或应用进行阅读,如亚马逊的 Kindle 阅读器和应用。此处要说明的是,虽然电子书曾经一度增长迅速,但是技术快速更新使得有声图书具有超越电子图书的趋势。从 20 世纪末,美国出版业专业人士使用"数字出版"(Digital Publishing)一词时,所指的基本是电子书(e-books),但自 2014 年电子书销量触顶以来,其销量一直在缓慢下滑。与预期形成鲜明对比的是,有声图书的销售额在 5 年内增长到原来的近 3 倍,达到 11 亿美元,不过相比电子书 2011 年销量的 20 亿美元仍然较少。然而,如果按照 2018 年的增长速度,有声书销售额将在 2022 年超过电子书[①]。

其次,数字技术使服务贸易的方式发生改变。原来只能通过境外消费、商业存在或者自然人流动提供的相关服务,现在可以通过数字技术转变为跨境交付的方式。第一,在境外消费,教育、健康服务等相关领域的活动,原来消费者必须跨境才能进行,但现在服务提供商通过在线就能为当地消费者提供服务。第二,在商业存在领域,原来必须通过设立企业的方式为境外消费者提供服务,如支付服务、各类专业服务等,现在可以通过在线方式直接为境外企业和个人提供服务。第三,在线服务平台的出现使有些任务中不需要自然人流动就能跨境提供服务。例如,软件开发与技术、创意多媒体、销售与市场支持、文字及数据录入、写作与翻译以及专业服务等。在这些不需要自然人流动就能跨境提供的服务中,软件发展和技术所占份额最大,从国别看,美国所占比重最大。数字化在供应方面的一个显著优势是,它导致进入成本的大幅降低,使公司更容易以较低的成本生产、推广和分发数字形式的媒体产品,如音乐、电影和电视节目。例如,艺术家可以用基本的麦克风和便宜的软件录制一首歌曲,在 YouTube 或 Spotify 上推广,然后以相对低廉的价格在 iTunes 上发布,而 Kindle 或 Lulu 等自助出版平台提供了一种传统图书出版模式的替代品。自 2007 年以来,作者可以直接将自己的稿件上传到自助出版平台上,从而在全球范围内发布自己的作品,而无须求助于编辑或出版商(Waldfogel,2017)[②]。2013 年,自助出版的图书占英国电子书销量的 20%(普华永道,2015b)[③]。此外,不同于上述数字技术削减文化商品贸易成本的方式,数字技术大幅度降低服务贸易成本是通过大幅降低通信、搜索和匹配成本来实现的。许多服务都可以通过通信网络传达,互联网上的语音、电子邮件以及在线服务平台等数字服务显著降低了国际通信成本,这样使远距离提供服务变得更加便宜,甚至是免费的。事实上,考虑到网上购物的吸引力,企业投资实体店的需求越来越少,

---

[①] 凯伦·霍尔特. 为何有声书在美国大众图书市场上将超越电子书[J]. 陆文婕,译. 出版科学,2020,28(2):29-33.

[②] Joel Waldfogel. How digitization has created a golden age of music, movies, books, and television[J]. Journal of Econonic Perspectives, 2017, 31(3): 195-214.

[③] World Trade Organization. World Trade Report 2018:38.

因为消费者会花时间寻找特定的产品或服务（Singh，2008）。数字技术改变了服务贸易的进入壁垒。原来的贸易服务提供商主要通过实体网络和自然人流通提供跨境服务，因而其主要的服务贸易壁垒是股权限制。然后，在数字技术条件下，许多服务提供商并不需要跨境设立商业机构就能提供服务，因而其服务贸易壁垒变成了跨境数据流动和网络内容限制等方面的壁垒。这种降低发行产品成本的做法，不仅促使新艺术家和制作人进入市场，而且也鼓励现有艺术家和制作人将新产品推向市场。例如，美国新电视剧的数量自21世纪初期以来增加了一倍多。2010年，在Netflix和亚马逊即时服务上播放的影片数量大约是电影院上映的影片数量的两倍（Waldfogel，2017）[①]。

第二节　数字经济对文化贸易的制度影响

数字经济在《二十国集团数字经济发展与合作倡议》（2016）中被定义为：以数字化信息和知识为生产要素，以现代信息网络为重要活动空间，有效利用信息通信技术（ICT）作为生产力增长的重要驱动力的一系列经济活动。因而，数字经济对全球贸易体系的影响，催生出国际贸易中的数字贸易类别。数字贸易被认为是全球化和数字化发展到一定时期而产生的新型贸易模式，尽管目前尚无对数字贸易的明确定义，数字内容（音乐、视频、游戏、书籍等）、社会媒介、搜索引擎、跨境电子商务是数字贸易标的的主要内容。作为未来新型的重要贸易方式，数字贸易成为国际中多种贸易协定中的讨论内容，它直接影响着一国国家安全、企业生存和消费者隐私等方面。为此，本节将从数字贸易视角分析数字经济对文化贸易的制度影响。

同其他国际贸易现象相似，数字文化贸易壁垒也涉及多个方面。首先是与跨境传输方面相关的壁垒，包括数据的当地化要求、数据管制（不允许相关数据的跨境传输）等。其次是与数字贸易相关的货物贸易壁垒和服务贸易壁垒，如电子阅览器、3D打印机、贸易便利化障碍、国际支付等。在服务贸易领域采用GATS模式下跨境交付承诺，特别是通信服务中的电信增值服务和专业服务中的数据库服务在跨境交付方面的承诺。最后是数字贸易相关的技术和规则上的壁垒，如数据隐私保护、源代码、知识产权、市场准入、国有企业和政府采购等方面。但与其他贸易壁垒通常包括关税壁垒与非关税壁垒两大类不同，由于数字产品基于数据流，而非传统文化产品更多基于光盘、磁带等设备载体，以文化内容为主的数字贸易壁垒更多体现在非关税壁垒方面，如跨境数据流限制、知识产权保护、审查和海关措施等。

一、跨境数据流动及限制

跨境数据流动应该包含两个方面：一是数据被跨越国境（含边境）传输和处理；二是

[①] World Trade Organization. World Trade Report 2018:39.

数据本身虽未被传输出境,但能被境外的主体访问。当前数据的跨境流动不是没有限制的,即使美国也存在着信息或者数据的管制。在跨境流动限制方面,存在着美式、欧式和俄式跨境数据流动规则方面的区别。它们分别以数字贸易自由化、个人数据的充分保护、跨境数据流动安全为基本取向,在与其他经济体签订自由贸易区协定或增修国内相应法律时,体现在电子商务方面的条款上。

美式跨境数据流动规则以数字贸易自由化为基本取向,其在美国与其他经济体签订的自由贸易区协定中表现为独立于货物和服务的数字产品的非歧视待遇、降低数字贸易壁垒以及与数字贸易相关的服务和投资的负面列表方式。欧式跨境数据流动规则以个人数据的充分保护为基本取向。欧盟与其他经济体签订的自由贸易区协定将电子商务方面的内容放在服务、投资和电子商务这个章节中,同时,欧盟法律长期以来坚持规定个人对数据的权力,并且规定有关企业相应的义务和政府机构相应的职责这一基本立场。因而,欧式跨境数据流动规则建立在数据保护规则的基础上,强调跨境流动的个人数据接收方应当符合欧盟对个人数据的保护标准。俄式跨境数据流动规则以跨境数据流动安全为基本取向。俄罗斯与其他经济体所签订的自由贸易区协定中关于电子商务方面的条款是很初级的,但其国内的相关法律规则及其执行机制已较为系统完善。俄罗斯制定了较为系统的跨境数据流动方面的法律并建立了相应的监管机构,要求信息和数据的当地储存,即有留存境内的要求,目前印度、中国等国的跨境数据流动规则也都有这种倾向[①]。

数字贸易保护主义的最初形式表现为数据本地存储。2013年"斯诺登事件"发生之后,世界各国纷纷开始提出一系列关于数据本地化的法律规定。其中,"本地化"概念包含了"服务本地化""设施本地化""数据本地化"三层含义[②]。数据存储本地化要求将数据存储在数据来源国的服务器上,这可能会影响数据的跨境传输。数据存储本地化主要是为了应对日益发展的数字经济给各国法律监管带来的冲击,保护国家和个人数据安全,方便管理数据的收集、传输和处理等行为。在数字化时代,云计算形成的数据存储是动态的,大数据技术又使得个人对自身数据的掌控能力弱化,这是欧盟坚持数据本地化立法的原因。美国反对数据存储本地化的理由与主张数据跨境自由流动类似,出于对美国强大数字经济和贸易的自信[③]。

二、审查措施

当前,与数字产业相关的外商直接投资或多或少地受制于不同国家和部门的一系列管制措施,这些措施旨在限制外国公司的自由进入,目的是保护本国公司的生存和盈利能力,培育本国的数字经济市场。这些与投资相关的政策措施会影响全球数字贸易的进程,主要

[①] 国际贸易投资新规则与自贸试验区建设团队. 全球数字贸易促进指数报告(2019)[M]. 上海:立信会计出版社,2019:32.
[②] 伊万·沙拉法诺夫,白树强. WTO视角下数字产品贸易合作机制研究:基于数字贸易发展现状及壁垒研究[J]. 国际贸易问题,2018(2):149-162.
[③] 周念利,李玉昊. 全球数字贸易治理体系构建过程中的美欧分歧[J]. 国际视野,2017(9):76-81.

措施有外资所有权限制、歧视性许可和税收,以及本地内容要求,等等。所有权限制广泛影响包括数字产业在内的各个部门,例如,印度尼西亚在其投资限制清单中对大多数行业外资参股比例的上限规定在67%。在大多数国家,对数字服务投资的所有权限制是针对特定行业或企业的,特别是与电信相关的行业。这些措施以要求建立本国与外国合资企业、规定股权上限、强制性技术转让等方式,作为外国企业进入本国市场的先决条件。外资所有权限制是相当明显的进入壁垒,而烦琐的许可证及资本规定、高额的税费同样可能限制数字贸易的自由化。此外,本地内容要求规定外国公司在其平台上需要提供一定数量的本地生产的内容,例如规定在一国播放的视听内容中的最小份额必须是由本地生产的。近年来,世界各国对本地内容要求的规定一直在增长,巴西、中国、欧盟、印度、印度尼西亚、俄罗斯等39个国家或地区采取了146项相关措施,而此类措施可能遏制外国公司提供跨境数字服务,影响跨境数据流和企业的正常运营[1]。

三、数据保护和隐私保护问题

数据保护和个人隐私问题与跨境数据自由流动密切相关。专注于数据与隐私保护的各类监管措施一定程度上抑制了全球数字贸易的发展。USITC对不同行业美国公司的调查显示,在数字通信领域,有79%的大企业和51%的中小企业认为数据隐私和保护是数字贸易的一个障碍。同时,在所有行业的公司中,大型数字通信公司认为数据隐私与保护问题具有"实质性或非常重大"影响的比例是最高的,达到34%,其次是数字内容(23%)和金融部门(23%)。事实上,作为推崇自由主义的国家,美国强调数据流动的全球属性,更加看重的是与数据流动相挂钩的经济利益,认为数据保护会增加美国公司的成本、限制美国公司海外数字业务的拓展。然而,不同国家在数据与隐私保护问题上的态度差别较大,例如,欧盟认为数据具有国家主权属性,十分重视对数据流动和隐私的保护。2000年美欧缔结了《避风港隐私规则》(Safe Harbor Privacy Principles),实现了在安全港框架下的数据自由流动,但由于一些美国公司对欧盟公民数据的滥用,该协议失效。2016年,美欧就数据传输达成了《隐私盾》协议(EU-US Privacy Shield),该协议将为跨大西洋两岸数据传输中的个人隐私保护提供新的规范。在协议中,欧盟对向美国提供数据的前提条件做了十分明确的界定,即美国只能在特定领域或基于特定用途使用欧盟数据[2]。数字贸易产生的个人隐私保护问题因其技术性太强,目前仍处于研究前沿。个人隐私保护与数据跨境自由流动、数据存储本地化问题密切相关,欧盟禁止跨境数据自由流动和实施数据存储本地化的重要理由就是保护个人隐私。禁止数据自由流动和数据存储强制本地化是手段,而保护个人隐私是目的。跨境数据流动和数据存储本地化是宏观层面的问题,而个人隐私保护更多地涉及微观主体[3]。

---

[1] 陈超凡,刘浩. 全球数字贸易发展态势、限制因素及中国对策[J]. 理论学刊,2018(5):48-55.
[2] 陈超凡,刘浩. 全球数字贸易发展态势、限制因素及中国对策[J]. 理论学刊,2018(5):48-55.
[3] 周念利,李玉昊. 全球数字贸易治理体系构建过程中的美欧分歧[J]. 国际视野,2017(9):76-81.

四、知识产权保护

数字贸易环境中,知识产权保护问题显得尤为迫切,其主要原因在于知识产权保护与数字贸易存在的冲突更加明显。国际贸易知识产权问题主要有以下几类:① 知识产权地域性造成的,例如,平行进口、权利穷竭等;② 知识产权与物权保护的冲突,例如,附有知识产权的货物或物品在目标国受到禁止或管控;③ 不同法域知识产权保护水平和执法标准存在差异。首先,在数字贸易环境中,跨境的数字产品无处不在,知识产权地域性将被进一步冲淡。有些数字产品本身就是跨国生产和存在的,很难去界定其"国籍"。数字作品一旦在网络上发布,可能惠及自由连接互联网的任何国家。换言之,无论作者国籍还是惯常居住地,作品获得《伯尔尼公约》和 TRIPs 协定保护的机会大大增加。其次,数字贸易中作品类型和保护标准的统一更加迫切。例如,争议较大的人工智能创作物或人工智能生成内容能否享受著作权保护。且不论学者的争论,根据国际条约本身无法得出结论,只能依据国内法进行解释和确立。可以预见,不同国家人工智能发展水平、法律制度和执法环境差异较大,人工智能创作物或生成内容的作品定性及其版权保护问题存在较大差异。最后,如果一国的法律对于知识产权的保护水平薄弱,或者知识产权执法不力,都可能导致大范围的盗版或假冒,内容供应商便很难从其合法销售渠道获利。然而,在互联网中间商看来,承担更大的责任会提高其运营成本,却降低了其提供合法内容的能力,并且限制了他们打击盗版的方式[①]。

 案例/专栏

中国网络电影等数字文化产品出口[②]

网络电影是网络文艺众多门类中异军突起的一支,虽然诞生时间不长,却日渐成为互联网用户日常的精神文化食粮。

网络电影发轫于"微电影"。早期代表性作品《老男孩》一出现便引发广泛关注,让业界认识到"互联网+电影"的巨大潜力。2014 年,业界提出"网络大电影"概念,即时长超过 60 分钟、制作精良、具备完整电影结构与容量、以互联网为首发平台的电影。这一概念的提出,对提升网络电影制作水准和艺术质量、规范行业秩序、制定行业标准有重要参考意义。

经过 5 年迅猛发展,业内逐渐形成共识,以"网络电影"作为互联网发行电影的统一称谓。至此,网络电影的概念进一步明确。这一系列名称的转换体现网络电影从无到有,从初始阶段到精品化、差异化、精准化的转型轨迹,反映了网络电影实现自我升级的内在

---

① 孙益武. 数字贸易与壁垒:文本解读与规则评析:以 USMCA 为对象[J]. 上海对外经贸大学学报,2019(6):85-96.
② 张成. 让网络电影具有大情怀[N]. 人民日报,2019-12-17(20).

需求,以及人民群众高品质、多样化、差异化的审美诉求。

(一)迅速发展,满足多样化观影需求

中国是全球第二大电影市场,受众群体庞大,尽管中国电影产业发展迅猛,但观众多样化、差异化、高品位的观影需求并未得到全面释放,电影市场发展不平衡的现象依然存在。网络电影的受众主要是年轻人,据中国电影家协会发布的《2018中国电影产业研究报告》,爱奇艺和腾讯两家视频平台上,81%和84%的网络电影观众年龄不高于30岁。网络电影比院线电影更具便捷性和即时性,方便现代社会青年利用碎片化时间在线观赏、实时交流互动,这一独特优势不仅使网络电影成为院线电影的有力补充,更激活了一些非传统观影人群的观影需求。

互联网普及之前,许多小成本电影无缘院线上映,电视台的电影频道是小成本电影与观众见面的主要渠道。"打开电视看电影"的电视观众与院线观众有不同观影需求,这些小而精的"电视电影"满足了广大电视观众高品质、差异化的观赏诉求。如今,这部分观众的观影需求可以通过网络电影得到更充分多样的满足。一些青年电影人投身电视电影制作,也为网络电影在影片制作和人才积蓄方面积累了足够势能。

网络电影项目周期短、投资回报率高,深受市场青睐。短短5年间,网络电影迅猛发展,形成一套完整的产业链体系,搭建起较完备的投融资、网络播放、青年导演培养平台。2014年网络电影上线450部,2015年上线680部,2016年达到近年来的峰值2463部,2017年和2018年适逢行业调整,仍分别上线1892部和1526部。数量充足的网络电影为观众提供多样观影选择。过去,网络电影与院线电影并无太多交集,随着网络电影精品化发展,"网院同步"或"先网后院"有可能成为主流播映方式。网络电影充分利用自身互联网属性与院线电影形成联动,应是题中应有之义。

(二)适应网络,新媒介审美特性越发凸显

电影是一门依托于工业体系的艺术,电影工业体系的制作流程、完整度和资金体量在很大程度上决定电影的制作品质。相比较而言,院线电影制作资金充足、流程规范、行当齐整,这些是网络电影所不具备的。

网络电影小成本、小规模的工业制作特点决定其具有以下艺术特性:一是类型和题材更加大众化和通俗化。都市、传奇、动作、冒险等是网络电影较为常见的类型和题材,这些类型和题材具有短时间内抓住观众注意力的优势。此外,普及度较高的传统神话、传说和历史故事、典故等也是网络电影的重要取材来源。二是后期剪辑有时重于前期拍摄。网络电影与院线电影放映屏幕大小悬殊,院线电影银幕宽、景深大,场面调度丰富立体,尤其是数字时代,长镜头等高难度镜头更容易实现,越来越多的院线电影采用流畅的长镜头给人时空完整统一的酣畅淋漓之感。但在手机或平板电脑的屏幕上,大景深或丰富场面调度的优势不复存在,这就需要调用高频次剪辑与特写来强化故事重点,引导观众注意力。三是叙事节奏紧凑、情节点密集。网络电影一般采用会员付费或单片付费观看方式,有效观看量(单片观看时长超过6分钟)是制作方和平台的重要评估依据,有的平台还根据播放时长和会员拉新等数据综合评估,这就决定网络电影要在开头几分钟内牢牢抓住观众的注意力。

这些是网络电影在"看"的方面与院线电影的不同,事实上,网络电影除了可以"看"外,还可以"玩",网络电影基于互联网的新媒介特点越发凸显。例如,有平台专门制播竖屏网络电影以适应手机观看,这是探索电影未来形态的一次尝试;又如互动网络电影,国内外流媒体平台都有尝试,这类电影把观看的主动权和故事的选择权交给观众,让观众以交互的方式观影,其互动性堪比网络游戏,"看电影"变成了"玩电影"。

(三)回归现实,助推视听艺术开辟新境界

网络电影起步阶段的2014—2017年,题材跟风、内容粗糙现象明显,原创能力不足。2018年以来,出现一批回归现实、贴近生活的作品。网络电影正通过艺术再现悠久历史,为中国人奋斗精神立传,弘扬优秀传统文化,确立自身艺术品格,参与主流文化建构。

这些作品选材多样,《毛驴上树》取材自真实事件,讲述驻村第一书记带领村民脱贫致富的故事;《大地震》根据唐山大地震中真实事件改编,讲述唐山某煤矿工人被困后,冷静科学互助自救,最后成功脱险的故事;《火线任务》刻画消防员群像,表现一群可歌可泣、舍己救人的消防英雄的成长史;《我的喜马拉雅》歌颂两代边疆守护者甘于奉献、守土爱国的坚韧精神;《那年1987》再现改革开放初期普通人的创业史。

此外,越来越多的网络电影朝着开拓题材、树立精品的方向努力。如《海带》《孤岛终结》试水科幻类型,《霍元甲之精武天下》以功夫片讲述家国情怀,《陈翔六点半之重楼别》表现非物质文化遗产滇剧传承。

伴随政策引导、平台助推和越来越多观众的认可,网络电影日渐繁荣,与院线电影共同构成中国电影新的文化景观。视频网站3亿付费会员让网络电影有责任和底气探索更丰富多样的题材和类型,优化产品结构,提高质量品位,补齐原创短板,开掘巨大潜力。网络电影也有条件为更多青年电影从业者提供平台和机遇,培养电影创作生力军。期待网络电影承担时代责任,守正创新,满足广大观众差异化、多样化的观影需求,用健康积极、向善向上的优质作品构建风清气正的网络文化,助推中国电影艺术攀登新的高峰。

(四)数字文化出海,"走出去"也进入了"新时代"[①]

近几年,我国数字音乐、网络游戏、网络文学出口快速增长。研究机构分析,2018年我国网络游戏海外发行规模约70亿美元,同比增长约17%[②]。随着新世纪以来互联网在全球范围的快速普及,特别是近五六年来移动互联网不断释放的媒介迭代效应,各国年轻人之间可共享的文化经验越来越多。我国文化在海外的实际传播和被接受,也不再只是像过去以《媳妇的美好时代》《金太郎的幸福生活》等为代表的"走出去"阶段,局限于讨论剧情冲突、人物关系等初步层次;在以《白夜追凶》《延禧攻略》《如懿传》《天盛长歌》《太吾绘卷》《中国式家长》等为代表的新一轮"走出去"过程中,出现了上游的原著是否侵权、下游的道具周边购买等非常具体的细分话题。

[①] 孙佳山. 5G时代到来,数字文化产业加速转型升级[N]. 中国文化报, 2019-11-30(3).
[②] 吴伟华. 我国参与制定全球数字贸易规则的形势与对策[J]. 国际贸易, 2019(6): 55-60.

作为我国数字文化产业核心的网络游戏"走出去"的海外收入，也已经达到了国内电影票房的规模和体量。其中，国自主研发电子游戏不断开拓海外市场。《2020年中国游戏产业报告》显示，2020年中国游戏产业保持增长，自主研发游戏出海再创佳绩，海外市场实际销售收入达154.50亿美元，比上年同比增长33.25%，保持高速增长态势。同时在国内市场年度销售总额中，贡献率最大的也是中国自主研发游戏，其国内市场实际销售收入达2401.92亿元，比上年增加506.78亿元，同比增长26.74%。这在我国既往的文化"走出去"经验中，几乎是不可想象的。这背后则是我国以数字文化产业为代表的文化产业，经过世纪之交到今天这20年左右的市场化、产业化改革，开始收获来自市场和产业的改革红利的缩影。

数字技术进步助推中国新文化产品在海外频频"圈粉"。德意志广播电台近期刊文说，中国网络游戏、短视频平台等新型文化产品在世界范围内越来越受欢迎，它们的特点包括具备趣味性、无政治性。说到新文化产品出口，不得不提到众所周知的TikTok。作为抖音海外版本于2017年首次在国际上推出。至2020年1月，抖音国外版本在全球的总下载量达到1.04亿次，成为了全球下载量最高的移动应用。去年特朗普政府欲封禁TikTok引发轩然大波，同时令外界关注到这款应用的受欢迎程度。数据显示，TikTok在美国的活跃用户量已经超过1亿，其中10岁至19岁青少年占32.5%，20岁至29岁人群占29.5%。而且，《华盛顿邮报》等美国主流媒体也在TikTok上开通账号。

法国近年来出现越来越多的中国漫画，比如《巴黎人报》将《包拯传奇》评为"最受读者喜欢的作品"，其在欧洲销售数万本。在东南亚，网络文学也成为中国文化"出海"的一种形式。2017年，阅文集团正式上线海外门户"起点国际"，以中国网络文学英文翻译作品为网站的主要内容，目前上线作品已超1700部。据媒体报道，菲律宾用户平均每天在"起点国际"浏览的时间超过一个小时。此外，阅文集团还向泰国、越南等国授权数字图书和实体图书出版，授权作品700余部。

由文化和旅游部产业发展司指导，国务院发展研究中心东方文化与城市发展研究所、中国社会科学院中国文化研究中心、腾讯社会研究中心联合专项课题组撰写的《国际数字创意产业前沿趋势研究报告》指出，在数字经济领域，以研发、设计为核心的数字创意产业不仅在我国，新世纪以来在世界许多国家都是优先发展的对象，各国政府纷纷出台战略，开启数字化转型之路。全球范围内数字技术与网络技术正在融合形成以网络为依托，以数据为关键资产，以高度智能化为发展方向，带动经济、社会、文化整体发展的新兴数字创意产业。数字文化出海已经变成了国内互联网领军企业的主动需求，正从国内市场竞争迈向全球市场竞争，并呈现出从资本出海向产品出海、技术出海和规则出海的历史性转变。

党的十九届五中全会通过的《中共中央关于制定国民经济和社会发展第十四个五年规划和二〇三五年远景目标的建议》明确提出的"实施文化产业数字化战略"，2020年11月26日，文化和旅游部发布《关于推动数字文化产业高质量发展的意见》，明确推动数字文化产业高质量发展的方向、思路和路径。这些政策将有效推动了数字文化产业的创新发展，并为未来的高质量发展奠定了深厚基础。

【思考与讨论】

1. 数字经济下，中国网络电影如何升级及如何"走出去"？
2. 数字经济如何助推中国文化"出海"？

本章小结

- 通过互联网技术供给产品与服务的商业活动构成了以文化内容为主要贸易标的的数字贸易特征：一是以互联网技术为交易基础；二是贸易标的是无形的知识、技术密集型数字产品或服务；三是边际生产成本和运输成本几乎为零。依据数字贸易对货物贸易和服务贸易的影响，数字技术国际文化贸易的影响也可分为国际文化商品贸易和国际文化服务贸易两种类型。
- 数字技术对国际文化商品贸易的影响表现为：第一，数字技术改变文化产品贸易方式，即传统货物贸易被全部替代，实物型的文化产品变成可数字化的文化产品，或一些实物型的文化产品载体消失；第二，数字技术正在改变各国文化贸易结构，数字技术催生了被称为"智能互联产品"的多种新文化商品；第三，数字技术有助于进一步降低文化商品贸易成本。
- 数字技术对文化服务贸易的影响更深远，这表现为文化服务贸易数字化趋势和数字技术对国际服务贸易成本的影响。具体表现为：数字技术将原来不可贸易的服务变成可贸易的数字化服务，原来只能通过境外消费、商业存在或者自然人流动提供的相关服务，现在则可以通过数字技术转变为跨境交付的方式；数字技术通过大幅降低通信、搜索和匹配成本而降低服务贸易成本。
- 同其他国际贸易现象相似，数字文化贸易壁垒也涉及跨境传输壁垒、货物贸易壁垒和服务贸易壁垒等方面，也体现为关税壁垒、技术和规则上的非关税壁垒两大类形态。其中，非关税壁垒包括跨境数据流限制、知识产权保护、审查和海关措施等方式。

综合练习

一、本章基本概念

数字贸易；数字文化产品；数字经济

二、本章基本思考题

1. 数字经济对文化贸易的影响有哪些？
2. 数字贸易的特点有哪些？

3. 数字经济中文化贸易的特点有哪些？

推荐阅读资料

1. 国际贸易投资新规则与自贸试验区建设团队．全球数字贸易促进指数报告[M]．上海：立信会计出版社，2019．

2. 中国信息通信研究院互联网法律研究中心．数字贸易的国际规则[M]．北京：中国人民大学出版社，2019．

3. 李俊．全球服务贸易发展指数报告：数字贸易兴起的机遇与挑战[M]．北京：社会科学文献出版社，2018．

参 考 文 献

[1] M. 莱恩·布鲁纳. 记忆的战略：国家认同建构中的修辞维度[M]. 蓝胤淇, 译. 北京：商务印书馆, 2016.

[2] W. 钱·金. 开创蓝海：从太阳马戏团看企业价值创新[J]. 西部论丛, 2007（2）：72-73.

[3] 罗伯特·休伊森. 文化资本：创意英伦的兴衰[M]. 北京：商务印书馆, 2020.

[4] 保罗·R. 克鲁格曼. 国际经济学：理论与政策（上册：国际贸易部分）[M]. 北京：中国人民大学出版社, 2006.

[5] 贝尔纳·古奈. 反思文化例外论[M]. 李颖, 译. 北京：社会科学文献出版社, 2010.

[6] 彼得·弗兰科潘. 丝绸之路：一部全新的世界史[M]. 邵旭东, 孙芳, 译. 杭州：浙江大学出版社, 2016.

[7] 蔡梦波. 国际文化贸易的法律冲突与协调[D]. 大连：大连海事大学, 2013.

[8] 蔡正鹤. 文化经纪人培训教程[M]. 上海：上海文艺出版社, 2000.

[9] 陈昌柏. 国际知识产权贸易[M]. 南京：东南大学出版社, 1994.

[10] 陈琦. 柏林电影节：中国电影走向世界的舞台[J]. 德语学习, 2005（3）：20-22.

[11] 陈宪, 韦金鸾, 应诚敏, 等. 国际贸易：原理·政策·实务[M]. 上海：立信会计出版社, 2002.

[12] 程大中. 国际服务贸易学[M]. 上海：复旦大学出版社, 2007.

[13] 陈焱. 好莱坞模式：美国电影产业研究[M]. 2 版. 北京：北京联合出版公司, 2016.

[14] 崔美霞. 中国对"一带一路"国家文化产品出口潜力研究[D]. 大连：东北财经大学, 2017.

[15] 褚岩. 文化经纪人概论[M]. 北京：中国电影出版社, 2008.

[16] 戴维·索罗斯比. 什么是文化资本？[J]. 马克思主义与现实, 2004（1）：50-55.

[17] 董玉玲. 中国电视节目版权贸易问题研究[D]. 济南：山东大学, 2013.

[18] 丹尼·罗德里克. 贸易的真相：如何构建理性的世界经济[M]. 卓贤, 译. 北京：中信出版集团, 2018.

[19] 董玉玲. 中国电视节目版权贸易问题研究[D]. 济南：山东大学, 2013.

[20] 杜杨. 国际贸易理论与实务[M]. 北京：机械工业出版社, 2008.

[21] 冯子标, 焦斌龙. 分工、比较优势与文化产业发展[M]. 北京：商务印书馆, 2005.

[22] 弗雷德里克·马特尔. 论美国的文化[M]. 周莽, 译. 北京：商务印书馆, 2013.

[23] 弗雷德里克·马特尔. 戏剧在美国的衰落：又如何在法国得以生存[M]. 傅楚楚，译. 北京：商务印书馆，2015.

[24] 弗雷德里克·马特尔. 智能：互联网时代的文化疆域[M]. 左玉冰，译. 北京：商务印书馆，2015.

[25] 弗雷德里克·马特尔. 主流：谁将打赢全球文化战争[M]. 刘成富，房美，胡园园. 等译. 北京：商务印书馆，2012.

[26] 马克卢普. 美国的知识生产与分配[M]. 北京：中国人民大学出版社，2007.

[27] 苟小菊. 国际贸易概论[M]. 北京：中国商业出版社，2001.

[28] 国际贸易投资新规则与自贸试验区建设团队. 全球数字贸易促进指数报告[M]. 上海：立信会计出版社，2019.

[29] 国彦兵. 西方国际贸易理论：历史与发展[M]. 杭州：浙江大学出版社，2004.

[30] 韩骏伟，胡晓明. 国际文化贸易[M]. 广州：中山大学出版社，2009.

[31] 胡晓月，肖春晔. 文化经济理论与实务[M]. 广州：中山大学出版社，2009.

[32] 胡月明. 演出经纪人[M]. 北京：中国经济出版社，2002.

[33] 黄河清. 美国百老汇运作模式及其启示[D]. 长沙：中南大学，2011.

[34] 黄津. 戛纳电影节上的华语电影论[J]. 戏剧之家，2014（11）：149-150.

[35] 黄瑞珑，南金伟. 从 AT&T 并购时代华纳看国内电信运营商转型之路[J]. 经贸实践，2017（15）：177.

[36] 李嘉珊. 国际文化贸易实训[M]. 北京：高等教育出版社，2017.

[37] 孔祥荣. 文化全球化与中国文化贸易的发展[J]. 今日南国，2008（8）：124-125.

[38] 郎永清. 产业结构调整中的经济增长[D]. 西安：西北大学，2005.

[39] 理查德·F. 库索尔. 法兰西道路：法国如何拥抱和拒绝美国的价值观与实力[M]. 言予馨，付春光，译. 北京：商务印书馆，2013.

[40] 李怀亮. 国际文化贸易概论[M]. 北京：高等教育出版社，2006.

[41] 李怀亮. 国际文化贸易导论[M]. 北京：中国传媒大学出版社，2008.

[42] 李怀亮，葛欣航. 美国文化全球扩张和渗透背景下的百老汇[J]. 红旗文摘，2016（13）：34-37.

[43] 李怀亮，阎玉刚，罗兵，等. 国际文化贸易教程[M]. 北京：中国人民大学出版社，2007.

[44] 李俊. 全球服务贸易发展指数报告（2018）[M]. 北京：社会科学文献出版社，2018.

[45] 李谧，方友忠，陈会颖. 世界大国（地区）文化外交（法国卷）[M]. 北京：世界知识出版社，2013.

[46] 李涛. 文化产业背景下的文化艺术生产问题研究[D]. 济南：山东师范大学，2009.

[47] 李万康. 艺术市场学概论[M]. 上海：复旦大学出版社，2005.

[48] 李小牧. 国际文化贸易[M]. 北京：高等教育出版社，2014.

[49] 李垚，夏杰长，刘奕. 文化产业人才的培养：需求分析与政策建议[J]. 经济研究参考，2018（54）：3-10.

[50] 李谧，方友忠，陈会颖. 世界大国（地区）文化外交（法国卷）[M]. 北京：世界知识出版社，2013：116-117.

[51] 熊澄宇. 世界文化产业研究[M]. 北京：清华大学出版社，2012.

[52] 梁琦. 分工、集聚与增长[M]. 北京：商务印书馆，2009.

[53] 林莉，严伟. 从文化视角看保护主义与贸易自由的历史选择[J]. 前沿，2010（3）：65-68.

[54] 刘庆林. 国际服务贸易[M]. 北京：人民邮电出版社，2004.

[55] 罗加环，刘登玲. 从CAA的成功之道探析我国演艺经纪业的出路[J]. 知识经济，2008（5）：172-173.

[56] 罗能生. 全球化、国际贸易与文化互动[M]. 北京：中国经济出版社，2006.

[57] 迈克尔·波特. 竞争战略[M]. 陈小悦，译. 上海：三联书店，1988.

[58] 迈克尔·波特. 竞争优势[M]. 陈小悦，译. 北京：华夏出版社，1997.

[59] 迈克尔·波特. 国家竞争优势[M]. 李明轩，邱如美，译. 北京：华夏出版社，2002.

[60] 蒙英华. 自贸试验区背景下中国文化贸易发展战略研究[M]. 上海：格致出版社，上海人民出版社，2016.

[61] 芈岚，张峰，董秀丽. 世界大国（地区）文化外交（美国卷）[M]. 北京：世界知识出版社，2013.

[62] 尼尔·弗格森. 文明[M]. 曾贤明，唐颖华，译. 北京：中信出版社，2012.

[63] 霍政欣. 1970年UNESCO公约研究：文本、实施与改革[M]. 北京：中国政法大学出版社，2015.

[64] 潘薇. 迪士尼球土化文化传播策略探讨：以迪士尼乐园为例[D]. 上海：上海交通大学，2010.

[65] 彭林. 多元时代需要更强大的民族精神：中国礼乐文化传统的现实意义[J]. 人民论坛·学术前沿，2013（10）：46-53+95.

[66] 彭慕兰，史蒂文·托皮克. 贸易打造的世界：1400年至今的社会、文化与世界经济[M]. 黄中宪，吴莉苇，译. 上海：上海人民出版社，2018：485-486.

[67] 朴京花. 基于文化资本理论的文化产业人才培养：对韩国经验的借鉴[J]. 山东大学学报（哲学社会科学版），2019（6）：58-66.

[68] 齐征阳. 百老汇 外百老汇 外外百老汇[J]. 世界文化，2009（10）：46-47.

[69] 庆贺. 流动人口子女教育问题研究：以兰州市东部市场地区为例[J]. 社科纵横，2008（10）：25-28+31.

[70] 日本的文化产业政策及运作[J]. 青年记者，2006（5）：39.

[71] 塞缪尔·亨廷顿. 文明的冲突[M]. 周琪，译. 北京：新华出版社，2013.

[72] 塞缪尔·亨廷顿,劳伦斯·哈里森. 文化的重要作用:价值观如何影响人类进步[M]. 程克雄,译. 北京:新华出版社,2016.

[73] 沈定成. 谈版权平行进口法律问题[J]. 出版参考,2015(12):65-66.

[74] 申险峰,渠培娥,李成浩. 世界大国(地区)文化外交(日本卷)[M]. 北京:世界知识出版社,2013.

[75] 石雨棋. 中国古代贸易[M]. 北京:中国商业出版社,2015:159.

[76] 宋建刚. 中国图书版权贸易逆差研究:以马克思国际价值理论为视角[D]. 天津:天津财经大学,2013.

[77] 松田武. 战后美国在日本的软实力:半永久性依存的起源[M]. 北京:商务印书馆,2014.

[78] 张斌. 国际文化贸易[M]. 北京:人民出版社,2019.

[79] 孙梅. 美国在线时代华纳公司的并购历程及整合启示[D]. 长春:东北师范大学,2007.

[80] 塔尼亚·芙恩. 文化产品与世界贸易组织[M]. 裘安曼,译. 北京:商务印书馆,2010.

[81] 谭雪芬. 试析国内艺术博览会的社会背景变迁[J]. 设计艺术,2011(2):70-72.

[82] 滕晓鹏,汝艳红. 百老汇戏剧产业孵化体系对中国演艺产业发展的启示[J]. 山东社会科学,2018(10):122-126.

[83] 王芳芳. 国际贸易协定中的"文化例外"问题研究[D]. 北京:北京交通大学,2014.

[84] 雷吉斯·迪布瓦. 好莱坞:电影与意识形态[M]. 北京:商务印书馆,2014.

[85] 汪京. 文化经纪人[M]. 北京:中国经济出版社,2006.

[86] 王雪野. 国际图书与版权贸易[M]. 北京:中国传媒大学出版社,2009.

[87] 翁翔. 版权产品平行进口的法律分析[J]. 法制博览,2017(9):4-6.

[88] 维兰德·施佩克,贾樟柯,林旭东,等. 电影节·城市·公众:对话柏林国际电影节[J]. 东方艺术,2011(10):10-13.

[89] 辛广伟. 版权贸易与华文出版[M]. 石家庄:河北人民出版社,2003.

[90] 徐海龙. 文化经纪人概论[M]. 北京:北京大学出版社,2010.

[91] 徐健,严兰. 全球化语境下中国文化以电影为媒介的传播:戛纳电影节中国电影获奖情况分析[J]. 新闻世界,2010(11):139-140.

[92] 徐丽芳. 直击法兰克福书展中的专业出版商[J]. 出版参考,2014(上半旬):12-13.

[93] 徐熙林,朴钟恩,王竞楠. "一带一路"建设与全球贸易及文化交流[M]. 南京:东南大学出版社,2016.

[94] 薛荣久. 国际贸易[M]. 成都:四川人民出版社,1993.

[95] 雅克·朗西埃. 美感论:艺术审美体制的世纪场景[M]. 赵子龙,译. 北京:商务印书馆,2016.

[96] 闫沐."文化折扣"成因的经济模型分析:以中国电影贸易为例[D].长沙:中南大学,2010.

[97] 佟东.国际文化贸易[M].北京:经济管理出版社,2016.

[98] 杨明亮.我国文化产业发展政策研究:以美国文化产业发展为比较[J].法制与社会,2008(9):217-218.

[99] 杨全发.新编国际贸易[M].广州:中山大学出版社,1995.

[100] 杨婷婷.近十年(2004—2013年)我国图书版权贸易研究[D].北京:北京印刷学院,2014.

[101] 伊斯特凡·洪特.贸易的猜忌:历史视角下的国际竞争与民族国家[M].霍伟岸,迟洪涛,徐至德,译.南京:译林出版社,2018.

[102] 袁学伦.迪士尼财富生产链:循环的轮次收入模式[J].经济导刊,2012(Z2):58-59.

[103] 詹姆斯·C.斯科特.国家的视角:那些试图改善人类状况的项目是如何失败的[M].王晓毅,译.北京:社会科学文献出版社,2012.

[104] 詹姆斯·古德温.国际艺术品市场[M].敬中一,赖靖博,裴志杰,译.北京:中国铁道出版社,2010.

[105] 张慧娟.美国文化产业政策研究[M].北京:学苑出版社,2015.

[106] 张利华.中美欧文化软实力研究[M].北京:知识产权出版社,2015.

[107] 张骞.国际文化产品贸易法律规制研究[M].北京:中国人民大学出版社,2013.

[108] 张娜,田晓玮,郑宏丹.英国文化创意产业发展路径及启示[J].中国国情国力,2019(6):71-75.

[109] 章利国.艺术市场学[M].北京:中国美术学院出版社,2003.

[110] 张述传.贸易文化论[M].武汉:武汉出版社,2009.

[111] 张文,邓向阳.版权贸易:国内电视节目发展新趋向[J].电影评介,2013(16):98-101.

[112] 张啸.国际版权贸易中视听产品分销服务法律研究[D].上海:复旦大学,2013.

[113] 张玉国,朱筱林.文化、贸易和全球化(上)[J].中国出版,2003(1):47-52.

[114] 张玉国,朱筱林.文化、贸易和全球化(下)[J].中国出版,2003(2):37-41.

[115] 雅克·朗西埃.美感论:艺术审美体制的世纪场景[M].北京:商务印书馆,2016.

[116] 赵茹.MTV全球音乐电视网在中国市场的经营战略分析[D].西安:西北大学,2006.

[117] 赵有广.文化产品生产方式创新研究:基于中国文化产品对外贸易[M].北京:经济科学出版社,2013.

[118] 郑胜天.艺术博览会的历史经验与趋势[J].美术大观,1994(3):45.

[119] 郑悦.文化如何影响对外政策:以美国为个案的研究[M].北京:北京大学出版社,2011.

[120] 中共中央宣传部政策法规研究室，中国社会科学院法学研究所. 国际文化法文化汇编（中英文对照）[M]. 北京：学习出版社，2014.

[121] 马化腾，孟昭莉，闫德利，等. 数字经济 中国创新增长新动能[M]. 北京：中信出版社，2017.

[122] 冯洁. 国家文化贸易发展研究[M]. 杭州：浙江工商大学出版社，2019.

[123] 范周. 数字经济下的文化创意革命[M]. 北京：商务印书馆，2019.

[124] 国际贸易投资新规则与自贸试验区建设团队. 全球数字贸易促进指数报告[M]. 上海：立信会计出版社，2019.

[125] 李嘉珊. "文化创意+"国际贸易融合发展[M]. 北京：知识产权出版社，2019.

[126] 欧文. 贸易的冲突：美国贸易政策200年[M]. 北京：中信出版社，2019.

[127] 斯科特·麦克凯恩. 一切行业都是娱乐业[M]. 北京：中信出版社，2019.

[128] 泰勒·考恩. 优良而丰盛：美国在艺术资助体系上的创作性成就[M]. 大连：东北财经大学出版社，2018.

[129] 王振，惠志斌，徐丽梅，等. 数字经济蓝皮书：全球数字经济竞争力发展报告（2019）[M]. 北京：社会科学文献出版社，2019.

[130] 中国信息通信研究. 数字贸易的国际规则[M]. 北京：法律出版社，2019.

[131] 李小牧，李嘉珊. 中国国际文化贸易发展报告（2019）[M]. 北京：社会科学文献出版社，2020.

[132] 罗立斌. 电视节目模式国际贸易与电视节目产业发展：动因、影响与中国案例[M]. 北京：经济管理出版社，2020.

[133] 2012年我国版权产业行业增加值占GDP 6.87%[EB/OL].（2014-12-25）. http://media.sohu.com/20141226/n407300528.shtml.

[134] DEARDORFF A V, STERN R M. What you should know about globalization and the world trade organization[J]. Review of Internatioanl Economics, 2002, 10(3): 404-423.

[135] Anne-Célia Disdier, Silvio H.T.Tai, Lionel Fontagné, et al. Bilateral trade of cultural goods[J]. Review of World Economics, 2009: 1-36.

[136] Book Reviews[J]. Journal of cultural economics, 2000(24): 337-343.

[137] GRABER C B, GIRSBERGER M, NENOVA M. Free Trade versus Cultural Diversity: WTO Negotiations in the Field of Audiovisual Services[M]. Schulthess, 2004.

[138] HOSKIN C, MIRUS R. Reasons for the US dominance of the international trade in television programmes[J]. Media, Culture and Society, 1988(10): 499-515.

[139] Creative economy report 2013: special edition. United Nations Development Programme (UNDP)[R]. http://www.unesco.org/culture/pdf/creative-economy-report-2013.pdf

[140] LAING D. World Music and the Global Music Industry: Flows, Corporations and Networks[EB/OL].（2014-09-02）. https://helda.helsinki.fi/bitstream/handle/10138/25811/006_03_Laing.pdf?sequence=1.

[141] THROSBY D. Cultural Capital[J]. Journal of Cultural Economics ,1999(23): 1.

[142] FREEDMAN D. Cultural policy-making in the free trade era: an evaluation of the impact of current world trade or ganisation negotiations on audio-visual industries[J]. International Journal of Cultural Policy, 2003, 9(3): 285-298.

[143] CRANE D. Cultural globalization and the dominance of the American film industry: cultural policies, national film industries, and transnational film[J]. International Journal of Cultural policy, 2013, 20(4): 365-382.

[144] YAMATO E. Cultural Proximity and Reflexivity in Interpreting Transnational Media Texts: the Case of Malaysians Consuming Japanese Popular Culture[J]. The Qualitative Report, 2014, 19(94): 1-20.

[145] LEE F L F. Hollywood movies in East Asia: examining cultural discount and performance predictability at the box office[J]. Asian Journal of Communication, 2012, 18(2): 117-136.

[146] ALEXANDRIDIS G, MAVROVITIS C F, TRAVLOS N G. How have M& As Changed? Evidence from the sixth merge wave[J]. European Journal of Finance, 2012(18): 663-688.

[147] FELBERMAYR G J, TOUBAIL F. Cultural Proximity and Trade[J]. European Economic Review, 2010, 54(2): 279-293.

[148] CAMPAGNOLO G M, Hung the Nguyen, WILLIAMS R. The temporal dynamics of technology promises in government and industry partnerships for digital innovation: the case of the copyright hub[J]. Technology Analysis& Strategic Mangement, 2019, 31(8): 972-985.

[149] GANNÉ G. Free trade and cultural policies: evidence from three US agreements[J]. Journal of World Trade, 2011, 45(6): 1267-1284.

[150] GUGLER K, MUELLER D C, YURTOGLU B B, et al. The effects of mergers: an international comparison[J]. International Journal of Industrial Organization, 2003(21): 625-653.

[151] VISSER G. The film industry and south African urban change[J]. Urban Forum, 2014 (25): 13-34.

[152] MAY H. Cultural diversity and Australian commercial television drama: policy, industry and recent research contexts[J]. Prometheus, 2001, 19(2): 161-169.

[153] VAN DER POL H. Key role of cultural and creative industries in the economy[EB/OL]. http://www.oecd.org/site/worldforum06/38703999.pdf.

[154] LIN Holing, SUN Chuen-Tsai. Cash Trade in Free-to-Play Online Games[J]. Games and Culture, 2011,6(3): 270-287.

[155] IFPI Digital Musica Report 2015[R].

[156] IFPI Digital Musica Report 2016[R].

[157] CHUNG J E. Mapping international film trade: network analysis of international film trade between 1996 and 2004[J]. Journal of Communication, 2011(61): 618-640.

[158] CHALABY J K. The making of an entertainment revolution: how the TV format trade became a global industry[J]. European Journal of Communication, 2011,26(4): 293-309.

[159] SHI Jingxia, Weidong Chen. The 'Specificity' of cultural products versus the 'Generality' of trade obligations: reflecting on 'China-Publications and Audiovisual Products'[J]. Journal of World Trade, 2011, 45(1): 159-186.

[160] STRAUBHAAR J D. Beyond Media Imperialism: Assymetrical Interdependence and Cultural Proximity[J]. Critical Studies in Mass Communication, 1991(8): 39-59.

[161] CHOI J H, LEE Sang-Woo, CHON Bum-Soo. Transitions in the Film Trade[J]. Media International Australia, 2012(2): 16-30.

[162] SINGH J P. Agents of Policy Learning and Change: U.S. and EU Perspectives on Cultural Trade Policy[J]. The Journal of Arts Management, Law and Society, 2012, 38(2): 141-161.

[163] JAYAKAR K P. The economics of American theatrical movie exports: an empirical analysis[J]. The Journal of Media Economics, 2012, 13(3): 153-169.

[164] TICKNER L. Export Britain: Pop Art, Mass Culture and the Export Drive[J]. Art Histroy, 2012(2): 394-419.

[165] PUPPIS M. National Media Regulation in the Era of Free Trade: the Role of Global Media Governance[J]. European Journal of Communication, 2008(23): 405-424.

[166] LEIVA M T G. Cultural diversity and free trade: the case of the EU-Canada agreement[J]. International Journal of Cultural Policy, 2015, 23(6): 1-17.

[167] KEANE M. Exporting Chinese culture: industry financing models in film and television[J]. Westminster Papers in Communication and Culture, 2005: 1-11.

[168] BITTON M. Rethinking the anti-counterfeiting trade agreement's criminal copyright enforcement measures[J]. The Journal of Criminal Law& Criminology, 2012, 102(1): 67-117.

[169] MIGUEL P Z, PETZ M. Building synergies between WTO and UNESCO: the case for data-driven policy coordination[J]. International Journal of Cultural Policy, 2018, 24(3): 406-429.

[170] SWANN P. The british culture industries and the mythology of the American market: cultural policy and cultural exports in the 1940s and 1990s[J]. Cinema Journal, 2000, 39(4): 27-39.

[171] CURTIN P D. Cross-cultural trade in world history[M]. Cambridge University Press. 2002.

[172] RAMSDALE P. Internationl flows of selected cultural goods 1980-98[R].The UNESCO Institute for Statistics, 2000.

[173] WHITE R, TADESSE B. Immigrants, cultural distance and U.S. state-level exports of cultural products[J]. North American Journal of Economics and Finance, 2008(19): 331-348.

[174] STADLER S K. Copyright as trade regulation[J]. University of Pennsylvania law review, 2007(155): 899-960.

[175] KWON Seung-Ho, KIM J. The cultural industry policies of the Korean government and the Korean Wave[J].International Journal of Cutlural Policy, 2013, 20(4): 422-439.

[176] LEE S Y, KIM Eun-mee, JUN S H. On the exportability of Korean Movies[J]. Review of Development of Economics, 2009, 13(1): 28-38.

[177] PENG Shin-yi. Liberalization of trade in television services: the negotiation dilemma and challenges for the future[J]. Journal of world trade, 2009, 43(4): 657-681.

[178] SIWEK S E. Copyright Industries in the U.S. Economy: the 2018 Report[R]. International Intellectual Property Alliance: 15.

[179] VOON T. Cultural Products and the World Trade Organization[M]. Cambridge University Press, 2007.

[180] The effects of arts, trades and professions[J]. Occupational Medicine, 1961, 11(1): 1-2.

[181] The Walt Disney Company. 2013 Annual Report[R].USA:DIS, 2013.

[182] UNESCO. Reshaping Cultural Polices: Advancing Creativity for Development[M]. Paris, France, 2015.

[183] United Nations Commodity Trade Statistics Database[EB/OL]. http://comtrade.un.org/db/mr/rfCommoditiesList.aspx?px=H1&cc=97.

[184] LICHER V. Trade book publishing in Germany: Summary report for 2011[J]. Pub Res Q, 2012(28): 130-134.

[185] JI W H, HUANG C. China's experience in dealing with WTO dispute settlement: a Chinese perspective[J]. Journal of World Trade, 2011, 1(45): 1-37.

[186] World Intellecutal Property Organization. World Intellectual Property Indicators 2019[R]: 187.

[187] World Trade Organization. World Trade Report 2018[R].

[188] http://arts.gov/news/2013/us-bureau-economic-analysis-and-national-endowment-arts-release-preliminary-report-impact.

[189] Carmody C. The trade and culture debate: evidence from US trade agreements[J]. International Journal of Cultural Policy, 2019, 25: 5, 648-652.

[190] Campagnolo G M, Nguyen H, Williams R. The temporal dynamics of technology promises in government and industry partnerships for digital innovation: the case of the copyright hub[J]. Technology Analysis& Strategic Management. 2019, 31(8): 972-985.

[191] Gilbert Gagné. Trade and culture: the United States[J]. International Journal of Cultural Policy, 2019, 25: 5, 615-628.

[192] Jaramillo G. Latin America: trade and culture at a crossroads[J]. International Journal

of Cultural Policy, 2019, 25(5), 602-614.

[193] Meijen J. Exporting European values? Political myths of liberal democracy and cultural diversity in creative Europe's literary translation projects[J]. International Journal of Cultural Policy, 2020, 26(7): 942-958.

[194] Hanania L R. Trade, culture and the European Union cultural exception[J]. International Journal of Cultural Policy, 2019, 25(5), 568-581.

[195] Leiva M T G. Cultural diversity and free trade: the case of the EU-Canada agreement[J]. International Journal of Cultural Policy, 2015, 23(6): 1-17.

[196] Cattaneo N, Snowball J. South Africa's trade in cultural goods and services with a focus on cultural trade with BRICS partners[J]. International Journal of Cultural Policy, 2019, 25(5): 582-601.

[197] Bennett O. Special issue on cultural diplomacy and international cultural relations (4)[J]. International Journal of Cultural Policy, 2020, 26(7): 867-868.

[198] Zapatero P, Miguel M. Building synergies between WTO and UNESCO: the case for data-driven policy coordination[J]. International Journal of Cultural Policy, 2018, 24(3): 406-429.

[199] Goff M P. Canada's cultural exemption[J]. International Journal of Cultural Policy, 2019, 25(5): 552-567.

[200] Rostam J. China and the "culture and trade" debate: a holistic approach[J]. International Journal of Cultural Policy, 2019, 25(5): 629-647.

[201] Winter T. Silk road diplomacy: Geopolitics and histories of connectivity[J], International Journal of Cultural Policy, 2020, 26(7): 898-912.